流动性与金融系统稳定
——传导机制及其监控研究

刘晓星／著

科学出版社

北 京

内 容 简 介

本书汇集了作者近年来在流动性与金融系统稳定领域的系列研究成果，着重研究了全球化条件下流动性冲击金融系统稳定的多渠道传导扩散机制及其风险监控体系，构建了多维度流动性度量模型、流动性变点检测和流动性状态转换机制模型以及我国股市泡沫动态演化机制模型。通过深入分析信息冲击、投资者交易行为、市场波动和市场流动性对流动性价值的影响机制，实证检验了流动性冲击金融系统稳定的溢出效应、周期联动效应和乘数效应。最后构建了多维度的流动性风险监控体系，旨在全面提升我国应对流动性冲击的抗风险能力，实现我国金融系统稳定。

本书适合从事宏微观经济研究、金融市场研究等领域的研究人员以及金融机构和政府相关管理决策部门的从业人员阅读使用，同时也适合高等院校经济、金融、统计、管理等专业领域的教师、研究生阅读参考。

图书在版编目（CIP）数据

流动性与金融系统稳定：传导机制及其监控研究 / 刘晓星著. —北京：科学出版社，2017.3
　ISBN 978-7-03-051689-3

　Ⅰ．①流…　　Ⅱ．①刘…　　Ⅲ．①金融体系–稳定性–研究–中国
Ⅳ．①F832.3

　中国版本图书馆 CIP 数据核字（2017）第 014491 号

责任编辑：魏如萍　陶　璇／责任校对：彭　涛
责任印制：徐晓晨／封面设计：无极书装

科 学 出 版 社出版
北京东黄城根北街 16 号
邮政编码：100717
http://www.sciencep.com

北京东华虎彩印刷有限公司 印刷
科学出版社发行　各地新华书店经销

*

2017 年 3 月第 一 版　　开本：720×1000　1/16
2018 年 4 月第二次印刷　　印张：21 1/4
字数：450 000

定价：138.00 元
（如有印装质量问题，我社负责调换）

作 者 简 介

刘晓星（1970~），湖南隆回人，博士，金融学教授，金融学专业博士生导师，金融系主任，全国高等学校金融学类专业教学指导委员会委员，江苏省"青蓝工程"中青年学术带头人，中国金融学年会理事，中国金融工程学年会理事，江苏省金融青年联合会常委委员，江苏省国际金融学会常务理事，江苏省科技创业导师，东南大学人文社会科学部委员。

研究方向：金融理论与政策、金融工程与风险管理。目前主持国家自然科学基金面上项目 2 项，已经主持完成国家自然科学基金面上项目 2 项，省部级和横向课题 10 余项。曾获江苏省"社科应用研究精品工程"一等奖。在 *Finance Research Letters*（SSCI）、*Applied Economic Letters*（SSCI）、*Sustainability*（SSCI）、《管理科学学报》、《世界经济》、《中国管理科学》、《管理工程学报》、《金融研究》及《系统工程理论与实践》等国内外权威学术期刊发表论文 80 余篇，出版专著 2 部。

前　言

　　流动性是现代金融市场体系的生命力，是金融配置资源的血液载体。2007 年美国次贷危机爆发，并迅速演变成一场席卷全球的金融和经济危机。在世界经济经过艰难的短暂复苏后，2010 年的欧洲主权债务危机再次冲击世界经济，金融监管体系日益受到制约，世界经济发展前景变得不容乐观。这两次危机的触发机制很大程度上都是源于流动性问题，危机事件充分表明流动性过剩或不足能够极大地冲击全球金融体系，流动性在金融系统中的基础性作用更加明显，巴塞尔协议 III 因此将流动性监管提升到与资本监管同等重要地位。2013 年 6 月末，在我国广义货币供应量（M2）达到 105.4 万亿元的情况下，银行业仍爆发了较大规模的"钱荒"事件，这逐渐让人们意识到在现代信用经济条件下，流动性失衡已经成为一种常态，流动性冲击所引发的金融危机或金融风险，可以通过传导扩散机制向多个领域、多个市场和不同国家蔓延，引发全球性或局部地区的流动性危机。因此，如何正确认识当前复杂多变的国内外经济金融形势，深刻揭示流动性冲击金融系统稳定的传导扩散机制，构建基于金融系统稳定的流动性监控体系，日益成为金融领域研究的重要课题。

　　进入后金融危机时代以来，西方发达国家相继推出的量化宽松（quantitative easing，QE）货币政策使全球流动性呈现出一系列新的特点，如流动性波动周期变短、波动幅度扩大以及流动性风险传导机制更加复杂等。主要发达经济国家的经济走势因此分化明显，新兴经济体经济下行压力增大，欧美等发达国家和地区根据本国经济发展形势采用了不同的货币政策取向，使全球流动性供求面临较大的不确定性。美国从 2014 年 10 月开始逐步退出量化宽松政策，美元指数随后逐步走强，近期基本维持在高位运行，引发新兴市场国家货币竞相贬值，加剧了新兴市场国家的国际资本逃离和流动性紧张；而欧洲和日本则继续维持低利率的量化宽松货币政策，以期通过释放流动性来增强经济复苏的基础。

　　我国正在进入经济发展的"新常态"，需要在稳增长、调结构、惠民生之间取得有效平衡。2015 年我国经济结构调整取得显著成效，收入分配结构继续完善，但经济增速面临下滑，稳增长压力较大。随着我国利率市场化、人民币国际化、资本项目改革的逐步实现，以及民营银行设立、大数据与互联网金融和普惠金融的快速发展，国内流动性周期正呈现出全新的表现形态。2014年6月以来，国内资本市场剧烈波动的金融事实表明，我国现行金融监管框架存在不适应金融新业态发展的体制性矛盾，急需通过市场化改革来实现金融安全，加快构建符合现代金融特点、统筹协调、有力有效的现代金融监管体系，做到有效防范系统性、区域性金融风险。十八届五中全会通过的《中共中央关于制定国民经济和社会发展第十三个五年规划的建议》中提出，加强金融宏观审慎管理制度建设，加强统筹协调，改革并完善适应现代金融市场发展的金融监管框架，健全符合我国国情和国际标准的监管规则，实现金融风险监管全覆盖；完善国有金融资本和外汇储备管理制度，建立安全高效的金融基础设施，有效运用和发展金融风险管理工具。

本书共8章，主要研究内容如下。

第1章为绪论，主要包括研究背景与意义、研究方法与逻辑结构、研究框架与主要创新点。其中，1.1.1节从"流动性冲击对全球金融系统稳定形成严峻挑战"和"中国金融系统稳定受到流动性冲击考验"两个方面介绍本书的国际背景和国内背景。本书通过构建流动性冲击金融系统稳定的传导扩散机制模型和方法，将为金融体系参与各方提供具有较强操作性的流动性监控体系及实施方案，对流动性与金融系统稳定相关理论的发展具有重要的学术价值和实践意义。1.2节主要介绍本书的研究方法与逻辑结构，既包括金融计量方法也包括系统科学方法，并阐述各章节之间的内在逻辑结构。1.3节概述本书的主要研究内容，并从"研究视角"、"研究理论"和"研究方法"三个方面分析本书的特色和创新点。

第2章至第7章为本书的主体研究部分。

第2章为流动性与金融系统稳定的研究现状，详细介绍目前国内外在流动性和金融系统稳定等相关领域的研究进展，包括流动性与金融系统稳定的度量、流动性冲击金融系统稳定、流动性的状态转换机制及突变点检测（change-opint detection）、流动性冲击的传导扩散机制、流动性冲击的动态效应和基于金融系统稳定的流动性监控等，通过对系列文献的梳理和总结做了相应的文献评述。

第3章为全球化条件下流动性冲击金融系统稳定的现实表现。从流动性周期、流动性状态转换和投资者情绪等方面系统分析在经济全球化背景下流动性冲击金融系统稳定的诸多现实表现，将流动性冲击过程描述为"流动性扩张—流动性过剩—流动性萎缩—流动性短缺"四个周期阶段和"流动性创造—流动性逆转—流动性抽离"三个动态过程，并结合2007年美国次贷危机和2010年欧债危机进行案例分析。基于行为金融学视角，构建包含投资者情绪、卖空约束和市场流动性等因素的影响关系模型，进一步将投资者区分为机构投资者与个人投资者、理性投资者与非理性投资者，探讨信息冲击、投资者交易行为、市场波动和市场流动性对流动性价值的影响效应。

　　第 4 章为基于金融系统稳定的流动性度量与状态转换机制研究。基于金融系统稳定视角，分别从"数量尺度"、"时间尺度"、"价格尺度"和"价量结合"等方面总结了流动性度量的基本模型，通过将流动性区分为货币流动性（宏观）、融资流动性（中观）和市场流动性（微观）三个维度，结合动态相关多变量广义条件异方差（dynamic conditional correlation-multivariate generalized autoregressive conditional heteroskedasticty，DCC-MVGARCH）模型和熵值法构建了金融系统中多维度流动性的集成测度方法，为后续研究奠定基础。以欧债危机为背景，运用 Spearman 相关关系法和二元 Copula 模型构建股市流动性的变结构点检测新方法，并有效实现了欧美债务危机国与美国、英国、日本等核心发达国家以及中国、印度等新兴国家间股票市场流动性冲击的变结构点检测。通过构建自回归–马尔可夫转换–广义自回归条件异方差（autoregressice-Markov switching-generalized autoregressive conditional heteroskedasticty，AR-MS-GARCH）模型分析市场流动性的状态转换机制，并利用转换概率设计一类新的突变点检测指标。进一步利用时间转移概率的马尔可夫区制转换（Markov switching-time varying transition probabicities，MS-TVTP）模型构建包含投资者过度自信（over-confidence）和市场流动性的中国股市泡沫动态演化机制模型，从而很好地刻画了中国股市泡沫的基本特征，并指出投资者过度自信的增加会增大泡沫从潜伏区制到膨胀区制的概率，市场流动性的负向变化会增加泡沫从膨胀区制到破裂区制的可能性。

　　第 5 章为流动性冲击金融系统稳定的传导扩散机制研究。围绕流动性冲击金融系统稳定的传导扩散效应，从传导机制、传导路径、传导渠道和传导效应等方面进行深入的分析研究，更好地理解流动性与金融系统稳定之间的内在联系。利用 DCC-MVGARCH 模型分析 2007 年美国次贷危机期间出现的流动性循环现象，发现资产支持商业票据（asset-backed commerical paper，ABCP）市场的融资流动性对股市流动性的影响最强，银行系统的融资流动性与股市流动性的相关性在危机期间变化较小。基于时变随机向量自回归模型（time varying Parameter-stochastic volatility-vector autoregressive，TVP-SV-VAR）研究市场流动性与金融系统稳定之间的关系，发现市场流动性与各金融价格之间的影响关系不是确定的，而是在不同时期呈现不同的表现，即金融变量之间的联动关系会随时间的变化而变化。针对股指期货市场，考虑"时间尺度"、"价格尺度"和投资者交易倾向等因素构建测度股指期货市场流动性的新指标，通过非传统 Granger 因果检验和马尔可夫区制转换向量自回归模型（Markov switching-vector autoregressive，MS-VAR）分析货币政策对股指期货市场流动性的非线性传导效应。

　　第 6 章为流动性冲击金融系统稳定的动态效应研究。流动性周期变动所引发的流动性冲击是影响金融系统稳定的重要因素，利用谱分析方法发现我国货币流动性在 1996~2013 年存在 7 个周期，其中，周期宽度最小为 2 年 9 个月，最大为 4 年 1 个月。不同流动性冲击对金融系统稳定的动态溢出效应不同，股市流动性、基金市场流动性和货币流动性冲击在第 1 期后均为正向溢出效应，而股市流动性则在第 2 期达到最大然后逐渐减小，货币流动性、股市流动性和银行间市场流动性的方差贡献率依次减弱。我国不同维度流动性之间周期联系效应表明，市场流动性周期主要由一个约 5.42 年的主周期和 5.37 个月的次周期组成，金融周期主要由一个 3.61 年的主周期和 3.66 个月及 3.82 个月的次周期构成；流动性周期与金融周期在较长的周期分量上具有较高的一致性，随着周期缩短，一致性逐渐减小。流动性冲击的乘数效应取决于存款准备金率、存贷款利率、违约概率和抵押物变现比率等因素，而乘数效应大小与流动性冲击金融系统稳定的冲击方向、冲击力度紧密相关。在次贷危机期间和欧债危机期间国家间流动性溢出存在结构性变点，不同国家对金融危机反应的时效性也不同。因此，监管部门基于第 6 章的研究在采取相应政策措施时可以有据可循，就每种流动性冲击的动态效应采取应对措施。

第 7 章为基于金融系统稳定的流动性监控体系构建。通过总结巴塞尔资本协议的历史演变，分析流动性风险监管的演变进程，介绍巴塞尔协议Ⅲ流动性风险监管指标体系的构建方法。基于压力测试的相关理论，以中国建设银行为例，详细对中国商业银行的流动性风险水平进行压力测试分析。通过构建银行间市场网络，利用复杂网络理论和考虑感染延迟时间的传染动力（susceptible-infection-refractory，SIR）模型，系统揭示银行间市场流动性风险的传染机制，并指出银行间的关联性、感染的延迟时间和银行网络的结构特征都会对银行间流动性风险传染的概率、速度和范围产生显著影响。结合 2008 年全球金融危机中出现的流动性危机，对危机前后全球流动性变化特征进行刻画分析，从中国外汇储备变动视角，分析全球流动性变化对中国外汇储备的影响。第 7 章提出中国应着手从宏观审慎的流动性日常运作机制、流动性冲击金融系统稳定的多维监测预警体系、缓冲机制设计、应急机制设计和反馈机制设计等方面入手，构建一个完整的流动性监控体系。

第 8 章为研究结论与政策建议。

本书源自作者主持的国家自然科学基金面上项目"全球化条件下流动性冲击金融系统稳定的传导扩散机制及其监控研究"（项目编号：71273048）团队的部分研究成果。本书部分内容已经在 *Finance Research Letters*（SSCI）、*Applied Economic Letters*（SSCI）、*Sustainability*（SSCI）、《管理科学学报》、《世界经济》、《中国管理科学》及《管理工程学报》等国内外权威学术期刊发表。在本书的写作过程中，我的研究生姚登宝、张旭、石广平、许从宝、方琳、夏丹、吕夏梦、夏霁、顾笑贤等做了大量的分析整理工作，在此一并表示感谢！本书的完成吸收借鉴了许多专家学者的研究工作，参考文献都有列出，如有挂一漏万之处，敬请海涵。尽管我们努力想为读者呈现一本较为满意的关于金融系统流动性理论研究的学术著作，但由于水平有限，加之时间仓促，书中难免有疏漏或不妥之处，恳请读者提出宝贵意见，以便今后进一步修改和完善。

感谢东南大学经济管理学院、东南大学金融工程研究中心、东南大学金融工程与金融智能实验室以及东南大学–麻省理工学院大数据与互联网金融研究中心等机构为我们的研究工作提供了良好的学术支持和氛围环境。

本书的出版得到了国家自然科学基金面上项目（71273048）和东南大学经济管理学院的资助，以及科学出版社的大力支持，在此表示衷心感谢！

刘晓星

丙申中秋于南京东南大学九龙湖畔

目　　录

第1章 绪 论

1.1 研究背景与意义

1.1.1 研究背景

1. 流动性冲击对全球金融系统稳定形成严峻挑战

自 20 世纪 70 年代中后期,金融危机频繁爆发,流动性过剩或者流动性不足严重冲击了全球金融体系。无论是 1997 年的东南亚金融危机、1998 年的俄罗斯短期国债违约、1999 年的长期资本管理公司倒闭、2001 年"9·11"恐怖袭击导致的全球支付系统中断,还是始于 2007 年的美国次贷危机和 2010 年的欧美主权债务危机,最终都表现为流动性过剩、流动性紧缩和流动性突然消失的过程。原本正常市场条件下的流动性资产会迅速变成非流动性资产,国际金融市场出现剧烈动荡,股市、债市、汇市和大宗商品市场均无一幸免,并造成发达国家货币金融市场相当程度的紧缩,各类投资者信心严重受挫,为新兴经济体国家的出口贸易和经济发展带来极大的不确定性。尤其在现代信用经济条件下,流动性问题日益成为人们关注的焦点,流动性冲击引发的金融危机,已不仅仅是单一市场、单一链条的传导,而是通过传导扩散机制,向多个领域、多个市场和多个国家蔓延,流动性危机成为金融危机的核心所在。如何正确处理好流动性过剩或不足带来的冲击与金融系统稳定之间的关系成为一个全球性的课题。

流动性状态的突然逆转对金融系统稳定形成挑战。长期均衡只能说是一种理想状态,它波动的幅度、频率都会对金融系统的稳定性产生严重冲击。美国为了避免新经济泡沫破灭引发严重的经济衰退,2001~2004 年连续 17 次降低基准利率,其他国家的中央银行也都采取了较为宽松的货币政策,加上石油美元价格的膨胀、大规模的日元套利交易、杠杆交易以及金融衍生品业务的迅速发展,这些因素共同导致了此后长时期内全球流动性的过剩状况。流动性过剩又进一步促使物价指数上升、房地产价格暴涨、股票指数屡创新高等一系列资产价格泡沫的产生，一旦资产价格泡沫在不可持续的情况下突然破裂，必然导致流动性迅速反转为紧缩，造成金融系统内部资金供应不足，利率、汇率大幅攀升和股市暴跌，流动性状态的迅速逆转对全球金融系统稳定形成了严峻的挑战。

流动性冲击对金融系统结构提出了挑战。20世纪90年代以来，随着经济全球化、金融自由化进展和金融创新的快速发展，金融系统结构发生了根本性变化：大量金融机构跨国跨境扩张、金融市场联结程度日益提高、各种金融产品创新层出不穷、资本国际流动速度加快、国家间相互联系更加密切。这些变化使局部的流动性风险通过各种关联机制不断放大，通过资产价格、互相借贷、国际贸易等渠道在国际上传导和蔓延，由最初一国的流动性危机迅速扩散到其他国家，金融机构由于流动性不足而破产、借贷关系断裂、市场交易量减少、联系度减弱等结构性变化，最终危及全球金融稳定。

为了应对流动性冲击的挑战，只有清楚认识流动性冲击对金融系统稳定的影响机制，才能从根本上将冲击维持在可控范围内，实现流动性均衡和金融系统稳定。

2. 中国金融系统稳定受到流动性冲击考验

在全球化的金融大背景下，进入21世纪之后中国经济发展迅速，2003~2006年，中国经济实现了低通货膨胀下的高增长，但从2007年下半年开始，随着人民币升值、国际热钱流入、贸易顺差使外汇储备迅速增加，货币供应量居高不下，中国消费者价格指数（consumer price index，CPI）、房价、股价等持续快速上升。随后的次贷危机使美国、欧洲和日本三大经济体同时进入衰退阶段，全球流动性紧缩，通过贸易渠道、金融渠道和心理预期渠道对中国金融系统形成了明显的间接冲击，全球经济增长放缓，导致中国商品外部需求下降，出口困难，大量外向性企业纷纷陷入困境，国际投资者恐慌情绪传染到国内，引起股价大幅下跌，房地产交易低迷。由于中国政府四万亿元的经济刺激计划，国内流动性紧缩并没有持续多久。2009年中国再次从流动性紧缩逆转为流动性过剩，CPI居高不下，房价反弹性上涨，人民币不断升值，通货膨胀现象严重。出现流动性滞存。自2010年以来，中国人民银行曾连续12次上调存款准备金率，最高达到21.5%，4次上调利率，又造成金融机构内部流动性紧缩。

近年来，欧美的次贷危机和主权债务危机充分表明：在美国如此发达的金融市场，如此完善的法律制度下都容易出现严重的流动性危机，那么对中国这种新兴金融市场来说，更要在这方面花大力气，深入研究主要发达国家和地区（欧洲、美国、日本）的流动性周期有何种特征；它们的经济周期与全球经济周期有怎样的联系；随着贸易关联度和金融关联度的不断增强，它们的流动性会对全球经济产生怎样的溢出效应，溢出的渠道是什么；它又会对中国产生怎样的影响，我们应该如何应对；等等。这些问题需要我们从流动性创造与信用扩张、资产定价、杠杆率尺度、风险管理等方面深刻把握流动性冲击金融系统稳定的传导扩散机制，采取有效措施避免流动性剧烈波动对金融系统稳定的负面冲击。

1.1.2　研究意义

金融系统是现代经济的核心，流动性是金融体系的生命力，金融系统稳定不仅是一国宏观经济健康发展的基础，也是全球经济平稳增长的前提。流动性作为资产的一种属性，主要表现为资产的融资工具转换、财富增长与规避风险的能力。虽然流动性不是信用创造，但流动性是信用创造的工具与结果，流动性永远处在一个形成、产生与成长的过程中，具有多样性和复杂性等特征。一系列金融危机事件表明，宏观经济的波动往往从资产价格泡沫引发的金融动荡或危机开始，流动性过剩会催生资产价格泡沫，资产价格泡沫的破灭又引起流动性迅速逆转为紧缩，如此往复，不断冲击金融系统稳定。无论是从金融市场体系还是从银行体系来说，流动性的巨大波动是金融系统不稳定的内在基础，因此，减小流动性的波动冲击是弱化金融体系不稳定的重要方面。传导扩散机制在流动性冲击金融系统稳定的过程中起关键性作用，分析流动性从最初的局部影响到最终的整体冲击这一演化过程，有助于发现哪些因素在这个过程中起到促进和推动作用，同时清晰认识这些因素的作用机理。

本书通过总结历次金融危机中流动性周期、流动性状态转换冲击影响金融系统稳定的现实表现，结合中国所处的国内外金融经济形势，基于行为金融学视角分析投资者情绪、卖空约束和市场流动性之间的内在联系；从"数量尺度"、"时间尺度"、"价格尺度"和"价量结合"四个方面总结流动性及其度量的基本方法，基于金融系统稳定构建多维度流动性度量模型，以欧美主权债务危机为背景分析市场流动性的状态转换机制及其变点检测方法，并讨论过度自信、市场流动性和股市投机泡沫的动态关联；系统地分析流动性冲击金融系统稳定的传导渠道，从不同层次和不同渠道流动性分析流动性冲击的传导扩散机制及其传导效应，测度流动性冲击金融系统的溢出效应、周期联动效应、乘数效应和国别溢出效应等；梳理巴塞尔协议中流动性监管的演变历程及其指标体系构建，研究商业银行流动性风险的压力测试方法，基于复杂网络理论构建银行间流动性风险的传染机制模型，通过经验数据分析全球流动性风险的监管问题，并以维护金融系统稳定为目标提出构建流动性监控体系的若干设想。

因此，本书的研究成果将为金融体系参与各方提供可供参考的流动性冲击金融系统稳定的传导扩散理论模型和方法与具有可操作性的流动监控体系及实施方案，顺应了流动性理论发展的前沿方向和金融系统稳定的实践要求，无疑具有重要的理论价值和现实指导意义。

1.2　研究方法与逻辑结构

本书是金融经济学、管理学、统计学与数学等多学科领域的交叉综合性研究课题，涉及并运用传统的货币银行学、国际金融学、投资学、金融监管学、计量经济学和数理统计学等理论，同时采取经验分析和定量分析相结合的方法，数据主要来源于 Bankscorpe 数据库、国际清算银行（Bank for International Settlements，BIS）、国际货币基金组织（International Monetary Fund，IMF）、美国国家经济研究局（National Bureau of Economic Research，NBER）、Wind 金融数据库、同花顺金融数据库和中国统计年鉴等，主要的研究方法如下：

（1）金融体系是一个复杂系统，流动性又是金融体系内关键的组成部分，对金融系统有重要影响，而金融系统又反过来制约流动性的变化。本书利用经验分析法从流动性周期和状态转换两个方面分析流动性冲击金融系统的现实表现，基于行为金融学视角，将卖空约束引入 Baker 和 Stein（2004）的研究框架，通过构建数理模型来分析投资者情绪与市场流动性的内在联系。

（2）从"数量尺度"、"时间尺度"、"价格尺度"和"价量结合"四个方面总结流动性及其度量的基本模型，运用 DCC-MVGARCH 模型分析货币流动性、市场流动性和融资流动性三者的动态相关结构，并利用时变信息熵构建多维度流动性的集成度量模型；以欧美主权债务危机为例，利用时变 Copula、GARCH 模型和事件研究法探讨股市流动性的变点检测问题；结合 AR-MS-GARCH 模型揭示市场流动性的状态转换机制及其突变点检测方法；通过构建 VNS（Van Norden Simon）三区制变量扩展模型研究过度自信、市场流动性与股市投机泡沫之间的状态关联。

（3）从资产负债表、资产价格、心理预期和国际贸易等渠道研究流动性冲击金融系统的传导扩散机制，利用多变量广义自回归条件异方差（multivariate generalized autoregressive conditional heteroskedasticty，MVGARCH）模型和 TVP-SV-VAR 模型等分析不同层次和不同渠道的流动性冲击金融系统稳定的传导扩散效应，结合非传统 Granger 因果检验和 MS-VAR 模型分析货币政策对股指期货市场流动性的非线性传导效应。

（4）将因子分析与结构向量自回归（structural vector autoregressive，SVAR）模型相结合，研究流动性冲击的溢出效应，运用交叉谱分析研究流动性冲击的周期联动效应，通过构建流动性乘数效应模型探讨流动性冲击的乘数效应，运用

DCC-MVGARCH 模型从国别主权视角分析流动性的溢出效应。

（5）通过历史分析法总结巴塞尔协议中流动性监管的历史演变，结合向量自回归（vector autoregression，VAR）模型和压力测试理论对我国商业银行的流动性风险进行压力测试，利用复杂网络理论构建银行间市场中流动性风险传染的复杂动力学模型，从全球化视角分析全球流动性监管的主要问题，并基于金融系统稳定的视角提出构建流动性监控体系的若干设想。

本书的逻辑结构如图 1.2.1 所示。

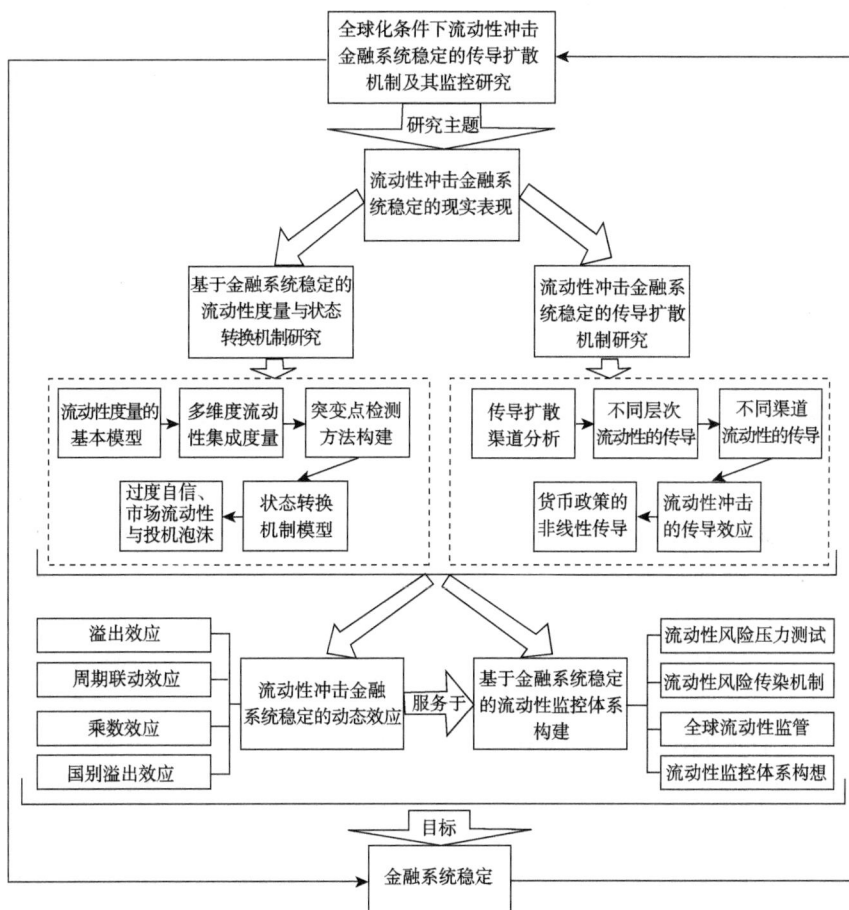

图 1.2.1　本书的逻辑结构

1.3 研究框架与主要创新点

1.3.1 研究框架

本书共分为 8 章，内容结构如下：

第 1 章，绪论。系统地阐述本书的研究背景与意义、研究方法与逻辑结构、研究框架与主要创新点。

第 2 章，流动性与金融系统稳定的研究现状。从流动性与金融系统稳定的度量、流动性冲击金融系统稳定、流动性的状态转换机制及突变点检测、流动性冲击的传导扩散机制、流动性冲击的动态效应和基于金融系统稳定的流动性监控六个方面对国内外文献进行总结与评述。

第 3 章，全球化条件下流动性冲击金融系统稳定的现实表现。分别从流动性周期变动和流动性状态转换角度分析流动性冲击金融系统稳定的表现特征，从行为金融学视角分析投资者情绪、卖空约束与市场流动性之间的内在联系，并讨论信息冲击对流动性溢价的影响关系。

第 4 章，基于金融系统稳定的流动性度量与状态转换机制研究。总结和归纳流动性度量的基本模型，构建多维度流动性的集成度量模型和状态转换模型，以欧债危机为背景研究市场流动性的变点检测方法，分析过度自信、市场流动性与股市投机泡沫三者之间的状态关联。

第 5 章，流动性冲击金融系统稳定的传导扩散机制研究。详细地分析流动性冲击金融系统稳定的传导渠道，从不同层次和不同渠道研究流动性冲击的传导扩散机制，并从非线性视角分析货币政策对股指期货市场流动性的传导效应。

第 6 章，流动性冲击金融系统稳定的动态效应研究。主要研究流动性冲击金融系统稳定的溢出效应、周期联动效应、乘数效应和国别溢出效应等。

第 7 章，基于金融系统稳定的流动性监控体系构建。梳理巴塞尔协议中流动性监管的历史演变和指标体系，对商业银行的流动性风险进行压力测试，基于银行间市场网络揭示流动性风险的传染机制，探讨全球流动性的监控问题，并提出构建流动性监控体系的若干设想。

第 8 章，研究结论与政策建议。

本书的研究框架如图 1.3.1 所示。

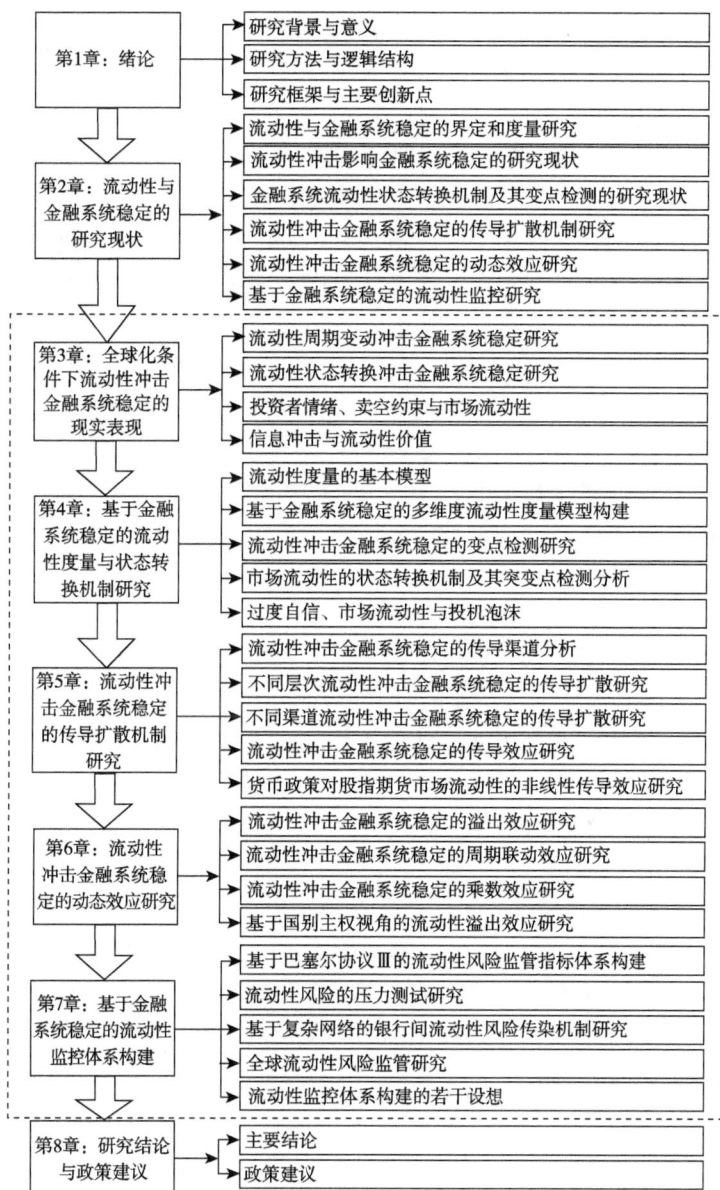

图 1.3.1　本书的研究框架

1.3.2　主要创新点

本书通过总结分析了历次金融危机中流动性冲击的现实表现，结合我国当前面临的国内外经济形势，探讨了流动性冲击金融系统稳定的传导扩散机制，旨在构建基于金融系统稳定的流动性监控体系。本书的特色与创新点主要体现在以下三个方面：

1）研究视角独特

从流动性冲击的动态非均衡和金融系统的内在不稳定视角来研究流动性冲击的基础性因素，综合流动性周期、状态转换和投资者情绪等共同作用来研究流动性冲击金融系统行为，揭示单个金融机构和市场应对流动性冲击行为如何演变为系统性行为，从一个新的视角揭示流动性冲击金融系统稳定的传导扩散机制。

2）研究理论新颖

目前关于流动性冲击的研究大多局限于流动性过剩和不足对金融系统的影响，对流动性循环生成、流动性周期联动和流动性状态转换机制及其对金融系统的传导扩散机制的研究较少，本书运用时变参数模型和复杂网络分析方法，创新性地构建了基于金融系统稳定的多维度流动性度量模型、市场流动性的状态转换模型及其变点检测方法、流动性冲击金融系统稳定的传导扩散机制模型及其动态效应模型、基于银行间复杂网络的流动性风险传染模型流动性冲击。

3）研究方法创新

本书大量地运用了现代计量方法进行研究：运用经验分析法探讨了流动性周期变动、状态转换和投资者情绪影响金融系统稳定的现实表现，将 MVGARCH 方法和信息熵相结合构建了多维度流动性的集成度量模型，运用时变 Copula 和事件研究法研究了欧债危机中市场流动性的变点检测方法，利用 AR-MS-GARCH 方法构建了市场流动性的状态转换模型，构建 VNS 三区制变量扩展模型，研究了过度自信、市场流动性与股市投机泡沫之间的状态关联，结合非传统 Granger 因果检验和 MS-VAR 模型探讨货币政策对股指期货市场流动性的非线性传导效应，利用因子分析、SVAR、交叉谱分析和 MVGARCH 模型分析了流动性的溢出效应、周期联动效应、乘数效应和国别溢出效应等，通过压力测试方法分析了我国主要商业银行的流动性风险状况，结合复杂网络和复杂动力学方法揭示了流动性风险在银行间网络中的传染机制。

第 2 章 流动性与金融系统稳定的研究现状

流动性是经济和金融系统动态演变的血液,是引发金融危机最直接的驱动力。因此,研究导致流动性状态变化背后的推动力量,洞悉流动性冲击金融体系的渠道和机制,可以帮助我们理解金融危机产生的原因机理。为有效应对流动性冲击对金融系统稳定带来的挑战,近几十年,各国经济理论界、世界组织及监管部门等在理论和实践方面都进行了大量研究和探索。

2.1 流动性与金融系统稳定的界定和度量研究

2.1.1 流动性与金融系统稳定的内涵界定

人们开始熟悉"流动性"一词始于凯恩斯,他提出的"流动性陷阱"突破了当时理论界对大萧条的理解。但直到目前为止,关于流动性的确切定义仍没有一个统一的界定标准。表 2.1.1 给出了一些代表性学者对流动性内涵的定义及其解释。

表 2.1.1　一些代表性学者对流动性内涵的定义及其解释

年份	代表性学者/机构	定义	对流动性的解释
1930	Keynes	在短期更容易变现而不受损失	表现为两个方面:一是资产变现能力,即最终价值的风险;二是市场吸收能力,即变现时不会带来损失
1962	Hicks	销售资产的一个特点	一个资产的流动性程度是由它的期望价值的确定性来定义的。期望价值确定性的加强意味着流动性的增加

续表

年份	代表性学者/机构	定义	对流动性的解释
1971	Black	流动的市场是这样一个市场:"买卖报价总是存在,同时价差相当小,小额交易可以被立即执行而对价格产生较小影响"	如果任何数量的证券能够立刻被买卖,或者小额证券能够在证券市场上以接近于当前价格的价格被买卖,或者更大数额的证券能在一段时间内以接近于当前价格的平均价格被买卖,则称市场是具有流动性的
1985	Kyle	单位净交易量对应的做市商价格调整量的倒数	定义市场深度的概念来反映订单流对市场价格的影响程度,也就是使市场价格变动一个单位所需要的成交量
1986	Lippman Mccall	某资产以可以预期的价格迅速出售	兼顾价格和交易完成的时间
1987	Bernsten	证券被大量买卖而市场价格变动较小的能力	从交易量和对价格的影响来考察流动性
1988	Grossman 和 Miller	当前报价和时间下执行交易的能力	市场上做市商的数量越大,流动性就越好。当做市商无穷多时,交易可以实现完全的即时性
1988	Schwartz	以合理价格迅速成交的能力	若资产以合理的价格迅速成交,则该资产流动性较高
1990	Amihud 和 Mendelson	在一定时间内完成交易所需要的成本,或寻找一个理想的价格所需要的时间	从交易成本来衡量流动性
1993	Maclachlan	经济决策制定者为一个资产所赋予的一项特性	包括两方面因素:一是资产持有者对交易成本的预期,二是资产未来价值的确定性
1994	Massimb Phelp	立即执行交易的一种市场能力,或执行小额市价订单时保持价格稳定的能力	通过订单立即被执行的能力来判断市场流动性的强弱
1994	Glen	迅速完成交易且不造成大幅度价格变化的能力	兼顾交易时间和交易成本
1995	O'Hara	立即完成交易的价格	结合交易完成的时间和对价格的影响来衡量流动性
1999	BIS	市场参与者能够迅速地进行大量金融交易,并且不会导致资产价格发生显著波动	兼顾交易时间和对价格的影响

　　从表 2.1.1 可以看出,流动性是一个抽象的概念,完整、精确地表述流动性内涵必须包含交易时间、交易价格和交易数量三个基本因素。随着金融系统的不断演化和货币理论的发展,流动性的内涵也在不断深化,在经济研究和政策实践中被赋予了多种含义。由于流动性内涵具有多样性特点,所以界定流动性的标准也不唯一。Baks 和 Karmer(1999)将其分为货币流动性和市场流动性,并指出货币流动性先于市场流动性;Adrian 和 Shin(2008)主要分析了金融系统的流动性或银行流动性;北京大学中国经济研究中心宏观组(2008)将流动性划分为货币流

动性、银行流动性和市场流动性，并实证分析了货币流动性的基础地位；Brun-nermeier 和 Pedersen（2009）将流动性分成个人或企业的资金流动性、市场流动性和广义货币流动性；陶希晋和勾东宁（2010）提出了流动性的双重属性，包括商业银行拥有的现金及超额准备金，货币和具有变现能力的金融资产；高伟栋和尤宏业（2011）则从流动性供给和流动性需求两个方面对流动性进行分析。虽然国内外学者对流动性的界定尚不统一，但大体上可以从宏观层面、中观层面和微观层面三个角度来解构流动性的内涵。考虑到流动性的层次性以及融资职能在银行体系中的基础性作用，本书大体上将流动性区分为宏观的货币流动性、中观的融资流动性和微观的市场流动性三个维度。这三个层面的流动性有不同的特征和内部结构，影响的对象、范围和程度也不尽相同，所以在今后的研究中应该将流动性予以界定，区别对待，不能一概而论。

美国次贷危机导致的全球金融海啸，使金融系统稳定再次成为人们关注的焦点。2010 年 7 月 21 日，美国总统奥巴马签署了《多德-弗兰克华尔街改革与消费者保护法案》，该法案第一章又称"金融稳定法"，体现了该法案改革监管体制以防范系统性金融风险、维护金融稳定为宗旨。金融系统稳定是从一个系统、整体的角度研究呈现的稳定性问题。国内外对金融系统稳定的研究角度大体可以分成正面研究（即直接对金融系统稳定问题进行分析）和反面研究（即研究金融系统的不稳定）。从正面界定金融系统稳定的研究中，欧洲中央银行最具代表性，其表述为"金融机构、金融市场和市场基础设施运行良好，抵御各种冲击而不会降低储蓄向投资转化效率的一种状态"。此外，此类界定的代表还有瑞士金融监管当局、Bogdan 等（2010）等。相比金融稳定难以概括，大多数学者认为从金融不稳定的角度更容易切入进行研究分析，以 Sedghi-Khorasgani（2010）和 Albulescu（2011）为代表，其中，Sedghi-Khorasgani 提出金融不稳定假说，认为金融不稳定是经济中的各种冲击因素的干扰致使金融系统不能正常运行，这一观点成为学者研究金融系统稳定问题的基础。

从现有文献分析中可以看出，多数学者对流动性的研究仅局限于问题的某一个方面。实际上，流动性包含的内容极为广泛，可以将流动性解构为多个层面和维度，这种区分对投资决策、宏观经济政策和流动性理论的研究都是十分必要的。金融系统稳定是一个具有丰富内涵且动态的概念，它反映的是一种金融系统运行的状态，体现了资源配置不断优化的要求，服务于金融发展的根本目标。

2.1.2　多维度流动性的度量方法研究

流动性既能够保障金融产品交易顺利进行、金融市场正常运转，又为市场发挥资源优化配置功能提供必要基础。流动性是一个多维度概念，对流动性内涵及维度的不同理解导致了多样化的度量方法。本书主要将流动性分为货币流动性、市场流动性和融资流动性三个维度，国内外学者对这三种流动性的度量方法进行了系统的阐述。就货币流动性而言，主要的度量方法有数量方法和结构方法，其中，数量方法包括 M2（彭小林和龚仰树，2012）、M2-CPI-GDP（杨云飞，2010）等，结构方法包括超额货币增长率（Baks and Karmer，1999）、M1/M2（刘晓星和方琳，2015）、M2/GDP（李占风和陈妤，2010）、超额货币增长率（Baks and Karmer，1999；易纲，2003）等。市场流动性的强弱反映了金融市场的变现能力和运行效率，其测度方法主要分为两类：一类是从宽度、紧度、深度和弹性等方面分析市场流动性，如 Kyle（1985）、Hasbrouck 和 Schwartz（1988）、Harris（1990）、Huang 和 Stoll（1996）、Engle 和 Lange（1997）、Sarr 和 Lybek（2002）与北京大学中国经济研究中心宏观组（2008）等；另一类是从交易成本、委托量、均衡价格和市场冲击等角度测度市场流动性，如 Foster 和 Viswanathan（1993）、Hasbrouck（1995）、Brenman 和 Subrahmanyam（1996）、Glosten 和 Harris（1998）、Amihud（2002）、刘海龙和吴冲锋（2003）、许睿等（2004）、欧阳红兵（2012）、Chung 和 Chuwonganant（2014）等。但是无论哪类度量方法基本上都是依据影响市场流动性的不同因素来设计测度指标的，缺乏对不同测度指标进行融合。刘晓星等（2014）提出了一种较好的思路，分别从价格和交易量构造流动性的加权度量指标，然后以它们的几何平均数作为市场流动性的影响力指标。对于融资流动性来说，Drehmann 和 Nikolaou（2013）将其定义为金融机构履行自身义务的及时性，而 Brunnermeier 和 Pedersen（2009）指出融资流动性是金融机构通过出售资产或者借款等形式及时获得资金的能力。融资流动性的测度方法主要有银行间同业拆借利率（Huang et al.，2008；吴卫星等，2015）、银行间质押式回购利率（吴卫星等，2015）、国债利率（In et al.，2003）、TED 利差①（Hesse et al.，2008；孙彬等，2010）。多样化流动性度量的方法使其取值区间难以统一，导致不同维度流动性之间无法进行比较和分析。因此，本书选取每种维度流动性的典型指标，并通过标准化和同向化处理将其转化为取值为[0，1]的正向测度指标，为构建多维度流动性的集成测度方法奠定基础。

众所周知，货币流动性、市场流动性和融资流动性并非独立存在，彼此之间相互影响、相互作用，共同推动金融系统的不断演化。目前，有些学者开始关注三者之间的内在联系，如 Brunnermeier 和 Pedersen（2009）将资产流动性与融资流动性同时纳入理论模型中，分析了危机时刻金融机构由于自身面临更大的融资

---

① 欧洲美元三月期利率与美国国债三月期的利率差值（the difference between the rates of the three months Eurodollar and the three months US treasuries）。

约束,容易引发"流动性螺旋"现象;Chiu 等(2012)利用交易所交易基金(exchange trde funds，ETF) 市场研究了次贷危机中融资流动性与股票流动性之间的关系;Florackis 等（2014）建立计量模型分析了微观流动性、宏观流动性和股价之间的关系;Antinolfi 等（2015）分析了在不同市场流动性水平下质押式回购与资产折价销售之间的关系。国内学者也进行了类似研究:孙彬等（2010）利用 Engle（2002）构建的 MVGARCH 模型分析了融资流动性与市场流动性之间的动态相关性;彭小林和龚仰树（2012）指出货币流动性与市场流动性呈现较弱的动态负相关关系;陈筱彦等（2010）从理论上分析了美国次贷危机中,融资流动性、货币流动性、交易流动性三者之间是如何相互作用和传导形成恶性循环,最终引发全面的流动性危机;张晓玫和弋琳（2013）以 2013 年我国银行业"钱荒"事件为背景,分析了货币空转与银行间市场流动性之间的内在联系;Qian 等（2014）提出融资流动性假说,利用我国 1995~2012 年的数据分析了流动性共性问题,并指出市场衰退和波动会加剧流动性共性。可见,理解不同维度流动性之间的相关结构是分析金融系统中流动性螺旋和流动性共性问题的突破口。当前大多文献仅关注流动性维度的某一个或两个方面,很少将三个维度统一在一个框架下进行分析,而且大多是针对美国金融市场进行的研究。因此,本书利用 DCC-MVGARCH 模型深入分析标准化后的货币流动性、市场流动性和融资流动性三者之间的动态相关结构。

　　准确测度金融系统中总体流动性水平是进行宏观审慎风险管理的重要依据,王春峰等（2007）利用主成分分析法构建流动性的统一度量指标,沈虹（2013）分别从流动性成本、流动性波动和到期日三个角度构造了衡量期货市场的综合流动性指标。然而,这些方法一方面要求各变量间的相关性不能太高,选取第一主成分难以涵盖各维度流动性的大部分信息;另一方面,该研究只是针对刻画市场流动性的不同指标来构建一个综合性测度指标,并没有真正考虑流动性的维度特征,也未从整个金融系统视角来分析总体流动性水平的强弱。测度金融系统总体流动性水平的最简单思路是将这三个维度的流动性进行加总或平均,但这样就难以刻画不同时刻不同维度流动性之间的相对重要性。因此,本书结合集成预测方法（李爱忠等,2013）,基于多维度流动性之间的动态相关系数和熵值法计算每个维度流动性的时变集成权重,从而构建多维度流动性的集成度量模型。流动性的状态变化往往与货币政策的调整密切联系,如方舟等（2011）从货币政策入手,利用 MS-VAR 模型研究了货币政策影响股票市场流动性的不对称性问题。本书将该问题进一步细化,根据货币政策的取向将样本期分为危机前的稳健、从紧、危机中的适度宽松和危机后的稳健四个阶段,从金融系统角度分析总体流动性（而非单一的市场流动性）的状态如何随着货币政策的调整而不断变化。

2.2 流动性冲击影响金融系统稳定的研究现状

流动性冲击威胁金融系统的健康发展，必然对金融系统的稳定性产生负面影响。关于流动性冲击影响金融系统稳定的文献主要分为三类：第一，金融系统不稳定中的流动性问题；第二，流动性周期影响金融系统稳定的研究；第三，从行为金融学视角分析流动性与金融系统稳定的关系。

2.2.1 金融系统不稳定中的流动性问题研究

很多文献指出股票和债券市场流动性都在金融市场低迷时期严重下降。当金融系统不稳定时，市场因丧失部分功能导致市场中资产价格偏离均衡位置，流动性根据价格的偏离情况也发生相应问题。当金融市场低迷时，投资者由于担忧资产的未来价格进一步下跌，采取不投资或少投资的策略，因此流入市场的资金量减少，市场流动性短缺或匮乏现象从而显现；当金融市场过热时，投资者对未来预期看好，将多余的资金全都投入市场，造成流动性过剩。Pastor 和 Stambaugh（2003）在对美国股票市场流动性的研究中发现，他们所构建的用以说明价格短暂变化的总体流动性指标伴随着指令流的最大下降幅度都发生在 1987 年 10 月，这正是金融市场崩溃的月份；Liu（2006）研究发现，在美国股票市场历史上，市场流动性在 1972~1974 年所经历的经济不景气期间出现了最为明显且最大幅度的下降，而在 1987 年 10 月勃发的金融危机期间也经历了大幅度且持续下降。从 Liu（2006）提出的两类流动性指标 ALM12 和 LIQ 来看，1997 年的亚洲金融危机、1998 年的俄罗斯债务危机和 LTCM 破产都导致美国股市出现了严重的流动性不足问题；Barnhill 和 Schumacher（2011）同时研究了美国国债市场和公司债市场的流动性，并选取了买卖价差、交易量、交易频率和债券年限作为流动性不同的评价指标，然而由于他们没有区分金融市场极端危机与一般危机，得到相反的结论；Hui 等（2009）在研究 2007~2009 年的金融危机时也指出，危机期间全球金融市场流动性明显下降。

从已有文献可以看出，流动性通常在市场低迷时降低，而在经济萧条以及金融危机的爆发等极端事件下，甚至会出现流动性枯竭现象。总之，理论研究和实证检验都表明金融系统不稳定会促使流动性危机的产生，金融系统不稳定时流动性的状态变化对金融危机的预警具有十分关键的作用。目前国内外有关金融系统不稳定是如何促使流动性危机形成，在流动性危机的形成和蔓延过程中起到何种作用等方面的研究还很少。

2.2.2　流动性周期影响金融系统稳定的研究

流动性周期作为影响宏观经济和金融系统稳定的重要因素日益受到人们的高度重视，学术界目前对其还没有一个统一的明确定义和说明，关于流动性周期问题的研究文献尚不多见。国外的相关研究多是将流动性与商业周期、银行资产负债表联系起来（Bigio，2010；Shi，2012；Kiyotaki and Moore，2012），较少有专门就流动性周期进行细致深入的分析，即使提及流动性周期，也只是将其限制在某一特定情境或市场条件下，如 Foucault 等（2013）的研究主要针对电子限价订单市场，他们把流动性周期定义为证券从报价到成交完成的市场时间频率。国内学者的相关研究主要集中在流动性周期与经济周期的关系问题，以及引起流动性周期变动的影响因素方面。卜永祥（1999）较早对我国货币流动性周期变动及成因进行了全面分析，他总结了三种货币流动性的度量方法，即存量比、增量比和增长率之差，并分别以其作为指标，发现我国货币流动性与经济周期波动呈现强关联，剔除市场冲击、利率等因素，认为实物经济总需求的扩张和收缩是导致流动性周期变动的主要原因。刘喜和（2010）以银行和金融机构的信贷规模衡量美元流动性，证明了美元流动性周期变化与美国经济增长的周期特征具有高度相关性，美元流动性周期会促进世界经济增长和通货膨胀。万志宏（2012）认为流动性周期是推动经济周期的重要因素，并且存在自身的周期规律，一个完整的流动性周期分为流动性创造、流动性扩张、流动性过剩、流动性逆转和流动性紧缩五个阶段。

货币流动性与物价水平间的关联研究一直是金融学术领域的研究重点，经典的弗里德曼货币学派认为货币供应量是物价水平发生变动的根本原因，通货膨胀实质就是一种货币现象，该理论强调了货币和物价的同向联动关系。目前就货币流动性与物价水平间的关系问题，存在两种主要结论和观点。第一种结论证实了货币学派的思想，认为货币流动性过剩导致物价上涨。Ansgar 等（2009）以全球名义货币量与全球 GDP 动性指标，对美国、欧洲、日本等 11 个经济合作与发展组织（Organization for Economic Co-operation and Development，OECD）主要成员 1970~2008 年的季度数据进行了分析，发现流动性确实是决定物价波动长期走势的关键因素，并且该结果具有很强的稳健性。Dreger 和 Wolters（2010）用 M3 作为货币流动性的代表指标对欧洲地区的通货膨胀进行预测，将超额流动性定义为真实货币量与基本货币需求的差额，如果用超额流动性作为估计方程，货币性指标对通货膨胀的预测是有效的，即货币流动性与物价间存在正相关关系。国内相关学者主要集中在我国 2000 年以来货币供应量增速较快，而物价却没有出现明显上升的"货币消失"问题上。虽然现实中确实存在"货币消失"现象，但范志勇（2008）、盛松成等（2008）和李斌（2010）等学者仍然认为物价水平上涨的背后必然有货币流动性失衡的影响。范志勇（2008）认为之所以存在"货币消失"现象主要是由于货币供给存在滞后性，货币流动性过剩需要较长时间才能传导给物价；盛松成等（2008）通过对1980年以来我国市场数据的整理分析，指出货币流动性与物价间存在显著的正相关关系，并且货币流动性的变动要领先于物价变动三个月以上。同时盛松成等（2008）认为"货币消失"现象与总供给对总需求的敏感性变化、要素自由流动障碍减少、进口增加、主要行业产能扩张以及资产市场吸收大量流动性有关。第二种结论认为货币流动性与物价间没有直接因果关系，流动性过剩并不会导致物价上升。罗忠洲（2007）以20世纪80年代中后期的日本为研究对象，发现虽然这段时期内日本货币供应量高速增长，市场上流动性旺盛，但是物价水平却表现出一路下跌趋势，甚至出现零增长，主要是大幅升值的日元和资产价格与服务性价格联系中断两方面引起的。Baumeister等（2008）的研究则显示不同经济环境和流动性过剩的不同表现形式（M1，M3~M1，贷款）使超额流动性对物价水平的动态影响不同。

从以往的文献可以看出，选择长时期的欧美国家数据对流动性和物价关系进行研究往往能得到肯定的结论，而当研究中国数据时就可能出现反面结论。中国处于经济体制的转型时期，特殊的社会背景是否确实阻断了货币流动性与物价之间的关系？此前学者们对其研究多是从某一时点的流动性和物价考虑，忽略了其变动的整体性。谱分析方法正是从波动的整个周期角度出发，考察序列与序列整体的变动关联性。例如，周潮和芦国荣（2013）利用谱分析的方法研究了经济周期与金融周期全域的关联关系；张兵（2012）利用交叉谱考察了日本内外需周期对整个经济周期的影响，张潮（2013）和张兵（2012）的应用研究效果表明谱分析方法能够很好地弥补先前研究只注重时点而忽略整体的不足。本书就是从流动性周期角度出发，采用谱分析的周期研究方法，从波动的整个过程来探究货币流动性周期的特征，并运用交叉谱方法探究其与物价水平间的关联，无疑对研究货币流动性周期与物价波动间的相关关系具有重要的理论意义和应用价值。

2.2.3 基于行为金融学视角的流动性与金融系统稳定的关系研究

早期从行为金融学视角分析流动性与金融系统稳定之间的关系主要侧重分析影响投资者行为的因素及其对金融市场的影响，如Kahneman和Tverskey（1979）在行为金融市场理论中提出前景理论（prospect theory）；Hirshleifer等（1994）通过构建的"羊群行为"（herd behavior）模型来刻画投资者个体追随群体决策的现象。同时，投资者行为也会受到其信息认知水平的影响。例如，投资者的"保守性偏差"和"选择性偏差"会导致投资者对市场信息"反应不足"或"反应过度"（Barberis et al.，1998）。投资者对掌握信息的过度自信和有偏的自我归因（self-contribution）则使他们对个人信息反应过度，对公共信息反应不足（Daniel et al.，1998）。国内学者李心丹等（2002）、郑振龙和孙清泉（2013）指出我国股票市场中的投资者行为不仅存在过度自信还具有过度交易与偏好彩票性质等特征。市场流动性反映了金融市场中资产以合理价格迅速变现的能力，与资产价格、收益率、换手率、订单流（order folow）和金融风险等金融变量关系密切，是一个多维度的概念。Amihud 和 Mendelson（1986）、Amihud（2002）提出流动性溢价理论，并使用非流动性指标来刻画金融市场深度，从而建立市场流动性与预期收益之间的联系。其他测度市场流动性的指标还有买卖差价（bid-ask spread）、换手率、订单流等，但都比较片面，没有像非流动性指标那样能够兼顾时间尺度和价格尺度双重因素来刻画市场流动性的强弱。因此，本书选取 Amihud（2002）所构建的非流动性指标作为市场深度指标，从金融系统稳定的角度分析投资者交易行为的因素（如投资者情绪、信息认知水平等）对市场流动性的影响。

　　事实上，直接利用行为金融学研究流动性与金融系统稳定之间关系的文献相对较少，大多是从投资者情绪角度分析其与金融市场和金融资产之间的内在联系。例如，Chung 等（2012）分析了经济扩张和衰退时期投资者情绪对股票收益率的非对称预测能力；Chen 等（2013）基于最新的面板门限模型，通过引入区制因素分析了局部和全局投资者情绪对行业股票收益率的非对称、非线性效应。类似研究还有 Corredor 等（2013）、Dergiades（2012）、Finter 等（2012）、刘维奇和刘新新（2014）等。鉴于股票收益率与市场流动性之间的密切关系，这些成果为本书进一步分析投资者行为、市场流动性与金融系统稳定的相互联系提供了很好的分析视角和研究工具。当然，仍有一些文献对三者的关系做了一些讨论，但大多是从总体上注重策略选择层面或金融市场特征方面进行分析的。参与交易的投资者形成了股票市场基本的流动性，投资者行为主要从投资者层面（Oh et al.，2008；Phansatan et al.，2012）和交易层面（Consiglio and Russino，2007；Bae et al.，2006）两个方面来影响股票市场流动性的强弱。其中，McNally 和 Smith（2011）发现，采用回购的交易方式能够使当天的标的股票价差减小、深度增加，并且 70% 的限价回购订单为限价指令簿提供了流动性；Liu（2015）研究了股市流动性的时变特性是否与投资者情绪有关，指出投资者情绪与市场流动性之间存在 Granger 因果关系，当投资者情绪高涨时市场流动性越强。

　　王丹枫和梁丹（2012）、蔡庆丰等（2011）从投资者情绪与羊群行为等视角来研究投资者行为和市场流动性之间相互影响的过程；孔东民等（2015）考察了机构持股、流动性以及二者的交互项对信息效率的影响。然而，这些研究缺乏技术层面和监管层面的指导意义，也无法满足实际金融市场中对交易行为和流动性监管的要求。因此，需要建立一个更加细致、科学的理论框架来分析投资者行为的内在因素（如投资者情绪、信息认知水平和投资者类型等）对市场流动性的影响机制。值得注意的是，Baker 和 Stein（2004）、Baker 和 Wurgler（2007）等学者提供了一个基本的分析框架，他们将投资者情绪、市场流动性和股票收益放在一个框架中进行分析，用投资者情绪作为市场流动性指标来解释市场流动性与股票收益率之间的负相关关系。但是并没有具体分析投资者情绪与市场流动性的区别和联系，也没有讨论投资者行为如何影响市场流动性。另外，自 2010 年中国开始试点融资融券业务以来，卖空约束成为影响中国投资者行为和流动性的重要因素。例如，古志辉等（2011）研究了卖空约束下资产定价泡沫的成因，认为异质信念和过度自信分别对价格泡沫有推动和抑制作用；李科等（2014）以融资融券制度为背景分析了卖空限制与股票错误定价的关系；才静涵和夏乐（2011）以中国香港市场为例，研究了引入卖空制度后，个股的交易活跃程度、流动性、波动性与信息不对称的变化。国外关于卖空约束的类似研究还有 Henry 和 McKenzie（2006）、Boulton 和 Braga-Alves（2010）等。因此，如何将卖空约束嵌入所构建的理论框架中成为本书的另一个研究重点。

对市场参与者的交易行为与流动性的相关性研究主要集中在实证分析上。例如，杨朝军等（2009）借助 SVAR 模型研究不同类型投资者的市场交易行为对流动性的作用，结果显示，个人投资者为市场流动性做出了主要贡献，其交易行为对流动性存在正效应。童元松（2014）从横截面角度实证发现机构持股比例与股市流动性呈反向变动的关系。在对流动性与知情交易者相关性的研究方面，周强龙等（2015）利用基于非参数估计的交易量同步知情交易者概率（volume-synchronized probability of informed trading，VPIN）方法测算知情交易的概率水平，研究证明知情交易概率的提高会对流动性交易者发生逆向选择并对市场质量产生负面影响，也有学者采用生存分析理论建立高频交易强度模型，得到随着交易量的增加知情交易强度增大，且对高流动股票来说价差增大会导致知情交易强度增加的结论（张强等，2013）。

事实上，关于投资者行为、市场流动性影响金融系统稳定的研究才刚刚起步，投资者行为、市场流动性以及资产价格之间的影响关系目前缺少一个系统性的理论框架。在研究内容上，引起投资者交易行为的要素涵盖了投资者情绪、交易策略和风险偏好等，而流动性的研究则涉及单个股票流动性到资本市场流动性等。在研究指标上，概念划分的模糊性导致了被部分文献用来表示投资者行为的如换手率、交易频率等，在另一些文献中被用来表示市场流动性，从而导致了结论的不一致性。

鉴于此，本书在前人研究的基础上，旨在建立一个包含投资者情绪、风险偏好、信息认知水平和交易者类型等投资者行为因素和无做市商、卖空约束等制度因素的理论框架，进而分析投资者行为、市场流动性影响金融系统稳定的作用机制。本书相对已有研究的贡献在于：第一，在 Baker 和 Stein（2004）、Baker 和 Wurgler（2007）等研究的基础上，引入无做市商、卖空程度参数等制度约束和市场流动性的理论指标，以资产价格变动和订单量变化为中间变量，以跨期分析和最优化方法建立投资者的交易行为作为市场流动性的数理模型；第二，大多数实证文献主要研究投资者情绪对股价波动和预期收益率等经济变量的影响，本书基于我国开展融资融券业务的制度背景，从不同投资者情绪水平（高、中、低）视角实证检验了投资者行为、卖空约束对市场流动性的影响；第三，基于实证分析结果，针对我国当前股票市场中流动性存在的诸多问题，提出了一系列的政策建议。

2.3　金融系统流动性状态转换机制及其变点检测的研究现状

2.3.1　欧美主权债务危机的流动性成因及流动性变点检测研究

欧美主权债务危机对各国实体经济和全球金融市场产生了严重影响，近年来众多学者对危机的形成原因和由此带来的流动性冲击进行了深入研究。

关于主权债务危机的形成原因，国内外学者从多个角度进行了阐释。Muellbauer（2008）将主权债务危机爆发的原因归结为落后的经济模型，中央银行依据不适当的模型来制定政策必然会导致不良后果。BIS（2011）年度报告中指出，欧美债务危机爆发的深层次原因主要有危机国各国经济部门间发展的不平衡、经常账户和资本与金融账户的不平衡带来的巨额国际资金流动，金融市场流动性的变化对经济体主权债务危机的形成有重要影响。Lane（2012）和 Vause 和 von Peter（2011）认为欧洲主权债务危机起源和传播的根源是欧元设计上的缺陷，在银行联盟和其他缓冲机制缺失的情况下，对货币联盟的理解尚不够全面。为衡量主权债务危机的风险溢出效应，Aizenman 等（2015）运用事件研究方法分析了欧元区债务危机对发展中国家金融脆弱性的影响，发现全球金融危机对发展中国家股票和债券市场的报酬率有抑制作用。Ciccarelli 等（2012）调查研究了欧元区宏观经济与金融联系的差异性和溢出效应，发现溢出效应很显著，对任意给定国家金融变量上的负面冲击，会对欧元区所有国家造成影响，若冲击源于德国或者美国，影响会更剧烈。国内学者对主权债务危机形成的原因也开展了诸多研究。余永定（2010）认为，希腊的主权债务危机源于高福利制度下的财政状况恶化和贸易逆差加剧以及欧元区仅有货币同盟而缺少财政同盟等原因。蒙剑和马涛（2011）从激励相容失灵的视角分析了欧美主权债务危机的起源和发展，认为欧美地区的国家政府为取悦民众建立的高福利社会保障制度导致了国家财政的过分透支，信息不对称和缺乏监督使西方政党往往为自己的利益而隐瞒财政赤字，滥发债务。张文汇（2012）分析认为金融危机时期的过度救助、全球经济缺乏新的增长点和当前国际货币体系存在的缺陷是引起危机的主要原因。谢地和邵波（2012）认为主权债务危机实质上是美国次级债务危机的延续，危机爆发的深层次经济政策根源是凯恩斯主义经济政策下政府过度的经济干预。

聚集流动性是金融市场进行资源配置的重要功能，流动性的好坏是金融市场是否有效的重要体现，此次欧美主权债务危机更多地表现为金融市场流动性危机，因此很多学者就流动性和金融市场稳定之间的关系进行了研究。Alessi 和 Detken（2009）、Landau（2011）、Brunnermeier 等（2012）构建了流动性度量指标。Segoviano 和 Goodhart（2009）、Fender 和 McGuire（2010）构建了金融市场稳定指标。Razin 和 Serechetapongse（2010）从信息有效性角度探究了流动性对股价的影响。Li 等（2011）构建了数学模型，就流动性与错误定价之间的关系进行了理论分析。Lagos 等（2009）则着重考察了金融危机中流动性对场外交易市场（over the counter，OTC）的冲击。昌忠泽（2010）基于美国次贷危机描述了流动性冲击如何将次贷危机演变成全球性的大危机，并指出有效管理流动性的必要性。陈君兰等（2010）研究发现因各国金融管制放松提高的国际资本流动增强了市场间的信息传递，会加剧市场间的流动性冲击。宋学红（2012）从外汇市场、国际资本流动和银行体系三个方面分析了欧元区主权债务危机给全球金融市场带来的流动性冲击。陆凤彬和洪永淼（2012）从信息时变的视角研究了流动性的冲击效应，文凤华等（2013）基于信息流研究了股票市场流动性溢价的影响和波动。国内学者还进一步研究了金融市场流动性的测度。例如，刘晓星和方磊（2012）、朱小斌（2007）、韩国文和杨威（2008）构建了我国股票市场流动性的度量体系；刘晓星等（2011）通过构建 EVT-Copula-CoVaR 模型实现了对单个股票市场流动性溢出效应的有效测度；才静涵和夏乐（2011）研究了流动性信息不对称问题；王爱俭等（2013）分析了国际资本流动性对我国的影响；叶五一和缪柏其（2009）用阿基米德 Copula 的变点检测方法对不同国家股票指数收益率相依结构进行了检验，验证了金融危机的传染；张虎等（2011）基于惩罚对照函数，对我国上海证券综合指数（简称上证综指）收益率的波动进行波动结构变点检测，验证了结构突变与经济事件的联系。

已有研究较好地阐释了欧美债务危机的原因，但围绕债务危机的流动性冲击进行多层次、全方位分析的研究不多，尤其是关于导致金融市场流动性变化的变点检测研究目前极少发现。流动性是金融系统的血液，而流动性冲击在欧美债务危机中又起到了关键作用。变点检测是对样本分布或者数字特征的突然变化进行检测，而且国内外对变点检测的已有研究主要针对一维数据的多个变点进行检测，极少考虑国家间的联动效应。因此，本书结合全球主要国家的证券市场在欧美主权债务危机期间的运行状况，构建流动性测度指标体系，然后基于股票市场进行流动性冲击的变点检测，揭示流动性冲击变点的内在机理。

2.3.2 金融市场中流动性的状态转换机制研究

我国金融市场发展尚不完善，监管缺失、信息不对称和投资者普遍非理性等因素的存在导致金融市场呈现出较明显的"新兴+转轨"的特征。一方面会使市场流动性容易受到制度、政策变迁以及重大金融事件等因素的影响，另一方面会引发市场流动性产生结构性变化，其状态呈现阶段性波动规律。

传统的线性模型和线性平稳假设已难以描述市场流动性这种阶段性波动规律。马尔可夫机制转换（Markov switching，MS）模型作为经典的非线性模型，能够有效地刻画市场流动性在不同状态之间相互转换的演化过程。Hamilton 和 Susmel（1994）、Cai（1994）最早将 MS 模型与金融时间序列的波动异方差模型相结合建立了 MS-ARCH 模型，具有开创性的意义。为了避免方差存在路径依赖和模型参数难以估计等问题，Gray（1996）提出对滞后的方差取条件期望。随后，Klaassen（2002）、Marcucci（2005）在 Gray（1996）提出的模型的基础上做了进一步改进，在方差项中引入更多信息。目前，关于 MS 模型和波动率模型相结合的研究主要分为两类：一类是对传统的 MS-ARCH 模型进行扩展并提出一系列的参数估计方法，如 Baumens 等（2014）利用边缘似然方法和 PMCMC（Particle MCMC）方法来估计 MS-GARCH 模型与 CP-GARCH 模型；Augustyniak（2014）通过蒙特卡罗最大预期算法来克服最大似然估计方法无法解决 MS-GARCH 模型的路径依赖问题；Jammazi（2012）将小波分析与多元 MS-GARCH 模型相结合分析了原油价格冲击对股票收益率的影响；江孝感和万蔚 （2009）提出了 MS-GARCH 模型波动持续性的估计方法；魏立佳（2013）运用马尔可夫链蒙特卡罗（Markiv Chian Monte Carlo Simulation，MCMC）对 t 分布误差的 MS-GARCH 模型进行参数估计，并以此来分析机构投资者、股权分置改革与股市波动性之间的关系；朱钧钧和谢识予（2011）应用 MCMC 方法估计了上证综指的 MS-TGARCH 模型，并得出中国股市的波动率存在双重不对称性。另一类是应用方面，如 Cifter （2013）运用 MS-GARCH 模型预测电力价格的波动；Aloui 等（2015）利用两状态的 MS-EGARCH 模型分析了海湾合作国家（Gulf Cooperation Council，GCC）中伊斯兰股票与伊斯兰债券之间的相互联系；李小平等（2012）利用 MS-GARCH 模型分析了金融危机前后不同经济特征的国家或地区的货币汇率波动转换特征。

上述文献较好地阐述了 MS-GARCH 及其扩展模型的参数估计问题以及在经

济领域的应用，但在分析市场流动性的状态转换机制方面研究相对较少，只有张志鹏等（2008）、石春霞等（2013）分别对宏观流动性失衡现象、市场流动性的体制转变及政策效应做了一些研究。本书与已有研究最大的不同具体如下：第一，考虑了市场流动性具有较强的自相关性，将 AR（autoregressive）模型与 MS-GARCH 模型相结合来分析市场流动性的状态转换机制；第二，通过对市场流动性的状态划分，建立了其"低—高"波动状态与其"强—弱"程度之间的内在联系；第三，研究了市场流动性在不同状态之间转换的非对称性，基于平滑概率构造检测指标有效地识别了市场流动性的突变点，并分析了引发市场流动性结构性变化的可能原因。因此，本书旨在通过揭示市场流动性的状态转换机制和识别其突变点的时点、方向及其可能的诱因，为监管部门制定相关防范措施，合理监控市场流动性的状态演变，为维护金融系统的稳定和发展提供参考。

2.3.3　金融市场投机泡沫的流动性问题研究

国内外文献主要从理论和实证两个方面研究金融市场中的泡沫问题。在理论研究中，早期最经典的是 Blanchard（1979）提出的理性泡沫模型，建立了价格在较长时间内偏离价值的理论框架，之后 Weil（1987）在世代交叠经济模型中证明了资产价格泡沫的存在性，说明当经济是无效时可能存在泡沫。理性泡沫模型假定金融市场是有效的，并且投资者可利用一切可得到的信息对市场做出理性预期，认为即使在存在理性预期的情况下，仍然可能形成正反馈机制，推动泡沫价格的形成。由于理性泡沫模型的假设与市场实际情况相差甚远，所以泡沫理论研究的后期主导是以行为金融学为框架的非理性资产价格泡沫模型，如 Allen 等（1993）、Abreu 和 Brunnermeier（2003）等。其中，Scheinkman 和 Xiong（2003）揭示了连续时间下过度自信和投机泡沫之间的关系，Hong 等（2006）在过度自信和投机泡沫的模型中引入资产可流通量，研究其对泡沫的作用，Jlassi 等（2014）对过度自信和市场波动进行了实证研究。但是，已有文献缺乏过度自信影响投机泡沫的实证分析，故本书选择合适的泡沫和过度自信的度量指标，对其进行检验。

在实证研究中，对于泡沫的分析有间接检验和直接检验两种方法。前者不计算泡沫的具体大小，从股价或收益率等代理变量的分布特征来检验泡沫，采用了一些数学表达式做简化检验，如方差界检验、持续期检验等，偏离了检验泡沫的初衷，有效性受到质疑。后者设定一个具体的泡沫运动过程，计算出泡沫的具体大小，构建合适的计量经济模型，对解释变量的参数进行显著性检验，其理论背景和意义更深厚，故本书主要关注直接检验法。最基本的直接检验法是 Hamilton（1988）提出的马尔可夫区制转换模型，将泡沫分成两种状态，假定转移概率是与泡沫特征无关的常数（称为 Hamilton 模型）。不少学者对其进行改进，van Norden 和 Schaller

（1993）利用多伦多股市验证泡沫在状态之间的转移概率和股票价格偏移基础价值的大小有关，提出一种非 Hamilton 式的两区制转换模型（称为 VNS 模型），类似工作还有 van Norden（1996）、van Norden 和 Vigfusson（1998）、赵鹏和曾剑云（2008），更加说明区制转换模型是研究泡沫的有效工具。

两区制的设定虽然取得了良好的实证效果，但有学者提出股市泡沫在膨胀之前存在一定的潜伏阶段，认为三区制模型的设定比两区制更加符合实际，Brooks 和 Katsaris（2005）通过引入一个稳定增长的泡沫潜伏区制将 VNS 模型扩展成一个非 Hamilton 式的三区制转换模型，并引入超额收益率和异常交易量两个新的变量，对 S&P500 股指泡沫调整做了区制识别，取得了良好的实证效果。也有一些学者在 VNS 模型的基础上，尝试加入其他变量来考虑影响股票价格泡沫的其他因素，如 Nneji（2015）、Paresh 等（2013）、陈国进和颜诚（2013）。上述泡沫区制转换模型最终都呈现为收益率作为因变量，泡沫和其他影响因素作为解释变量的形式，仅有 Nneji（2015）在区制方程中引入流动性变量进行实证分析，还没有关于流动性对泡沫作用机制的理论研究文献，且在已有实证研究中，并没有把流动性加入区制转移概率方程中，所以本书将流动性加入转移概率方程中来分析其对泡沫区制转换的解释能力。

过度自信与市场流动性对资本市场的影响一直是学者研究的热点，过度自信和投机泡沫的关系只有理论分析，缺乏实证检验，而市场流动性对于股市泡沫的影响没有系统的理论分析，现有的实证研究文献也很少。鉴于此，本书首先理论推导过度自信和市场流动性对股票市场投机泡沫的影响，其次构建变量扩展的时变转移概率马尔可夫区制转换模型对中国沪深股市投机泡沫进行实证研究。与现有文献相比，本书的主要贡献如下：①建立投资者过度自信、市场流动性对股市泡沫影响的理论分析框架；②对中国股市投机泡沫和投资者过度自信指标分别运用误差修正模型和动态回归模型来提取，估计效果良好；③将投资者过度自信和市场流动性放入三区制转移概率方程中，从而可以从经济学角度实证分析这两个变量对股市在不同区制转换中的解释能力。

2.4　流动性冲击金融系统稳定的传导扩散机制研究

2.4.1　不同层次流动性冲击金融系统稳定的传导扩散研究

一系列金融危机事件表明不同层次流动性间的传导显著放大了危机的扩散效

应，尤其是融资流动性和市场流动性之间的联动效应所构成流动性循环，对金融系统稳定性产生了重要影响。近年来，国内外众多学者从理论和实证两方面对不同层次流动性间的传导机制进行了深入研究。

对于流动性的分类及其相互关系，国内外学者众说纷纭，Baks 和 Kramer（1999）将流动性区分为市场流动性和货币流动性，并提出货币流动性先于市场流动性的观点。Adrian 和 Shin（2008）则主要分析了金融系统的流动性或银行流动性。实证方面，Florackis 等（2014）建立计量模型分析了微观流动性、宏观流动性和股价之间的关系，发现基于微观流动性构建的英国股票资产组合收益与宏观流动性之间存在强相关性，并且在金融危机前后发生显著改变，由负相关变为正相关，说明资产组合的流动性越高，宏观流动性冲击对其收益的影响就越大。彭小林和龚仰树（2012）分析了货币流动性影响股市流动性的内在机理，从时点的冲击效应和时段的动态相关性两方面实证发现在经济波动较大的时期，两者相关性显著提高。

融资流动性作为机构流动性的重要组成部分，对其概念进行合理界定是研究融资流动性的度量方法及其与市场流动性关系的前提。孙彬等（2010）认为融资流动性是缺乏资金的金融机构通过各种融资途径（内部或外部）获取资金的难易程度。Drehmann 和 Nikolaou（2013）将融资流动性定义为及时清偿债务的能力，但二者的定义尚不够全面和客观。Brunnermeier（2008）、Brunnermeier 和 Pedersen（2009）建立了资产的市场流动性与交易者融资流动性之间的理论模型，并利用仿真模拟发现交易者提供市场流动性的能力取决于他们的融资能力。反之，交易者的融资流动性又取决于资产的市场流动性，在特定条件下两者会相互加强形成流动性螺旋，从而解释了金融危机时期流动性突然消失的现象。Haan 和 van den End（2013）指出金融市场动荡导致了大规模的融资流动性问题，对银行应对市场融资冲击进行了实证分析，并利用面板向量自回归（panel vector autoregressive，PVAR）方法对银行流动性管理工具之间的动态关系建模。Qian 等（2014）提出了融资流动性假说，以中国 1995~2012 年的数据分析了流动性共性问题，结果表明市场衰退和波动增加会加剧流动性共性。Chiu 等（2012）利用 ETF 市场研究了次贷危机中融资流动性和股票流动性的关系，发现融资流动性的短缺会进一步导致买卖价差扩大、市场深度减小，即股市流动性的降低。国内学者陈筱彦等（2010）从理论上分析了美国次贷危机过程中，融资流动性、货币流动性和交易流动性三者之间是如何相互作用与传导形成恶性循环，最终引发全面的流动性危机。然而这些文献多是将融资流动性单纯地看做银行体系的流动性，或是从某一个具体市场来分析融资流动性与市场流动性的关系，缺乏从系统地角度进行研究。本书则基于流动性循环视角系统地阐释了融资流动性与市场流动性之间的理论传导机制，以及不同层次流动性如何进行交叉传导和扩散，从而影响整个金融系统的稳定发展。

2007 年始于美国的次贷危机是典型的流动性危机，Hesse 等（2008）运用 2007 年次贷危机的数据考察了 ABCP 市场融资流动性、银行融资流动性与债务市场流动性之间的冲击传导过程。杨雪峰（2014）从理论上研究了流动性从过剩到危机的形成机理，并对 2008 年美国的次贷危机和 2013 年 6 月中国的流动性危机等案例进行分析，认为不同层次流动性在某一时段存在非一致性。本书也以次贷危机为背景，分别选择 ABCP 市场、信贷违约互换（credit default swap，CDS）市场、银行同业拆借市场的流动性作为融资流动性的代表，从而构建融资流动性指标；以股票市场流动性作为市场流动性的代表，参考 Amihud（2002）构建的非流动性指标来衡量市场流动性的强弱，利用美国纳斯达克指数数据构建 DCC-MVGARCH 模型分析多维度融资流动性与市场流动性之间的动态相关关系。

2.4.2　不同渠道流动性冲击金融系统稳定的传导扩散研究

市场流动性对金融系统稳定的影响是经济金融领域的一个重要课题，相关的研究文献也比较丰富。Amihud 等（1990）首先提出市场流动性可以是市场衰落的驱动力，他们认为 1987 年的股票市场大暴跌至少可以部分地被投资者关于市场流动性的预期来解释，指出按照 Amihud 和 Mendelson（1986）市场流动性的定价，投资者对市场流动性预期的下降会导致股票价格的下跌。Rösch 和 Kaserer（2014）也检验了在金融危机时期市场流动性的动态和驱动因素，指出当股票市场衰落时，市场流动性会受损，暗含了市场和流动性风险之间的正相关关系，并证实市场流动性是金融传染的推动力。但是，近来也有研究指出，市场下跌可以看做流动性的驱动力。例如，Chordia 等（2001）利用 1988~1992 年纽约证券交易所（New York Stock Exchange，NYSE）股票市场的一组样本发现，市场流动性受市场收益率的影响，指出买卖价差对市场收益率做出不对称的反映，在下落的市场时期显著增加，而在上升的市场时期只有少量的下降。此外，Liu（2006）利用多种不同的市场流动性指标，指出美国股票市场的流动性会受到重大的经济和金融事件的影响，如 1972~1974 年的经济萧条、1987 年股价暴跌、1997 年的亚洲金融危机、2000 年的科技泡沫等。Lesmond（2005）通过分析 1993~2000 年的 23 个新兴金融市场说明，和其他流动性指标一样，买卖价差在亚洲金融危机和俄国危机时间急剧下降。类似的研究还有 Yeyati 等（2008）、Hameed 等（2010）。Næs 等（2011）从一个更加一般的视角，讨论了商业周期和市场流动性的关系，利用美国 1947~2008 年的 NYSE 股票市场普通股样本和 1998~2008 年的挪威证券交易所的数据，指出股票市场流动性在经济低迷时期趋于枯竭。以上研究表明，市场流动性和金融稳定之间的存在随时间变化的关系，需要进一步分析二者之间的动态效应。

关于金融稳定的影响因素及代理指标的研究，传统的观点认为价格稳定会产生金融稳定，Schwartz（1995）从宏观和微观两个角度阐释了金融稳定与资产价格稳定的正相关关系，Borio 和 Lowe（2002）支持此观点。V. Chirilă 和 C. Chirilă（2015）采用 Baur 和 Schulze（2009）对金融市场稳定性的定义，利用分位点回归在正常和极端市场条件下，分析了金融市场的稳定性。Blot 等（2015）也探讨了价格和金融稳定之间的关系，以及一些宏观和货币变量对这个关系的影响，利用动态相关系数（dynamic conditional correlation，DCC），反对价格稳定和金融稳定的正相关关系，指出相关关系不是在整个时间段内稳定的，而是随时间变化的。测度和评估金融稳定水平的技术方法有多重，最近常被人们探索的是综合指数方法，通过某种程序和方法将若干基础指标进行合成得到一个综合指标，以此反映金融稳定这样的复杂的总体现象。由于构建方法和指标体系等方面存在不同的理解和选择，因此，文献中出现形形色色的金融稳定综合指数，如金融压力指数（financial stress index，FSI）（Illing and Liu，2003）、金融脆弱性指数（Nelson and Perli，2007）、金融稳定状况指数（financial stability conditions index，FSCI）（van den End，2006）、银行稳定综合指数（Gersl and Hermanek，2007）和综合金融稳定指数（Albulescu，2009）。其中，首创的金融稳定状况指数能够用少数几个指标涵盖几乎整个金融体系，并且是对人们所熟悉的金融状况指数的一个合理扩展。王雪峰（2010）利用状态空间模型和卡尔曼滤波算法首次构建了中国的 FSC；张庆君（2011）也利用上述方法构建了一个金融稳定状况指数，并将其用于研究资产价格波动与货币政策之间的关系；郭红兵和杜金岷（2014）基于模型及边界检验的协整方法构建中国金融稳定状况指数，并为指数设置上下边界；之后周德才等（2015）从通货膨胀控制目标出发，引进 MI-SV-VAR 模型，选取五个金融变量，构建了灵活动态金融状况指数，并分析它对通货膨胀率的预测能力。基于此，本书对于金融系统稳定变量的选取采用金融稳定状况指数构建中的常用金融价格变量，以此分析流动性冲击对金融稳定影响的渠道效应。

VAR 模型在计量经济分析中有广泛的应用，并在结构性和非线性方向得到很好的发展，结构性方向代表模型有 SVAR、因子扩展向量（factor vector autoregression，FVAR）等，非线性方向代表模型有 MS-VAR 模型、门限 VAR 模型、平滑转换 VAR 模型、TVP-SV-VAR 模型和时变随机波动率结构向量自回归模型（TVP-SV-SVAR）等，其中前三种非线性模型侧重于非线性机制的转换，而 TVP-SV-VAR 和 TVP-SV-SVAR 则能够对模型参数全局的时变性进行有效的检验，尤其是在灵活经济体系中的宏观经济分析中，能够捕捉经济基本结构的时变特征。Korobilis（2013）利用 TVP-SV-VAR 模型扩展了货币政策传导模型的稳定性分析，发现意料之外的货币政策对宏观经济变量（如 GDP、投资、汇率等）有明显的脉冲响应，其传导机制有一定的动态时变效应。Kazi 等（2013）应用时变的 FVAR 分析美国货币政策冲击的国际传导效应，指出资产价格、利率和贸易渠道是货币政策传导的主要渠道。目前国内采用 TVP-SV-VAR 模型进行实证研究的文献非常有限：何诚颖等（2013）利用 TVP-SV-VAR 模型，从异质投资者角度出发，将中国人民银行外汇干预的影响因素纳入资本市场和外汇市场关系的分析范围，考虑汇率和股价之间动态关系及其发生机制；吴丽华和傅广敏（2014）用其研究人民币汇率、短期资本和股票价格三者之间的动态关系的时变性；刘永余和王博（2015）采用 TVP-SV-VAR 针对人民币利率冲击、利率冲击在不同经济环境中对宏观经济的时变影响进行分析。对于流动性和金融系统稳定关系的研究，大部分采用 VAR 模型，进行 Granger 因果检验和静态脉冲响应分析。鉴于市场流动性的时变性，以及对金融稳定影响在经济上升和下滑时期的不同，郭永济等（2014）运用 TVP-SVR 模型对中国 1992~2012 年的季度数据进行估计，表明中国货币流动性对产出、通货膨胀及资产价格的影响随着时间的变迁而具有明显的时变性，流动性冲击对宏观变量影响的时变性依赖经济所处的状态（资产价格繁荣—衰退、经济周期、通货膨胀周期及信贷周期等）。但对于市场流动性冲击金融系统稳定的文献研究中，还没有出现利用 TVP-SV-VAR 模型来检验市场流动性与金融系统稳定之间的动态关系。由于 TVP-SV-VAR 模型一方面能够通过时变系数估计获得变量间不稳定的关系，另一方面通过时变波动性解决模型异方差问题，进而提高模型估计的准确性，因此本书采用 TVP-SV-VAR 对市场流动性与金融系统稳定的动态时变互动效应进行分析。

2.4.3　关于货币政策冲击期货市场流动性的研究

期货市场流动性对于期货品种能否迅速及时达成交易至关重要，适度的流动性为期货市场投资者提供了快速、低成本买卖期货合约的机会。国内外学者针对期货市场从不同角度建立了市场流动性指标。例如，Hasbrouck（2004）通过对带有期货交易发起方向的指令流的估计来衡量期货市场流动性；Lesmond（2005）则以 1987~2005 年 31 个新兴国家的期货市场为样本，用 5 种基于买卖差价的方法测度期货市场流动性。然而，与欧美等期货市场的交易制度和方式存在较大区别，中国期货市场主要是指令驱动市场，没有做市商制度。赵雄伟等（2010）基于价格波动、交易量和持仓量构造了期货市场的流动性指标，并分析了其与 M2 之间的关系；卢斌和华仁海（2010）基于期货市场高频交易数据，利用广义序贯交易模型测算了期货市场流动性；范玉良（2014）选择一种价量结合的价格冲击模型作为期货市场流动性的度量方法。但是，这些研究过分强调价格冲击对流动性的影响，而忽略了成交量的作用，也没有考虑因成交额变化改变投资者的交易倾向等因素，也鲜有关注股指期货市场的流动性问题。因此，本书基于"时间尺度"

和"价格尺度"双重属性，并兼顾投资者交易倾向等因素，构建一个股指期货市场流动性的新指标，从而为后续研究货币政策冲击对股指期货市场流动性的影响作用奠定基础。

目前国内外文献关于股指期货市场的研究主要集中在以下几个方面：第一，分析股指期货交易与市场波动性、流动性之间的关系。例如，Xiang 和 Zhu（2014）基于 2001~2004 年 FTSE-100 股指期货日内报价和交易数据，分析了在极端买卖背景下非对称流动性与非对称波动性之间的内在联系；郦金梁等（2012）认为沪深 300 股指期货推出提升了股市流动性和价格发现能力，降低了价格波动性；周强龙等（2015）基于股指交易高频数据，采用非参数估计的 VPIN 方法考察了市场知情交易概率与未来流动性水平和波动状况之间的关系。第二，探讨期货市场与现货市场之间的关联性。例如，Sari 等（2012）分析了能源期货与农产品期货之间的内在关系；Hou 和 Li（2014）结合自回归-GJR-条件异方差均值自回归模型（autoregressive-GJR-generalized autoregressive conditional heteroskeda sticity-in-mean，AR-GJR-GARCH-M）和误差修正自动线性条件异方差均值自回归模型（vector error correction model-generalized autoregressive conditional heteroskeda-sticity-in-Mean，VECM-GARCH-M）研究了沪深 300 股指期货市场对现货市场的影响，结果表明沪深 300 股指期货会增强现货交易的正反馈效应，但会通过股指套利行为减弱现货价格的稳定性；Bohl 等（2015）利用 GARCH 模型检验了引入股指期货可以减小中国现货市场的波动性的判断。第三，研究股指期货的信息效率和风险问题。例如，魏振祥等（2012）研究了沪深 300 股指期货与恒生指数期货、S&P500 指数期货市场间的信息传递效应；陈海强和张传海（2015）基于 5 分钟高频交易数据分析了沪深 300 股指期货交易对股市跳跃风险的影响；刘向丽和常云博（2015）采用经流动性调整的收益率结合 GARCH-VaR 方法度量了沪深 300 股指期货风险。

然而，当前研究过于关注股指期货市场本身或与现货市场之间的影响机制，较少从宏观经济，尤其是从流动性视角分析货币政策变化对期货市场的传导效应。如果能够厘清货币政策调整对期货市场流动性的作用机制，疏通货币政策对期货市场的传导渠道，将会极大地提高股指期货市场的管理效率，有效引导股指期货市场的稳定发展。目前已有文献分析了货币政策对股市流动性（Chordia et al.，2005；Goyenko and Ukhow，2009；方舟等，2011；王明涛和何泽丽，2011）、债市流动性（Chordia et al.，2005；Goyenko and Ukhow，2009）的影响，而 Chen 等（2014）认为商品期货价格中包含预测通货膨胀信息，且商品期货指数比综合指数有更好的预测效果；危慧惠（2015）基于商品期货市场的价格交易探讨了货币政策传导的微观机理。这些研究都为深入分析货币政策对股指期货市场流动性的传导效应提供了重要参考。

2.5 流动性冲击金融系统稳定的动态效应研究

2.5.1 流动性冲击金融机构稳定的动态效应研究

关于流动性冲击对金融中介机构的动态效应，主要是指其对银行系统的影响，最经典的就是由 Diamond 和 Dybvig（1983）率先提出的银行挤兑理论。银行挤兑理论强调了银行流动性结构在诱发银行挤兑过程中的角色，即人们对银行未来流动性问题的担忧促使了银行挤兑并最终引发挤兑蔓延，所以银行面临存款冲击形成的流动性风险；Topi（2008）建立了信贷风险和流动性之间关系的模型，发现虽然个别流动性冲击和总流动性冲击均会对银行产生挤兑效应，但两种流动性冲击产生的挤兑效应不同。可见，流动性短缺产生的挤兑效应很可能导致经营良好的银行突然倒闭。但由于政府对银行业的支持，现代社会挤兑现象极少发生。虽然几乎不存在挤兑风险，流动性的剧烈波动仍会冲击金融中介机构的稳定：宫艳（2009）的研究表明，国际短期资本的大进大出及流动性突变都会严重改变一国金融系统内部的流动性，使该国商业银行的稳定受到极大影响；Haan 和 van den End（2011）发现流动性冲击会导致银行减少贷款、囤积流动性和快速变现股权，从而加速银行的不稳定性；王晓晗和杨朝军（2013）认为流动性冲击会对银行的资产配置行为产生显著影响，给银行稳定埋下隐患。刘信群和刘江涛（2013）发现流动性与银行经营绩效呈正相关，因此流动性冲击将影响银行稳定。

挖掘金融机构间的共同纽带，探索风险如何在金融机构间传播蔓延是目前研究流动性冲击金融中介机构稳定的动态效应方面最受学术界关注的课题。该理论认为：银行都面临至少一个关于不确定性形成的共同来源，如存款者对流动性的需求，当冲击对一家银行或更多银行构成威胁时，这一冲击就会通过这些共同纽带传导到其他银行最终造成整个银行体系的动荡。这一理论的代表人物有 Allen 和 Gale（2000）等，他们建立了银行间信贷模型，认为当市场是完全结构时，存款者和银行之间以及银行与银行之间形成最佳的风险共担关系。而当市场不完全时，市场中某一个银行发生危机会通过银行间紧密联系的借贷关系传导到其他银行，因此其他银行面临同样的危机。此外，Gai 和 Kapadia（2010）通过计算机模拟的方法也得到了与 Allen 和 Gale（2000）同样的结论。Brunnermeier 和 Pedersen（2009）、Allen 等（2010）认为，每一个银行的行为都会对其他银行产生影响，银行的行为是一个博弈的过程，当一家银行出现流动性危机而撤出资金时，会加大其他银行的脆弱性，导致其他银行的流动性受到威胁，由此引发银行体系内的流动性冲击，造成银行体系紊乱。杨金梅和张军（2013）认为源头抵押品规模与抵押次数是导致流动性风险在金融机构间迅速传播的原因。Pawlowska等（2014）对波兰银行对次贷危机和欧债危机的反应进行了研究，发现银行间的母公司–子公司关系会促进流动性冲击的传播。

2.5.2　流动性冲击金融市场稳定的动态效应研究

关于流动性冲击对金融市场稳定的动态效应研究方面，目前主要集中在流动性的冲击效应如何在金融市场间传播蔓延方面。国外研究方面：Bernardo 和 Welch（2004）认为，交叉流动性的限制使一个市场的流动性问题很可能导致其他市场中的相关资产加速变现，从而引发其他市场的流动性问题；Kyle（1985）、Kaminsky和 Schmukler（2003）、Goldstein 和 Pauzner（2004）对这个现象做了解释，他们认为，当投资者在某个市场的交易遭受损失后，其承受风险的能力下降，这会激发他们在各个市场上清算其所持有的头寸，从而导致这些市场的流动性降低以及其价格的波动性增加，同时使这些市场的相关性增强，危机因此最终产生并在各市场间蔓延。Boyer（2006）对亚洲金融危机进行了研究，发现国际机构投资者在全球金融市场范围内变现他们的资产导致了金融危机；Tong 和 Wei（2009）通过研究 2007~2009 年全球金融危机下的流动性与资金流动，发现流动性波动对具有更高外国证券投资和外债的新兴市场冲击更大；Heebøll-Christensen（2011）用协调向量自回归（cointegrated vector autoregression，CVAR）方法检验了流动性过剩冲击与金融市场不稳定间显著相关；McNulty 等（2013）验证了宏观流动性和英国股市表现之间存在极大关联；而 Nneji（2014）认为负向的市场流动性和融资流动性冲击均会导致股市泡沫。国内研究方面：刘锋（2012）通过实证研究，发现中国存在显著的股市流向债市的流动性溢出效应，而债市流向股市的流动性溢出效应则不明显；彭建刚和童磊（2013）发现大规模流动性冲击会导致同业市场交易量萎缩，冲击银行间金融市场；薛少霞（2014）对中国股票市场未来收益和流动性冲击之间的关系进行了研究，发现流动性冲击在中国股票市场上有定价效应，会直接影响股票市场的收益率；郭永济等（2014）通过分析，认为流动性冲击与宏观经济和金融市场间存在时变性，且该时变性与经济周期相关。

对次贷危机和欧债危机的研究得出，各国金融市场间存在明显的联动机制，跨国传导效应越来越强。Jonathon 等（2015）研究次贷危机中流动性冲击是如何通过国际银行从美国传到欧洲的。He 和 McCauley（2013）指出流动性冲击会通过货币政策、债券市场和外汇市场从发达国家传导到发展中国家。刘晓星和方琳（2015）利用 Copula 变点检测法研究欧美主权债务危机中各国股市流动性的变结构点检测。蒋志平等（2014）结合 DCC 和 Copula 方法分析次贷危机和欧债危机下中国与欧美金融市场间的传导效应。

美国次贷危机后，很多国内外学者转向研究流动性冲击与金融系统稳定，近几年也涌现了很多高质量的文章。但是，目前的研究主要集中在银行系统流动性方面，而将金融系统作为一个整体，考虑流动性冲击对整个金融系统影响的文献研究还比较少；而且，几乎所有文献都只考虑了单向作用，即金融系统不稳定对流动性的影响，或者流动性冲击对金融系统稳定的影响，没有将流动性冲击与金融系统稳定这两者间螺旋式相互作用的双向关系予以考虑；此外，流动性在过剩和短缺间的逆转对金融系统稳定的冲击效应远大于过剩或者短缺本身，而对这种转换关系的研究也少之又少。所以未来对流动性冲击与金融系统稳定关系的研究应同时考虑二者之间的相互关系，而就转换机制方面的研究是完善流动性研究体系十分重要的一个新领域。

2.6　基于金融系统稳定的流动性监控研究

2.6.1　金融系统的流动性监控体系研究

目前学术界关于流动性冲击方面的监控研究，主要是从市场和银行两个角度切入进行分析的。对于市场角度流动性的监控，主要采用的监控指标有货币供应量及增速、存贷款总量及增速以及在这些指标基础上派生出来的一些指标；对于银行角度流动性的监控，主要运用的是流动比率、存贷周转率等一些财务指标。当流动性冲击发生时，会引发金融系统出现一系列不稳定的表现形式，并通过金融稳定指标间接反映出来。所以多数对流动性冲击的监控是与金融系统稳定监控结合在一起的。

国内外有关金融系统稳定监控的研究主要是金融稳定指标体系和风险预警模型的构建。对于金融稳定指标体系的构建，国际上主要有三个机构对此进行了研究，即 IMF、欧洲中央银行以及美国宏观金融稳定监测指标体系。多数学者采用的指标、构建的体系都是在这三个机构已有研究的基础上发展而来。霍德明和刘思甸（2009）利用主成分分析法构建中国宏观金融稳定性指标体系；李正辉等（2010）构建了宏观金融运行状况监测指标体系；Brave 和 Butters（2011）将度量金融系统稳定性的指标分为货币市场、证券市场和银行部门，分别用利率、股指、债权价格和可贷资金来表示。关于金融风险预警方法的研究，采用最多的是 KLR

（Kaminsky-Lizondo-Reomjart）信号法、Probit（或 Logit）模型、VaR 以及压力测试和动态随机一般均衡（dynamic stochastic general equilibrium，DSGE）。KLR 信号法主要用于货币危机预警。Peng 和 Bajona（2008）利用 KLR 信号法对中国遭受货币危机的可能性进行了事后分析，发现其正确预警了 1994 年中国的经济波动，却对中国在亚洲金融危机后的表现预测不精确；Probit（或 Logit）模型则依靠估计给定指标的条件概率来预测危机。Cipollini 和 Kapetanios（2009）建立 Probit 模型和动态因子随机模拟模型对亚洲金融危机进行了分析，发现因子分析能够改善一些 Probit 模型的样本预测能力。Davis 和 Karim（2008）对基于 Logit 模型和 KLR 信号法的早期预警系统进行比较，研究得出 Logit 模型适用于建立全球金融危机预警系统，而 KLR 信号法适用于单个国家建立危机预警系统。VaR 表示在一定置信水平下资产在一定时间内的最大潜在损失值。McAleer 等（2010）对多个国家风险值的不同置信区间进行了计算；正常情况下，VaR 方法是对市场风险度量的优良方法，但在极端情况下压力测试就能显示出其优势，以弥补 VaR 方法的不足；DSGE 模型描述了约束条件下消费者和企业最优决策的一般均衡，可以识别引起内生变量波动的外生冲击来源、进行反事实实验等。国内研究主要是对国外经典金融稳定评估或风险预警模型进行运用。徐明东和刘晓星（2008）基于宏观压力测试方法对多个国家的金融系统稳定性做了评估比较；史建平和高宇（2009）基于 Kaminsky 的 KLR 信号法对 24 个国家面临的危机进行了预警。

虽然目前国内外对金融稳定监控问题的研究文献较多，但是将流动性监控与金融系统稳定监控相结合，以流动性冲击作为主要监测目标来反映金融系统稳定的研究还较为缺乏。建立流动性冲击金融系统稳定的监控体系对金融当局和市场参与各方及时、准确地发现潜在危机有重要的监管指导作用。流动性冲击是金融系统不稳定的内在基础，减小流动性的波动冲击是弱化金融体系不稳定的重要方面。传导扩散机制在流动性冲击金融系统的过程中起关键性作用，分析流动性从最初的局部影响到最终的整体冲击这一演化过程，有助于发现哪些因素在这个过程中起促进作用，清晰认识这些因素的作用机理，构建有效的监控体系，实现金融系统的内在稳定。

2.6.2　流动性风险压力测试的相关研究

2008 年席卷全球的金融危机暴露了银行体系流动性风险监管的严重不足，因而后金融危机时代国际金融监管当局和各国金融监管当局纷纷将流动性风险监管纳上日常监管议程，借助适当的压力测试工具对相关商业银行或金融体系进行风险评估，寻找可能存在的流动性风险薄弱环节，并采取切实有效的措施予以完善。巴塞尔委员会在《稳健的压力测试实践和监管原则》（2009 年）中指出，由于流动性风险具有突发性强、传染性高、低频高损的特点，所以运用压力测试工具来评估银行体系流动性风险比日常风险分析工具更有效，压力测试应独立于风险价值与经济资本模型等其他风险管理工具而发挥独特的重要作用。

目前国内外专家学者关于流动性风险压力测试方面的研究成果较为丰富，已形成一个较为完善的理论体系。巴曙松和朱元倩（2010）系统性地梳理了压力测试方法在银行风险管理中的应用，从压力测试的内涵、国际实践规范、优缺点分析及执行流程等视角对压力测试方法进行了深入剖析，并指出了压力测试的具体操作方法和后续研究的热点方向。张晓丹和林炳华（2012）以中国建设银行为样本，选取贷存比率作为因变量，以国民经济增长、房地产价格波动、法定存款准备金率（reserve-deposit ratio，RRR）和上证综指四个宏观经济因素作为自变量，对中国商业银行流动性风险进行了实证分析。周宏和潘沁（2010）主要探讨了国际商业银行常用的几种流动性风险压力测试方法及其实施现状，并结合中国金融市场现状构建了适用于中国大多数商业银行的流动性风险压力测试模型。朱元倩和苗雨峰（2012）从微观和宏观两个角度入手，深入分析了微观流动性风险压力测试的具体步骤，并探讨了宏观流动性风险压力测试的主要模型方法，并为中国商业银行开展流动性风险压力测试提供了一些政策建议。周凯和袁媛（2014）以现金流缺口模型为基础构建了流动性风险压力测试模型，并以南京银行为例进行了实证分析。杨鹏（2005）介绍了银行业运用压力测试的必要性、相关原理与方法，并通过压力测试的国际经验比较，提出了针对中国商业银行的压力测试建议。盛斌和石静雅（2010）在分析"厚尾事件"及其分布度量与压力测试相关方法的基础上，梳理了国内外金融体系压力测试的实施进展，并探讨研究了压力测试在中国银行业的适用性。上海银行流动性压力测试课题组（2008）以中国人民银行提升法定存款准备金率、同业存款集中提取和即时融资能力为驱动因素，模拟了某具体商业银行的备付率能否保持在安全线以内。袁芳英（2010）构建了一个涵盖流动性风险、信用风险和市场风险在内的宏观压力测试模型，并以五大国有商业银行公布的年报数据为基础对中国银行体系进行了实证分析，得出中国银行体系的系统流动性风险很低的结论。

综上所述，鉴于中国社会主义市场经济体制建立尚不久远，国内银行体系监管制度建设尚不成熟，国内银行业尚未形成统一规范的流动性风险压力测试方法，不同压力测试计量模型的适用性有待进一步检验。本书以中国建设银行为例，基于情景分析方法构建流动性风险压力测试模型，选取净利差变动（net interest spread，NIM）、M2、法定存款准备金率和外汇储备额（RESERVE）四个影响商业银行流动性水平变动的自变量因素，分别假设轻度、中度和重度三种压力情况，对因变量中国建设银行贷存比指标（RATE）进行回归分析，并根据结论提出了一些具有实践参考意义的政策建议。

2.6.3 基于银行间市场网络的流动性风险传染机制研究

自 20 世纪 70 年代中后期以来，历次金融危机无不表现为流动性过剩、流动性紧缩和流动性突然消失的过程（易宪容和王国刚，2010），同时伴随着流动性风险在不同的经济主体、市场和国家之间扩散与传染。Georg（2013）认为银行之间的连接程度和银行的风险传染水平之间的关系不是单调的，增强银行间的连接程度有助于分散风险，但当连接超过一定阈值，风险的传染可能导致银行大范围的倒闭。因此，深入分析流动性风险在银行间市场的动态演化机理，清晰刻画流动性风险在不同银行之间的传染过程，对于监管当局在银行间市场建立流动性风险的防范机制，及时化解中国商业银行之间市场面临的潜在危机具有重要的现实意义，也为进一步揭示金融危机的传播规律提供了很好的切入点。

近几年，随着复杂网络理论的快速发展，国内外学者开始将该理论引入银行网络拓扑结构分析、金融风险传染等领域（郭世泽和陆哲明，2012），这也为研究流动性风险在银行间传染问题提供了新的手段和工具。较早的学者，如 Boss 等（2004）、万阳松等（2007）分析了银行间市场的网络结构特征和幂率度分布等，而 Allen 和 Gale（2000）研究了银行系统性风险传染与银行间市场结构之间的关系，虽然他们的模型中仅包括了四个银行，与现实情况相差较大，但正式揭开了基于银行网络观点来研究金融风险传染的序幕。如今，基于复杂网络的视角分析银行间市场中金融风险传染的研究主要包括两个方面。一个是关于金融风险在银行间传染渠道方面的研究，包括直接渠道和间接渠道，其中直接传染渠道包括同业贷款渠道（Rochet and Tirole，1996）和支付系统渠道（Bech and Garratt，2006）等，间接传染渠道包括储户的挤兑（Goldstein and Pauzner，2004）和长期资产价格的下降（Cifuentes et al.，2005）。另一个是从金融风险种类的视角来分析风险在银行间传染的过程。例如，马君潞等（2007）、Gai 等（2008）、May 和 Ariaminpathy（2010）、李守伟等（2011）分别研究了银行间市场的双边风险传染、违约风险传染以及脆弱性和稳健性等问题，而鲍勤和孙艳霞（2014）基于不同的银行间市场网络结构，利用中国银行业数据，使用最大熵方法估计银行间资产负债关系、风险传染概率等。除此以外，针对一些具体类型的金融风险，如系统性风险和信用风险等，国内外学者也做了相关的分析和阐述。例如，邓晶等（2013）、隋聪等（2014）、邓超和陈学军（2014）主要构建了银行间网络、随机网络中系统性风险的传染模型；尹群耀等（2012）、陈庭强和何建敏（2014）则从行为金融学角度利用滤子模型分别构建了信用风险传染模型和复杂动力学模型。流动性是现代金融体系的生命力，流动性短缺、过剩并由此产生的金融冲击会对银行网络的结构特征产生极大的影响作用。例如，Lee（2013）分析了系统性流动性短缺产生的机制，并讨论了流动性短缺与银行网络结构的关系。Glasserman 和 Young（2015）在网络拓扑结构信息未知的情况下分析了金融网络的传染和放大效应。然而，现有研究对流动性风险在银行间网络中的传染问题却鲜有涉及。因此，本书基于流动性风险的传染机制，利用复杂网络理论构建了流动性风险在银行间市场中传染的系统动力学模型，在一定程度上丰富了金融风险传染的理论体系。

众所周知，在复杂网络理论中，对病毒的传播机理分析时出现了一类经典的模型——SIR 模型，Zanette（2002）和 Zhou 等（2007）建立了 SIR 模型的动力学模型，而马源源等（2013）则是将 SIR 模型应用于股市中危机的传播问题。但是经典的 SIR 模型假定感染个体不会被延迟治疗，并且每个感染个体试图感染其每一接触邻居等，这与实际稍有不符，因此赵敬等（2013）在同时考虑感染延迟和非均匀传播两种因素下，建立了一种新型的 SIR 模型。在实际中，当银行遭受流动性风险冲击时，受自身资产结构和负债水平的影响并不会导致银行立刻破产或倒闭，只有当银行的风险承受能力无法支撑其持续经营时才会导致流动性风险通过相关金融市场传染到其他金融机构。另外，现实中银行"过于纠葛而不能倒"（too interconnected to fail）和"大而不能倒"（too big to fail）等现象使监管当局过于担心金融危机的连锁效应（knock-on effect），不得不采取紧急的救市计划。例如，2008 年金融危机中美国政府救助了贝尔斯登，德国政府援助了德国商业银行，英国政府资助了北岩银行，等等。这些措施都为银行缓释金融风险争取时间，从而减少流动性风险在银行间传染的可能性。

2.6.4　全球流动性监管的相关研究

近年来全球流动性问题已成为国际政策讨论的核心议题之一，其拥有丰富的内涵并得到广泛的运用，对全球金融体系稳定有重要影响（Domanski et al.，2011）。目前关于全球流动性的内涵界定比较模糊，也没有统一规范的计量标准，使各国金融管理当局无法精确有效地获取关于全球流动性的真实数据，因而经常会导致一些毫无理论支撑和具有潜在不稳定性的政策措施出台。

所以很多专家学者在自己的理论或实证分析中，首先都对全球流动性的概念和内涵进行了严格的界定。Domanski 等（2011）认为全球流动性可以被理解为是对国际金融系统总体融资难易程度的一种衡量，并认为私人投资者、金融机构和政府部门的行为共同决定了总体融资环境。张会清和王剑（2011）认为全球流动性包括微观层面的国际市场吸纳能力和宏观层面的国际货币投放量，其中宏观层面的全球流动性主要包括各国的货币供应量，其又可以细分为以狭义货币和广义货币代表的流动性。金中夏（2011）认为全球流动性的内涵并不是一成不变的，而是随着金融市场的发展而不断扩大，目前主要包括四大储备货币发行国基础货币以及派生存款、非传统负债和以资产抵押为基础的融资等。BIS 从部门角度将全球流动性划分为官方流动性和私人流动性两个部分，认为官方流动性和私人流动性之间存在相互作用的密切联系。其中，官方流动性是指货币当局无条件提供资金以满足市场主体流动性需求的供给能力，即货币当局创造和提供的流动性，主要包括储备货币发行国的基础货币、各国的外汇储备总和、中央银行间货币互换额度和黄金储备等；私人流动性是指银行和非银行金融机构的跨境业务活动提供的流动性总和（明明，2012），本质上是指市场主体进行跨境融资的意愿（高海红，2012）。一般认为，官方流动性是外生的，而私人流动性具有内生性和国际溢出效应（杨娉，2012）。从流动性总量角度衡量，私人流动性远远大于官方流动性，已成为国际流动性最主要的组成部分。

　　监管当局和学者们尝试运用多项指标对全球流动性进行精确的度量。目前国际监管机构、各国政策当局和学术界已基本达成共识，一致认为需要综合运用价格型和数量型指标来反映全球流动性整体状况。数量型指标主要用来测量流动性的累积规模，价格型指标反映了流动性供给条件。在已出版的相关文献中，学者们较多地使用国际信贷总量指标来衡量全球流动性（Domanski et al.，2011；BIS，2015；Landau，2011）。张会清和王剑（2011）以美国、欧元区、日本和英国等与中国有紧密经贸联系的七个国家和地区的 M2 加总来衡量全球流动性。金中夏（2011）认为应以中央银行的基础货币、广义货币、跨境流动性以及 IMF 和 BIS 定义的其他指标来衡量全球流动性。巴曙松和朱元倩（2010）以美国联邦储备系统（简称美联储）、欧洲中央银行、日本中央银行长期实行的低利率量化宽松货币政策来刻画全球流动性过剩状况。杨娉（2012）认为全球流动性指标的选择不仅需要考虑全球信贷综合指标，还需要着重分析全球信贷结构。除此之外，BIS 也提供了一些辅助性指标来衡量全球流动性，主要包括货币流动性、市场流动性、资金流动性以及风险承担和评估等（Landau，2011）。其中，货币流动性指标主要包括基础货币、广义货币总量和外汇储备等数量型指标，以及政策利率、货币市场利率和货币条件指数等价格型指标；市场流动性主要包括市场交易量、合格基金经理调查和选定全球资产的买卖差价等指标；资金流动性则涵盖了银行流动性比率、期限错配程度和商业票据（commerical paper，CP）市场交易量等数量型指标，以及 Libor-OLS 利差、外汇互换基准和 Bond-CDS 基准等价格型指标；风险承担和评估主要运用银行杠杆比率、波动率指数、Sharpe 比率、金融资产价格和其他风险偏好等指标。

　　关于全球流动性风险的控制，政策研究者普遍认为需要构建一个连续性的一致性政策框架。Landau（2011）认为应通过强化日常监控管理、国内政策（包括宏观审慎政策和中央银行流动性供给）和加强国际监管合作来构建三道防线以防范流动性风险，并把中央银行置于这些政策发挥作用的核心位置。刘东民（2011）认为 IMF 应承担全球流动性的"最后贷款人"职责，中国应积极参与全球流动性监督机制的建设，因为这不仅有利于维护全球金融稳定，而且有利于提升中国的国际话语权和增加自身潜在利益。金中夏（2011）认为中央银行在管理流动性时，要重新审视数量调控的重要性，将货币政策与金融监管有效结合起来，并认为官方外汇储备积累、中央银行间的货币合作、区域货币合作以及 IMF 的贷款和特别提款权（special drawing right，SDR）是应对全球流动性短缺的四道防线。杨娉（2012）认为应通过加强金融监管以提高金融机构弹性和降低金融体系顺周期性来减轻私人部门流动性的波动，以及应提供官方流动性以预防因私人部门流动性突然紧张对金融稳定的负面影响。高海红（2012）认为需要构建一个涵盖国别、双边、区域和全球在内的应对框架与全球金融安全网来有效减缓全球流动性周期波动幅度，降低跨境流动性对宏观经济和金融体系的冲击，及时提供救助以避免金融机构的系统性破产。

第3章　全球化条件下流动性冲击金融系统稳定的现实表现

　　历次金融经济危机表明流动性总是在流动性过剩、流动性均衡和流动性短缺间相互转换，而整个流动性的动态变化过程呈现出周期性特征，称之为流动性周期。流动性周期中的不同过程在现实中有不同的表现形式，流动性过剩冲击金融系统稳定的现实表现为信贷规模增大、资产价格上升、通货膨胀、投资规模增大、杠杆率增大、居民购买力上升、超额储备资金持续高位、存贷差持续增大而存贷比增大和国际资金流入增多等。相反，流动性短缺冲击金融系统稳定主要表现为信贷规模缩减、资产价格下跌、通货紧缩、投资规模减小、违约率上升、居民购买力下降、倒闭企业增多和经济增长放缓等。同时，由于投资者对未来预期的突然逆转，或者流动性的大幅度流入或流出、杠杆效应高度放大损失或利润等因素作用下，流动性会突然在过剩和短缺间进行状态转换，极大地冲击了金融系统的稳定。因此，本章将从流动性周期变动、流动性状态转换和行为金融学视角分析流动性冲击金融系统稳定的现实表现。

3.1　流动性周期变动冲击金融系统稳定研究

3.1.1　研究背景

　　20 世纪 70 年代以来，世界范围内的一系列经济金融危机事件大多与流动性波动之间存在千丝万缕的联系，流动性过剩与流动性短缺之间的状态变化存在周期性的变化特征，这种周期性变化往往会导致金融经济形势出现趋势性逆转，对金融系统稳定产生冲击效应，引发大范围的危机事件。

　　流动性是金融系统的"血液"，处于不停的变动运转中。从最初的中央银行投放，到进入市场流通，促使交易完成，再进入市场流通这样一个不断流转的过程就是流动性循环。正如经济在发展过程中会表现出繁荣、衰退、萧条、复苏的经济周期现象，流动性在循环过程中也会呈现时起时落的波动状态，称之为"流动性周期"。一般情况下，流动性状态分为两大类，即流动性均衡和流动性失衡，而流动性失衡又分为流动性过剩和流动性短缺。流动性从均衡到过剩，再从过剩到短缺，最后回归均衡即完成一次完整的流动性周期循环。从长期来看，市场上流动性就是一个周期接着一个周期，长周期嵌套短周期，大波动夹杂小波动不断交替重复的过程。

3.1.2　理论分析

万志宏（2012）在分析流动性周期时将其分为"创造—扩张—过剩—逆转—停滞"五个阶段。在此研究基础上，结合经济周期阶段划分方法，本书将流动性周期划分为"流动性扩张—流动性过剩—流动性萎缩—流动性短缺"四个周期阶段，以及"流动性创造—流动性逆转—流动性抽离"三个动态过程，每个周期阶段、不同的动态过程产生的流动性冲击对金融稳定的影响也各不相同。

如图 3.1.1 所示，如果将流动性周期变化趋势抽象地看做具有某种偏态的连续波形图，则流动性周期冲击金融系统稳定可表现为以下几个方面。

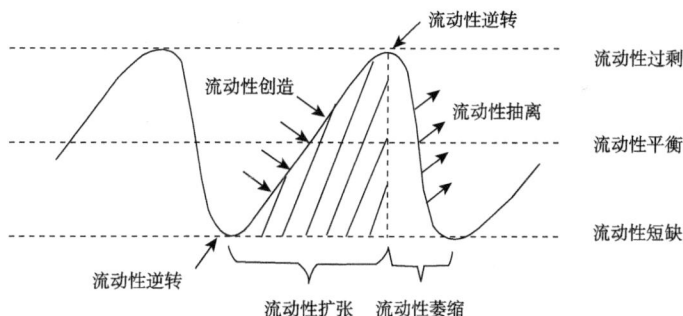

图 3.1.1　流动性周期变动趋势图

（1）流动性扩张促进金融系统繁荣。当流动性处于扩张阶段时，将会对金融系统产生正向的溢出效应、乘数效应等。市场上交易快速、频繁、高效，资金不断在市场和金融机构间流转，一方面推动了经济增长，另一方面扩大了银行的资产负债表，银行有多余的资金投资于更多的盈利项目，利润水平提升；同时活跃的市场也推动了金融产品创新，丰富壮大了金融市场，促进了整个金融系统的繁荣。

（2）流动性过剩催生金融系统泡沫。流动性在经历了较长一段时间的扩张阶段后，若没有采取任何措施，在积极的市场情绪下不可避免地会形成流动性过剩。

此时前期不断放贷导致市场上资金量过多，而过多的资金又大量涌入个别热门领域，造成该资产价格飙升。同时该资产又带动相关上下游产业价格大幅上涨，这些远远超过了其内在的基本价值，最终导致市场上大部分资产价格泡沫的形成。在此过程中，金融产品被错误定价，市场价格远远高于内在价值；而大量放贷、投资使银行资产负债表过度膨胀，无论是金融市场还是金融机构都充斥着严重的泡沫，从而严重影响了金融系统的稳定。

（3）流动性萎缩冲击金融系统稳定。当流动性过剩导致的资产价格泡沫破裂后，投资者将大量抛售贬值资产，而恐慌情绪造成买方缺乏，进而导致资产价格继续下跌，形成了流动性萎缩的恶性循环，产生了负向的溢出效应、乘数效应等，进一步导致金融市场上流动性急剧减少，金融产品预期收益率大幅下降，价格一路走低，变现困难；银行坏账大量增长，资金链面临断裂可能，而去杠杆化效应又导致流动性风险成倍放大，对资本产生严重侵蚀，使资产负债表短时间内快速萎缩，对银行正常运营造成巨大冲击。因此，金融市场和金融机构在流动性萎缩阶段都表现出极大的不确定性，金融系统稳定性遭到严重破坏。

（4）长期的流动性短缺容易引发金融系统危机。流动性萎缩到一定程度后就形成了流动性短缺，在此阶段，市场上交易难以进行，资产价格严重低于内在价值却仍然无法变现，民众宁愿手中持有现金也不愿进行投资消费，金融市场由于枯竭的流动性而萎靡不振，失去了定价和交易的基本功能。金融机构方面，由于流动性短缺，各个银行都紧缩银根，惜贷现象严重，而陷入资金困难的银行又无法顺利进行外部融资，加速了危机银行的破产速度。进一步，危机银行的破产又通过银行间相互担保、交叉持股等纽带传播给关联银行，导致关联银行也陷入危机，如此层层传递，使流动性短缺风险在银行系统内大范围扩散，严重冲击了金融体系。

通过上述对每个周期阶段的分析可知，流动性周期可以分为扩张、过剩、萎缩和短缺四个部分，不同的周期阶段会对金融系统稳定产生不同的影响。在一个典型的流动性周期中其扩张阶段一般长于流动性萎缩阶段，因此往往呈现左偏态，正向冲击持续时间一般也长于负向冲击的持续时间。而流动性创造、流动性逆转和流动性抽离三个动态过程分别表现于不同的周期阶段。流动性的产生和退出贯穿于整个周期过程，当流动性产生大于流动性退出时，就会为宏观经济和金融系统注入新的流动性，称为流动性创造；而当流动性退出大于流动性产生时，经济和金融体系中的流动性减少，称为流动性抽离；介于两者之间，当流动性从创造变成抽离，或者从抽离变为创造的过程称为流动性逆转。一般来说，在流动性扩张阶段，市场上主要表现为流动性创造，金融资产交易频繁，信贷运转顺畅，因此流动性创造是推动金融繁荣的内在动力；在流动性萎缩阶段，市场上流动性抽离占主要地位，金融系统内的流动性不断减少，坏账增加，严重阻碍了金融系统的正常运营；当流动性从过剩变成萎缩，此时流动性逆转是产生负向冲击、造成金融不稳定的关键起始时间点，而当流动性从不足变成扩张，这时的流动性逆转又是金融系统复苏、金融体系恢复稳定发展的时刻。

3.1.3　实例分析

1. 货币流动性周期冲击金融系统稳定

货币流动性是市场资金流通的最直观反映，是经济波动的先行标志，与金融稳定有密切联系。货币流动性过多时，大量资金进入金融体系，金融资产被高估，银行低限制大规模放贷，过热的投资情绪影响了金融稳定；货币流动性不足时，市场交易难以进行，金融机构资金紧张，金融稳定同样受到严重冲击。因此，对货币流动性周期进行研究和划分，可以从整个时间域角度对过往货币流动性变动情况和未来变动趋势形成清楚的认识；同时结合市场上金融市场和金融机构的变动情况，以历史数据为依据，证实货币流动性周期对金融稳定的影响关系。

货币供应量是货币流动性的代表性指标，也是国家货币政策的重要中介指标之一，因此利用货币供应量及其组合形式刻画货币流动性具有较好的替代性和可靠性。本书选择 M1/M2 作为货币流动性的代表性指标（卜永祥，1999；易行健和谢识予，2003），理由如下：狭义货币供应量（M1）包含了流通中的现金和企事业单位活期存款，反映了企业和居民资金的松紧情况，流动性较强；M2 还包括了定期存款和储蓄，反映了社会资金总需求情况，流动性较弱。当 M1/M2 较大时，市场上货币流动性旺盛，反之，M1/M2 较小时，货币流动性较差。因此，用 M1/M2 代表货币流动性，可以较为准确地反映市场上货币流动性的变化情况。以我国 1996 年 1 月至 2013 年 10 月的数据为样本，考察货币流动性周期在我国是如何变动，以及其是如何冲击金融稳定的。由于货币流动性比率序列 M1/M2 存在明显的趋势特征，所以在划分周期前需要先对数据进行处理，以剔除趋势项的影响。利用 Eviews 对 214 个货币流动性比率数据进行卡尔曼滤波，而后分离出周期项序列，再采用"谷-谷"法对其进行划分，结果如图 3.1.2 所示。

根据"谷-谷"法，最终得到了 6 个货币流动性周期，分别是 1996 年 6 月至 1999 年 5 月、1999 年 5 月至 2002 年 2 月、2002 年 3 月至 2006 年 4 月、2006 年 5 月至 2009 年 2 月、2009 年 2 月至 2012 年 2 月以及 2012 年 3 月至 2013 年 10 月。周期跨度最小为两年 9 个月，最大为 4 年 1 个月。根据英国经济学家基钦的周期理论，经济中存在 2~4 年的短期性周期波动，称之为"基钦周期"。而我国

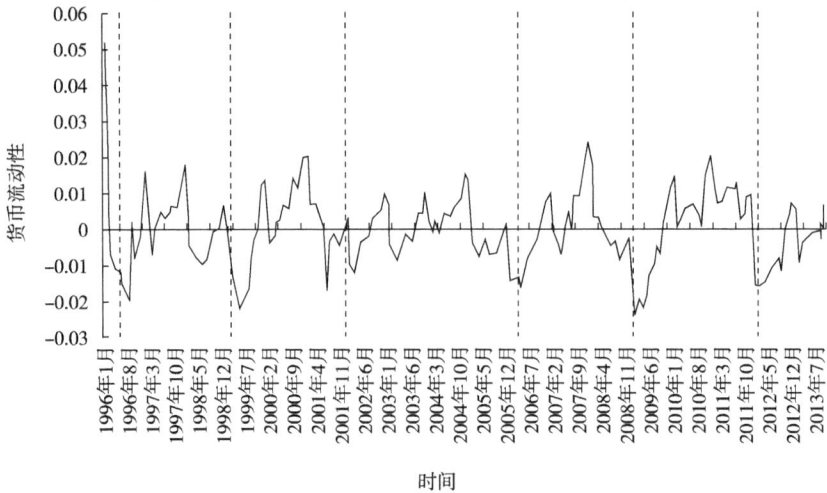

图 3.1.2　货币流动性周期趋势及划分

货币流动性周期长短正好位于该周期长度内，因此可以说我国货币流动性周期属于基钦周期。同时，流动性上升阶段历经时间大多长于流动性下降阶段历经时间，货币流动性周期的波动范围为−0.02~0.02，而且各个波峰和波谷都接近 0.02 和 −0.02。根据 2012 年至今货币流动性指标走势，上升过程较缓慢，坡度较为平缓，预期本周期时间跨度较长，2012 年 3 月起，我国市场货币流动性进入新的一个周期，表现出市场流动性指标逐步上升，在 2013 年 10 月指标值达到 0.007 24。虽然货币流动性持续增加，但和历史的 0.02 的波峰值仍有较大差距，因此，本节预测未来我国货币流动性增加会持续较长一段时间。

结合金融稳定的变化情况，从 1996 年 7 月开始，中国 5 万多农村信用社和 2 400 多个县联社逐步与中国农业银行脱钩，标志着中国农村金融体制改革开启，货币流动性呈上升态势，金融体系也逐渐趋于稳定；1997 年 7 月至 1998 年年初，泰铢贬值（货币流动性急剧减小）造成的东南亚金融危机严重冲击了东南亚国家的金融体统，也间接对中国金融稳定产生了严重冲击，与此同时，中国市场上货币流动性也表现出下降状态；1999 年 5 月，上海期货交易所成立，同年 7 月，《中华人民共和国证券法》实施，金融系统和体制进一步完善，稳定性又逐渐提升，市场上流动性也逐步恢复、增加；2001 年 12 月，中国加入世界贸易组织（World Trade Organization，WTO），承诺金融业将分步对外开放，使国内金融面临显著变革，由于外国成熟金融机构和金融市场的影响，金融稳定性波动加剧；2002 年，受到美国、欧洲与日本等发达国家和地区量化宽松货币政策的溢出效应影响，中国市场上货币流动性也稳步提高，金融市场进入稳定快速发展时期；2005 年中旬，中国汇率制变更为有管理的浮动汇率制，未来人民币波动性增加，货币流动性波动相应增加，金融不稳定性加剧；2006 年，受全球经济发展的影响，中国经济也出现了明显的快速增长，充足的货币流动性进入生产和投资领域。尤其是房地产市场，增长速度和增长幅度创历史之最，同时拉动了钢铁、水泥等上下游行业的大幅增长，股票市场屡创新高，金融机构利润大幅提升；直到 2007 年，美国次贷危机爆发并引发全球金融危机，大量银行破产、公司倒闭，中国出口贸易受阻，金融机构资金紧张，2008 年股票市场迎来最大跌幅，严重冲击了金融系统的稳定性；为了促使国家快速走出金融危机的影响，恢复经济高速增长，2009 年和 2010 年，中国政府向市场注入了高达 4 万亿元的资金，市场上货币流动性快速增加，股市也出现了明显回升，金融市场得以度过危机，稳步发展。

通过上面的分析可以看出，货币流动性和金融稳定存在显著关联，货币流动性周期的变化直接影响金融系统的稳定状况，不论是流动性过剩、流动性萎缩还是流动性短缺阶段都有可能对金融稳定产生冲击。因此，货币流动性周期变化是流动性冲击金融稳定的内在原因之一。

2. 信贷流动性周期冲击金融系统稳定

如果说货币流动性是从宏观层面反映市场流动性状况，那么信贷流动性则是微观层面流动性的重要反映，着重考察银行等金融机构体系流动性的状况，也是社会融资流动性的主要体现。当信贷流动性过剩时，虽然企业融资十分容易，但银行方面表现出大量、盲目且积极对外放贷，增加了贷款无法收回的违约风险，对未来金融稳定形成潜在威胁；当信贷流动性短缺时，银行由于过度担心贷款无法回收而不愿放贷，企业融资困难，经济下滑，金融业发展也因此受到阻碍。以 2000 年 1 月至 2012 年 10 月的新增贷款量来衡量我国信贷流动性，同样保留经过卡尔曼滤波后的周期项，根据"谷-谷"法划分信贷流动性周期，结果如图 3.1.3 所示。

从图 3.1.3 可以看出，我国信贷流动性周期变动十分频繁，周期长度明显短于货币流动性周期，2004 年 5 月至 2011 年 9 月计算的平均周期长度为 12.71 个月，也就是说在一年多的时间内，我国就要经历一次信贷周期波动，且周期波峰一般在年初，波谷一般在年末；同时信贷流动性周期还表现出显著的负偏态形态，也即流动性扩张阶段短于流动性萎缩阶段和流动性短缺阶段。产生这些现象的原因可能如下：首先，信贷流动性周期主要衡量银行体系流动性的变化，而银行每年都要根据往年资产负债表以及对未来经济的预期对信贷结构、信贷数量进行调整，因此导致信贷流动性周期呈现以年为长度的变化。银行在年初时可贷款余额指标充裕，同时由于上年应收账款已回收，有富余的流动性，所以信贷政策较为宽松；而在年末时可贷款额基本耗尽，又需要回收流动性，所以信贷政策紧缩。其次，各个银行的信贷宽松政策判断基本是一致的，当经济出现好转或者市场预期转好

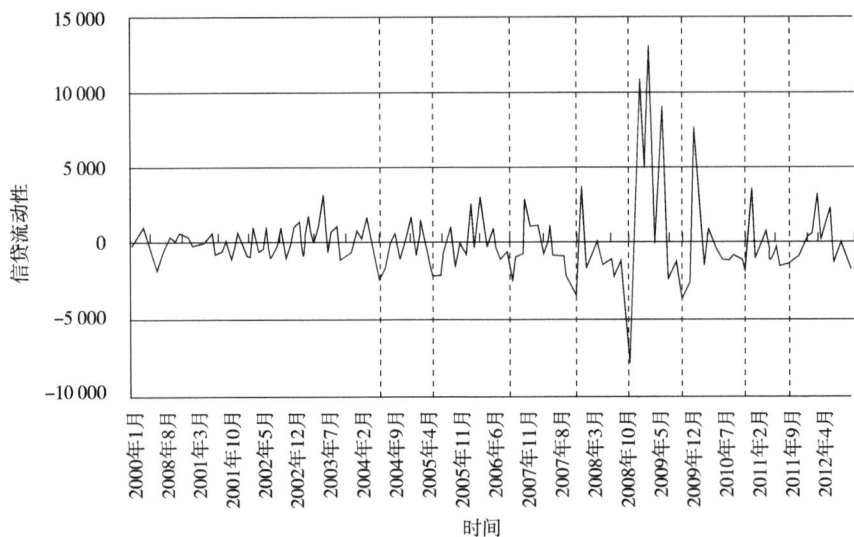

图 3.1.3　信贷流动性周期趋势及划分

时，银行几乎同时放宽信贷条件，使市场信贷流动性短时期内出现较明显的增加；而当发生经济危机或重大事件时，银行几乎同时采取紧缩的信贷政策，导致流动性大幅下跌，但是如同经济周期理论中的萧条阶段，其长度将远远长于繁荣、衰退、复苏三个阶段之和，市场恢复较慢，银行信心不足，信贷流动性进入萎缩和短缺阶段的时间也将持续较长时期，最终导致了负偏态的周期形态。

同样，结合金融稳定的变化情况，2001 年 12 月前信贷流动性波动十分平缓，几乎没有周期波动，而这段时期内，我国金融体系较为独立，大型国有制银行几乎垄断市场且与政府挂钩紧密，因此银行风险基本不存在，金融系统虽然不完善但是较为稳定。自从我国加入 WTO 后，信贷流动性波动频率和波动幅度明显增大，金融市场逐步开放，地方性银行、小型金融机构、外资银行等逐渐进入我国市场，使银行体系逐渐丰富，但同时增加了金融不稳定性。2008 年 2 月至 6 月，受次贷危机的影响，银行普遍表现出惜贷现象，信贷流动性降至历史最低点，严重冲击了我国金融系统稳定。2009 年，世界经济开始恢复，房地产市场持续兴旺促使银行增加房贷方面的信贷，我国金融系统又趋于稳定。

总体而言，信贷流动性周期波动确实影响金融系统的稳定，但关联程度不如货币流动性周期。一般情况下的信贷流动性周期只是由于年初、年末效应而发生变动，并不会对金融系统稳定产生显著冲击效应。只有当信贷流动性排除"年初效应"后仍处于扩张阶段才会使金融系统稳定提升，也只有当信贷流动性排除"年末效应"后仍处于萎缩或短缺阶段才会冲击金融系统稳定。因此可以概括为非年度效应的信贷流动性周期变动是流动性冲击会对金融系统稳定产生显著影响。

3.1.4　研究结论

类似经济周期理论，本书将流动性起伏波动的特征描述为"流动性周期"，并指出一个完整的流动性周期包括"流动性扩张—流动性过剩—流动性萎缩—流动性短缺"四个周期阶段，以及"流动性创造—流动性逆转—流动性抽离"三个动态过程，每个周期阶段、不同的动态过程都会对金融系统稳定产生不同的冲击影响。流动性扩张提高市场交易效应，促进经济增长，扩大银行的资产负债表，推动金融创新，促进金融系统繁荣；流动性过剩刺激资产价格上涨，容易形成金融泡沫；流动性萎缩会引起资产价格泡沫破裂，导致资产大量贬值，引发市场恐慌情绪，使金融系统遭受严重破坏；流动性短缺会导致银行紧缩银根和惜贷现象，扩大危机的传染范围，严重冲击金融系统稳定。

本节利用 M1/M2 和新增贷款量分别测度市场流动性与信贷流动性，利用卡尔曼滤波对历史数据进行周期趋势分解，再通过"谷-谷"法进行周期划分发现：一方面，我国货币流动性周期属于基钦周期，流动性上升阶段历经时间大多长于流动性下降阶段历经时间，货币流动性周期的波动范围为-0.02~0.02，而且各个波峰和波谷都接近 0.02 和-0.02。将流动性周期与实际经济事件联系可以看出，货币流动性显著影响金融系统的稳定，流动性周期的不同阶段会给金融系统产生不同冲击，货币流动性周期变化是流动性冲击金融系统稳定的内在原因之一。另一方面，我国信贷流动性周期变动十分频繁，周期长度明显短于货币流动性周期，具有比较明显的"年初效应"和"年末效应"，只有当信贷流动性排除"年初效应"后仍处于扩张阶段才会使金融系统稳定提升，也只有当信贷流动性排除"年末效应"后仍处于萎缩或短缺阶段才会冲击金融系统稳定。

3.2　流动性状态转换冲击金融系统稳定研究

3.2.1　研究背景

流动性状态转换与流动性周期紧密联系，又有别于流动性周期。流动性状态转换是指流动性在不同状态间的转变，包括流动性在过剩和均衡间的转换、均衡与短缺间的转换，以及过剩和短缺间的转换，是一个相对较短期的、有间断的动态变化过程；而流动性周期表示的是流动性状态变化的全过程，是一个相对较长期的、连续的动态过程。一般情况下，一个完整的流动性周期包含数个流动性状态转换，而流动性状态转换也是导致流动性周期阶段变化、周期推进的前提。由于流动性均衡是理想情况下市场供需稳定的中间状态，对经济具有正面促进作用，所以研究流动性状态转换对金融系统稳定的冲击主要集中在流动性过剩与流动性短缺间的相互转换方面。每一次流动性状态转换都会导致金融波动，但只有波动达到一定程度才会对金融系统稳定产生冲击。

3.2.2　理论分析

从总体上看，影响流动性状态转换对金融系统稳定冲击效果的因素主要有以下两个方面。

1. 流动性状态转换的幅度大小

流动性过剩时市场上容纳的最大流动性数量，以及流动性短缺时市场上剩余的最小流动性数量之差直接反映了流动性状态转换幅度大小。该幅度越大，流动性状态转换越明显，对金融系统稳定的冲击力度越大，冲击效果也越严重。影响流动性状态转换幅度大小的因素很多，其中最为关键的是国家金融系统的发达程度。一般来说，一国的金融系统越发达，金融市场越成熟，其越不容易发生严重的流动性状态转换情况，但是一旦出现显著的流动性逆转，则对金融系统稳定的冲击力度要远远大于欠发达金融系统。这是由于对于高度发达的金融系统，其自身存在流动性的调节机制，对平稳一般情况下的流动性波动较为有效。但是当市场上过剩的流动性超过系统本身所能调节的范围，流动性将急剧偏离均衡位置达到系统承受能力的临界点，而且由于发达金融系统所能承受的流动性压力比欠发达金融系统大得多，极限点位置也较之更高，所以此时发生流动性状态转换其逆转幅度将大大超过一般金融系统的流动性转换幅度，对金融系统稳定的冲击也更为严重。

2. 流动性状态转换的时间长短

从图 3.1.1 可以明显看出，一般情况下流动性累积阶段所经历的时间会显著长于流动性减少阶段，而历经时间长短又与冲击力度大小呈反向关系。也就是说，当市场上流动性处于短缺状态但开始累积，并最终形成流动性过剩往往需要很长时间，其状态转换过程对金融系统的冲击较小；而当流动性达到最大容忍限度后，会在很短时间内迅速反转减小，并使市场陷入流动性短缺状态，这将对金融系统稳定造成极大冲击。流动性状态转换时间长短与转换幅度大小密切相关，当流动性从过剩到短缺的转换幅度越大，转换时间一般越短，冲击力度越大；而当流动性从短缺到过剩的转换幅度越大,转换时间一般越长,冲击力度相对较小。此外,影响流动性状态转换时间长短的主要因素还有杠杆率和心理因素。杠杆率越大,流动性泡沫也就相应越大,发生状态逆转时市场上流动性抽离、萎缩的速度越快,对金融系统稳定的冲击就越大;投资者心理预期越一致,对流动性逆转时产生集体过度乐观或市场恐慌心理的可能性越高,"追涨杀跌"促使逆转速度大大加快,从而严重冲击金融系统稳定。

通过对流动性状态转换冲击金融系统稳定的机制和影响因素进行理论分析,我们知道并不是所有流动性状态转换都会导致金融系统波动,需要转换幅度和转换时间都达到一定程度才会产生冲击。纵观世界金融发展历史,流动性状态转换导致的金融危机次数并不多,但一旦发生,后果均十分严重。然而这种"低频高损"事件在近些年爆发的越来越频繁,冲击范围也越来越大,严重影响了全球金融稳定。

3.2.3　案例分析

下面以 2007 年美国次贷危机和 2009 年开始的欧洲主权债务危机为例,对危机期间流动性状态转换冲击全球金融系统稳定的发展原因、发展过程、冲击效果等进行分析。

1. 2007 年美国次贷危机

2007 年开始的美国次贷危机就是流动性过剩转换为流动性短缺,进而冲击全球金融系统稳定的典型代表。2012~2015 年,以美国为首的发达国家及大部分发展中国家普遍表现出流动性过剩的经济状态。2001 年,美国遭遇网络经济泡沫破灭,经济受挫进入衰退阶段。美国政府为了刺激经济复苏,连续 3 年采取了低利率的量化宽松货币政策。同时在美国的带领下,日本、欧洲等发达国家和地区也相继实施长期低利率政策。在此开放性的国际背景下,美国乃至全球市场快速进入复苏阶段,流动性逐渐累积,经济形势向好。但 2004 年上半年开始,美国市场上逐步出现流动性过剩的问题,资产价格一路攀升。一方面,没有足够的消费和生产需求支持,过剩的流动性涌入房地产市场,直接推动房地产价格迅速增长。如图 3.2.1 所示,美国房地产市场经历了较长一段上升时期,2003 年年底房价开始加速上涨,2007 年 3 月,平均住房价格达到 32.94 万美元,比 1997 年翻了近一倍。另一方面,美国政府鼓励金融机构对资产进行证券化处理,使原先就已过剩的流动性以更快的速度累积增长,也间接促进了房价上升,住房权益贷款证券化由 1995 年的 10.5%涨至 2005 年的 28.82%,成为美国市场上第一大资产支持证券。至此,流动性过剩问题完全形成。

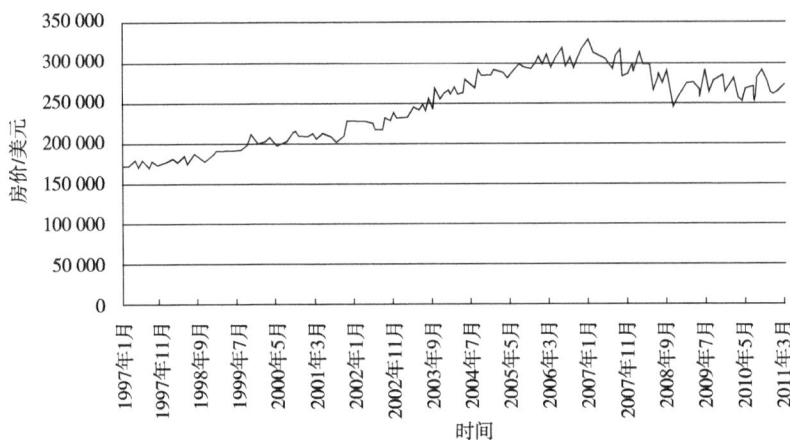

图 3.2.1　1997~2011 年美国房价走势

　　由于次贷本身质量差，贷款人信用低，从 2007 年 8 月开始，次贷接连出现了违约，起初只是少数小型贷款公司受到波及，陷入流动性危机而倒闭。但由于各个金融机构间相互嵌套的债务担保和数次资产证券化，小公司破产形成的不良债务又通过杠杆效应放大，迅速传播给各大银行、保险机构等，甚至房地产在内的"无风险"政府担保机构都陷入流动性危机。流动性过剩在十分短的时间内就迅速转变为流动性短缺，并对金融系统稳定造成了巨大冲击：几乎所有金融机构都收紧银根，银行信贷意愿急剧减弱。IMF 发布的《全球金融稳定报告》显示，美国银行家贷款紧缩指数于 2008 年 9 月达到近三十年来的最高点，银行市场融资流动性严重不足；反映银行体系信贷压力的 Libor-OIS 利差（图 3.2.2）从原来的 8 个基点在 2008 年 10 月 10 日飙升至 364 个基点，并一直保持在较高水平；货币市场方面，由于市场恐慌情绪蔓延，国债等安全资产价格迅速上涨，TED 利差（图3.2.2）由 2007 年前不到 50 个基点迅速攀升并突破 300 个基点；资产票据市场余额也在一年内缩水了 34%，流动性短缺以惊人的速度扩散到整个金融市场。在此次由流动性状态转换导致的金融危机中，转换幅度之大，转换时间之短都前所未有，流动性冲击给美国乃至全球金融系统稳定都带来了严重影响。

　　2. 欧洲主权债务危机

　　美国次贷危机尚未完全平复，新一轮由希腊评级下降率先导致的主权信用危机在欧洲爆发。2008 年以后，为了促进国家经济从全球金融危机中复苏，欧洲各个国家均采取了刺激消费投资的宽松财政政策，然而出于政治需求又需要维持可持续的社会高福利水平，在这双重目标下，政府不得不通过大量借债获取更多的财政资金支持。2009 年年底至 2010 年年初，希腊政府债台高筑，国际三大评级

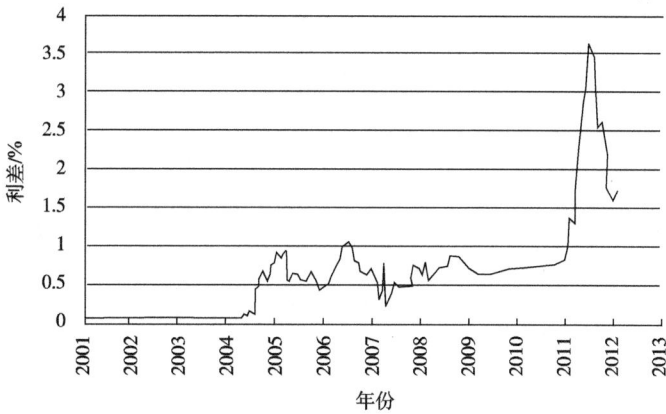

（a）Libor-OIS利差

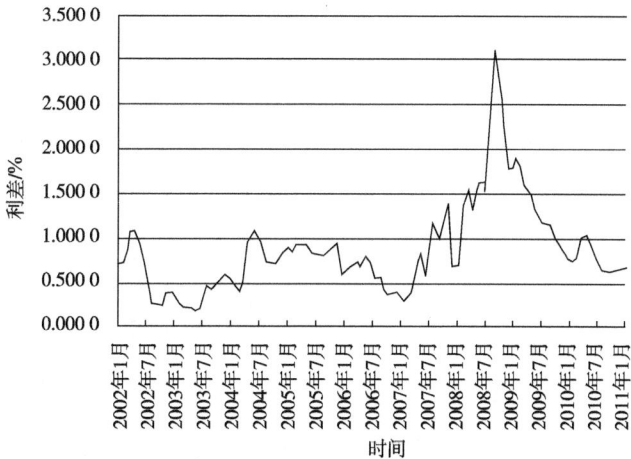

（b）TED利差

图 3.2.2　美国 Libor-OIS 利差和 TED 利差走势图

机构标普、惠誉、穆迪先后调低了其主权信用评级，导致希腊财政危机进一步加剧。随后欧元区其他国家也相继爆出负债过重，资不抵债等情形，评级机构接连下调了爱尔兰、意大利、葡萄牙、西班牙等众多欧元区国家的信用等级，造成了市场的极度恐慌，这些欧元区国家的国债价格急速下跌，利率迅速上升，市场上流动性陷入了严重短缺的状态，政府面临债务违约甚至国家破产的高度危急情况。不同于美国次贷危机，欧洲主权债务危机从本质上来说是一场国家信用危机导致流动性状态转换，国家政府陷入流动性紧缩，最终演变成同盟成员国共同的金融危机。流动性状态转换对金融系统稳定的冲击在欧洲主权债务危机中主要表现在以下两个层面。

1）国家融资流动性逆转是冲击金融系统稳定最主要、最直接的原因

由于负债率过高，国家评级接连被三大评级机构下调，投资者对政府如期偿

还债务信誉问题产生质疑，所以欧元区国家通过发行国债进行融资的成本大大提高。如图 3.2.3 和图 3.2.4 所示，实线表示意大利和西班牙国债利率与市场利率之差，反映了政府融资流动性的大小，虚线表示长期国债与短期国债利率之差，反映长短期间流动性溢价的大小。可以看出，无论是意大利还是西班牙，两种利差均在 2009 年年初迅速上升，并在随后几年间持续保持高位，表明此时市场上流动性发生显著逆转，国家陷入流动性短缺状态。其中，国债与市场利率之差仍有不断上升的趋势，说明欧洲国家政府面临越来越严重的融资流动性短缺，借债成本不断上涨，这将反过来加重国家的财政负担，增大债务违约风险，严重冲击了国家金融系统稳定和政治稳定。

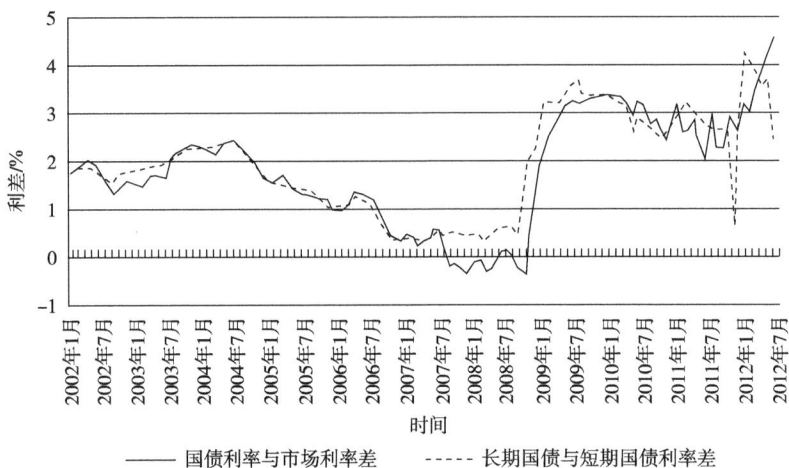

图 3.2.3　意大利国债利差走势图

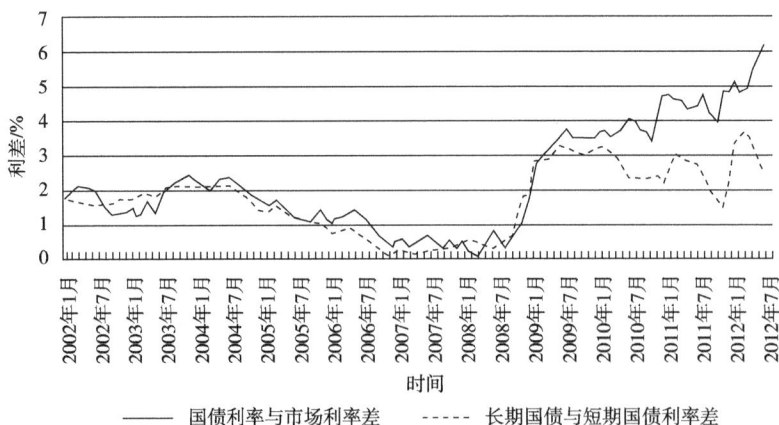

图 3.2.4　西班牙国债利差走势图

2）银行间信贷流动性逆转加速金融危机传播

银行是一国国债的主要购买者，但政府信用危机导致国债价格下跌，原本最安全的资产瞬间变成了风险最大的资产，使银行资产快速减值，资产负债表大幅萎缩，银行惜贷现象严重，信贷流动性紧缩。如图 3.2.5 所示，实线为欧洲银行间隔夜拆借利率，虚线为 7 天拆借利率。2009 年年初次贷危机影响逐渐退去，欧洲银行间欧元同业拆借利率逐步回落低点，然而由于欧债危机的爆发，同业拆借利率在 2010 年 5 月再度开始飙高，到 2011 年 6 月 30 日隔夜利率升至 1.715%，并持续至 2012 年年初才恢复正常水平。长时期的债务危机国银行信贷流动性短缺使相关联欧元区其他国家银行受到冲击，最终导致欧元区整个银行体系紊乱，金融系统稳定性遭到破坏。

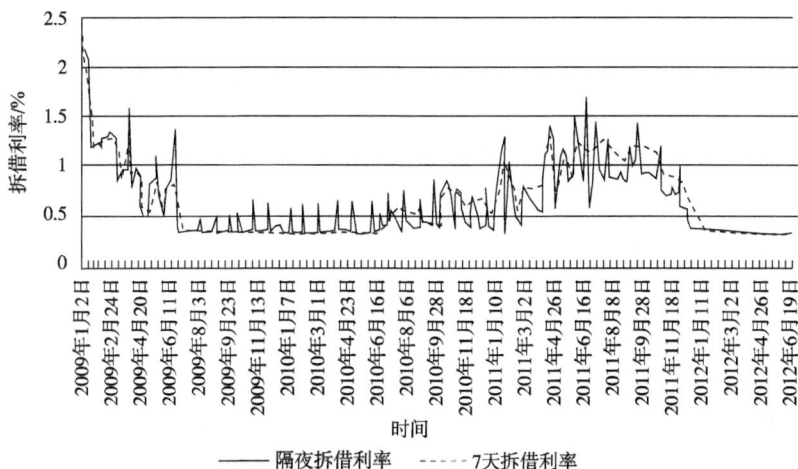

图 3.2.5　欧洲银行间欧元同业拆借利率走势图

3.2.4　本节结论

本节主要分析了流动性状态转换与流动性周期的区别和联系。流动性状态转换是指流动性在不同状态之间的动态转换，包括在过剩与均衡间、均衡与短缺间以及过剩与短缺间的转换，而流动性周期则是包含流动性状态转换的全过程，是一个相对较长期的、连续变化的动态过程。流动性状态转换的幅度越大，流动性状态转换的时间越短，流动性冲击金融稳定的力度越大，影响程度越强。结合 2007 年美国次贷危机和 2010 年欧洲主权债务危机进行案例分析发现，流动性过剩到流动性短缺的状态转换已经成为冲击金融系统稳定的重要驱动力，监管部门一方面应该关注流动性的状态变化，及时对流动性进行注入和抽离，减少状态转换对金融系统稳定的影响程度；另一方面要关注不同层次流动性之间的相互影响，如货币流动性、信贷流动性、市场流动性、融资流动性等，避免交叉影响带来流动性冲击影响范围的扩大。

3.3　投资者情绪、卖空约束与市场流动性：基于行为金融学视角

3.3.1　研究背景

投资者行为是市场交易的基础，是形成市场流动性的前提。投资者行为是如何影响股票市场流动性的？建立在理性人和市场完美假设基础上的传统金融市场理论认为，市场具有完全的流动性且不受同质的理性投资者交易行为的影响。而事实上，由于市场中信息不对称、交易摩擦等问题，投资者是异质非理性的，而且股票供给并非完全弹性，市场流动性易受市场供求的影响，投资者的股票交易行为能够通过市场供求影响市场流动性。有限理性的投资者拥有不同的偏好，掌握的信息存在差异，由此形成不同的市场预期。这种预期差异通过市场中持续的交易活动反映到价格的波动上来。股票价格因投资者的交易行为而波动的程度及持续的时间反映了投资者行为对市场流动性的影响，而投资者行为对市场流动性的影响机制并不唯一。一方面，投资者的交易行为构成了股票市场的基础流动性。另一方面，高流动性的市场能够为投资者更好地提供转让和买卖资产的机会，投资者的交易活动存在择时的策略行为。例如，在市场流动性水平好的时期交易股票，在流动性差的时期减少交易活动，降低流动性成本。

2007 年的次贷危机及其全球性扩散暴露了金融机构在管控流动性及其风险上的不足，进一步揭示了市场流动性在经济稳定中的关键性地位。当前我国股票市场正努力朝发达国家的成熟市场靠近，市场机制尚在不断完善之中，作为市场生命力的流动性急需加强风险管控。面对我国股票市场中存在较为普遍的庄家"做市"、散户"追涨杀跌"等现象，市场投资者的这类行为特征往往加剧了市场流动性的不稳定性，为股票市场的健康可持续发展留下隐忧。因此，在放宽传统金融市场理论的经典假设后，研究投资者行为如何影响市场流动性不仅对理论研究具有扩充意义，更对实际的金融发展具有指导意义。

3.3.2　理论模型

为更清晰地分析股票市场中投资者行为对市场流动性的影响机制，本小节构建一个没有做市商但允许有限套利的基本分析框架，主要研究在新信息冲击下，投资者情绪、投资者信息认知水平（包括认知不足、认知恰当和认知过度）和卖空约束三个因素影响市场流动性的逻辑关系。如图 3.3.1 所示，假设股票市场中主要存在三类投资者，即理性投资者（R）、噪声投资者（N）和知情交易者（或内幕交易者）（I），其中前两类投资者分别从事理性交易和噪声交易。在市场交易过程中，前两类交易者不掌握内幕消息，是股票市场交易的主要参与者，知情投资者只有在获得内幕消息时才会进入市场交易，但他们的交易规模占比很小，对市场供求的直接影响可以忽略。理性投资者能够捕捉到知情交易者的行为变化，及时调整对股票收益的预期。噪声投资者则由于信息认知的限制造成股票估值与股价之间产生偏差。这两类投资者一方面都对股票未来收益做了一定的预判，从而改变了其交易行为；另一方面在不同的投资者情绪和信息认知水平下，卖空约束会改变投资者对股票的需求量，进而影响其交易行为。投资者交易行为的改变会引起资产价格和订单数量的变化，从而引起市场流动性的强弱变化。

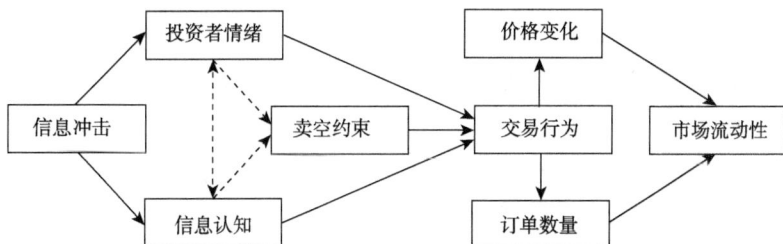

图 3.3.1　投资者行为影响市场流动性路径图

类似于 Baker 和 Stein（2004）的研究，本小节假设知情交易者不受卖空约束，是风险中性的理性和噪声投资者满足常绝对风险厌恶（constant absolute risk aversion，CARA）效用函数

$$U(W) = -e^{-\gamma W} \tag{3.3.1}$$

其中，W 为个体的财富或收益；γ 为个体的风险厌恶系数。这些设定都有助于简化本节理论模型的推导过程（Baker and Stein，2004）。

1. 投资者预期、套利约束与股票价格

首先，假设整个市场股票供给量（发行量）为 Q，在时期 t 的单位资产价格为

P_t。整个市场分为 3 期，股票资产在时期 1、时期 2 进行交易，时期 3 支付股利 $F+\eta+\varepsilon$。其中，F 表示投资者在时期 1 对股票期末支付股利的理性期望。η 为时期 2 出现，在时期 3 公开的新消息所包含的股利收益。在时期 2，只有知情交易者明确知道股利 η 的存在。ε 为时期 3 要公布的消息所包含的股利收益，市场中投资者事先知道 ε 的存在，并能够准确估计其分布情况。η 与 ε 相互独立，且服从零均值、方差分别为 σ_η^2 和 σ_ε^2 的正态分布。为确保股票市场在整个时期内基础风险保持不变，本节假定 η 的方差非常小（趋于零），股利的不确定性主要由 ε 的方差 σ_ε^2 决定。

其次，分析时期 1 与时期 2 的投资者交易行为。在时期 1，市场中的理性投资者和噪声投资者参与股票交易。此时，他们对期末股票股利支付的估值分别为 V_1^R 和 V_2^N，即

$$V_1^R = E_1^R\left(V \mid S_1^R\right) = F \qquad (3.3.2)$$

$$V_1^N = E_1^N\left(V \mid S_1^N\right) = F + \delta \qquad (3.3.3)$$

其中，S_1^R、S_1^N 代表理性投资者和噪声投资者在时期 1 拥有的信息集合。理性投资者根据对股票在时期 3 的收益支付进行理性估计。而噪声投资者的估计除了理性部分的 F 之外，还包含 δ 的初始情绪，可以理解为由投资者情绪产生的估值偏差。

在时期 2，知情交易者在获取到关于收益 η 的消息后进入市场交易。由于知情交易只是微小部分，所以产生的需求冲击并不会直接影响市场均衡价格。但是，市场中的其他投资者能够捕捉到知情交易者的交易行为，从而合理推测 η 的大小并及时调整自己的收益预期。在时期 2，理性的投资者和噪声投资者对股票的估值为

$$V_2^R = E_2^R\left(V \mid S_2^R\right) = F + \eta^E \qquad (3.3.4)$$

$$V_2^N = E_2^N\left(V \mid S_2^N\right) = F + \delta + \theta\eta^E \qquad (3.3.5)$$

其中，η^E 表示理性投资者对 η 的理性期望；θ 表示噪声投资者对市场信息的认知程度（为保证后面流动性有均衡解，在技术上设定 $\theta > 1/2$，也就是说，投资者对新信息认知不足时，至少认知方向是正确的，并且能够做出一半以上的反应）。噪声投资者相较于理性投资者的认知偏差程度为 θ'（$\theta' = |\theta - 1|$）。在 $\theta > 1$ 时，噪声投资者存在认知过度的偏差；在 $\theta < 1$ 时，噪声投资者存在认知不足的偏差。事先假定 σ_η^2 极小，因此风险资产的收益不确定性依然来自 σ_ε^2。

投资者参与市场交易，旨在获取股票估计价值与实际市场价格不一致的部分。在市场中，投资者受到卖空约束，这就意味着当效用最大化条件下投资者最优交易需求量为负时，很可能无法实现套利。因此，最优的需求量只能为零。本节引入一个参数 p 表示市场允许卖空的程度（$0 \leqslant p \leqslant 1$）。当 p 取 1 时，表示市场

允许完全卖空；当 p 取 0 时，表示市场不允许卖空交易，投资者的最低交易需求量为零。考虑卖空约束的情况，采用常绝对风险厌恶的效用函数，参考 Grossman 和 Stiglitz（1980）的研究，假定交易均采用市价订单模式，参与交易的投资者需求量可由如下表达式决定：

$$\max\left\{\left[I\left(D_t^i \geq 0\right) + pI\left(D_t^i < 0\right)\right]D_t^i\left(V_t^i - P_t\right) - \frac{1}{2}\gamma^i\left(D_t^i\right)^2\sigma_\varepsilon^2\right\}, \quad i = R, N; t = 1, 2$$

（3.3.6）

其中，D_t^i 为 i 类（$i = R, N$）投资者在时期 $t = \{1, 2\}$ 的需求量；p 表示市场允许卖空的程度（$0 \leq p \leq 1$）；σ_ε^2 为风险资产的预期风险；γ^i 为投资者 i 的风险厌恶系数；P_t 为时期 $t = \{1, 2\}$ 的风险资产均衡价格。

因此，可以得到时期 1 和时期 2 的投资者 i 的股票需求量如下：

$$D_t^i = \begin{cases} \left(V_t^i - P_t\right)\big/\gamma^i\sigma_\varepsilon^2, & D_t^i \geq 0 \\ p\left(V_t^i - P_t\right)\big/\gamma^i\sigma_\varepsilon^2, & D_t^i < 0 \end{cases}, \quad i = R, N; t = 1, 2 \quad （3.3.7）$$

需要指出的是当需求量为负时，投资者持有股票的总量低于零，也就是卖空状态。

在市场均衡时，理性投资者和噪声投资者的股票总需求等于股票总供给，即

$$D_t^R + D_t^N = Q, t = 1, 2 \quad （3.3.8）$$

当投资者情绪过低时，此时 $D_t^R \geq 0, D_t^N < 0$。根据式（3.3.7），此时有 $D_t^R = \left(V_t^R - P_t\right)\big/\gamma^R\sigma_\varepsilon^2$，$D_t^N = p\left(V_t^N - P_t\right)\big/\gamma^N\sigma_\varepsilon^2$。将表达式代入式（3.3.8），可以得到 P_t 关于 V_t^R、V_t^N 和 Q 的表达式：

$$P_t = \left(\frac{\gamma^N}{\gamma^N + p\gamma^R}\right)V_t^R + \left(\frac{p\gamma^R}{\gamma^N + p\gamma^R}\right)V_t^N - \left(\frac{\gamma^R\gamma^N\sigma_\varepsilon^2}{\gamma^N + p\gamma^R}\right)Q$$

又根据 $D_t^N < 0$，有 $V_t^N < P_t$。将 P_t 的表达式代入不等式，得到 $V_t^N < V_t^R - \gamma^R\sigma_\varepsilon^2 Q$。

市场中基于噪声交易的投资者受到市场情绪的影响而低估了股票价值，基于理性交易的投资者不受市场情绪影响从而对股票价值理性估值。市场允许卖空的程度越低，噪声交易对股票价格的影响越小。在完全限制卖空的情况下，噪声交易者认为股票价格虚高，当前持有股票意味着未来时期亏损，因此需求量（持有量）为零。均衡价格仅由理性投资者的需求决定。

当投资者情绪适中时，此时 $D_t^R \geq 0$，$D_t^N \geq 0$。根据式（3.3.7），此时有 $D_t^R = \left(V_t^R - P_t\right)\big/\gamma^R\sigma_\varepsilon^2$，$D_t^N = \left(V_t^N - P_t\right)\big/\gamma^N\sigma_\varepsilon^2$。将表达式代入式（3.3.8），可以得到 P_t 关于 V_t^R、V_t^N 和 Q 的表达式：

$$P_t = \left(\frac{\gamma^N}{\gamma^N + \gamma^R}\right)V_t^R + \left(\frac{\gamma^R}{\gamma^N + \gamma^R}\right)V_t^N - \left(\frac{\gamma^R\gamma^N\sigma_\varepsilon^2}{\gamma^N + \gamma^R}\right)Q$$

将表达式分别代入 $D_t^R \geqslant 0$，$D_t^N \geqslant 0$，整理后可以得到 $V_t^R - \gamma^R \sigma_\varepsilon^2 Q \leqslant V_t^N \leqslant V_t^R + \gamma^N \sigma_\varepsilon^2 Q$。

市场中的理性投资者和噪声投资者对市场中的股票均有持有需求，不需要卖空，因此市场价格由理性投资者和噪声投资者共同决定。

当投资者情绪过高时，此时 $D_t^R < 0$，$D_t^N \geqslant 0$。根据式（3.3.7），此时有 $D_t^R = p\left(V_t^R - P_t\right)\big/ \gamma^R \sigma_\varepsilon^2$，$D_t^N = \left(V_t^N - P_t\right)\big/ \gamma^N \sigma_\varepsilon^2$。将表达式代入式（3.3.8），可以得到 P_t 关于 V_t^R、V_t^N 和 Q 的表达式：

$$P_t = \left(\frac{p\gamma^N}{p\gamma^N + \gamma^R}\right)V_t^R + \left(\frac{\gamma^R}{p\gamma^N + \gamma^R}\right)V_t^N - \left(\frac{\gamma^R \gamma^N \sigma_\varepsilon^2}{p\gamma^N + \gamma^R}\right)Q$$

然后将其代入 $D_t^R < 0$，整理后得到 $V_t^N > V_t^R + \gamma^N \sigma_\varepsilon^2 Q$。

市场中基于噪声交易的投资者受情绪影响而高估股票价值，基于理性交易的投资者通过卖空实现市场价格高于理性估计部分而获得收益。市场允许卖空的程度越低，理性交易对股票价格的影响越小。在完全限制卖空的情况下，市场中全部是噪声交易，价格由噪声交易决定。

联立式（3.3.7）和式（3.3.8）可以获得股票在时期 $t = \{1,2\}$ 的交易均衡价格（推导过程见本节附录）：

$$P_t = \begin{cases} \left(\dfrac{\gamma^N}{\gamma^N + p\gamma^R}\right)V_t^R + \left(\dfrac{p\gamma^R}{\gamma^N + p\gamma^R}\right)V_t^N - \left(\dfrac{\gamma^R \gamma^N \sigma_\varepsilon^2}{\gamma^N + p\gamma^R}\right)Q & , \quad V_t^N < V_t^R - \gamma^R \sigma_\varepsilon^2 Q \\[4mm] \left(\dfrac{\gamma^N}{\gamma^N + \gamma^R}\right)V_t^R + \left(\dfrac{\gamma^R}{\gamma^N + \gamma^R}\right)V_t^N - \left(\dfrac{\gamma^R \gamma^N \sigma_\varepsilon^2}{\gamma^N + \gamma^R}\right)Q, & \quad V_t^R - \gamma^R \sigma_\varepsilon^2 Q \leqslant V_t^N \leqslant V_t^R + \gamma^N \sigma_\varepsilon^2 Q \\[4mm] \left(\dfrac{p\gamma^N}{p\gamma^N + \gamma^R}\right)V_t^R + \left(\dfrac{\gamma^R}{p\gamma^N + \gamma^R}\right)V_t^N - \left(\dfrac{\gamma^R \gamma^N \sigma_\varepsilon^2}{p\gamma^N + \gamma^R}\right)Q & , \quad V_t^N > V_t^R + \gamma^N \sigma_\varepsilon^2 Q \end{cases}$$

（3.3.9）

从式（3.3.9）可以看出，股票价格根据不同的投资者情绪 δ 分别表示。投资者情绪带来的股价差异由市场允许卖空的程度 p 决定。当市场允许完全的卖空交易时，均衡的股价不受噪声投资者情绪的影响。在确定投资者情绪 δ 和卖空程度 p 的市场，噪声投资者对信息的认知程度 b 越高，股票价格越高。

2. 投资者行为与市场流动性

市场流动性的强弱，可以通过市场交易的活跃程度来判断。Kyle（1985）将市场深度模型定义为市场交易过程中的价格变化对市场订单的吸纳能力。市场深度越高意味着市场价格受订单冲击越小，投资者买卖股票时所承担的流动性成本越低，市场流动性越强，反之亦然。因此，我们可以用订单增量 f 与股价变化 ΔP 的协方差和 f 的方差比值来刻画市场流动性（L），即

$$L^{-1} = \frac{\mathrm{cov}(f, \Delta P)}{\mathrm{var}(f)} \quad\quad （3.3.10）$$

在本小节构建的股票交易市场中，订单增量主要包含两个部分：一部分为时期 1 到时期 2 进入市场交易的知情交易者，他们的订单增量为 d；另一部分为因流动性需求而进入股票市场的交易者（其实这部分交易者来自股票市场外部，不属于理性或噪声交易者中的任何一种，他们因为纯资产配置方面的流动性需求买卖股票，不关注股票价格走势。在模型中，他们的交易活动会在一定程度上掩盖知情交易者的活动，形成市场噪声），他们的订单增量为 z。因此有 $f = d + z$。流动性需求交易者是外生的，他们的交易具有随机性，不受市场情绪的影响，只接受市场价格，并且交易不具有策略性。因此，假定 z 服从均值为零，方差极小（且 $\sigma_z^2 = \sigma_\eta^2$）的正态分布并与 η 独立。

市场中的理性投资者和噪声投资者根据发现的额外订单量，对新增的股利收益形成一个基于经验的预期，可以表示如下：

$$\eta^E = \beta f \quad\quad （3.3.11）$$

其中，$\beta = \dfrac{\mathrm{cov}(\eta, f)}{\mathrm{var}(f)}$。

在新的预期下，时期 2 的股票均衡价格变动 $\Delta P = P_2 - P_1$。将式（3.3.2）～式（3.3.5）代入式（3.3.9）求得 P_1 和 P_2 后，即可获得 ΔP 关于 η^E 的线性表达式（推导过程见本节附录）。η^E 前的系数 k 随着投资者情绪 δ 的逐渐增加，k 出现三类取值情况，依次为 $k_1 = \dfrac{\gamma^N + \theta p \gamma^R}{\gamma^N + p \gamma^R}$，$k_2 = \dfrac{\gamma^N + \theta \gamma^R}{\gamma^N + \gamma^R}$ 和 $k_3 = \dfrac{p\gamma^N + \theta \gamma^R}{p\gamma^N + \gamma^R}$。可以发现，市场中存在的卖空约束导致不同的市场情绪会产生不同的 k 值。根据 ΔP 关于 η^E 的线性表达式含义，这里的 k 可以理解为投资者行为对市场价格波动的影响因子。因此，市场的有限套利环境是投资者情绪影响市场流动性的前提。

因此，ΔP 可变换为等式：

$$\Delta P = k\eta^E + b = k\beta f + b \qu\quad （3.3.12）$$

其中，b 为常数。根据式（3.3.10）和式（3.3.11）可知，市场流动性为 $L = 1/k\beta$，与 Baker 和 Stein（2004）中的结果是一致的，可见利用式（3.3.10）计算市场流动性具有较好的适用性。

时期 2 的知情交易者在获得非公开信息后，对股票价格形成的预期为 $P_1 + \eta$。在交易过程中，额外产生的订单流将引起其他投资者们调整对股价的预期，从而使股价变化为 P_2，因此知情交易者能够获得的期望收益为

$$\max \Pi^I = E\left[d\left(P_1 + \eta - P_2\right)\right] = E\left[d\left(\eta - \Delta P\right)\right] \quad\quad （3.3.13）$$

式（3.3.13）为内幕信息价值扣除股价同向变动的部分。由于知情交易者风险中性，

最大化其效用 $\partial \Pi^I / \partial d = 0$，得到最优订单量 d 如下（推导过程见本节附录）：

$$d = \frac{(\eta - b)L}{2} \qquad (3.3.14)$$

将式（3.3.14）代入式（3.3.11）中的 β 表达式，结合 $L = 1/k\beta$ 及假设条件 $\sigma_z^2 = \sigma_\eta^2$，最终获得市场流动性 L 的均衡解（推导过程见本节附录）：

$$L^* = \frac{2}{\sqrt{2k-1}} \qquad (3.3.15)$$

从式（3.3.15）可以看到，市场流动性的大小只与投资者行为的影响因子 k 有关。而由于理性投资者和噪声投资者的风险厌恶系数保持不变，所以 k 的大小取决于投资者情绪 δ、新信息认知水平 θ 以及市场允许卖空的程度 p。因此，可以推出市场流动性和投资者情绪、新信息认知以及卖空约束之间的关系，进而得到如下三个命题（证明过程见本节附录）。

命题 3.3.1 当 $\partial L^* / \partial k < 0$ 时，若 $1/2 < \theta < 1$，随着投资者情绪 δ 增加，投资者行为影响因子 k 呈阶段性递减，市场流动性 L^* 阶段性递增；若 $\theta > 1$，随着 δ 增加，k 呈阶段性递增，L^* 阶段性递减；若 $\theta = 1$，随着 δ 增加，投资者行为影响因子 k 恒为 1，L^* 不变。投资者情绪是影响市场流动性的重要变量，市场中噪声投资者的认知程度 θ 决定了投资者情绪对市场流动性的影响方向。当噪声投资者普遍认知不足时（$1/2 \leq \theta < 1$），高的投资者情绪有利于促进交易进行，逐渐趋向新的资产价格，提高市场流动性；当噪声投资者普遍认知过度时（$\theta > 1$），高的投资者情绪下的交易将产生导致过多的噪声性波动，从而消耗市场流动性。

命题 3.3.2 当 $\partial L^* / \partial \theta \leq 0$，等号当且仅当 $\theta = 1$ 时成立，且当 $\theta \neq 1$ 时，随着投资者情绪 δ 增加，$\partial L^* / \partial \theta \leq 0$ 呈现阶段性递增。也就是在其他条件不变的情况下，噪声投资者对市场新信息的认知程度越高，市场流动性越小。在考虑投资者情绪因素后，信息认知对市场流动性的消耗作用在投资者情绪高的环境中更大。因此，当噪声投资者普遍认知过度并且处于较高的投资者情绪的市场环境中时，市场流动性状况最差。

命题 3.3.3 市场允许卖空程度 p 对市场流动性的影响视 θ 和 δ 的具体情况而定，当 $p \to 1$ 时，投资者情绪 δ 引起的投资者行为影响因子 k 差异降低，对市场流动性的影响效果减弱。从本节附录的证明可以看到，当噪声投资者普遍认知不足时，低投资者情绪下的市场流动性随着卖空程度升高而增加，高投资者情绪下的市场流动性随着卖空程度升高而降低。当噪声投资者普遍认知过度时，结论正好相反。进一步，市场卖空的存在将削弱投资者情绪对市场流动性的影响作用。

可以看到，投资者情绪、信息认知和卖空约束均对市场流动性产生了影响。信息的认知不足或认知过度会改变投资者情绪对市场流动性的作用机制，这一结论拓展了 Baker 和 Stein（2004）仅考虑信息认知不足的情况。在模型中引入卖空机制，发现卖空机制对流动性的作用依赖于投资者情绪和信息认知水平，其作用方向具有不确定性，这也印证了一些学者的结论：Henry 和 McKenzie（2006）、Boulton 和 Braga-Alves（2010）等发现卖空机制与卖空行为增大了资产价格的波动性，表明市场价格对交易量的吸收能力在减弱。因而，卖空机制对整个市场的影响是一个复杂的过程，卖空机制对市场流动性的影响取决于市场中卖空交易者的类型、操作策略以及对交易信息的认知程度。此外，在本节的分析框架下，我们还发现市场卖空机制将削弱投资者情绪对市场流动性的影响。

3. 针对我国股票市场的理论判断

对投资者行为影响市场流动性的理论推导得出了关于投资者情绪 δ、信息认知 θ 以及套利开放度 p 对市场流动性影响的命题。根据这些命题，本节将对我国股票市场的投资者行为对市场流动性的影响情况先进行理论判断，然后进行实证检验。

根据命题 3.3.1，投资者情绪的升高究竟是提高还是降低市场流动性，主要取决于市场中的噪声投资者是普遍的认知不足还是认知过度。结合 Barberis 等（1998）的 BSV（Barberis、Shleffer 和 Vishny）模型以及 Hong 和 Stein（1999）的 HS（Hong、stein）模型中对于投资者认知不足将使得市场中的股票价格受市场消息面的影响呈现持续性，新的利好或利空消息带来的价格变化不能一步到位。这是由于噪声投资者在无法准确估计信息包含的价值时，往往会通过观察市场其他投资者的反应，而渐近地修正估值预期。此时，动量交易将有利可图。投资者认知过度主要表现为对新消息的过度反应，从而在后期出现股票价格回调的趋势。此时，反向交易将有利可图。根据蔡庆丰等（2011）的研究，我国股票市场中投资者表现出惯性交易、羊群行为的特征。由此，本节对我国股票市场的投资者行为影响市场流动性做出如下判断。

判断 3.3.1　我国股市中投资者对新信息的认知主要表现为认知不足，投资者情绪提高将增加市场流动性。

根据命题 3.3.2，噪声交易者对市场新信息的认知程度越高，市场反应越迅速，交易订单量越集中，从而对流动性的消耗越大。在这一层面上，投资者对市场信息的认知程度高虽然有助于提高市场效率，却会对当期市场流动性产生不利影响，特别是投资者情绪高的市场。

判断 3.3.2　我国股市中噪声投资者信息认知越迅速，越不利于当期市场流动性，并且在投资者情绪高的市场不利性越高。

在我国股票市场，融资融券业务是主要的几种具有套利性质的业务之一。特别是融券业务，它给市场中的投资者提供了卖空的机会。根据命题 3.3.3，若市场中投资者存在普遍的信息认知不足，则低投资者情绪市场的流动性随着市场卖空程度的改善而提高，对高投资者情绪市场的流动性随着市场卖空程度的改善而提高，并且卖空机制的存在对投资者情绪的流动性影响具有抑制作用。因此，本节提出判断 3.3.3。

判断 3.3.3　我国股市中融资融券业务能够抑制投资者情绪对市场流动性的作用。

3.3.3　实证分析

我国股票市场包含 A 股、B 股及创业板市场，考虑到 A 股市场的交易规模、形成时间和投资者数量最具有普遍意义，本小节以综合 A 股市场（不含创业板）为研究对象，选取 2005 年 7 月至 2013 年 5 月的市场周数据作为样本，通过剔除部分缺失数据的周样本，最终获得综合 A 股市场共 401 周的观测样本[①]。

1. 检验方程与变量设计

针对 3.3.2 小节的三个判断，在实证部分我们考虑投资者情绪、信息认知、卖空业务及交叉项的互动对市场流动性的影响。由于以周为研究样本，构建如下基本检验方程：

$$\text{Illiq}_t = \beta_0 + \beta_1 \text{Senti}_t + \beta_2 \text{Recog}_t + \beta_3 \text{Recog}_t \cdot \text{Senti}_t \\ + \beta_4 \text{Short}_t \cdot \text{Senti}_t + \beta_4 \text{Illiq}_{t-1} + \varepsilon_t \tag{3.3.16}$$

1）市场流动性指标

测量市场深度的指标有很多，其中 Amihud（2002）提出的市场非流动性指标（Illiq）是应用最广泛的指标之一。该指标秉承了 Kyle（1985）的市场深度测度思想，体现了单位成交量引起的价格变化（Amihud，2002），是一种较为理想的市场深度测度指标。市场非流动性指标是市场流动性的反向指标，即 Illiq 越小，市场越有深度，市场流动性越大。该指标可表示为

$$\text{Illiq}_t = \frac{1}{\text{Day}_t} \sum_{i=1}^{\text{Day}_t} \frac{\left| (P_{ti} - P_{t-1i}) / P_{t-1i} \right| \cdot N_{ti}}{\text{Tvalue}_{ti}} \times 10^{10} \tag{3.3.17}$$

其中，$\left| (P_{ti} - P_{t-1i}) / P_{t-1i} \right|$ 表示第 t 周第 i 个交易日的 A 股市场回报率的绝对值；N_{ti} 为第 t 周第 i 个交易日用于计算回报率的股票个数，加入 N_{ti} 项是为了消除流通股票增加对成交额的影响；Tvalue_{ti} 为当日成交额；Day_t 为第 t 周的交易天数。式（3.3.17）中乘以 10^{10} 是为了将非流动性指标值调整到适当的水平。

---

① 资料来源：国泰安数据库和 Wind 资讯。

2）投资者情绪指标

沪深 300 累计涨跌幅（Senti1）：代表股票市场内部投资者情绪的指标，即每周沪深 300 指数的收盘点数相对于开始日 1 000 点的累计涨跌幅。Senti1 的值直接由 Wind 资讯数据库提供。相对新增 A 股账户（Senti2）：代表市场外部投资者情绪的指标。其中，相对新增 A 股账户的计算如下：

$$\text{Senti2}_t = \frac{\text{Newac}_t}{\text{avg}(\text{Newac})} \qquad (3.3.18)$$

其中，Newac 为第 t 周新增 A 股账户数；avg（Newac）为整个样本期平均新增 A 股账户数。比值的形式消除了指标的单位。当投资者情绪高时，市场中已有的投资者对股票估值提高，外部投资者纷纷进入市场参与交易。因此，这两个指标都是投资者情绪的正向指标。

投资者情绪的高、中、低判定在模型中较为复杂，因此实证过程中，本小结考虑用较为简单的方法设定 High_ Senti、Medium_ Senti 和 Low_ Senti：

当 $\text{Senti} \in \left[\text{min Senti}, \dfrac{(\text{max Senti} - 2\,\text{min Senti})}{3} \right)$ 时，投资者情绪为底（Low_ Senti）。

当 $\text{Senti} \in \left[\dfrac{(\text{max Senti} - 2\,\text{min Senti})}{3}, \dfrac{(2\,\text{max Senti} - \text{min Senti})}{3} \right)$ 时，投资者情绪为中（Medium_ Senti）。

当 $\text{Senti} \in \left[\dfrac{(2\,\text{max Senti} - \text{min Senti})}{3}, \text{max Senti} \right]$ 时，投资者情绪为高（High_ Senti）。

3）信息认知指标

市场中噪声投资者对于新价值信息的认知程度越低，市场反应越缓慢，从而相邻两个交易日的成交量的关联度越高。因此，本小节用市场相邻交易日成交量变化的绝对值除以平均成交量表示噪声投资者的认知程度。相对成交量变化越大，市场相邻交易日的关联越低，信息认知程度越高，具体计算如下：

$$\text{Cogni}_t = \frac{1}{\text{Day}_t} \sum_{i=1}^{\text{Day}_t} \frac{\left| \text{Tvolume}_{t(i+1)} - \text{Tvolume}_{ti} \right|}{\left(\text{Tvolume}_{t(i+1)} + \text{Tvolume}_{ti} \right)/2} \qquad (3.3.19)$$

其中，Tvolume_{ti} 为第 t 周的第 i 个交易日的 A 股市场中成交量，每周最后一个交易日的下一个交易日即为下周的第一个交易日；Day_t 为第 t 周的交易天数。

4）融资融券业务

融资融券交易试点业务在 2010 年 3 月 31 日正式启动。随后在 2011 年 12 月 5 日和 2013 年 1 月 31 日，市场中的融资融券业务经历了两次扩容。考虑到融资融券业务的最后一次扩容时间较近，本小节以 2010 年 3 月 31 日和 2011 年 12 月 5 日所在周为转折点，分别设立虚拟变量 Short1 和 Short2。

若样本早于 2010 年 3 月 31 日所在周，Short1 取 0，否则取 1。

若样本早于 2011 年 12 月 5 日所在周，Short2 取 0，否则取 1。

2. 变量的描述性统计与有效性检验

首先对被解释变量和各解释变量进行描述性统计。表 3.3.1 中展示了几个变量的统计特征。2005 年 7 月至 2013 年 5 月，综合 A 股市场的非流动性系数均值为 2.581 6，极值相对于均值的偏离较大，标准差为 2.923 8。因此，在样本期间，市场流动性经历了较大的起伏。观察两个投资者情绪指标，可以发现描述股票市场内部投资者情绪的沪深 300 累计涨跌幅（Senti1）和描述市场外部投资者情绪的相对新增 A 股账户（Senti2）同样波动较大，标准差分别为 106.297 2 和 0.983 9，接近于各自的均值。投资者信息认知程度（Cogni）的均值为 0.141 9，标准差为 0.059 7，总体反映出较为平稳的情况。

表 3.3.1　变量的描述性统计

统计特征	Illiq	Senti1	Senti2	Cogni
均值	2.581 6	171.275 2	1.000 0	0.141 9
中位数	1.520 3	166.880 0	0.753 8	0.132 0
最大值	23.091 0	473.720 0	6.239 5	0.406 6
最小值	0.093 1	−17.050 0	0.037 2	0.039 1
标准差	2.923 8	106.297 2	0.983 9	0.059 7
J-B 检验	2 782.09	14.76	1 170.29	88.73
观测值	401	401	401	401

表 3.3.2 给出了高、中、低三类投资者情绪下各变量描述性统计。可以看到，投资者情绪越高，市场流动性越低。当以沪深 300 累计涨跌幅（Senti1）为投资者情绪高低的分类口径时，投资者情绪高的观测组中，市场流动性的均值为 1.645 9，而投资者情绪低的观测组中，市场流动性的均值为 4.740 8。在以相对新增 A 股账户（Senti2）为分类口径时，投资者情绪高与低的观测组中，市场流动性的均值分别为 0.967 2、2.738 9。从不同口径下的观测组的 Senti1 和 Senti2 均值可以看到，这两种分类口径并不完全吻合。但若是忽略投资者情绪中等的观测组，直接比较投资者情绪高、低两个观测组，各变量的均值大小关系与本节的判断是基本一致的。

表 3.3.2　高、中、低三类投资者情绪下各变量均值统计

变量	Senti1			Senti2		
	高	中	低	高	中	低
Illiq	1.645 9	1.361 6	4.740 8	0.967 2	1.281 8	2.738 9
Senti1	405.98	203.15	66.00	258.03	347.73	152.13
Senti2	2.587 8	1.144 6	0.400 9	5.589 0	2.919 7	0.730 8
Cogni	0.136 4	0.138 5	0.148 7	0.132 1	0.117 8	0.144 5
观测值	33	226	142	6	36	359

进一步考察各变量之间的相关性。从表 3.3.3 可以看到，被解释变量 Illiq 与解释变量 Senti1、Senti2 之间均存在负的相关性，与解释变量 Cogni 之间存在正的相关性。从系数值的大小看，被解释变量 Illiq 与 Senti1 之间相关性最强，与 Cogni 之间的相关性最弱。在共线性问题上，同为投资者情绪指标的 Senti1 和 Senti2 具有较高的相关性，存在多重共线性问题，而投资者信息认知与投资者情绪指标的相关性较低，可以忽略多重共线性问题。

表 3.3.3　变量相关系数矩阵

变量	Illiq	Senti1	Senti2	Cogni
Illiq	1	—	—	—
Senti1	−0.539 4	1	—	—
Senti2	−0.319 0	0.693 1	1	—
Cogni	0.235 9	−0.087 4	−0.100 6	1

进一步，图 3.3.2 展示了 2005 年 7 月至 2013 年 5 月各变量的变化趋势。同样可以得到类似的结论。Senti1 与 Illiq 之间存在反向的同步性，波动性也比较明显，而投资信息认知虽然与 Illiq 之间存在正向的同步性，但是变动趋势不够明显。从图 3.3.2 可以看到，市场流动性在整个样本期中，从平缓期先经历了大幅增长，随后大幅降低，最后小幅波动的过程。

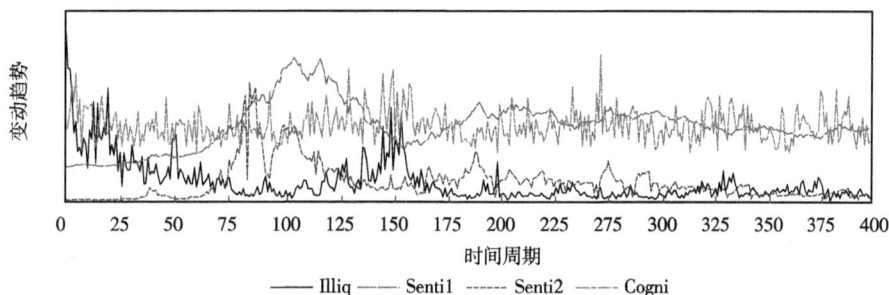

图 3.3.2　2005 年 7 月至 2013 年 5 月各变量的变化趋势

3. 实证结果分析

在对方程（3.3.16）进行广义最小二乘法估计后，得到的估计结果如表 3.3.4 和表 3.3.5 所示。从表 3.3.4 中的模型（1）和模型（3）可以看出，代表投资者情绪的沪深 300 累计涨跌幅（Senti1）与被解释变量市场非流动性显著负相关，即投资者情绪越高，市场流动性越大。同样，从表 3.3.5 中的模型（5）和模型（7）可以看出，代表投资者情绪的相对新增 A 股账户（Senti2）与市场非流动性呈负相关，并且结果同样显著。这说明，无论是来自股票市场内投资者的情绪还是市场外的投资者情绪都能够显著影响市场流动性。并且，由于市场表现出投资者情绪与市场流动性显著的正相关性，市场中的噪声投资者对于信息的认知更多地表现为认知不足。总的来说，实证的结果支持了判断 3.3.1。

表 3.3.4　投资者行为对市场流动性影响的总体回归估计结果（Senti1）

变量	模型（1）	模型（2）	模型（3）	模型（4）
常数项	1.499 2*** (0.300 00)	0.777 5* (0.409 3)	1.275 1*** (0.298 6)	0.548 4 (0.410 3)
Senti1	−0.004 50*** (0.000 9)	0.000 2 (0.002 0)	−0.004 4*** (0.000 9)	0.000 3 (0.002 1)
Cogni	3.958 1*** (1.343 7)	9.436 5*** (2.514 2)	3.380 2** (1.355 0)	8.917 5*** (2.545 4)
Cogni · Senti1	—	−0.034 8*** (0.013 6)	—	−0.035 2** (0.013 7)
Short1 · Senti1	−0.004 2*** (0.001 0)	−0.004 2*** (0.001 0)	—	—
Short2 · Senti1	—	—	−0.003 9*** (0.001 4)	−0.004 0*** (0.001 4)
L1.Illiq	0.596 3*** (0.036 2)	0.583 7*** (0.036 3)	0.635 6*** (0.034 7)	0.622 5*** (0.034 8)
调整的 R^2	0.680 9	0.685 4	0.672 0	0.676 6
F-statistic	213.86	174.34	205.39	167.94

***、**和*分别表示在1%、5%和10%的显著性水平上显著

注：回归方程的被解释变量为 Illiq，衡量市场的非流动性，Illiq 越大，市场流动性越低。估计使用的软件为 Stata 11。限于篇幅，本节仅在表 3.3.4 中列出了部分代表性回归结果。回归结果的第一行数值为估计系数，第二行为标准差，保留 4 位小数

表 3.3.5　投资者行为对市场流动性影响的总体回归估计结果（Senti2）

变量	模型（5）	模型（6）	模型（7）	模型（8）
常数项	0.747 4*** （0.251 4）	0.536 1 （0.332 4）	0.620 3** （0.250 7）	0.376 0 （0.329 8）
Senti2	−0.250 8*** （0.087 06）	−0.003 65 （0.269 0）	−0.250 6*** （0.090 1）	0.040 3 （0.270 8）
Cogni	3.508 2** （1.373 8）	5.212 8** （2.228 8）	3.054 3** （1.378 6）	5.077 1** （2.247 6）
Cogni·Senti2	—	−1.986 0 （2.044 7）	—	−2.349 7 （2.062 5）
Short1·Senti2	−0.752 4*** （0.2084）	−0.7466*** （0.208 5）	—	—
Short2·Senti2	—	—	−1.114 2** （0.466 6）	−1.130 3** （0.466 6）
L1.Illiq	0.675 4*** （0.031 9）	0.671 8*** （0.032 14）	0.702 1*** （0.030 6）	0.697 2*** （0.030 9）
调整的 R^2	0.666 0	0.666 0	0.659 9	0.660 2
F-statistic	199.9 4	160.11	194.57	156.03

*** 、**分别表示在 1%和 5%的显著性水平上显著

　　观察表 3.3.4 和表 3.3.5 中投资者信息认知对市场流动性的影响，从模型（1）、模型（3）、模型（5）和模型（7）的回归结果可以看到，投资者信息认知程度的回归系数显著为正。也就是说，股票市场中噪声投资者对于信息的认知普遍表现出不足的前提下，他们对信息的认知程度越高，市场流动性越弱。这部分因素可能来源于惯性交易，新信息的出现将使市场订单集中进行同方向的交易，从而消耗当期的市场流动性。这一点支持了判断 3.3.2 的说法。

　　进一步分析投资者信息认知与投资者情绪的交叉项影响。可以看到，在表 3.3.4 以沪深 300 累计涨跌幅（Senti1）为投资者情绪的模型中，虽然交叉项的加入使原来的投资者情绪变量由显著变为不显著。但是交叉项的系数为正，信息认知或投资者情绪的增加会增加市场流动性，因此可以认为投资者情绪对市场流动性的正向影响依然存在，只是可能方式不同。但是，同时信息认知程度变量前的系数增大了两倍多，信息认知程度对市场流动性的负向影响增大了。因此，根据表 3.3.4 中的实证结果还不能够轻易判断信息认知程度对 Senti1 的削弱作用。在表 3.3.5 中以相对新增 A 股账户（Senti2）为投资者情绪的模型中，通过比较模型（5）、模型（6）以及模型（7）、模型（8）的结果可以发现，认知程度与投资者情绪的交叉项前的系数并不显著，但同时，由于交叉项的加入，投资者情绪的影响由显著变为不显著，同时认知程度变量前的系数显著增大。这一结果支持了判断 3.3.2 的说法，投资者认知程度不仅对市场流动性具有负向的消耗作用，同时

在投资者情绪高的市场消耗作用更强。

针对开展融资融券业务前后，市场流动性受投资者情绪的影响是否降低的问题，模型（1）~模型（4）均显示，开展融资融券业务的虚拟变量与投资者情绪的交叉项（Short1·Senti1、Short2·Senti1、Short1·Senti2、Short2·Senti2）前的系数为负。这意味着在我国股票市场中，融资融券业务的开展进一步强化了投资者情绪对市场流动性的影响作用。这一结果与预测的抑制效果正好相反。在进一步分析我国证券市场中开展的融资融券业务可以发现，相比于具有卖空功能的融券业务，具有买空功能的融资业务更加频繁。而频繁的融资业务意味着市场中股票价格被低估，投资者的买入持有意愿也相应增加。

3.3.4　本节结论

本节首先通过构建理论模型推导得出关于投资者行为与市场流动性的三个命题，其次基于我国股票市场发展现状提出相应的理论判断，最后通过对理论判断的实证检验，揭示了投资者行为影响我国股票市场流动性的三方面内在规律：①在我国股票市场中，投资者情绪对市场流动性的影响是正向的，投资者情绪越高，市场流动性越强。从投资者情绪的影响效果来看，无论是市场已有（内部）投资者的情绪还是新加入市场的投资者情绪对市场流动性都存在显著的正向影响。②我国股票市场中参与交易的投资者面临新的消息时，更多的情形表现为认知不足。投资者的信息认知程度越高，当期市场流动性越弱。究其原因可能是在市场投资者普遍认知不足的情况下，惯性（动量）交易、羊群行为普遍存在，此时，认知程度的增加只会使市场中投资者跟风交易的行为更加集中，使市场流动性在很大程度上被消耗。③理论上，在投资者信息认知不足的市场，市场允许套利交易的程度越大，投资者情绪对市场流动性的正向影响越小。然而，我国股票市场中开展的融资融券业务却进一步促进了投资者情绪对市场流动性的影响，可能是因为我国股市中多头融资与空头融券规模悬殊。在 2012 年，上海证券交易所每月平均融资余额为 408 亿元，而融券余额仅为 9.7 亿元，深圳证券交易所的融资余额同样是融券余额的数十倍。融资业务对投资者情绪影响市场流动性作用的促进超过了融券业务对投资者情绪影响市场流动性作用的抑制。另外，融券业务的开展需要较高的门槛，使融券业务的卖空套利空间和对象十分有限，因此融资融券业务的套利机制尚不能发挥完全。

投资者参与市场交易是形成市场流动性的基础，投资者交易行为对市场流动性产生多重影响。因此，结合上文理论实证分析的研究结论，就如何构建有效流动性的股票市场提出四点政策建议：①合理引导市场投资者情绪，形成市场理性预期。投资者情绪一方面能够促使投资者参与市场交易，增加股票市场的活跃程度；另一方面也会因过高的情绪在尚未完善的套利机制下堆积泡沫，引发市场流动性的非理性增长。因此，就当前我国股票市场的现状来说，更要注意合理引导投资者形成理性预期，通过投资者教育增加理性投资者比例，合理降低流动性成本等手段促进市场流动性的非泡沫提升。②优化市场交易环境，提高市场信息效率。良好的市场交易环境有利于市场信息效率的提高，当市场面临非预期的流动性冲击时，信息效率高的市场有利于投资者迅速形成新的理性预期，进行及时的理性调整。同时市场信息效率的提高将减少因盲目跟随交易引起的单方向交易对市场流动性消耗，从而有利于很快实现新的市场均衡。③增强市场交易容量，吸引更多投资者进入市场。足够的市场容量有利于缓解短期内市场流动性的大幅消耗，减少市场流动性冲击。有效的市场流动性是股票市场繁荣的基础，离不开众多交易者的支撑。因此，参与市场交易的投资者越多，越有利于提升市场对于单个交易或信息冲击的吸收能力，增加市场流动性的深度和弹性。④构建有效的市场套利机制，实现市场流动性的自我调整。流动性充分稳定的效率市场离不开多元化的套利机制，一定的可行套利空间有利于套利业务的市场拓展，扩大投资者参与规模，实现市场流动性的自我平衡。出于控制市场风险，保护投资者利益的角度，目前我国融资融券、股指期货类市场业务对投资者设置了较高的市场门槛和保证金要求，它们对稳定市场流动性的内在均衡效能尚有很大的提升空间，需要我们择机进一步丰富市场套利业务产品，优化市场套利机制。

在本节具体的研究过程中，尚存在一些不足之处。例如，模型的构建和分析并没有考虑到投资者行为与市场流动性之间可能存在的内生性问题，对投资者情绪值的判断尚存在一定的主观抽象性；由于数据获取的难度，没有对投资者行为影响市场流动性效果的持续程度进行深入分析，所有这些问题将是未来进一步研究的方向。

本 节 附 录

1. ΔP 关于 η^E 的线性表达式推导过程

首先，将 $V_1^R = E_1^R\left(V \mid S_1^R\right) = F$ 和 $V_1^N = E_1^N\left(V \mid S_1^N\right) = F + \delta$ 代入式（3.3.9）可以得到时期 1 的均衡价格表达式：

$$P_1 = \begin{cases} F + \left(\dfrac{p\gamma^R}{\gamma^N + p\gamma^R}\right)\delta - \left(\dfrac{\gamma^R\gamma^N\sigma_\varepsilon^2}{\gamma^N + p\gamma^R}\right)Q, & \delta < -\gamma^R\sigma_\varepsilon^2 Q \\[3mm] F + \left(\dfrac{\gamma^R}{\gamma^N + \gamma^R}\right)\delta - \left(\dfrac{\gamma^R\gamma^N\sigma_\varepsilon^2}{\gamma^N + \gamma^R}\right)Q, & -\gamma^R\sigma_\varepsilon^2 Q \leqslant \delta \leqslant \gamma^N\sigma_\varepsilon^2 Q \\[3mm] F + \left(\dfrac{\gamma^R}{p\gamma^N + \gamma^R}\right)\delta - \left(\dfrac{\gamma^R\gamma^N\sigma_\varepsilon^2}{p\gamma^N + \gamma^R}\right)Q, & \delta > \gamma^N\sigma_\varepsilon^2 Q \end{cases}$$

其次，将 $V_2^R = E_2^R\left(V \mid S_2^R\right) = F + \eta^E$ 和 $V_2^N = E_2^N\left(V \mid S_2^N\right) = F + \delta + \theta\eta^E$ 代入式（3.3.9）可以得到时期 2 的均衡价格表达式：

$$P_2 = \begin{cases} \left(\dfrac{\gamma^N + \theta p\gamma^R}{\gamma^N + p\gamma^R}\right)\eta^E + F + \left(\dfrac{p\gamma^R}{\gamma^N + p\gamma^R}\right)\delta - \left(\dfrac{\gamma^R\gamma^N\sigma_\varepsilon^2}{\gamma^N + p\gamma^R}\right)Q, & \delta < (1-\theta)\eta^E - \gamma^R\sigma_\varepsilon^2 Q \\[3mm] \left(\dfrac{\gamma^N + \theta\gamma^R}{\gamma^N + \gamma^R}\right)\eta^E + F + \left(\dfrac{\gamma^R}{\gamma^N + \gamma^R}\right)\delta - \left(\dfrac{\gamma^R\gamma^N\sigma_\varepsilon^2}{\gamma^N + \gamma^R}\right)Q, & (1-\theta)\eta^E - \gamma^R\sigma_\varepsilon^2 Q \leqslant \delta \leqslant (1-\theta)\eta^E + \gamma^N\sigma_\varepsilon^2 Q \\[3mm] \left(\dfrac{p\gamma^N + \theta\gamma^R}{p\gamma^N + \gamma^R}\right)\eta^E + F + \left(\dfrac{\gamma^R}{p\gamma^N + \gamma^R}\right)\delta - \left(\dfrac{\gamma^R\gamma^N\sigma_\varepsilon^2}{p\gamma^N + \gamma^R}\right)Q, & \delta > (1-\theta)\eta^E + \gamma^N\sigma_\varepsilon^2 Q \end{cases}$$

将时期 2 的价格 P_2 减去时期 1 的价格 P_1 即可得到均衡价格变动 ΔP 的表达式。可以看到，虽然 P_2 和 P_1 的表达式中关于投资者情绪 δ 的取值条件是不同的，我们直接推出具体的 ΔP 表达式难度较高。但是无论如何，ΔP 最终的表达式一定满足线性关系 $\Delta P = k\eta^E + b$，其中，b 为包含 δ、Q 等的常数项，而 k 的取值按照 δ 从小到大的顺序依次为

$$k_1 = \frac{\gamma^N + \theta p\gamma^R}{\gamma^N + p\gamma^R}$$

$$k_2 = \frac{\gamma^N + \theta\gamma^R}{\gamma^N + \gamma^R}$$

$$k_3 = \frac{p\gamma^N + \theta\gamma^R}{p\gamma^N + \gamma^R}$$

2. $d = \dfrac{(\eta - b)L}{2}$ 的求解过程

最大化期望收益 $\max \Pi^I = E\left[d\left(\eta - \Delta P\right)\right]$ 存在一阶条件 $\dfrac{\partial \Pi^I}{\partial d} = 0$。

由于 $\Delta P = k\eta^E + b$，且 $\eta^E = \beta f = \beta(d + z)$，所以将代回一阶条件可以得到如下等式：

$$\frac{\partial \Pi^I}{\partial d} = \frac{\partial E\left[d\left(\eta - k\eta^E - b\right)\right]}{\partial d} = \eta - kE(\beta f) - b - dkE\left(\frac{\partial \beta f}{\partial d}\right) = \eta - b - 2k\beta d = 0$$

因为 $L = 1/k\beta$，所以，得到

$$d = \frac{(\eta - b)L}{2}$$

3. $L^* = \dfrac{2}{\sqrt{2k-1}}$ 的求解过程

因为 $\beta = \dfrac{\mathrm{cov}(\eta, f)}{\mathrm{var}(f)} = \dfrac{\mathrm{cov}\left[\eta,(d+z)\right]}{\mathrm{var}(d+z)} = \dfrac{\dfrac{1}{2}L\sigma_\eta^2}{\dfrac{1}{4}L^2\sigma_\eta^2 + \sigma_z^2}$，其中，$\sigma_z^2 = \sigma_\eta^2$，所以有

$\beta = \dfrac{2L}{L^2 + 4}$，代入等式 $L = 1/k\beta$ 中得到市场流动性 L 的均衡解为 $L^* = \dfrac{2}{\sqrt{2k-1}}$。

4. L^* 关于投资者情绪 δ、新信息认知 θ 以及允许套利程度 p 的关系证明

首先，证明投资者情绪 δ、新信息认知 θ 以及允许套利程度 p 之间的相互关系。按照投资者情绪 δ 由低到高，k 的取值为

$$k_1 = \frac{\gamma^N + \theta p \gamma^R}{\gamma^N + p\gamma^R}$$

$$k_2 = \frac{\gamma^N + \theta \gamma^R}{\gamma^N + \gamma^R}$$

$$k_3 = \frac{p\gamma^N + \theta \gamma^R}{p\gamma^N + \gamma^R}$$

在无套利约束的市场中（$p = 1$），k_1、k_2、k_3 的表达式相同。此时，k 的取值大小只受投资者新信息的认知程度 θ 决定。因此，市场中存在卖空约束是投资者情绪得以影响市场流动性的前提。

在允许套利程度为 p 的市场中，投资者行为影响因子 k 在不同的投资者情绪下的大小关系受到投资者信息认知程度的影响。

将 k_1、k_2、k_3 转换成通式：

$$k_i = \frac{C + \theta X_i}{C + X_i}$$

其中，$C = \dfrac{\gamma^N}{\gamma^R}$；$i = 1, 2, 3$；$X_i = p, 1, \dfrac{1}{p}$。

有 $\dfrac{\partial k}{\partial X} = \dfrac{(\theta-1)C}{(C+X_i)^2}$，由于 $C>0$，k 随 X 取值的变化关系由 θ 取值决定。

当 $\theta > 1$ 时，$\dfrac{\partial k}{\partial X} > 0$；当 $\theta < 1$ 时，$\dfrac{\partial k}{\partial X} < 0$；当 $\theta = 1$ 时，$\dfrac{\partial k}{\partial X} = 0$。

因此，当 $\theta > 1$ 时，$1 < k_1 < k_2 < k_3$；当 $\theta < 1$ 时，$1 > k_1 > k_2 > k_3$；当 $\theta = 1$ 时，$k_1 = k_2 = k_3 = 1$。

可以看出，当市场中的投资者普遍认知过度时（$\theta > 1$），高投资者情绪市场中的投资者交易行为的影响因子较大，低投资者情绪市场中的投资者交易行为的影响因子较小。但无论情绪高低，认知过度的投资者交易行为都带来了资产价格对新信息的过度反应（$k > 1$）。

当市场中的投资者普遍认知不足时（$\theta < 1$），结果正好相反。高投资者情绪市场中的投资者交易行为的影响因子较小，低投资者情绪市场中的投资者交易行为的影响因子较大。认知不足的投资者交易行为使资产价格对新信息的反应不足（$k < 1$）。

当市场中投资者认知无偏时，投资者交易行为的影响因子无情绪差别，且资产价格的变动恰好反映市场新信息。

其次，考察市场流动性 L^* 与投资者情绪 δ、新信息认知 θ 以及允许套利程度 p 的关系。由式（3.3.15）变化得到 $L^* = 2(2k-1)^{-\frac{1}{2}}$，求均衡流动性 L^* 关于 k 的导数如下：

$$\frac{\partial L^*}{\partial k} = -(2k-1)^{-\frac{3}{2}}$$

本节技术性地设定 $\theta > 1/2$，使 L^* 有意义（即 $k > 1/2$）。因此，$\dfrac{\partial L^*}{\partial k} < 0$，即投资者交易行为的影响因子越大，市场流动性 L^* 越小。

由于 $\dfrac{\partial L^*}{\partial k} < 0$，若 $\dfrac{1}{2} < \theta < 1$，则 $k_1 > k_2 > k_3$，故 $L_1^* < L_2^* < L_3^*$；若 $\theta = 1$，则 $k_1 = k_2 = k_3$，故 $L_1^* = L_2^* = L_3^*$；若 $\theta > 1$，则 $k_1 < k_2 < k_3$，故 $L_1^* > L_2^* > L_3^*$。其中，L_1^*、L_2^*、L_3^* 分别表示投资者情绪 δ 处于低、中、高时的市场流动性，因此命题 3.3.1 得证。

再次，证明关于投资者信息认知 θ 与市场均衡流动性的关系。在投资者情绪、市场卖空程度等变量保持不变的情况下，求 L^* 关于信息认知程度 θ 的一阶偏导：

$$\frac{\partial L^*}{\partial \theta} = \frac{\partial L^*}{\partial k} \cdot \frac{\partial k}{\partial \theta}$$

其中，

$$\frac{\partial L^*}{\partial k}<0;\frac{\partial k}{\partial \theta}=\begin{cases}\dfrac{p\gamma^R}{\gamma^N+p\gamma^R} & \text{low}\_\delta\geqslant 0\\[3mm]\dfrac{\gamma^R}{\gamma^N+\gamma^R} & \text{medium}\_\delta\geqslant 0\\[3mm]\dfrac{\gamma^R}{p\gamma^N+\gamma^R} & \text{high}\_\delta\geqslant 0\end{cases}$$

故 $\frac{\partial k}{\partial \theta}\geqslant 0,\frac{\partial L^*}{\partial \theta}\leqslant 0$，等号当且仅当市场中完全限制套利交易（即 $p=0$）时取得。

进一步考虑偏导数 $\frac{\partial L^*}{\partial \theta}$ 在不同投资者情绪 δ 下的表现，即投资者情绪的差异将对投资者信息认知与市场流动性关系的影响。首先，变换 L^* 关于信息认知程度 θ 的一阶偏导的表达式可得

$$\frac{\partial L^*}{\partial \theta}=\frac{\partial L^*}{\partial k}\cdot\frac{\partial k}{\partial \theta}=-(2k-1)^{-\frac{3}{2}}\cdot\frac{(k-1)}{(\theta-1)}=\frac{(k-1)}{(1-\theta)(2k-1)^{3/2}}，\quad \theta\neq 0$$

当 $1/2<\theta<1$ 时，$\frac{\partial L^*}{\partial \theta}$ 是关于 k 的减函数；当 $\theta>1$ 时，$\frac{\partial L^*}{\partial \theta}$ 是关于 k 的增函数。

从命题 3.3.1 的证明过程可知，当 $1/2<\theta<1$ 时，随着投资者情绪 δ 递增，k 阶段性递减（且小于 1）；当 $\theta>1$ 时，随着投资者情绪 δ 递增，k 阶段性递增（且大于 1），当 $\theta=1$ 时，k 不变（且等于 1），流动性也保持稳定。

因此，在 $\theta\neq 1$ 的情况下，投资者情绪 δ 对投资者信息认知与市场流动性的影响关系具有正向加强作用，随着 δ 增加，$\frac{\partial L^*}{\partial \theta}$ 呈现阶段性递增，有

$$\frac{\partial L^*}{\partial \theta}\big|_{\text{low}\_\delta}<\frac{\partial L^*}{\partial \theta}\big|_{\text{medium}\_\delta}<\frac{\partial L^*}{\partial \theta}\big|_{\text{high}\_\delta}，\quad \theta\neq 1$$

由此，命题 3.3.2 得证。

最后，证明市场允许套利程度 p 与市场均衡流动性的关系。在投资者情绪、投资者认知程度等变量不变的情况下，求 L^* 关于 p 的一阶导数。

$$\frac{\partial L^*}{\partial p}=\frac{\partial L^*}{\partial k}\cdot\frac{\partial k}{\partial p}$$

其中，

$$\frac{\partial L^*}{\partial k}<0;\ \frac{\partial k}{\partial p}=\begin{cases}\dfrac{(\theta-1)\gamma^N\gamma^R}{(\gamma^N+p\gamma^R)^2}, & \text{low}\_\delta \\[2mm] 0, & \text{medium}\_\delta \\[2mm] \dfrac{(1-\theta)\gamma^N\gamma^R}{(p\gamma^N+\gamma^R)^2}, & \text{high}\_\delta\end{cases}$$

当 $1/2<\theta<1$ 时，有 $\dfrac{\partial k}{\partial p}=\begin{cases}<0, & \text{low}\_\delta \\ =0, & \text{medium}\_\delta \\ >0, & \text{high}\_\delta\end{cases}$，因此得 $\dfrac{\partial L}{\partial p}=\begin{cases}>0, & \text{low}\_\delta \\ =0, & \text{medium}\_\delta \\ <0, & \text{high}\_\delta\end{cases}$。

当 $\theta=1$ 时，有 $\dfrac{\partial k}{\partial p}=0$，因此得 $\dfrac{\partial k}{\partial p}=0$。

当 $\theta>1$ 时，有 $\dfrac{\partial k}{\partial p}=\begin{cases}>0, & \text{low}\_\delta \\ =0, & \text{medium}\_\delta \\ <0, & \text{high}\_\delta\end{cases}$，因此得 $\dfrac{\partial L}{\partial p}=\begin{cases}<0, & \text{low}\_\delta \\ =0, & \text{medium}\_\delta \\ >0, & \text{high}\_\delta\end{cases}$。

可以看出，市场允许卖空程度 p 对市场流动性的影响并不明确，需要结合具体的投资者信息认知能力以及所处的市场情绪来确定。

考察市场允许卖空程度 p 对投资者情绪影响市场流动性的作用，此处省略了市场允许卖空程度与信息认知程度的交叉项对市场流动性的证明部分。一方面从影响逻辑来看，两者并不存在相互影响关系；另一方面，实际的证明结果显示，交叉项对市场流动性的影响非常复杂，不足以形成明确具有说服力的结论。

由于 $L^*=\dfrac{2}{\sqrt{2k-1}}$，这里 $k=\begin{cases}\dfrac{\gamma^N+\theta p\gamma^R}{\gamma^N+p\gamma^R}, & \text{low}\_\delta \\[2mm] \dfrac{\gamma^N+\theta\gamma^R}{\gamma^N+\gamma^R}, & \text{medium}\_\delta \\[2mm] \dfrac{p\gamma^N+\theta\gamma^R}{p\gamma^N+\gamma^R}, & \text{high}\_\delta\end{cases}$

在不同程度的投资者情绪之间，k 值的差异如下：

$$k_{\text{medium}\_\delta}-k_{\text{low}\_\delta}=\frac{(1-p)(\theta-1)\gamma^N\gamma^R}{(\gamma^N+\gamma^R)(\gamma^N+p\gamma^R)}$$

$$k_{\text{high}\_\delta}-k_{\text{medium}\_\delta}=\frac{(1-p)(\theta-1)\gamma^N\gamma^R}{(p\gamma^N+\gamma^R)(\gamma^N+\gamma^R)}$$

在其他条件不变的情况下，市场允许卖空的程度越高（p 值越趋近于 1），基于不同程度的投资者情绪 δ，投资者行为影响因子 k 的差异越小，对于市场流动性的影响越小。因此，市场允许卖空的程度将削弱投资者情绪对市场流动性的影响。命题 3.3.3 得证。

3.4　信息冲击与流动性价值

本节构建一个信息冲击通过投资者决策和交易行为影响市场价格及其波动性，进而作用于市场流动性和流动性价值的理论分析框架，揭示市场流动性溢价与流动性及波动性的内在联系，并利用含外生变量的 GARCH-t 模型进行实证检验。研究结果表明：私人信息、公开宏观信息、机构投资者的交易行为均增强市场的流动性溢价效应，信息冲击的效应具有不对称性；市场趋势及投资者预期收益率均减弱了市场的流动性溢价，且市场趋势与市场收益率呈现明显的正相关关系。

3.4.1　信息冲击影响市场流动性溢价的理论推导

投资者为资本市场的微观组成，作为交易的主体，投资者的理性程度制约其交易行为。1972 年诺贝尔经济学奖得主赫伯特·西蒙（Simon, 1955）提出的有限理性假说指出，人类的理性是有一定极限的，这是因为人类在自身能力、环境复杂性、思考成本和信息不对称性四个方面存在局限性。由于自身的异质性，有限理性的投资者通常根据所掌握的差异性信息做出不同的市场预期，异质的市场预期又通过交易决策传递到股价、交易量及股价波动上，从而引起市场流动性的变动。在流动性变动表现为一种冲击时，与股票收益率的相关性则以流动性溢价或流动性折价的形式表现出价值。在证券市场上，信息对证券价格的发现及均衡价格的确定具有直接影响，市场的运行过程就是信息处理的过程。股票市场参与者本身的异质性从根本上决定了对信息认知和理解的差异性。市场交易者的特征、信息的差异性和对信息理解与分析的异质性，均会通过交易行为反映到股票价格中。

从宏观角度来看，自 2007 年年底，我国 A 股市场步入了流动性溢价时代，资金对股价的影响力更强，股票的流动性因素在构建投资组合时被赋予更高的权重。2015 年爆发的股灾更是体现了流动性对资本市场运行的重要性。鉴于流动性在市场运行机制中的重要性，本书构建了一个包含信息冲击、投资者决策交易行为、市场价格及其波动性等因素的关系模型研究市场流动性溢价与流动性及波动性之间的内在联系。

本小节主要分析新信息冲击市场时所引起的不同群体投资者的交易行为变化，及其变化对市场流动性的影响，以及由此产生的流动性溢价。信息冲击影响流动性价值路径图如图 3.4.1 所示。

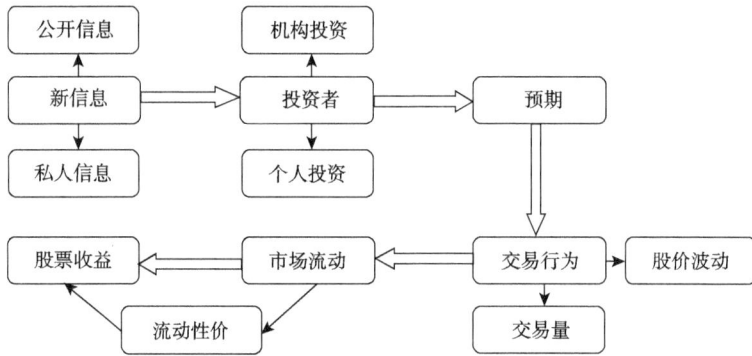

图 3.4.1　信息冲击影响流动性价值路径图

1. 基本假设

为构建新信息与市场流动性溢价的关联体系，本书提出以下基本假设以反映市场投资者的交易行为及其预期在影响机制中的作用。

假设 3.4.1　证券市场的资产由两部分构成，即现金和股票，股票不发放红利，不存在卖空机制，即盈利模式唯一——低买高卖。

假设 3.4.2　新的信息由公开信息和私有信息构成。

受到市场参与者认识和行为的异质性制约，投资者在股市预测时往往倾向于低估自身的错误与偏差，高估自己的决断和预测水平，同时，过度自信和羊群效应遍布市场。故从个体角度来看，区分私人信息和公开信息并分开讨论是有必要的。公开信息主要包含宏观经济信息（GDP、经济周期、通货变动、国际金融市场等）、宏观经济政策信息（货币政策、财政政策）、非经济信息（社会信息、媒体信息、政治信息、自然灾害等）和公司层面信息（会计信息、增发配股信息、重大事件等）。

假设 3.4.3　投资者由中小个体投资者和机构投资者构成。

随着中国资本市场开放程度增加，机构投资者迅速发展壮大，以往机构散户化的现象逐渐改善，将两者分开研究具有一定的实际意义。机构与中小个人投资者之间虽存在博弈行为，但相对于个人投资者，他们的理性程度较高，并拥有特定的交易原则和策略。个人投资者因受到信息获取能力和信息量的制约，受情绪影响严重，非理性的程度一般较高。

假设 3.4.4　知情、不知情交易者及噪声交易者是个人交易者的主要组成部分。

知情者交易者可获得关于价格的内部信息，并以此为依据进行交易；不知情交易者仅了解内部信息的构架但未知其内容，根据对市场公开信息（各期初的价

格信息 P_t ）的理性分析进行交易；对流动性的需求主导是噪声交易者。

2. 基于新信息的机构投资者和个人投资者的交易行为分析

假设整个交易过程分为 4 个时期，即 0 期、1 期、2 期和 3 期，第 0 期投资者开始交易，第 3 期结束交易。假设市场中只有现金和股票两种资产。现金为无风险资产，收益为 0；股票为风险资产，0 期价格为 P_0，第 1 期至第 3 期的价格为 $P_0 + \theta$，$\theta \geqslant 0$，其中 θ 为股票基本价值的随机增加值，可理解为股利支付。

机构投资者分成两类：一类为知情交易者，$S_i = \theta + \varepsilon_c$ 为其在第 i 期获得的私人信息，θ 与 ε_c 不相关。假设其观测到的信息为

$$y_i = P_0 + S_i = P_0 + \theta + \varepsilon_c, \varepsilon_c \sim N(0, \sigma^2) \tag{3.4.1}$$

另一类是非知情机构投资者，其只能通过市场价格表现和公开信息在第 2 期获知股票相关信息。两者占据的市场份额分别为 X_1^C 和 X_2^C。知情者根据所获私人信息 S_i 和各期初价格 P_i 所反映的信息进行交易，不知情者仅能根据期初价格 P_i 来进行交易决策。

根据假设 3.4.4，个人投资者分为知情、不知情及噪声交易者三类，知情交易者与知情机构交易者相同，在第 1 期获得内幕信息 $S_i, S_i = \theta + \varepsilon_p, \varepsilon_p \sim N(0, \sigma^2)$，$\theta$ 与 ε_p 不相关；理性交易者在观察到 t 时期股票价格 P_t 后，依据信息集 $I_t^P = \{P_i, (i = 0,1,\cdots,t)\}$ 来预测 $t+1$ 期的股票价格：

$$E(P_{t+1}) = P_t + b(P_t - P_{t-1}) + \varepsilon_{1t}, \varepsilon_{1t} \sim N(0, \sigma_1^2) \tag{3.4.2}$$

其中，b 代表理性交易者的非理性或是情绪化程度。噪声交易者同样观测到了市场上的信息，对 $t+1$ 期的股票价格进行预测，鉴于其交易均是流动性交易行为，故其预测值为

$$E(P_{t+1}) = P_t + \varepsilon_{2t}, \varepsilon_{2t} \sim N(0, \sigma_2^2) \tag{3.4.3}$$

三类个人投资者的市场份额分别为 X_1^P、X_2^P、X_3^P。同时假设市场上没有信用交易，即 $0 \leqslant X_1^C + X_2^C + X_1^P + X_2^P + X_3^P \leqslant 1$。

综上可知，内幕信息被知情机构投资者和知情个人投资者掌握，假设两者都是风险厌恶的，其常绝对风险厌恶效用函数如下：

$$U_i(W_i) = -e^{-\rho_i W_i} \tag{3.4.4}$$

其中，风险厌恶系数 $\rho_i > 0$，代表个人和机构投资者的风险厌恶系数分别为 ρ_p、ρ_c；W_i 表示现有财富，服从正态分布。机构投资者由于理性程度较高，即使不掌握内幕信息，也能相对理性地分析历史价格信息，故本书将知情机构交易者和理性个人投资者归为一类，不做分开讨论，均视作理性交易者，两者做出相同的市场判断和投资决策。

投资者的交易规则如下。

（1）第 0 期：股票价格处于均衡水平 P_0，市场上不存在私人信息或者各类投资者均不知情，导致交易需求为 0。理性投资者和噪声投资者均认为股价遵循随机游走特征，并未偏离基础价值，故不进行交易。

（2）第 1 期：在获得了私人信息 S_1 的前提下，知情的机构和个人投资者拥有信息集 $I_1^{c1}=I_1^{p1}=\{S_1,P_i(i=0,1)\}$，基于信息集两者预测股价的趋势，将上涨至 $P_1+S_1=P_1+\theta+\varepsilon_c$，$\varepsilon_c$ 服从正态分布 $N(0,\sigma_c^2)$，在形成预期后进行投资者决策。决策原则为价差收益最大化，即 $\max(U(P)=E(P_{t+1}-P_t\mid I_t))$。此外，噪声交易者和非知情交易者只拥有历史信息，并根据各自的需求和判断执行交易。

（3）第 2 期：非知情机构者、理性个人投资者和噪声交易者可根据在第 1 期观察到的知情交易者的行为决定投资策略。知情交易者此时无法获得超额利润，不进行交易。

（4）第 3 期：所有机构和个人投资者结束交易。

在这样的交易规则下，各类投资者的各期投资策略分析如下（具体推导过程见本节附录）。

（1）对于理性交易者，会根据式（3.4.2）预测第 2 期和第 3 期的证券价格，以个人非知情交易者为例，其第 2 期的信息集 $I_2^{p2}=\{P_0,P_1\}$，第 1 期交易需求量为 Q_1^{p2}。第 3 期结束时，理性交易者的财富值可推算为

$$W_3^{p2}=Q_1^{p2}(E(P_3)-P_1)=Q_1^{p2}[b(1+b)(P_1-P_0)+(1+b)\varepsilon_{11}+\varepsilon_{12}] \quad (3.4.5)$$

其中，W_3^{p2} 服从正态分布。那么，理性交易者的期望效用函数为

$$E(U(W_3^{p2})\mid I_2^{p2})=-\exp\left[-\rho_P\left(E(W_3^{p2}\mid I_2^{p2})-\frac{\rho_P}{2}\text{Var}(W_3^{p2}\mid I_2^{p2})\right)\right] \quad (3.4.6)$$

通过最大化处理理性交易者的期望效用［式（3.4.6）］，得到理性投资者的第 1 期的交易需求量 $Q_1^{p2}=\dfrac{b(1+b)(P_1-P_0)}{\sigma_1^2[(1+b)^2+1]\rho_P}$。同理，可计算得第 2 期的交易需求量：$Q_2^{p2}=\dfrac{b(P_2-P_1)}{\rho_P\sigma_1^2}$。推导可知，第 2 期不知情机构投资者的交易需求量为 $Q_1^{c2}=\dfrac{b(1+b)(P_1-P_0)}{\sigma_1^2[(1+b)^2+1]\rho_c}$，知情机构投资者的交易需求量为 $Q_2^{c2}=\dfrac{b(P_2-P_1)}{\rho_c\sigma_1^2}$。

（2）对于知情交易者，因在第 1 期拥有私人信息优势，可以获取超额收益，故假设其只在获取内部信息的第 1 期交易，信息集为 $I_1^{c1}=I_1^{p1}=\{S_1,P_0,P_1\}$。以机构投资者为例，期望财富值 $W_3^{c1}=Q_1^{c1}(E(P_3)-P_1)$，最大化期望效用 $E(U(W_3^{c1})\mid I_1^{c1})$ 后

得到其需求交易量函数 $Q_1^{c1} = \dfrac{P_0 + \theta - P_1}{\rho_c \sigma^2}$。则个人知情者的需求交易量函数为

$Q_1^{p1} = \dfrac{P_0 + \theta - P_1}{\rho_p \sigma^2}$。

（3）对于个人噪声交易者，会根据式（3.4.3）预测第 2 期和第 3 期的证券价格，第 2 期的信息集为 $I_2^{p3} = I_1^{p3} = \{P_0, P_1\}$，第 1 期的交易需求量为 Q_1^{p3}。期望的第 3 期财富值为 $W_3^{p3} = Q_1^{p3}(E(P_3) - P_1)$，同样，使其期望效用 $E(U(W_3^{p3}) | I_2^{p3})$ 最大化，可得到第 1 期交易量 $Q_1^{p3} = 0$，表示噪声交易者不参与市场交易，依据以上过程同理可得第 2 期的需求交易量为 $Q_2^{p3} = \dfrac{P_2 - P_1}{\rho_p \sigma^2}$。

基于上述交易策略，每期交易者的需求总和等于资产的总供给时满足市场均衡。在第 1 期，知情交易者有交易行为，总需求 $Q_1^{c1} + Q_1^{c2} + Q_1^{p1} + Q_1^{p1} = Q_{1s}$。在第 2 期，非知情交易者及噪声交易者有交易行为，总需求 $Q_2^{p2} + Q_2^{p3} + Q_2^{c2} = Q_{2s}$。由于信息在市场中传递速度较快，我们可近似认为市场供给具有连续性，即 $Q_{1s} = Q_{2s} = Q$，则可以解出第 1 期和第 2 期市场均衡时的股票价格

$$P_1 = P_0 + \dfrac{Q\dfrac{\rho_c \rho_p}{\rho_c + \rho_p} - \dfrac{\theta}{\sigma^2}}{\dfrac{b(1+b)}{\sigma_1^2[(1+b)^2 + 1]} - \dfrac{1}{\sigma_2^2}}$$

$$P_2 = P_1 + \dfrac{Q}{\dfrac{b}{\sigma_1^2}\left(\dfrac{1}{\rho_c} + \dfrac{1}{\rho_p}\right) + \dfrac{1}{\sigma_2^2 \rho_p}}$$

由此得到新的私人信息到来而导致的股价波动为

$$V = \sum_{i=1}^{3} (P_i - P_{i-1})^2 = \left(\dfrac{Q\dfrac{\rho_c \rho_p}{\rho_c + \rho_p} - \dfrac{\theta}{\sigma^2}}{\dfrac{b(1+b)}{\sigma_1^2[(1+b)^2 + 1]} - \dfrac{1}{\sigma_2^2}} \right)^2 + \left(\dfrac{Q}{\dfrac{b}{\sigma_1^2}\left(\dfrac{1}{\rho_c} + \dfrac{1}{\rho_p}\right) + \dfrac{1}{\sigma_2^2 \rho_p}} \right)^2$$

$$+ \left(\theta - \dfrac{Q\dfrac{\rho_c \rho_p}{\rho_c + \rho_p} - \dfrac{\theta}{\sigma^2}}{\dfrac{b(1+b)}{\sigma_1^2[(1+b)^2 + 1]} - \dfrac{1}{\sigma_2^2}} - \dfrac{Q}{\dfrac{b}{\sigma_1^2}\left(\dfrac{1}{\rho_c} + \dfrac{1}{\rho_p}\right) + \dfrac{1}{\sigma_2^2 \rho_p}} \right)^2 \quad （3.4.7）$$

已有文献大部分认为流动性与波动性呈正相关关系。然而，从信息风险角度来看，受制于信息的高度不对称性，相对自主的流动性交易者会选择等待交易时机，在信息不对称程度降低时再进行交易可增加交易的有效性，提高投资组合的

收益，但这样的时滞性会带来交易量的下降，并伴随流动性的减弱，继而得出波动性与流动性负相关的结论（Foster and Viswanathan，1990）。Wang 和 Wu（2015）通过实证检验也得出了流动性对价格波动性有负面影响的结果。国内也有学者通过实证得出了同样的结论，如黄俊辉和王浣尘（2004）通过以拥有指令驱动交易机制的我国股市为对象，分析其波动性和流动性之间的相关关系，得出负相关的结论，表现为流通股本大的股票一般流动性较小。

依据以上研究结果，我们将流动性表示为波动性的函数：

$$L=F(V)，且 \frac{\partial L}{\partial V}<0 \tag{3.4.8}$$

接下来，本书参考汪勇祥和吴卫星（2004）对基于流动性的资产定价模型的研究思路，探究我国股市流动性溢价的特征。重新假定我国股市存在两种资产：一是无风险资产，收益为 R；二是代表风险资产的证券 S^2，将风险资产进行标准化处理为 1 股。

基于可获得所有信息产生的信息集使投资者自身效用期望效用函数最大化，即

$$E_t(W_{t+1}) - \rho \text{Var}_t(W_{t+1})/2 \tag{3.4.9}$$

其中，$E_t(W_{t+1})$ 为 $t+1$ 期财富 W_{t+1} 的条件期望值；$\rho>0$，为投资者风险厌恶系数；$\text{Var}_t(W_{t+1})$ 表示 $t+1$ 期财富的条件方差。此时，利用均衡条件可得对风险资产的定价。同假设 3.4.1，证券价格在 t 时刻为 p_t，m_t 为无风险资产价值，设定投资者 i 的最优证券购买数为 k_t，则投资者的预算约束如式（3.4.10）所示：

$$p_t k_{i,t} + m_{i,t} = w_{i,t} \tag{3.4.10}$$

期末财富为

$$w_{i,t+1} = p_{t+1}k_{i,t} + m_{i,t}R = w_{i,t}R + k_{i,t}(p_{t+1} - p_t R) \tag{3.4.11}$$

将期末财富式（3.4.11）代入效用函数式（3.4.9）中，得到 t 时期投资者 i 的最优证券需求：

$$k_{i,t} = \frac{g - R \cdot p_t}{\rho \cdot \text{Var}(p_{t+1})} \tag{3.4.12}$$

根据市场出清条件 $\sum_{i=1}^{\delta \cdot N} k_{i,t} = 1$，我们可以得出证券在 t 时刻的价格，即为考虑流动性因素的资产定价模型（liquidity-adjusted capital asset pricing model，LA-CAPM）：

$$p_t = \frac{g}{R} \cdot \frac{\rho \cdot \sigma^2}{\delta \cdot N \cdot R} \tag{3.4.13}$$

其中，δ 为在 t 期选择交易的投资者比例；$\delta \cdot N$ 为有效投资人数，若令 $\delta \cdot N$ 趋向无穷大，表明在 t 时刻市场流动性无穷大，此时 LA-CAPM 模型与股利贴现模

型（dividend discount model，DDM）等同。因此，可通过 DDM 得到 $\lim\limits_{N \to \infty} p_t = g/R$，即为该证券未来现金流的贴现值。进而流动性溢价可用比率表示为

$$\hat{p} = \frac{\rho \cdot \sigma^2}{\delta \cdot N \cdot R} \qquad (3.4.14)$$

其中，δ 代表市场参与度，即为流动性的代理变量，较低的市场参与使市场流动性不足，故我们将 δ 表示为流动性 L 的函数，且两者为正相关关系，即

$$\delta = G(L)，且 \frac{\partial \delta}{\partial L} > 0 \qquad (3.4.15)$$

考虑到式（3.4.8），式（3.4.15）可表示为

$$\delta = G(F(V)) \qquad (3.4.16)$$

即市场参与度 δ 也是市场波动 V 的函数，那么 $\frac{\partial \delta}{\partial V} = \frac{\partial \delta}{\partial L} \frac{\partial L}{\partial V} < 0$，同样为负相关关系。那么流动性溢价可以表示为

$$\hat{p} = \frac{\rho \cdot \sigma^2}{G(F(V)) \cdot N \cdot R} \qquad (3.4.17)$$

由式（3.4.17）可以看出，当私人信息到达市场后，对各类型投资者的投资行为产生影响，从而改变市场波动程度。市场波动较大时风险也较大，由于投资者是风险规避的，会选择不确定性，所以市场有效参与度降低，交易量的减少表明市场流动性的下降。同时，市场流动性溢价代表投资者要求对承担风险的补偿，考虑到流动性风险属于系统风险，简单的分散投资不能减少流动性风险，因此，在预期和市场交易的作用下，股价及其收益反映出流动性溢价的存在。

对于公开信息，由于市场上各类型投资者对公开信息的获得不存在较大异质性，在获得公开信息后对市场的预期也一直趋同，故在此不针对公开信息对各类投资者投资行为的影响进行分开讨论，在本书中视作影响一致，不再做另外的讨论。

3.4.2　信息冲击对市场流动性价值的实证研究

1. 模型介绍

本小节采用带外生变量的 GARCH-t 模型考察信息冲击对流动性价值的影响。通过检验收益率方程残差的 Q 统计量，判断条件异方差是否存在，若存在，再检验残差的分布状况，判断是否服从正态分布。使用如下带外生解释变量的 GARCH 模型，基本形式如下：

$$R_t = c_0 + \sum a_i F_i + \varepsilon_t$$

其中，$\varepsilon_t \big| \Omega_{t-1} \sim \mathrm{N}(0, \sigma^2)$。

$$\sigma_t^2 = c_1 + \alpha_1 \varepsilon_{t-1}^2 + \theta_1 \sigma_{t-1}^2 \qquad (3.4.18)$$

其中，F_t 代表外生解释变量。本书的 GARCH 模型利用极大似然法进行参数估计，GARCH 和 ARCH 项的滞后阶数均由最小信息（赤池信息）准则（Akaike information criterion，AIC）决定。

2. 变量选择

1）流动性测度

如前文所述，本节借鉴经典的流动性四维理论（Harris，1990），并选取合适的代理变量来衡量流动性。

（1）市场宽度。市场宽度表现为交易价格偏离市场中间价格的程度，可用买卖价差衡量。买卖价差由最优买价和最优卖价之差计算，衡量价格偏离市场真实有效价格的程度体现了流动性提供者的利润。本书选用相对有效价差指标作为市场宽度的代理变量：

$$\text{Spread}_t = \frac{P_M - P_m}{(P_M + P_m)/2} \qquad (3.4.19)$$

其中，P_M、P_m 分别代表一定时间内股票指数的最高价和最低价。本节先利用沪深 300 股指的每日最高价和最低价数据计算出相对价差，再处理为月平均数据。

（2）市场深度。深度通常代表在一个给定的买卖报价下可交易股票的数量及其相应的金额深度。一般用相对交易量来衡量深度，选取换手率指标，另外还可以最优买卖报价衡量。由于换手率消除了股本规模对流动性指标的影响，即使流通股数有较大差异，也具有可比性，故本节采用一定时间内交易金额除以该证券在该时间段的平均市值来测度市场深度，计算如下：

$$\text{To}_t = \frac{\text{Volume}_t}{\text{Outshare}_t} \qquad (3.4.20)$$

其中，Volume_t 为股指在第 t 个月的交易量额；Outshare_t 为股指在第 t 个月的流通股份。

（3）市场弹性和及时性。市场弹性，广义上认为是受交易量冲击下价格波动消失的速度。还有学者解释为价格受到一定交易量的冲击偏离均衡水平后，恢复均值所需的速度，该速度越快，流动性越强。同时考虑到市场即时性的指标中包含交易的弹性，弹性可以反映一段时间内交易的即时性特征，故选取以下弹性指标作为代理变量：

$$\text{Flex}_i = \frac{1}{n} \sum_{t=1}^{n} \frac{1}{\max\left(\left| \frac{\text{Ph}_{i,t} - \text{Pb}_{i,t}}{\text{Pb}_{i,t}} \right|, \left| \frac{\text{Pl}_{i,t} - \text{Pb}_{i,t}}{\text{Pb}_{i,t}} \right| \right)} \qquad (3.4.21)$$

其中，n 为考察的一段时间内包含的单位时间个数；$Ph_{i,t}$ 为股票 i 在第 t 期单位时间内的最高成交价；$Pl_{i,t}$ 为最低成交价，$Pb_{i,t}$ 为期初成交价。

（4）综合指标。由于流动性具有多方面的特性，某一指标一般只能反映流动性的某一方面，故另外选择 Hasbrouck（2009）所提出的 Amivest 比率的平方根 Amivest$^{1/2}$ 衡量流动性，避免 Amivest 测度的样本分布出现极端值。Amivest$^{1/2}$ 用成交额与绝对价格的变化来衡量，该指标值越大，市场流动性越高。故本节使用较有说服力的 Amivest$^{1/2}$ 指标衡量流动性，能够同时衡量流动性的宽度、深度等特征。

$$\text{Amivest}_t^{1/2} = \sqrt{\sum_{t=1}^{n} p_t v_t \Big/ \sum_{t=1}^{n} |\%\Delta p_t|} \qquad (3.4.22)$$

其中，p_t 为 t 日股指的收盘价；v_t 为 t 日股指的交易量（股数）；$\sum_{t=1}^{n}|\%\Delta p_t|$ 为一定时间（一个月）内股指价格变化的绝对比率总和，该指标也处理为月均数据。

2）信息交易量

参考郑泽星（2005）的研究办法，利用 ARIMA 模型对股指的交易量序列进行拟合，所得拟合残差代表信息交易量，可表示信息冲击的程度，记作 Imf_t。另外，为了区分正负冲击的不同影响，我们构造二元变量 D_t，当 $\text{Imf}_t < 0$ 时，$D_t=1$；当 $\text{Imf}_t > 0$ 时，$D_t=0$。

3）股票收益率

本节利用每日收盘数据计算沪深 300 指数的日收益率，经算数平均处理得到月均收益率序列，计算方法为 $R_t = \ln(P_t) - \ln(P_{t-1})$。

4）机构持股比例

本节从权重成分股的季报、中报和年报得到机构持股比例合计指标，并以成分股的总股本为权重加权得到加权平均的机构持股比例。该指标记作 Institution$_t$（Rubin，2007）。

5）涨跌幅指标

本节利用沪深 300 指数的每日涨跌幅计算月平均涨跌幅，代表股票市场趋势，以考察当市场处于不同的趋势中，即牛市、盘整和熊市中时，是否显著影响信息冲击与流动性溢价的关系，涨跌幅指标表示为 Range$_t$。

6）投资者的期望收益率

本节选择该指标作为投资者的预期对其效用满足程度的指标，而不同期限国债的到期收益率之差则可以作为投资者期望收益率的度量指标。我们选取银行间国债交易市场中，代偿期分别为 5 年和 1 年的国债远期的到期收益率之差作为投资者期望收益率的表现变量，该变量统一标记为 Exp。

7）公开市场信息指标

投资者获取公开信息的渠道较多，但一般时滞性较低。我们将公开信息分为宏观经济信息和社会媒体信息，关于宏观经济信息，主要使用中国的工业增加值增长（表示为 Ind_t ）、货币供给量同比增长（表示为 M2）、消费者价格指数（表示为 CPI）三个指标；社会上的新闻媒体信息极大地影响投资者的决策，是投资者信息的重大来源，本节借鉴李培功和沈艺峰（2010）的研究方法，利用中国知网报纸数据库，以"上证"或"沪指"为关键词搜索了相关新闻报道的数量，代表各界新闻媒体对投资者交易行为的影响能力的代理变量，记为 News。实证部分使用以上公开信息的代理指标作为控制变量，以反映其对市场流动性及收益率的影响。

8）流动性溢价的衡量

目前的文献中基本没有具有说服力的直接衡量流动性溢价的指标，通常采用流动性指标与股票收益率的关系来证明流动性溢价的存在，如王辉和黄建兵（2014）对流动性 Beta 系数做单变量回归，流动性 Beta 系数与收益率显著负相关，证明中国股票市场上的负流动性溢价。

3．数据说明

我们选用上海证券交易所和深圳证券交易所的市场综合指数沪深 300 的日数据计算相关流动性指标，所有指标均处理为月均数据，同时使量纲统一，便于建立模型。本节研究的时间区间为 2010 年 1 月至 2015 年 12 月，共 72 个月。资料来源为 Wind 数据库。本节所有的数据处理和分析使用 STATA 12.0 和 Eviews 8 完成。

4．数据说明变量的描述统计分析

首先对选取的变量进行描述性统计，结果如表 3.4.1 所示。四个流动性指标的 J-B 检验统计量均表明在 1%的显著性水平下统计显著，说明我国股市的流动性测度指标不服从正态分布。同样，市场收益率序列的 J-B 统计量统计说明也不服从正态分布，市场收益的表现存在一定厚尾性。另从图 3.4.1 可看出存在一定的波动聚集现象。通过对股指收益率平方序列进行自相关性和 J-B 检验，结果显示存在条件异方差性。

表 3.4.1　变量的描述性统计

变量	均值	标准差	最小值	最大值	偏度	峰度	J-B 检验	Q（1）
Spread	1.983 1	0.778 8	1.007 9	5.492 1	2.199 2	9.060 9	168.239 0***	29.807 0***
To	6.982 7	6.422 5	1.675 4	29.938 2	2.099 2	6.953 3	99.764 4***	48.192 0***
Flex	8.422 1	2.326 1	2.860 5	13.491 4	−0.176 1	2.538 0	11.012 5***	24.696 0***
Amivest	2.552 4	0.552 1	1.734 5	4.123 2	1.098 7	3.598 2	15.558 3***	33.861 0***

变量	均值	标准差	最小值	最大值	偏度	峰度	J-B 检验	Q（1）
Imf	0.041 0	5.618 5	−20.389 0	20.613 6	−0.461 3	8.420 2	90.688 6***	0.055 7
R	−0.117 8	19.544 2	−64.651 1	63.578 3	0.147 6	4.999 8	12.089 1***	18.387 0***
Institution	6.029 8	0.515 5	4.693 5	6.601 2	−1.305 1	4.075 3	23.909 8***	45.155 0***
Range	0.149 7	3.916 6	−9.729 7	10.284 4	0.448 6	3.144 9	2.478 4	0.355 5
Exp	0.763 1	0.348 6	0.148 9	1.564 1	0.208 0	2.155 0	2.661 1	34.635 0***
CPI	1.029 1	0.014 3	1.008 0	1.064 5	0.931 5	2.888 9	10.448 6***	64.754 0***
M2	1.486 1	0.313 8	1.010 0	2.598 0	1.642 1	5.741 8	54.910 4***	55.486 0***
Ind	1.061 0	0.432 9	0.220 0	2.920 0	1.217 8	6.532 7	55.235 9***	11.518 0***
News	4.337 5	2.453 1	0.400 0	11.200 0	1.005 9	3.661 5	13.454 6***	50.027 0***
R^2							822.060 2	8.507 2***

***表示在 1%的显著性水平上显著

　　由标准差可知，市场收益率、换手率及信息交易量的波动幅度较大，在样本期 2010 年至 2014 年中期，沪深 300 指数都在 2 000~3 300 点，短期趋势较为明显，呈窄幅波动行情，2014 年中期至 2015 年中国股票市场进入明显的牛市，随着投资人数的增加，多空双方博弈的激烈程度增强导致波动率明显增加。同时，信息交易量波动也较大，说明市场因信息冲击而导致的投资者交易行为频率增加。弹性指标的标准差相较于其均值也较大，说明较多时候价格偏离均值后返回的时间较长，证券市场的有效性较弱。在对市场交易量序列拟合时，通过滞后期的 AIC、瓦兹准则（Schwarz criterion，SC），以及自相关函数和偏自相关函数图形，判定其可拟合为 ARIMA（3,1,3）序列。此外，交易量存在自相关和偏自相关，可能受到投资者的适应性预期和交易惯性特征的影响。就偏度和峰度指标来看，除弹性外，三个流动性指标的偏度都大于 0，峰度大于 3，表明四类流动性指标呈现出金融时间序列中典型的"尖峰厚尾"形态。

　　图 3.4.2 给出了四个流动性指标和市场收益率序列的趋势图，可以看出，市场流动性的三个维度指标和综合指标与收益率序列的变化较为一致。从整个样本期来看，市场流动性经历了先小幅波动，然后波动幅度略微增加，在 2015 年 6 月左右波动幅度爆发式增加，之后幅度逐渐下降的过程。流动性巨幅波动的时期对应于 2015 年 6 月开始的股灾，该次股灾的主要原因是流动性危机。其中，市场弹性指标的波动幅度更大，表明股灾发生后引发了市场恐慌，资本市场参与者的不理性程度明显提高，市场自我治愈能力减弱。

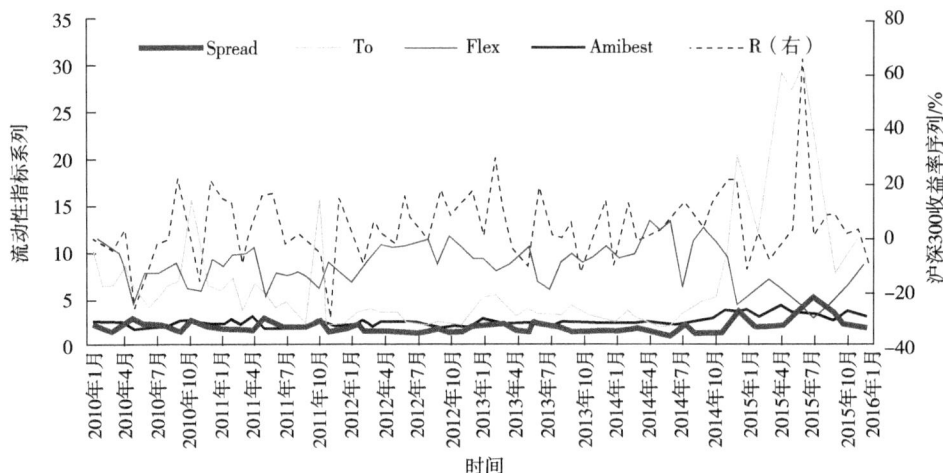

图 3.4.2　流动性指标序列及沪深 300 收益率序列

5. 单位根检验

表 3.4.2 提供了每个变量的 ADF 检验的结果，并对第一次未通过检验的不平稳的四个变量 Amivest、CPI、Ind 和 News 进行了一阶差分处理，将处理后的时间序列再次进行 ADF 检验，结果均平稳。同时发现，市场收益率序列是平稳序列。结合上文分析出的收益率序列存在条件异方差性的结论，可以采用适宜的条件异方差模型（GARCH 模型族）来拟合变量。

表 3.4.2　各变量的单位根检验

变量	ADF 检验	临界值	结论
Spread	−3.952 7	−3.525 6（1%）	平稳
To	−2.767 2	−2.588 9（10%）	平稳
Flex	−4.321 5	−3.525 6（1%）	平稳
Amivest	−2.070 637	−2.589 227（10%）	不平稳
Imf	−8.479 9	−3.525 6（1%）	平稳
R	−10.443 27	−3.528 515（1%）	平稳
Institution	−2.656 4	−2.589 9（10%）	平稳
Range	−7.849 8	−3.525 6（1%）	平稳
Exp	3.875 6	3.525 6（1%）	平稳
Ind	−2.002 4	−2.589 9（10%）	不平稳
News	−2.574 9	−2.588 9（10%）	不平稳
CPI	−1.486 3	−2.588 9（10%）	不平稳
M2	−4.059 0	−3.525 6（1%）	平稳

续表

变量	ADF 检验	临界值	结论
对不平稳的指标处理后			
d（Amivest）	−8.818 0 30	−3.528 2（1%）	平稳
d（CPI）	−10.722 8	−3.527 0（1%）	平稳
d（Ind）	−9.243 1	−3.530 0（1%）	平稳
d（News）	−10.693 8	−3.527 0（1%）	平稳

注：d（ ）代表对原指标进行一阶差分处理

6. 带外生变量的 GARCH-t 模型的估计

通过以上分析，我们可以判断沪深 300 的收益率不服从正态分布，接下来利用带外生变量的 GARCH-t 模型对各指标序列进行拟合。先对收益率序列建立自回归模型，通过回归得到残差，再得到残差的平方，发现残差平方的 Q 统计量在滞后两阶之后是显著的，通过 ARCH-LM 检验，结果表明存在条件异方差。经过反复测算，GARCH（1,1）比较合适。为考察不同的解释变量对信息冲击与流动性溢价的影响，分别在基本模型上加入不同的外生变量拟合模型。本节的基本模型将作为参考，考察信息冲击对于流动性溢价的简单影响；另外考虑正负冲击带来的不同效果，加入二元变量，模型形式设定如下：

均值方程为

$$R_t = c_0 + a_1 \mathrm{AR}(1) + c_1 d(\mathrm{Amivest}_t) + c_2 \mathrm{Im f} \cdot D_t + \varepsilon_t$$

其中，$\varepsilon_t \big| \Omega_{t-1} \sim \mathrm{Student} - t(n)$。

方差方程为

$$\sigma_t^2 = c + \alpha_1 \varepsilon_{t-1}^2 + \theta_1 \sigma_{t-1}^2$$

另外，分别将 Spread、To、Flex 代替 d（Amivest），以考察基于市场流动性的不同维度信息冲击对流动性溢价的影响。模型的估计结果如表 3.4.3 所示。

表 3.4.3　信息冲击对基于不同流动性维度衡量的流动性溢价的影响

均值方程	模型（1）	模型（2）	模型（3）	模型（4）	模型（5）	模型（6）
常数项 c	11.392 1*	11.394 6***	0.209 0	2.102 2	−10.046 8***	−3.004 2
	（0.000 1）	（0.000 1）	（0.923 1）	（0.320 0）	（0.000 0）	（0.557 0）
AR（1）	−0.503 8***	−0.507 3***	−0.245 9**	−0.378 3***	−0.437 0***	−0.363 9***
	（0.000 0）	（0.000 0）	（0.011 2）	（0.000 0）	（0.000 0）	（0.000 0）
d（Amivest）						

续表

均值方程	模型（1）	模型（2）	模型（3）	模型（4）	模型（5）	模型（6）
Imf		−0.011 5		0.756 6**		1.565 9***
		（0.975 8）		（0.040 4）		（0.000 0）
Spread	−6.210 3**	−6.233 0***				
	（0.000 0）	（0.000 0）				
To			−0.011 5***	−0.533 3***		
			（0.050 6）	（0.005 1）		
Flex					1.070 9***	−0.493 0***
					（0.000 0）	（0.402 3）
波动方程						
常数项 c	20.133 3**	15.410 1	516.593 7***	497.394 8***	7.837 4	14.547 3
	（0.032 0）	（0.145 3）	（0.000 0）	（0.000 7）	（0.708 1）	（0.324 0）
ε_{t-1}^2	1.018 1	1.041 5***	−0.900 2***	−0.933 8***	1.109 9***	1.079 6***
	（0.000 0）	（0.000 0）	（0.000 0）	（0.000 0）	（0.000 0）	（0.000 0）
σ_{t-1}^2	−0.083 9***	−0.085 2**	0.225 4*	0.043 8*	−0.108 6***	−0.113 7***
	（0.003 2）	（0.002 8）	（0.051 3）	（0.050 2）	（0.004 5）	（0.005 4）
调整的 R^2	0.194 1	0.196 5	0.184 8	0.199 8	0.239 6	0.269 5

***、**和*分别表示在 1%、5%和 10%的显著性水平上显著

注：回归结果的第一行数值为估计系数，第二行为标准差，保留 4 位小数

　　从模型（1）~模型（6）可以看出，除模型（5）外，流动性代理变量的估计系数均为负，说明了市场流动性负相关于股票收益率，表明中国股票市场存在流动性溢价的现象。模型（2）、模型（4）和模型（6）中信息交易量 Imf 的估计系数分别在 10%、5%、1%的显著水平下统计显著为正，较有说服性地证明了信息冲击对股票的流动性和收益率的相关性有较强的作用。同时，加入信息交易量指标之后，流动性代理指标的回归系数都减小了，同时调整 R^2 的值增大，说明加入信息变量后模型拟合程度更高，也就是说新信息到达市场对收益具有一定的影响作用。从整体来看，信息冲击增强了市场的流动性溢价，可以解释为信息冲击带来了更多的流动性交易，但同时增大了流动性的风险，需要更多的风险补偿，从而导致了流动性溢价。

　　模型（6）为基本模型，仅加入了流动性综合指标和信息交易量以便进行对比。模型（7）~模型（12）分别在均值方程中加入二元变量 D 与 Imf 的交互项以反映正负冲击带来的不同效果；加入代表机构投资者持股比例的外生变量 Institution，考察机构投资者的影响状况以及与个人投资者影响的区别；加入表示投资者预期——期望收益率 Exp，以反映预期的整体效应；加入市场趋势外生变量 Range，

以反映不同市场趋势下的信息冲击与流动性溢价的相互作用；加入公开市场信息指标的外生变量 d（CPI）、M2、d（Ind）和 d（News）。模型（13）和模型（14）讨论信息交易量及信息冲击的正负是否对价格产生更大程度的波动，我们将其引入均值方程和条件方差方程中。条件方差方程改变为如下形式：

$$\sigma_t^2 = C + \alpha_1 \varepsilon_{t-1}^2 + \theta_1 \sigma_{t-1}^2 + \beta_1 \mathrm{ABS}(\mathrm{Im}f_t) + \beta_2 D_t$$

由表 3.4.4 得知，在加入不同的外生变量时，信息冲击对流动性溢价的影响产生相应的变化。基础模型（7）信息冲击的代理变量在 10%的显著水平下统计显著，对市场收益具有正向的冲击影响。模型（8）中交互项的估计系数在 1%的显著水平下统计显著且大于 0，并带来综合流动性指标的绝对值增加的影响，说明正向的信息冲击对收益率的影响更大，反映出冲击的不对称特征，同时可以从估计系数的大小看出引起了流动性溢价增加。在加入机构投资者持股比例 institution 后的作用反映在模型（9）中，从该指标的估计系数的显著性可以看出，机构投资者的交易行为对市场收益率具有显著影响，表明机构投资者散户化的特征加剧了散户的效应。同时，散户交易额占比超过 80%，但机构投资者占有的市场份额仍然较高，对市场收益率有较大影响，相较模型（7），由 d(Amivest)的估计系数的大小及显著性可知，信息冲击导致的机构投资者的交易行为同样增强了市场流动性溢价，且此时 d(Amivest)系数统计显著，表明流动性溢价存在。模型（10）显示，投资者预期并没有对市场收益率产生显著的影响，此时 d(Amivest)的系数绝对值减小，表明投资者在接受新信息之后，通过对市场趋势的分析形成预期进行投资决策，加强了信息反映在市场的有效性，流动性风险补偿的要求相应减弱，溢价降低符合情理。模型（11）的结果显示市场涨跌幅 Range 的估计系数在 1%的显著水平下统计显著，说明与市场收益率呈现明显的正相关关系，牛市下的趋势性回报较高，符合市场基本运行规律。再考察加入了宏观信息的模型（12），发现 4 个宏观信息变量的估计系数都不显著，说明公开的宏观信息冲击对市场收益率基本未起到决定性影响，这是因为投资者对于宏观信息的掌握不存在非对称性，由宏观信息产生的预期基本一致，可以迅速反映到股价之中，不会对股价带来较大的波动。同时，宏观信息变量的加入也增加了 d(Amivest)的绝对值，说明了宏观信息的发布增强了市场流动性溢价。模型（13）的结果显示，信息冲击的正负对市场收益率的波动产生了显著的影响，且在不同的市场趋势下冲击的结果具有差异性。而模型（14）显示信息冲击对市场波动的贡献并不显著，说明大多数信息通过预期将及时反映到股价中，中国股票市场随着对外开放程度的提高，以及交易制度和监管制度的完善，有效性在逐步提高。

表 3.4.4　信息冲击对市场流动性溢价的影响总体回归结果

均值方程	模型(7)	模型(8)	模型(9)	模型(10)	模型(11)	模型(12)	模型(13)	模型(14)
常数项 c	-0.639 8	2.232 4	7.020 4	0.581 8***	-0.121 5	-5.015 2	42.722 6*	18.965 0
	(0.642 9)	(0.112 1)	(0.662 5)	(0.000 0)	(0.520 7)	(0.568 0)	(0.093 7)	(0.590 6)
AR(1)	-0.550 0***	-0.514 2***	-0.522***	-0.550 8***	-0.511 3***	-0.495 0***	-0.327 7***	-0.392 2***
	(0.000 0)	(0.000 0)	(0.000 0)	(0.000 0)	(0.000 0)	(0.000 0)	(0.005 1)	(0.004 5)
d(Amivest)	-6.168 7	-7.891 2***	-10.384***	-6.059 5	-7.297 2	-8.548 89	-10.565 8**	-1.240 1
	(0.182 4)	(0.000 2)	(0.000 0)	(0.191 2)	(0.317 3)	(0.161 3)	(0.039 8)	(0.856 5)
lmf	0.506 1*		0.744 8*	0.483 9*	1.038 8***	1.062 36***	1.624 7***	1.115 7**
	(0.066 8)		(0.061 0)	(0.085 1)	(0.000 6)	(0.002 6)	(0.000 0)	(0.028 0)
lmf·D		1.473 7***						
		(0.003 0)						
Institution			-1.183 4*				-5.072 3	-2.478 6
			(0.066 1)				(0.138 0)	(0.568 2)
Exp				-1.364 6			-2.064 3	-2.789 6
				(0.406 3)			(0.744 3)	(0.643 8)
Range					-0.824 0**		-1.654***	-0.811 0
					(0.011 7)		(0.000 0)	(0.281 2)
d(CPI)						-405.234 0	-73.016 8	-442.943 8
						(0.279 3)	(0.845 9)	(0.369 9)
M2						2.906 7	-6.458 3	-1.882 7
						(0.616 4)	(0.313 5)	(0.835 5)
d(Ind)						-14.268	-7.630 3	-15.085 9
						(0.126 3)	(0.228 6)	(0.147 7)
d(News)						-1.252 5	-0.588 6	-1.262 2
						(0.439 9)	(0.728 5)	(0.459 7)
波动方程								
常数项 c	5.558 7***	-25.474 0***	-1.495 7	550.107 0***	-0.798 2	7.590 8	10.374 8	407.708 0***
	(0.000 0)	(0.000 0)	(0.939 9)	(0.000 0)	(0.966 7)	(0.563 4)	(0.812 9)	(0.000 2)
ε_{t-1}^2	-1.152 2***	1.120 3***	1.104 3***	-1.149 5***	1.118 2***	1.117 2***	0.290 1*	-1.064 5***
	(0.000 2)	(0.000 0)	(0.000 0)	(0.000 1)	(0.000 0)	(0.000 0)	(0.051 5)	(0.000 0)
σ_{t-1}^2	0.059 2	-0.016 6*	-0.084 4*	0.064 5**	-0.101 1**	-0.133 0***	-0.091 4*	0.110 9***
	(0.474 3)	(0.071 4)	(0.073 8)	(0.045 6)	(0.045 4)	(0.004 1)	(0.056 7)	(0.000 1)
ABS(lmf)								-4.406 9
								(0.532 7)
D							364.560 0***	
							(0.000 1)	
R^2	0.295 1	0.331 0	0.306 7	0.298 5	0.326 9	0.337 3	0.311 6	0.349 1

***、**和*分别表示在 1%、5%和 10%的显著性水平上显著

注：ABS( )代表变量的绝对值

3.4.3 结论及政策建议

本节首先设定投资者结构有两种情况,即机构与个人投资者,理性与非理性投资者。构建了一个包含信息冲击、投资者决策交易行为、市场价格及其波动性等因素的理论模型,分析了信息冲击对市场参与者交易行为的影响,并探讨公开和私人信息通过预期使投资者完成交易决策的过程。进而引出交易行为对流动性以及流动性价值的影响,并选择具有代表性的指标针对中国市场进行实证检验,得到的结论如下:①中国股票市场在样本期内存在流动性溢价现象,从宽度、深度、弹性和及时性几个维度衡量的市场流动性指标与综合流动性指标来看,均能反映信息冲击的效应是增强了市场的流动性溢价,可以解释为信息冲击带来了更多的流动性交易,但同时增大了流动性的风险,需要更多的风险补偿,从而形成了流动性溢价。②对信息进行分类之后,私人信息、公开的宏观信息、机构投资者的交易行为都增强了市场的流动性溢价效应,同时在样本期内,正向的信息冲击对收益率的影响更大。公开的宏观信息的冲击使交易者形成的预期基本一致,可以迅速反映到股价之中,不会对股价带来大的波动。中国市场中虽然机构投资者比例相比于散户较小,但占有的市场份额较高,对市场收益率有较大影响。③市场趋势及投资者预期收益率均减弱了市场的流动性溢价。同时市场趋势与收益率的正向变动反映牛市下的趋势性回报较高,符合市场基本运行规律;投资者在接受新信息之后,通过分析市场形成的预期来进行投资决策,加强了信息反映到市场的有效性,市场参与者对流动性风险要求的补偿相应减少,从而减弱流动性溢价。④从股价及收益率的波动特征来看,信息冲击的正负对市场收益率的波动产生了显著的影响,且在不同的市场趋势下冲击的结果具有差异性,而信息冲击对市场波动的贡献并不显著,说明大多数信息通过预期将及时反映到股价中,中国股票市场随着对外开放程度的提高,以及交易制度和监管制度的完善,有效性在逐步提高。

结合前面的理论分析与实证检验的结论,就如何基于合理应对新信息冲击而构建有效流动性的股票市场提出三点建议。第一,合理引导投资者行为,形成理性市场预期。宏观政策的发布者应给予市场缓冲期,预期市场反映并把握信息发布的时点,以减少对市场的冲击,避免市场参与者的过度反应,防范股市泡沫化现象,维护市场良好而稳定的运行,控制市场整体的风险。就当前股票市场来看,散户占市场主导地位,散户的预期更是市场走势的重要因素。2015 年发生股灾的一个重要原因就是流动性危机导致的踩踏事件,整体市场预期的崩塌导致资本市场失控,就此来看,通过政策或其他市场手段来充分引导投资者的合理预期,对维护市场平稳有效运行有实质性作用。第二,推进股票市场改革,有序推进注册制改革、沪深港通、沪伦通等外资放开策略，逐步使中国股市与国际接轨，从而提升股票市场的有效性。中国股市的种种财务作假、信息披露失真严重损害了投资者的利益，利用私有信息捞取非法利润的现象近几年虽有收敛，但仍为常态，大多数内幕交易无法被查处。相比较加强监管，推进市场的有效性更有利于从根源上抑制内幕套利的存在，增强股市的流动性。第三，在市场有效性逐渐加强的背景下，加强对高频交易的监管和政策制定，规范并保障中国机构投资者的健康发展。随着中国机构投资者比例的增加，程序化交易和高频交易的应用越来越广泛，切合大数据下的时代背景发展需求，但相关法律法规却较少。可通过对大额报撤单、隐匿报单、虚假报单等行为进行重点监管，避免影响其他市场参与者，防止改变市场趋势，在该方面可参考发达国家的监管方式以吸取经验，构建强大的市场交易系统，应对市场异常行为。

本 节 附 录

对各期投资策略分析的具体推导过程如下：

（1）理性交易者第 3 期的期望效用函数式（3.4.6）已给出，即

$$E(U(W_3^{p2}) \mid I_2^{P2}) = -\exp\left[-\rho_P\left(E(W_3^{p2} \mid I_2^{P2}) - \frac{\rho_P}{2}\mathrm{Var}(W_3^{p2} \mid I_2^{P2})\right)\right]$$

第 2 期结束财富值为 $W_2^{p2} = Q_2^{p2}(E(P_3) - P_2) = Q_2^{p2}(b(P_2 - P_1) + \varepsilon_{12})$，则期望效用函数为

$$E(U(W_2^{p2}) \mid I_1^{P2}) = -\exp\left[-\rho_P\left(E(W_2^{p2} \mid I_1^{P2}) - \frac{\rho_P}{2}\mathrm{Var}(W_2^{p2} \mid I_1^{P2})\right)\right]$$

最大化期望效用即最大化：

$$E(W_3^{p2} \mid I_2^{P2}) - \frac{\rho_P}{2}\mathrm{Var}(W_3^{p2} \mid I_2^{P2}) = Q_1^{p2}b(1+b)(P_1 - P_0) - \frac{1}{2}\rho_P(Q_1^{p2})^2\sigma_1^2[(1+b)^2+1]$$

$$E(W_2^{p2} \mid I_1^{P2}) - \frac{\rho_P}{2}\mathrm{Var}(W_2^{p2} \mid I_1^{P2}) = Q_2^{p2}b(P_2 - P_1) - \frac{1}{2}\rho_P(Q_2^{p2})^2\sigma_1^2$$

将上述两式分别对 Q_1^{p2}、Q_2^{p2} 求导：

$$\frac{\partial\left(E(W_3^{p2} \mid I_2^{P2}) - \frac{\rho_P}{2}\mathrm{Var}(W_3^{p2} \mid I_2^{P2})\right)}{\partial(Q_1^{p2})} = b(1+b)(P_1 - P_0) - \rho_P Q_1^{p2}\sigma_1^2[(1+b)^2+1]$$

$$\frac{\partial\left(E(W_2^{p2} \mid I_1^{p2}) - \frac{\rho_p}{2} \text{Var}(W_2^{p2} \mid I_1^{p2}) \right)}{\partial(Q_2^{p2})} = b(P_2 - P_1) - \rho_p Q_2^{p2} \sigma_1^2$$

令两式等于 0。求得 $Q_1^{p2} = \dfrac{b(1+b)(P_1 - P_0)}{\sigma_1^2[(1+b)^2+1]\rho_p}$，$Q_2^{p2} = \dfrac{b(P_2 - P_1)}{\rho_p \sigma_1^2}$，即为理性投资

者第 1 期和第 2 期的交易需求量。同理，不知情机构投资者与理性个人投资者类型相同，故表达式与推导过程也相同，结果如上文所示，此处不再赘述。

（2）对于知情交易者，最大化其期望效用：

$$E(U(W_3^{c1}) \mid I_1^{c1}) = -\exp\left[-\rho_c \left(E(W_3^{c1} \mid I_1^{c1}) - \frac{\rho_c}{2} \text{Var}(W_3^{c1} \mid I_1^{c1}) \right) \right]$$

同样对 $E(W_3^{c1} \mid I_1^{c1}) - \dfrac{\rho_c}{2} \text{Var}(W_3^{c1} \mid I_1^{c1})$ 求导：

$$\frac{\partial\left(E(W_3^{c1} \mid I_1^{c1}) - \frac{\rho_c}{2} \text{Var}(W_3^{c1} \mid I_1^{c1}) \right)}{\partial(Q_1^{c1})} = (P_0 + \theta - P_1) - Q_1^{c1} \rho_c \sigma^2$$

求得知情交易者的需求为 $Q_1^{c1} = \dfrac{P_0 + \theta - P_1}{\rho_c \sigma^2}$。

（3）对于个人噪声交易者，其第 2 和第 3 期的财富值为

$$W_2^{p3} = Q_2^{p3}(E(P_3) - P_2) = Q_2^{p3}(P_2 + \varepsilon_{22} - P_2) = Q_2^{p3} \varepsilon_{22}$$

$$W_3^{p3} = Q_1^{p3}(E(P_3) - P_1) = Q_1^{p3}(P_2 - P_1 + \varepsilon_{22})$$

最大化两期的期望效用

$$E(U(W_3^{p3}) \mid I_2^{p3}) = -\exp\left[-\rho_p \left(E(W_3^{p3} \mid I_2^{p3}) - \frac{\rho_p}{2} \text{Var}(W_3^{p3} \mid I_2^{p3}) \right) \right]$$

$$E(U(W_2^{p3}) \mid I_1^{p3}) = -\exp\left[-\rho_p \left(E(W_2^{p3} \mid I_1^{p3}) - \frac{\rho_p}{2} \text{Var}(W_2^{p3} \mid I_1^{p3}) \right) \right]$$

即

$$\frac{\partial\left(E(W_3^{p3} \mid I_2^{p3}) - \frac{\rho_p}{2} \text{Var}(W_3^{p3} \mid I_2^{p3}) \right)}{\partial(Q_1^{p3})} = (P_2 - P_1) - \rho_p Q_1^{p3} \sigma^2$$

$$\frac{\partial\left(E(W_2^{p3} \mid I_1^{p3}) - \frac{\rho_p}{2} \text{Var}(W_2^{p3} \mid I_1^{p3}) \right)}{\partial(Q_2^{p3})} = \rho_p Q_2^{p3} \sigma^2$$

得到第 1 期需求量为 $Q_1^{p3} = 0$，第 2 期需求量为 $Q_2^{p3} = \dfrac{P_2 - P_1}{\rho_p \sigma^2}$。

3.5　本章小结

本章分别从流动性周期、流动性状态转换和投资者情绪三个方面分析流动性冲击是如何影响金融系统稳定的。基于经济周期理论，本章将流动性周期描述为"流动性扩张—流动性过剩—流动性萎缩—流动性短缺"四个周期阶段，以及"流动性创造—流动性逆转—流动性抽离"三个动态过程，分别利用 M1/M2 和新增贷款量测度市场流动性和信贷流动性，利用卡尔曼滤波对历史数据进行周期趋势分解，再通过"谷-谷"法进行周期划分发现货币流动性周期变化是流动性冲击金融系统稳定的内在原因之一，只有当信贷流动性排除"年初效应"后仍处于扩张阶段才会使金融系统稳定性提升，也只有当信贷流动性排除"年末效应"后仍处于萎缩或短缺阶段才会冲击金融系统稳定。

本章还分析了流动性周期和流动性状态转换之间的区别与联系，并结合 2007 年美国次贷危机和 2010 年欧洲主权债务危机进行案例分析发现，流动性过剩到流动性短缺的状态转换已经成为冲击金融系统稳定的重要驱动力，监管部门不仅要关注不同层次流动性水平的变化，也要注意流动性状态转换给金融系统稳定带来的影响。

同时，本章从行为金融学视角出发，基于我国股票市场，通过构建数理模型分析了投资者情绪、卖空约束与市场流动性之间的内在联系。研究发现：①我国股票市场中，投资者情绪对市场流动性具有正向影响；②投资者在面临新的消息时，更多的情形表现为认知不足；③在投资者信息认知不足的市场，市场允许套利交易的程度越大，投资者情绪对市场流动性的正向影响越小。然而我国股票市场中开展的融资融券业务却进一步促进了投资者情绪对市场流动性的影响。因此，鉴于投资者行为对市场流动性产生的多重影响，建议监管部门从以下几方面着手：①合理引导市场投资者情绪，形成市场理性预期；②优化市场交易环境，提高市场信息效率；③强市场交易容量，吸引更多投资者进入市场；④构建有效的市场套利机制，实现市场流动性的自我调整。

本章将投资者区分为机构与个人投资者、理性与非理性投资者，构建一个包含信息冲击、投资者交易行为、市场波动、市场流动性的关系模型，借鉴基于流动性的资产定价模型将流动性与收益率联系起来，分析得到市场流动性溢价与流动性及波动性的相关关系。实证研究了信息冲击所引起的交易行为对流动性价值的影响，结果表明，市场上私人信息、公开宏观信息的冲击以及机构投资者接受新信息后的交易行为都增强了市场的流动性溢价效应,并且信息冲击的效应具有不对称性,即负向的信息冲击对收益率的影响更大;市场趋势的向好以及投资者预期收益率的增加均减弱了市场的流动性溢价,且市场趋势与市场收益率成明显的正相关关系。

第 4 章　基于金融系统稳定的流动性度量与状态转换机制研究

在经济一体化与金融全球化日益加深的背景下，美国次贷危机逐步演化为金融危机、经济危机的流动性特征让我们深刻认识到，流动性过剩与流动性紧缺之间、流动性强弱之间以及其波动高低之间可以迅速逆转，不仅在金融机构和金融市场间进行扩散，还通过国际贸易、资产价格等渠道在国际间传导和扩散，给各国的金融体系和实体经济带来了严重的负面冲击。迫切需要我们从全球视角，紧密结合部分发达国家和新兴经济体国家货币流动性、市场流动性、银行流动性和融资流动性发生逆转的具体表现，深入研究金融危机背景下流动性在不同状态间转换的内在机制。因此，本章在系统地梳理和总结流动性度量基本模型的基础上，从金融系统稳定视角构建流动性多维度的集成度量模型，以 2010 年欧美主权债务危机为背景分析股市流动性的变点检测方法，通过构建 AR-MS-GARCH 模型揭示市场流动性的状态转换机制，并结合时变转移概率的向量自回归（time varying transition probabilities-vector autoregression，TVTP-VAR）模型研究过度自信、市场流动性与股市投机泡沫之间的内在联系。

4.1　流动性度量的基本模型

金融市场的主要功能就是提供流动性和价格发现，而流动性不仅是一个决定市场绩效的重要指标，也是决定报酬的关键因素。对于流动性含义的不同理解导致了其度量方法的差异化，或是从宽度、紧度、深度和弹性四个维度来测度流动性，或是从交易成本、委托量、均衡价格和市场冲击等方面来刻画流动性大小，还有学者从不确定性和流动性的层次性等视角度量流动性。本节在充分借鉴和总结前人研究成果的基础上，同时考虑流动性的数量、价格、时间等属性和流动性的层次性等因素，从基于"数量尺度"、"时间尺度"、"价格尺度"以及"价量结合"四个方面来分析流动性度量的基本模型。但需要强调的是，所有这些测度指标只能描述流动性的一个或几个方面，而不能完全代表流动性。

4.1.1　基于"数量尺度"的流动性度量方法

流动性的本质是指"迅速变现的能力"，而现实中货币具有最强的变现能力，因此从宏观经济角度来说流动性可以理解为不同统计口径的货币信贷总量。目前，我国官方公布的货币供应量主要包括 M0、M1 和 M2，其流动性能力依次递减。事实上，从"数量尺度"层面来看，流动性与货币供应量联系密切，所以此类流动性又称"货币流动性"。关于货币流动性的测度方法主要分为数量方法和结构方法两类。其中，数量方法主要包括 M2、超额货币量（M2-GDP 或 M2-GDP-CPI）、准货币供应量（M2-M1）、存款准备金等；结构方法主要包括 M1/M2、M2 增长率、M2/GDP 和超额货币增长率，超额货币增长率可以用广义货币增长率超过名义 GDP（NGDP）的部分度量（Baks and Kramer，1999）或用货币增长率超过经济真实增长（RGDP）和物价增长（Inflation）的部分度量（易纲，2003），即

$$g_{ex} = g_{M2} - g_{NGDP} \tag{4.1.1}$$

$$g_{ex} = g_{M2} - g_{RGDP} - \text{Inflation} \tag{4.1.2}$$

图 4.1.1 反映了 2006 年 1 月至 2015 年 6 月我国货币供应量（M1、M2）和 M1/M2 的变化趋势。M1 是体现货币存量的重要流动性特征，M2 能较好地体现货币存量总额变化的特点，由图 4.1.1 可以发现，准货币（M2-M1）呈现"喇叭口"形态并逐年扩大，现实中的货币供给已经超过了实体经济的需要，转化为"定期存款"，这意味着流动性水平的不断提高。M1/M2 反映了满足交易需求和财政储藏需求的货币之间的比例，在 2006~2015 年总体上呈现逐渐下降的趋势，尤其是 2007 年年底至 2009 年年初以及 2010 年年末出现了较大幅度的下跌，这正是美国次贷危机和欧美主权债务危机期间。而两次危机期间 M1/M2 出现一次较大的提高，出现了短期的流动性过剩现象，这可能与我国当时实行的"四万亿经济刺激计划"有关。随着我国收入分配格局的改变，国民财富由藏富于国逐渐转变为藏富于民，居民财富储藏的货币需求相应增加，居民资产也从流动性高的储蓄型资产向流动性稍弱的多样化资产转变。

4.1.2　基于"时间尺度"的流动性度量方法

流动性的"时间尺度"主要反映的是交易的即时性，即在不引起价格较大波动的情况下尽快地完成交易。因此，交易执行时间也可作为衡量流动性的直观方法。在实际交易中，如果完成交易所需的时间过长，必然会影响

投资者参与市场交易的积极性，市场的流动性也因此受到限制。本书主要从交易时间、市场深度和市场弹性三个维度来研究基于"时间尺度"的流动性测度方法。

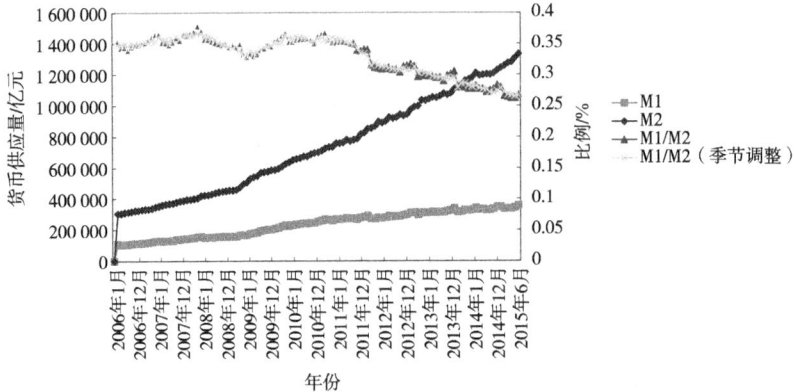

图 4.1.1　2006 年 1 月至 2015 年 6 月我国货币供应量变化趋势

资料来源：Wind 数据库

1. 基于交易时间的流动性指标

在实际交易中，当投资者完成交易所需要的平均时间越短、相邻交易之间间隔时间越少、交易次数越多，则市场中流动性越强；在一段时间内顺利完成交易的笔数占总交易笔数的比重越大，特定时间内市场接收到的交易指令量越大，则潜在的交易机会越多，此时流动性越强。因此，从交易时间角度测度流动性的指标主要有三个：第一个是交易执行时间，即从订单到达到订单执行之间的间隔；第二个是交易频率，即在一个特定时间内的交易次数；第三个是成交概率，即交易顺利完成的概率。总之，交易执行时间越短，交易频率越高，成交概率越大，则流动性越强。

2. 基于市场深度的流动性指标

市场深度是指在最小价格变化幅度下交易某个特定数量的能力，可用于衡量市场的价格稳定程度，深度越大的市场，一定数量的交易对价格冲击越小。如果市场深度不够大，则一个大额指令都可能迫使价格做出调整，这就意味着市场不能为交易提供足够的流动性。与市场深度相关的流动性指标包括成交量、成交额、换手率和成交深度等。

成交量和成交额与流动性的"时间尺度"密切相关，当这两种指标越大时说明投资者的交易活跃度和市场参与度越高，交易指令越容易执行，交易时间越短，市场的流动性越强。比这两种指标更有意义的是成交占资产流通量的比例，即换

手率，衡量了证券持有的平均时间，当换手率越高，则相应的流动性越好。成交额和换手率的数学表达式为

$$V_t = \sum_{i \in I} P_{ti} Q_{ti} \qquad (4.1.3)$$

$$T_t = \frac{Q_t}{S_t} \ 或 \ \frac{V_t}{S_t P_t} \qquad (4.1.4)$$

其中，V_t、Q_t 和 T_t 分别表示第 t 期内的成交额、成交量和换手率；P_{ti} 和 Q_{ti} 为第 t 期内第 i 笔交易的价格与数量；S_t 和 P_t 为第 t 期内总流通股数与平均价格，则 $S_t P_t$ 为总流通股本。

Kyle 于 1985 年提出了一个市场深度模型，用于分析交易行为对市场价格变化的影响，其基本思路是将短期均衡价格切分为资产的真实价值和由成交量变化引起价格调整的两部分，具体表达式为

$$P = \mu + \lambda y, \ D = 1/\lambda \qquad (4.1.5)$$

其中，P 为资产价格；y 为成交量；μ 为资产的真实价值；λ 为回归系数；D 表示市场深度。事实上，λ 反映了价格对成交量的敏感度，如果价格对成交量越不敏感，则说明成交量对价格的冲击越小，市场深度越大，市场流动性越好，反之市场流动性越强。

由于 Kyle（1985）可以单独考察大宗交易和系列交易的情况，并考虑了买卖差价和深度指标，所以为衡量流动性提供了一个相对完整的框架（施东晖和孙培源，2005）。Engle 和 Lange（1997）提出了另一个测度市场深度的方法，称为 VNET 方法，该方法与特定价格相联系的买方或卖方发起超额交易。如果买方的超额交易量很小，但价格上升，则流动性越差，如果同样幅度的价格上涨与大量的买方超额交易相联系，则市场深度较大。

受 Kyle（1985）市场深度模型启发，Glosten 和 Harris（1998）提出了一个基于交易成本的流动性测度模型：

$$\Delta P_t = \lambda q_t + \varphi(D_t - D_{t-1}) + \varepsilon_t \qquad (4.1.6)$$

其中，ΔP_t 为第 t 期成交价的变化；q_t 为带正负号（表示买卖方向）的交易量；D 表示交易方向的虚拟变量；ε_t 为误差项。回归系数 λ 和 φ 分别衡量总固定交易成本和总可变交易成本，两者相加即为总交易成本。因此，当 φ 越大时，则价格变化越容易受到交易方向变化的影响；当 λ 越大时，则价格越容易受到带买卖方向的交易量的影响。总之，当 φ 和 ϕ 越大时，则交易成本越高，流动性越差。

Hasbrouck（1995）根据交易对报价多期冲击的单一方程模型，进一步推导出报价变点与交易相关变量的向量自回归模型，并用来分析交易对价格的冲击和交易中私有信息含量。模型表示如下：

$$\begin{cases} r_t = \sum_{i=1}^{5} a_i r_{t-i} + \sum_{i=1}^{5} b_i x_{t-i}^0 + \varepsilon_{1,t} \\ x_t^0 = \sum_{i=1}^{5} c_i r_{t-i} + \sum_{i=1}^{5} d_i x_{t-i}^0 + \varepsilon_{2,t} \end{cases} \quad (4.1.7)$$

其中，r_t 表示第 t 期差价中点的变化（等于第 t 期差价中点减去第 $t-1$ 期差价中点）；x_t 为 $\{x_{t-i}^0\}$ 或 $\{x_{t-i}, x_{t-i}^0\}$ 或 $\{x_{t-i}^2, x_{t-i}, x_{t-i}^0\}$，这里 $\{x_{t-i}^0\}$ 为交易方向参数，x_{t-i} 为带符号的成交量，x_{t-i}^2 为成交量的平方乘以交易方向参数；$\varepsilon_{1,t}$ 和 $\varepsilon_{2,t}$ 分别为非预期的报价变化和交易；回归系数 $\sum b_i$ 测度了交易对价格的持久性影响，也成为衡量流动性的一类指标。

Brenman 和 Subrahmanyam（1996）结合 Hasbrouck 模型与 Foster 和 Viswanathan（1993）的模型，构建了一类新的模型：

$$\begin{cases} q_t = \alpha_q + \sum_{j=1}^{5} \beta_j \Delta p_{t-j} + \sum_{j=1}^{5} \lambda_j q_{t-j} + \tau_t \\ \Delta p_t = \alpha_p + \varphi(D_t - D_{t-1}) + \gamma \tau_t + v_t \end{cases} \quad (4.1.8)$$

其中，第一个表达式为成交量模型；第二个表达式为成交价格变化模型；q_t 表示第 t 期交易量；Δp_t 为第 t 期交易价格；D_t 为交易方向参数；τ_t 为非预期交易量的残差项；回归系数 φ 和 γ 越大，则交易成本越高，此时流动性越差。

3. 基于市场弹性的流动性指标

另一类影响流动性"时间尺度"的指标就是市场弹性，即从价格发生变化到恢复均衡价格所需要的时间。可见，市场弹性其实就是由交易引起的价格波动消失的速度，或者说订单簿中买单量与卖单量之间不平衡调整的速度。

Hasbrouck 和 Schwartz（1988）提出一类测度市场弹性的方法，称为市场有效系数（market efficient coefficient，MEC）。对于给定的新信息引起价格的永久性变化而言，在一个流动性高或更有弹性的市场上，价格在短期内的变化（或波动）相对于流动性低或弹性很小的市场也将是较小的。如果我们区分资产的长期回报率和短期回报率，则市场有效系数可表示为

$$MEC_t = \frac{Var(R_t)}{T \cdot Var(r_t)} \quad (4.1.9)$$

其中，$Var(R_t)$ 和 $Var(r_t)$ 分别表示长期回报率与短期回报率的方差；T 为长时期中包含短时期的个数。

由于短期的波动较大，MEC_t 一般会显著小于 1，当市场弹性充足时，MEC_t 会接近但仍低于 1。市场弹性指标虽然考虑了价格变化的影响，但也存在以下不

足：一是选择均衡价格带有很大的随意性；二是没有考虑新到达的信息对价格变化的影响；三是与市场波动有关。

4.1.3　基于"价格尺度"的流动性度量方法

流动性的"价格尺度"主要是从流动性的宽度属性演变而来的，体现了利用资产价格及其变化来测度流动性的强弱。在做市商制度下，最常见的该类指标就是买卖差价，即由做市商所报出的卖家与买家的差额，但在指令驱动市场上，买卖差价通常采取市场上未成交的有效订单的最高买价和最低买价之间的差额代替。

根据 Harris（1990）、Huang 和 Stoll（1996）等学者的研究，买卖差价可分为报价差价（quoted spread，QS）、有效差价（effective spread）和实现差价（realized spread）等。

（1）报价差价是指市场上当前最优卖价与最优买价之间的 QS 和相对有效差额（realized effective spread，RES），表达式为

$$QS = P_A - P_B \tag{4.1.10}$$

$$RES = \frac{|P_t - P_M|}{P_M} \tag{4.1.11}$$

其中，P_A 和 P_B 分别为卖出、买入价格；$P_M = (P_A + P_B)/2$ 为中间价格。

（2）有效差价是指用实际成交价与即时报价中间值计算的绝对差额（effective spread，ES）和 RES，表达式为

$$ES = |P_t - P_M| \tag{4.1.12}$$

$$RES = \frac{|P_t - P_M|}{P_M} \tag{4.1.13}$$

（3）实现差价是指一段时间内加权平均执行价格与最优报价的平均绝对差额（average realized spread，ARS）和相对平均实现差额（relative average realized spread，RARS），反映了交易指令执行后的市场影响，表达式为

$$ARS = \begin{cases} P_t - P_{t+T}, & P_t\text{为买入价格} \\ P_{t+T} - P_t, & P_t\text{为卖出价格} \end{cases} \tag{4.1.14}$$

$$RARS = \begin{cases} \dfrac{P_t - P_{t+T}}{P_M}, & P_t\text{为买入价格} \\ \dfrac{P_{t+T} - P_t}{P_M}, & P_t\text{为卖出价格} \end{cases} \tag{4.1.15}$$

其中，$P_{t+T} = \dfrac{1}{T}\sum_{k=t}^{t+T}\dfrac{Q_k P_k}{\sum_{k=t}^{t+T}Q_k P_k}P_k$，且 Q_k 为第 k 期的成交量。

4.1.4 基于"价量结合"的流动性度量方法

从前面的叙述可以看出，虽然构造流动性测度方法的本质是一样的，但测度指标却是多种多样，彼此之间难免存在一定的内在冲突或具有较高的相关性，削弱了指标的代表性和有效性。过分强调价格而忽略交易量的"有价无市"或仅依赖交易量而忽略价格的"有市无价"等指标在描述流动性水平时容易陷入"以偏概全"的困境。因此，将价格和交易量相结合的流动性测度方法逐渐被广泛使用。在"价量结合"的流动性测度方法中，流动性比率因其形式简单、计算简便、意义直观等特点受到国内外学者的青睐。流动性比率是以成交量与价格的变动关系来测度流动性，若少量的交易即可引起较大幅度的价格波动，则该资产的流动性较低；若大量的交易仅引起资产价格小幅波动，则流动性较高。以下是几类应用较广的流动性比率指标。

（1）Amivest 流动性比率，又称普通流动性比率，该比率的含义是股价变动一百分点时需要多少交易量。其计算方法如下：

$$L_{con} = \frac{\sum_{t=1}^{n}P_{i,t}Q_{i,t}}{\sum_{t=1}^{n}|\%\Delta P_{i,t}|} = \frac{\sum_{t=1}^{n}P_{i,t}Q_{i,t}}{\sum_{t=1}^{n}|(P_{i,t}-P_{i,t-1})/P_{i,t-1}|} \qquad (4.1.16)$$

其中，L_{con} 表示 Amivest 流动性比率；$P_{i,t}$ 和 $Q_{i,t}$ 分别为股票 i 在第 t 期的收盘价与交易量。根据式（4.1.16）可知，L_{con} 越高，则交易量对价格的影响越小，股票的流动性越好，反之亦然。

（2）Martin 指数，该指标假定在交易时间内价格变化时平稳分布，因此可以用每日价格变化幅度的平方与每日交易量之比来测度流动性，计算方法如下：

$$L_M = \sum_{t=1}^{n}\frac{(P_{i,t}-P_{i,t-1})^2}{Q_{i,t}} \qquad (4.1.17)$$

与 Amivest 流动性比率相反，Martin 指数越大，则流动性越低，反之亦然。

（3）Hui-Heubel 流动性指标，又称"纯粹流动性"比率，其构造思想与 Amivest 流动性比率类似，区别在于该指标需要根据股票市值进行调整，计算方法如下：

$$L_{HH} = \frac{(P_{max}-P_{min})/P_{min}}{V/(S\cdot\overline{P})} \qquad (4.1.18)$$

其中，L_{HH} 为 Hui-Heubel 流动性比率；P_{max}、P_{min}、V 和 $\overline{P}$ 分别为 5 日内股票的最

高价、最低价、总成交金额与平均收盘价；S 为股票流通数量。

（4）Amihud 非流动性比率，Amihud（2002）以 Kyle（1985）对流动性的定义基础上提出的流动性指标，计算方法如下：

$$\mathrm{ILLIQ}_t = \frac{|R_t|}{V_t} \qquad (4.1.19)$$

其中，ILLIQ_t 为非流动性指标；$|R_t|$ 为第 t 期股票的收益率；V_t 为第 t 期股票的成交额。

随后，刘海龙和吴冲锋（2003）在 Amihud 非流动性指标的基础上，充分考虑股票流通数量的影响，构造了一类新的流动性比率：

$$L_t = \frac{|\ln(P_t) - \ln(P_{t-1})|}{Q_t/S} = \frac{|\ln(P_t) - \ln(P_{t-1})|}{T_t} \qquad (4.1.20)$$

其中，L_t 为流动性指标；P_t、Q_t 和 T_t 分别为第 t 期的收盘价、成交量与换手率；S 为总流通股股数。该指标的直观意义是单位资产换手率给价格带来的影响，或价格发生单位变动时多需要的成交量或换手率。

4.2　基于金融系统稳定的多维度流动性度量模型构建

4.2.1　研究背景

近年来，频繁爆发经济事件和金融危机，如 2007 年的美国次贷危机、2010 年的欧洲主权债务危机、2013 年 6 月国内银行业经历的"钱荒"事件以及 2015 年 6 月中下旬中国 A 股市场的异常波动事件等，都更加凸显了流动性在金融系统中的基础性地位。在全球经济大调整的背景下，中国经济正步入新常态，经济下行压力不断增大，金融改革面临诸多不确定，如何理解多维度流动性的动态关联、保持金融系统适度流动性以及理解其与货币政策的内在联系是处理稳增长、促改革、调结构、惠民生和防风险之间关系的重要基础，是更好地维护金融系统稳定的前提。

4.2.2　理论模型

1. 多维度流动性指标及其集成度量

随着金融理论的不断发展和金融创新的日益深化，流动性的内涵呈现出多样化、多维度的演化趋势，使界定流动性的标准、测度流动性的指标并不统一，其至相差很大。多数文献一般仅局限于流动性研究的某一个方面，因此区分流动性的多维度概念是准确测度流动性水平的基础和前提。本节在 Baks 和 Kramer（1999）、Adrian 和 Shin（2008）、北京大学中国经济研究中心宏观组（2008）与 Drehmann 和 Nikolaou（2013）等基础上，根据流动性的层次特征将其划分为宏观的货币流动性、中观的融资流动性和微观的市场流动性三个维度。

货币流动性是指金融系统中货币的充裕程度，一般可以从数量（如 M0、M1 和 M2 等）和结构（如 M1/M2、M1/GDP 等）两个方面进行刻画，这里主要选取应用较广的 M1/M2 指标来测度货币流动性，即 MOR I_t=M1/M2。当 MOR L_t 越大时，说明经济中广义货币的变现能力提高了，货币流动性越强。

市场流动性是指在既定的市场结构下，资产能够以合理的价格迅速变现而不会引起其他资产价格发生显著波动的能力，体现了"时间尺度"和"价格尺度"的双重属性。传统测度市场流动性的方法主要有宽度、紧度、深度和弹性等指标，但我国股票市场是指令驱动市场，没有做市商制度，而且不同指标间难免存在一定的内在冲突或具有较高的相关性，信息重叠程度也较高。因此，这里以股票市场为例，采用许睿等（2004）"价量结合"的市场流动性指标为 $\mathrm{Mar}L_t = |\ln P_t - \ln P_{t-1}|/\mathrm{Turn}_t$，其中 P_t 和 Turn_t 分别为第 t 期的收盘价与换手率。当 $\mathrm{Mar}L_t$ 越大时，说明单位换手率引起了较大的价格波动，市场流动性越差。

融资流动性是指金融机构通过各种内外部融资途径获取资金的难易程度（孙彬等，2010），具有"时间短、成本低、数量足"等基本要素。国内外文献主要利用银行间同业拆借利率（Huang et al.，2008）、国债利率（In et al.，2003）和 TED 利差（Hesse et al.，2008；孙彬等，2010）等指标来度量融资流动性。考虑到指标的综合性和数据的可获得性，这里采用中国金融市场的 TED 利差来描述融资流动性的水平，即 $\mathrm{Fun}L_t = r_t^{\mathrm{Shibor}} - r_t^B$，其中，$r_t^{\mathrm{Shibor}}$ 表示 3 个月上海银行间同业拆借利率（Shibor），r_t^B 为 3 个月国债利率。当 $\mathrm{Fun}\,L_t$ 越大时，说明货币市场资金获取更加困难，融资流动性越弱。

不难发现，这三个维度的流动性指标的变化趋势并不一致，流动性水平的强弱既与其量级有关也与其量纲有关。因此，对它们进行集成测度的前提是进行标准化处理，将取值范围各异和变化趋势不一致的流动性时间序列转化为[0,1]和同向化的时间序列，具体方法如下：

$$y_t = \begin{cases} \dfrac{x_t - \min x_t}{\max x_t - \min x_t} & x_t = \mathrm{Mon}L_t \\[2ex] \dfrac{\max x_t - x_t}{\max x_t - \min x_t} & x_t = \mathrm{Mar}L_t, \mathrm{Fun}L_t \end{cases} \tag{4.2.1}$$

其中，x_t 为原始时间序列，代表 $\mathrm{Mon}L_t$，$\mathrm{Mar}L_t$，$\mathrm{Fun}L_t$；y_t 为标准化后的时间序

列（标准化后的指标仍用原来的符号表示）。

鉴于王春峰等（2007）、沈虹（2013）在测度金融系统中总体流动性方面的不足，本书构建以下时变权重的多维度流动性集成度量方法：

$$L_t = \omega_{1,t} \text{Mon}L_t + \omega_{2,t} \text{Mar}L_t + \omega_{3,t} \text{Fun}L_t \quad\quad （4.2.2）$$

其中，L_t 为流动性的集成测度；$\omega_{it}(i=1,2,3)$ 分别为对应的集成权重，此时 $\sum_{i=1}^{3} \omega_{it} = 1, L_t \in [0,1]$。

在求解式（4.2.2）时，最关键的问题便是如何确定不同时刻的集成权重，这里主要是将 DCC-MVGARCH 模型和熵值法相结合，通过分析不同维度流动性间的动态相关系数，利用信息熵构造每个维度流动性的集成权重公式，再对三个维度的流动性进行加权平均。

2. 多维度流动性的 DCC-MVGARCH 模型

DCC-MVGARCH 模型是将常相关多变量广义自回归异方差（constant conditional correlation multivariate generalized autoregressive conditional heteroskedasticity，CCC-MVGARCH）模型的相关系数从常数推广到时变情形。设随机向量 $\{e_t\}$ 是独立同分布的白噪声过程，即满足

$$e_t \mid \phi_{t-1} \sim N(0, H_t), \boldsymbol{H}_t = \boldsymbol{D}_t \boldsymbol{R}_t \boldsymbol{D}_t, \boldsymbol{D}_t = \text{diag}\left(\left| \sqrt{h_{i,t}} \right|\right) \quad\quad （4.2.3）$$

其中，ϕ_{t-1} 为到 $t-1$ 时刻的信息集；$\boldsymbol{H}_t$ 为协方差矩阵；$\boldsymbol{R}_t$ 为动态相关系数矩阵；$\boldsymbol{D}_t$ 为对角时变标准差矩阵；h_{it} 为 $\boldsymbol{D}_t$ 的对角线元素，表示由单变量 GARCH 模型估计出的条件方差，即

$$h_{i,t} = \omega_i + \sum_{p=1}^{P_i} \alpha_{i,p} \varepsilon_{i,t-p}^2 + \sum_{q=1}^{Q_i} \beta_{i,q} h_{i,t-q}^2 \quad\quad （4.2.4）$$

其中，ω_i 为常数项；$\alpha_{i,p}$、$\beta_{i,q}$ 分别为残差平方项和条件方差项的系数；P_i、Q_i 分别为对应滞后项的最大取值；$\varepsilon_{i,t}$ 表示一元波动模型估计的标准化残差，即

$$\varepsilon_{i,t} = \frac{e_{i,t}}{\sqrt{h_{i,t}}}, \varepsilon_t = \begin{pmatrix} \varepsilon_{1,t} \\ \varepsilon_{2,t} \\ \varepsilon_{3,t} \end{pmatrix} = D_t^{-1} e_t \quad\quad （4.2.5）$$

这里动态相关系数矩阵具有如下结构：

$$R_t = Q_t^{*-1} Q_t Q_t^{*-1}, \quad Q_t = (1 - \sum_{m=1}^{M} \alpha_m - \sum_{n=1}^{N} \beta_n)\underline{Q} + \sum_{m=1}^{M} \alpha_m (\varepsilon_{t-m} \varepsilon_{t-m}') + \sum_{n=1}^{N} \beta_n Q_{t-n} \quad\quad （4.2.6）$$

其中，$\underline{Q}$ 为标准化残差的无条件方差矩阵，即 $\underline{Q} = T^{-1} \sum_{t=1}^{T} \varepsilon_t \varepsilon_t'$；$Q_t^*$ 为 Q_t 对角线上

的数，即 $Q_t^* = \mathrm{diag}\left(\sqrt{q_{ii,t}}\right)$。

DCC 模型所关注的 $\boldsymbol{R}_t$ 矩阵中的动态相关系数为

$$r_{ij,t} = \frac{q_{ij,t}}{\sqrt{q_{ii,t} \cdot q_{jj,t}}}, i, j = 1, 2, 3 \qquad (4.2.7)$$

运用该模型分析不同维度流动性间的动态相关性包含两个步骤：第一，运用单变量 GARCH 模型估计每个维度流动性的标准化离差；第二，将标准化离差转换为标准化残差，再用准极大似然估计法对 DCC-MVGARCH 模型的参数进行估计，并计算三种维度流动性之间动态相关系数。

3. 基于熵值法的时变集成权重确定

流动性的集成测度是综合利用各单一维度的流动性测度指标，以适当的加权平均来刻画总体流动性状态的一种方法，其核心就是如何确定集成权重系数。本节参考李爱忠等（2013）的研究方法，基于 DCC-MVGARCH 模型所估计的 $r_{ij,t}, i, j = 1, 2, 3$，计算每个维度流动性相对于总体流动性的相对重要性，并选择一定的滞后期对相对重要性指标进行平滑调整，最后根据各自的信息熵确定各维度流动性的时变集成权重，具体步骤如下。

第一，计算第 i 维度流动性相对重要性的平滑概率：

$$P_{i,t}^{(k)} = \frac{\sum\limits_{j \neq i} |r_{ij,t-k+1}|}{\sum\limits_{l=1}^{S} \sum\limits_{j \neq i} |r_{ij,t-l+1}|}, k = 1, 2, \cdots, S \qquad (4.2.8)$$

其中，S 为平滑调整的滞后期。

第二，计算第 i 维度流动性相对重要性的熵值：

$$E_{i,t} = -\frac{1}{\ln S} \sum_{k=1}^{S} P_{i,t}^{(k)} \ln P_{i,t}^{(k)}, i = 1, 2, 3 \qquad (4.2.9)$$

第三，计算第 i 维度流动性的时变集成权重：

$$\omega_{i,t} = \frac{1 - E_{i,t}}{\sum\limits_{i=1}^{3} \left(1 - E_{i,t}\right)}, i = 1, 2, 3 \qquad (4.2.10)$$

4.2.3　实证分析

1. 数据选取及其描述性统计

本节选取 2006 年 10 月至 2015 年 9 月的月度数据作为样本，包括 M1、M2，沪深 300 指数的收盘价、换手率，3 个月 Shibor 和 3 个月国债发行利率，等等（资料来源：同花顺金融数据库）。根据 4.2.2 小节三种维度流动性的测度指标分别计算各自的流动性水平，在统计分析之前，需要对货币流动性 M1/M2 采用 Census X11 比率法进行季节性调整。货币流动性、市场流动性及融资流动性的描述性统计与变化趋势分别如表 4.2.1 和图 4.2.1 所示。

表 4.2.1　各维度流动性的描述性统计

流动性	均值	方差	偏度	峰度	J-B 统计量	$Q(3)$
Mon L_t	0.611 9	0.727 6	0.317 4	1.777 9	0.003 2***	304.00***
Mar L_t	0.786 8	0.862 5	−1.488 9	5.139 1	0.000 0***	19.74***
Fun L_t	0.593 9	0.628 6	−0.848 7	4.092 7	0.000 0***	236.03***

***表示在 1%的置信水平下显著

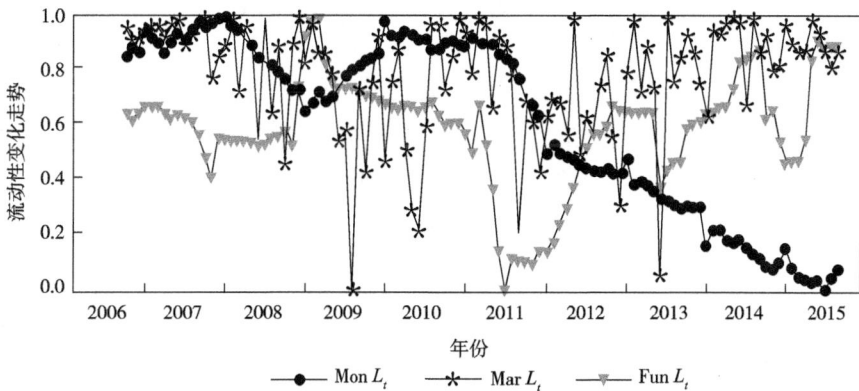

图 4.2.1　三种维度流动性的变化趋势

由表 4.2.1 可知，市场流动性和融资流动性表现出较明显的左偏、尖峰特征，而货币流动性则呈现出右偏和矮峰形态。三种维度流动性的方差都较大，反映出具有较强的波动性。J-B 统计显示它们在 1%的置信水平下拒绝服从正态分布的原假设。Q 统计发现各维度流动性序列在 1%的显著性水平下存在明显的自相关性。从图 4.2.1 不难看出，货币流动性整体呈下降趋势，虽然在次贷危机后有短暂的上升趋势，但从 2011 年 2 月以后总体下降趋势更加明显。这说明我国经济中货币的变现能力不断下降，这与我国改革开放以来货币供给量持续增加，同时货币的流通速度日益下降有关。市场流动性在平稳时期比较强且波动幅度也较小，在两次危机中都有不同程度的减弱且波动强度和幅度都比较高。融资流动性在危机前比较平稳，在危机期间有所下降，这说明危机爆发后信贷市场融资压力增大，金融市场的融资环境有所恶化，但危机后融资流动性在不断调整中逐渐增强。为了避免出现伪回归问题，需要利用 ADF 单位根检验分析各维度流动性指标的平稳性，结果如表 4.2.2 所示。

表 4.2.2　各维度流动性的平稳性检验

流动性	检验形式（C,T,N）	ADF 检验	1%临界值	结论
Mon L_t	（$C, T, 0$）	0.279 8	−3.492 5	不平稳
dMon L_t	（$C, T, 0$）	−11.655 6	−3.493 1	平稳
Mar L_t	（$C, T, 0$）	−7.739 6	−3.492 5	平稳
Fun L_t	（$C, T, 0$）	−2.440 1	−3.493 1	不平稳
dFun L_t	（$C, T, 0$）	−8.413 9	−3.493 1	平稳

注：C 和 T 表示带有常数项和趋势项，N 表示所采用的滞后阶数

由表 4.2.2 可知，通过 ADF 检验发现变量 Mon L_t、Fun L_t 在 1%的显著性水平下不能拒绝存在单位根的原假设，说明它们是不平稳的，但其一阶差分拒绝存在单位根的原假设，这说明 Mon L_t 和 Fun L_t 是一阶单整的，而 Mar L_t 则在 1%的显著性水平下是平稳的。为了进一步验证三种维度流动性之间是否存在内在的因果联系，分别对它们进行 Granger 因果检验，结果如表 4.2.3 所示。

表 4.2.3　各维度流动性的 Granger 因果关系检验

原假设	F 统计量	结论
Mon L_t 不是 Mar L_t 的 Granger 因果关系	0.081 7	接受原假设
Mar L_t 不是 Mon L_t 的 Granger 因果关系	0.655 6	接受原假设
Mon L_t 不是 Fun L_t 的 Granger 因果关系	2.362 2	拒绝原假设（5%）
Fun L_t 不是 Mon L_t 的 Granger 因果关系	0.536 9	接受原假设
Mar L_t 不是 Fun L_t 的 Granger 因果关系	1.041 0	接受原假设
Fun L_t 不是 Mar L_t 的 Granger 因果关系	0.707 6	接受原假设

由表 4.2.3 可知，在 5%的显著性水平下货币流动性是融资流动性的单向 Granger 关系，而货币流动性和市场流动性、市场流动性和融资流动性之间并不存在 Granger 因果关系，说明这三个维度的流动性之间并不存在明显的线性传导效应。

2. 基于 DCC-MVGARCH 模型的动态相关分析

1）单变量 GARCH 模型的边缘分布估计

通过描述性统计发现，三个维度的流动性表现出较强的波动集聚性、序列相

关性和一定的"尖峰厚尾"形态,这些都比较符合 GARCH 模型的统计特征。由于 Mon L_t 和 Fun L_t 是非平稳的,所以在进行 GARCH 建模时主要对 Mon L_t、Fun L_t 的一阶差分 dMon L_t、dFun L_t 和 Mar L_t 加以刻画。通过反复测算发现,利用 GARCH(1,1)-t 模型对 dMon L_t 和 dFun L_t 的刻画效果最好,而采用 GARCH(1,1)-norm 模型对 Mar L_t 的拟合程度最高。表 4.2.4 给出了各维度流动性 GARCH(1,1) 模型的参数估计结果,其中,ω 为常数项,α 为 ARCH(1)项的系数,β 为 GARCH(1) 项的系数,v 为 t 分布的自由度。

表 4.2.4　GARCH(1,1)模型的参数估计

流动性	ω	α	β	v	L 值
dMon L_t	0.000 1**	−0.065 2***	0.972 8***	17.646 4	206.378 3
Mar L_t	0.000 7	0.217 0**	0.769 2***	—	22.237 2
dFun L_t	0.003 0***	0.735 3***	−0.064 8	2.083 4***	124.841 0

***、**分别表示在 1%和 5%的置信水平下显著

由表 4.2.4 可知,从总体上看大部分参数在 5%或 1%的置信水平下是显著异于 0 且都满足约束条件 $\alpha + \beta < 1$,条件方差的长期均值 Q_t 都较显著地接近于 0。对于 dMon L_t 和 Mar L_t 来说,α 值明显小于 β 值,说明这两类流动性具有较弱的波动集聚性和较强的波动持续性,它们对市场波动的反应非常迟缓,从较大波动中迅速恢复的可能性较小;对于 dFun L_t 来说结果刚好相反,即 α 值明显大于 β 值,这反映了融资流动性表现出较强的波动集聚性和较弱的波动持续性,也说明了在面临较大市场波动时通过调整利率可以使融资流动性困难得到迅速缓解。

2)DCC-MVGARCH 模型的参数估计

在运用 DCC-MVGARCH 模型之前需要检验序列间的相关性是否为常数,具体检验方法可参考 Engle(2002)和孙彬等(2010)的研究内容,根据各序列的自相关性检验,这里选择 3 阶滞后期,表 4.2.5 给出了最终的检验结果,发现在 10% 的置信水平下均拒绝不同维度间流动性存在常相关系数的假设,这说明运用 DCC-MVGARCH 模型更符合实际需要。

表 4.2.5　各维度流动性间的常相关性检验

流动性	χ^2 统计量	p 值	结论
dMon L_t & Mar L_t	3.928 9	0.041 5	不存在常相关系数(5%)
dMon L_t & dFun L_t	3.949 1	0.041 3	不存在常相关系数(5%)
Mar L_t & dFun L_t	2.136 1	0.097 8	不存在常相关系数(10%)

表 4.2.6 给出了 DCC-MVGARCH 模型的参数估计结果。由表 4.2.6 可以看出,

不同维度流动性之间动态相关系数的两个参数在 1% 的置信水平下显著异于 0，且都具有较大的 β 值，表明相关性具有较强的持续性。图 4.2.2 准确地描述了货币流动性与市场流动性、货币流动性与融资流动性以及市场流动性与融资流动性之间的动态相关系数。

表 4.2.6　DCC-MVGARCH 模型的参数估计

流动性	α	β	L 值
dMon L_t & Mar L_t	0.086 1***	0.851 0***	213.607 9
dMon L_t & dFun L_t	0.001 5***	0.539 9***	320.671 6
Mar L_t & dFun L_t	0.054 5***	0.577 1***	143.463 5

***表示在 1% 的置信水平下显著

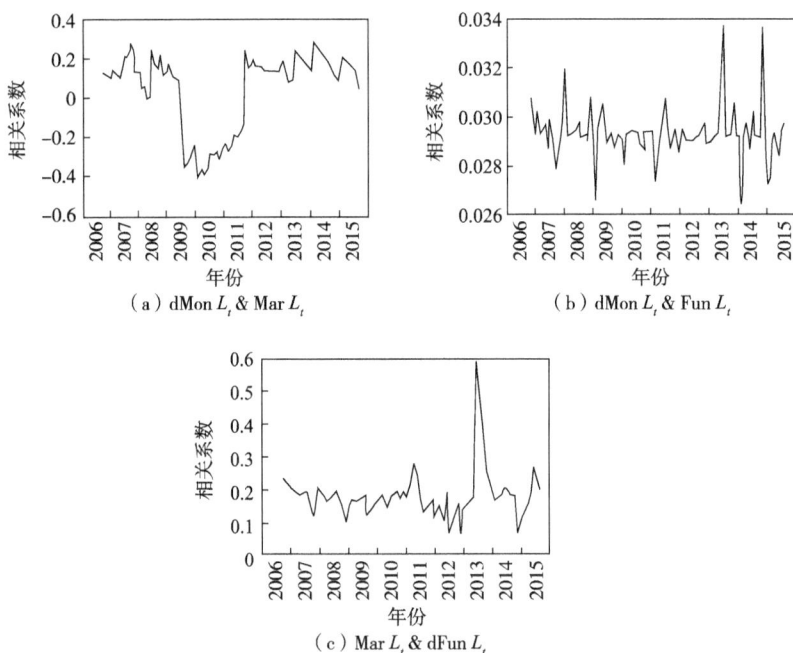

（a）dMon L_t & Mar L_t　　　　（b）dMon L_t & Fun L_t

（c）Mar L_t & dFun L_t

图 4.2.2　三种维度流动性之间的动态相关系数

从图 4.2.2 可以看出：第一，货币流动性与市场流动性之间的相关性在 2007 年次贷危机之前和 2010 年欧债危机之后呈现较明显的正相关结构且波动较小，但两次危机之间它们的相关结构发生了明显改变，呈现负相关的变化趋势且波动较为剧烈，尤其是在 2010 年 10 月两者之间的负相关程度达到最高，约为 -0.405 8。事实上，次贷危机后，中央银行实行适度宽松的货币政策导致了信贷快速增长，货币流动性有较明显的增强态势，但实体经济受到危机影响促使大量资金进入股票市场，引发了股价的大幅波动，市场流动性出现减弱趋势，使货币流动性与市场流动性之间产生了反向的流动性螺旋。第二，货币流动性与融资流动性之间呈现较弱的正相关结构，在 2011 年前两者的相关性比较稳定，2011 年开始中央银行将货币政策由适度宽松调整为稳健导致货币流动性大幅下滑，融资流动性也出现较大波动，导致 2011 年后两者的相关性波动有所增加。第三，市场流动性与融资流动性总体上呈现较显著的正相关结构，表明了融资流动性压力往往伴随着市场流动性的下降，反之市场流动性短缺的同时常常会引起融资流动性的枯竭。具体来说，2010 年欧债危机之前，两者之间的相关系数变化相对平稳；但危机过后，它们的相关性波动更加剧烈，出现了几次较大的峰值，如 2011 年 1 月（0.283 1）、2013 年 7 月（0.589 2）和 2015 年 6 月（0.271 3）等，市场流动性与融资流动性出现了较为明显的正向流动性螺旋，这与孙彬等（2010）的结论一致。

3. 多维度流动性的集成测度

基于前面所得到的三种维度流动性之间的动态相关系数，根据各维度流动性的自相关阶数，选择平滑调整的滞后阶数为 3，结合式（4.2.8）~式（4.2.10）可以简便地计算出它们各自的时变集成权重（图 4.2.3）。

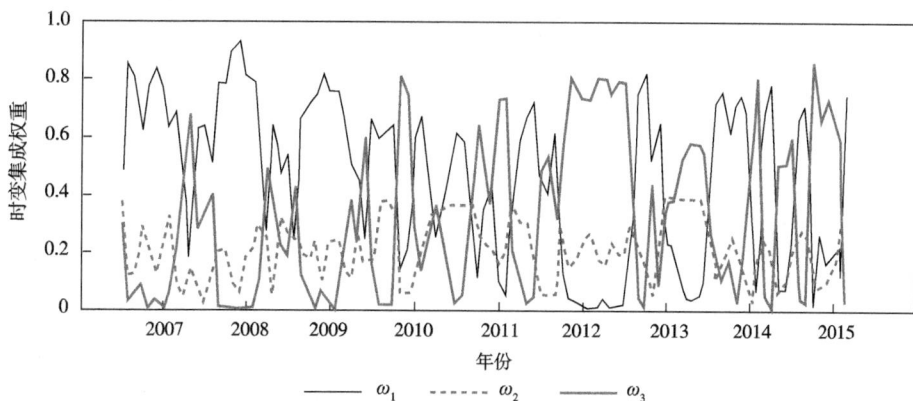

图 4.2.3　三种维度流动性的时变集成权重

由图 4.2.3 可以看出：一方面，从整体上货币流动性的集成权重($\omega_{1,t}$)和融资流动性的集成权重($\omega_{2,t}$)常常出现相互交替的变化趋势，即 $\omega_{1,t}$ 居于高位时则会引起 $\omega_{3,t}$ 趋于低位，或是 $\omega_{3,t}$ 居于高位时则会引起 $\omega_{1,t}$ 趋于低位，而市场流动性的集成权重($\omega_{2,t}$)则一般居于中间位置；另一方面，三种集成权重出现了较为明显的区制特征，如 2007 年 1 月至 2011 年 2 月（$\omega_{1,t}>\omega_{2,t}>\omega_{1,t}$）、2011 年 3 月至 2014 年 1 月（$\omega_{3,t}>\omega_{2,t}>\omega_{1,t}$），而 2014 年 2 月以后三种集成权重的波动幅度明显加剧，相互关系也呈现复杂化趋势。

　　将每个时变集成权重代入式（4.2.2）中，可准确计算出整个金融系统中总体流动性水平（L_t）。为了进行对比分析，本节还求出了三种维度流动性的简单平均值（L_t_av），两类总体流动性的变化趋势如图4.2.4所示。

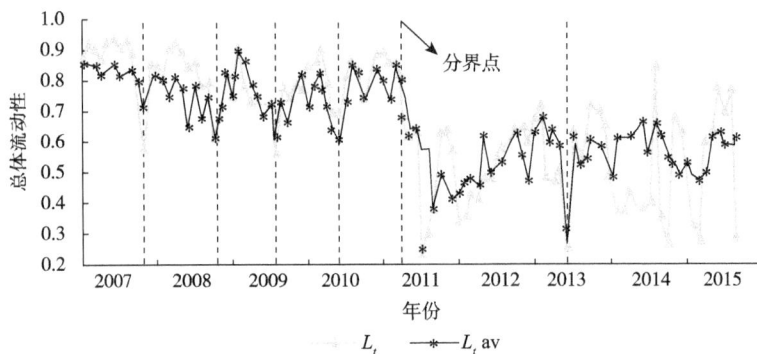

图4.2.4　金融系统中总体流动性的变化趋势

　　由图4.2.4可以发现：第一，总体流动性L_t呈现非常显著的两阶段特征，即以2011年2月为分界点，在此之前整个金融系统的流动性水平较高且变化相对平稳，在此之后总体流动性水平明显下降且波动加剧。而这个时间点正是货币政策由适度宽松转为稳健的时刻。第二，根据"谷-谷"法（即相邻谷底或相邻谷峰为一个周期）对总体流动性周期进行分割可以看出，在分界点前后流动性的周期特征发生了较显著的结构性变化，即分界点之前大约出现了5个流动性周期且平均周期跨度约为10个月，周期节点分别为2007年1月至2007年11月、2007年12月至2008年10月、2008年11月至2009年8月、2009年9月至2010年1月、2010年2月至2011年2月，此段时间内货币政策调整的频率较高，再加上年度效应和国际经济形势波动等外部因素的影响，流动性的周期较短且较为平稳；分界点之后流动性的周期性特征不太明显，总体上大约出现了两个周期且平均周期跨度约为27.5个月，周期节点分别为2011年3月至2013年6月、2013年7月至2015年9月，此段时间内货币政策未做重大调整，在经历了两次经济危机后市场预期较之危机前表现有所减弱，经济下行压力不断加大，并进入经济增长的新常态，这些都会改变金融系统中总体流动性周期的演变路径，放大流动性周期的持续时间及其波动幅度。第三，L_t_av基本保持了与L_t相似的总体变化趋势和周期特征，但在刻画总体流动性的波动方面L_t要更加细致，尤其是在分界点以后几次较大的谷峰和谷底点L_t_av都没有得到清晰刻画，体现在了不同时间三种维度流动性的相对重要性的动态变化。另外，当对比L_t和L_t_av的绝对值时不难发现，在分界点之前L_t_av大部分低于L_t，而分界点之后L_t_av却大多高于L_t，这反映了在经济危机期间对金融系统总体流动性的实际水平判断过低，而在危机后对其实际水平又有些高估，这也与我国经济调整时经常出现的"一收就死、一放就乱"等现象一致。

4. 货币政策取向与金融系统流动性之间的关系

根据货币政策的取向将样本期分为危机前稳健、从紧、适度宽松和危机后稳健四个阶段，从而进一步分析货币政策调整对金融系统总体流动性的影响。表4.2.7给出了在不同时期和阶段各维度流动性与总体流动性的均值及方差的变化情况。

表 4.2.7　不同货币政策下各维度流动性的变化情况

时期	危机前				危机中		危机后	
货币政策	稳健 （2007年1月至 2007年6月）		从紧 （2007年7月至 2008年7月）		适度宽松 （2008年8月至 2011年2月）		稳健 （2011年3月至 2015年9月）	
指标	均值	方差	均值	方差	均值	方差	均值	方差
Mon L_t	0.932 8	0.000 9	0.915 4	0.002 9	0.829 9	0.008 4	0.365 9	0.066 5
Mar L_t	0.960 7	0.000 5	0.876 0	0.017 0	0.715 0	0.062 6	0.779 3	0.041 4
Fun L_t	0.656 5	0.000 3	0.547 6	0.003 0	0.694 3	0.013 9	0.539 1	0.057 7
L_t	0.899 6	0.000 8	0.842 8	0.000 9	0.779 9	0.007 4	0.529 1	0.025 5
L_t_av	0.843 5	0.000 3	0.786 3	0.000 3	0.746 4	0.007 3	0.561 4	0.009 6

从表4.2.7可以看出，对于单个维度的流动性来说，危机前稳健时期流动性的平均水平略高于从紧时期的流动性平均水平，其波动性却显著低于从紧时期；在危机中，虽然中央银行采取了适度宽松的货币政策，但货币流动性和市场流动性的均值都明显低于危机前水平（包括危机前稳健和从紧两个阶段），这两种流动性的波动性较之危机前，有较大幅度的提高；融资流动性的波动性也有类似表现，可是其均值却比危机前有所增加，这是因为融资流动性对货币政策变化的反应要更加敏感和直接，采取宽松的货币政策能够及时降低金融机构的融资成本，改变金融体系的融资环境，增强融资流动性；在危机后稳健阶段，货币流动性和融资流动性的均值要比危机前和危机中有较大幅度的下跌，市场流动性的均值要比危机中的水平有所提高，但低于危机前的平均水平；从方差角度来看，危机后三种流动性的波动性要明显高于危机前和危机中的情况。对于金融系统的总体流动性来说，危机前稳健阶段的总体流动性 L_t 和平均流动性 L_t_av 的均值都要略高于危机前从紧阶段的水平，它们的波动性都大体相当。为了应对两次经济危机，中央银行虽然将货币政策调整为适度宽松，三种单维度的流动性均值水平的下降导致了 L_t 和 L_t_av 也出现了不同程度的减少，且波动性较之危机前都有较大幅度的提

高。值得注意的是，在危机前和危机中，L_t 的均值基本上要高于 L_t_av，而两者的波动性相差不大；随着货币政策由适度宽松调整为稳健状态，市场流动性的增强并不能够弥补货币流动性和融资流动性的大幅下跌给 L_t 与 L_t_av 带来的影响，L_t 和 L_t_av 较之危机前与危机中的水平仍有所下降，而它们的波动性要比危机前和危机中有显著提高。同时，在危机后的稳健时期，L_t 的均值要略低于 L_t_av，但是 L_t 的波动性要显著高于 L_t_av。进一步验证了这样一个事实：在危机中金融系统的总体流动性容易被低估却高估了其波动性，而危机后人们常常会高估总体流动性又低估了其波动性。经过经济危机的洗礼，金融系统常常会发生一些结构性的改变，流动性的变化更趋于复杂化，仅考虑单个维度的流动性变化或简单地将三个维度流动性求平均来反映整个金融系统的流动性状况都是不全面的，也无法捕捉到流动性状态变化的细节信息。因此，L_t 能够从金融系统角度更加全面地描述总体流动性水平的演变趋势和波动情况，为监管部门更好地掌握调整货币政策的时间、强度和范围，以及及时防范流动性风险提供更加准确的依据。

4.2.4　结论与政策建议

不同维度流动性的相互作用共同驱动金融系统的演化和发展，量化各维度流动性之间的动态相关结构、准确测度金融系统中总体流动性的实际水平是监管部门有效缓释金融风险，尤其是流动性风险，减少引发金融危机可能性的前提。本节从金融体系的系统性视角出发，根据流动性的不同维度，将其区分为宏观的货币流动性、中观的融资流动性和微观的市场流动性三类。通过建立 DCCM-VGARCH 模型分析了三种维度流动性之间的动态相关结构，结合熵值法计算各维度流动性的时变集成权重，从而构建一类刻画金融系统中总体流动性的集成测度方法。

通过选取 2006 年 10 月至 2015 年 9 月的中国数据进行实证分析，结果表明：第一，货币流动性和市场流动性在次贷危机之前与欧债危机之后具有较明显的正相关结构且波动较小，两次危机期间呈现负相关关系且波动加剧，最高可达到 $-0.405\,8$。融资流动性与货币流动性之间存在微弱的正相关结构且相对稳定，但在每次货币政策转向时期容易出现波动。市场流动性与融资流动性总体上呈现较显著的正相关结构，尤其是欧债危机以后，两类流动性相互加强，出现了较明显的流动性螺旋现象。第二，各维度流动性的时变集成权重具有较明显的层次性和区制特征，从整体上 $\omega_{1,t}$ 和 $\omega_{3,t}$ 呈现交替变化的趋势，$\omega_{1,t}$ 居于高位时 $\omega_{3,t}$ 居于低位，或是 $\omega_{1,t}$ 居于低位时 $\omega_{3,t}$ 居于高位，$\omega_{2,t}$ 则往往介于两者之间，这种交替关系又与时间段相关。第三，金融系统中总体流动性出现了显著的两阶段特征，以 2011 年 2 月为分界点，分界点之前流动性水平较高且相对平稳，分界点之后流动性水平降低且波动加剧。流动性周期也从分界点前的平均 10 个月延长至分界点后的 27.5

个月。通过比较发现单纯依赖单维度流动性测度方法容易出现分界点之前低估而分界点后高估流动性水平的问题，从而陷入"一收就死、一放就乱"的经济调整怪圈。将不同时间内货币政策的取向与流动性状态相结合发现，在危机前，当货币政策由稳健变为从紧时，流动性有所减弱但其波动性变化不大。在危机中，当货币政策由从紧变为适度宽松时，总体流动性仍有所减弱但其波动性明显加剧。危机后，货币政策又转为稳健，市场流动性的增强没有完全弥补货币流动性和融资流动性大幅下跌给总体流动性带来的影响，其波动性比危机前和危机中都有显著提高。

在平稳时期和危机时期，三种维度的流动性之间形成了不同的联动关系，这是市场动态均衡、市场情绪、宏观经济运行和货币政策调整等多方面因素共同作用的结果。我们既要关注单个维度流动性的状态变化和它们之间的动态关联，也要从整个金融系统角度分析总体流动性的演变及其与货币政策的关系。为了减小或消除不同维度流动性之间动态关联作用所引发的流动性螺旋造成的负面冲击，从而更有效地防范金融风险，尤其是流动性风险，对金融系统稳定的不利影响，我们提出以下几点政策建议：第一，危机期间，政府可以通过直接注资、收购金融机构股权、降低利率、为银行间贷款提供担保等方法有效缓解市场惜贷现象，合理引导市场预期，减少金融机构融资压力；第二，监管部门应该关注货币的变现能力对金融系统的影响，提高货币的流通速度，而不是盲目地增加货币供应量，保持货币增长速度与经济增长相适应，尤其是与经济新常态的金融环境相适应，避免因"资金空转"引发较大规模的资产价格泡沫和通货膨胀；第三，应该全面分析货币流动性、融资流动性和市场流动性之间的螺旋式变化，货币政策除了关注货币供应量、利率和资产价格以外，还应该基于总体流动性的真实水平及时调整货币政策的取向和强度，避免产生危机时低估流动性、危机后高估流动性等问题，特别是危机后应该注重松紧适度，及时对货币政策进行预调微调。

4.3　流动性冲击金融系统稳定的变点检测研究——以欧美主权债务危机为例

4.3.1　研究背景

2007 年发端于美国的次贷危机对全球金融冲击尚未完全消退，2009 年 12 月世界经济又迎来了新一轮的欧债危机。希腊政府由于财政困境，全球三大评级机构惠誉、穆迪和标准普尔先后调低了希腊的主权信用评级，由此引发了欧洲主权债务危机，并迅速蔓延至葡萄牙、爱尔兰和西班牙。2011 年 9 月意大利主权信用评级降低，欧债危机开始由边缘国家向核心国家蔓延；法国农业信贷银行和法国兴业银行评级降低使欧债危机从最初的国债市场扩展至银行间市场。与此同时，由于 2011 年 5 月美国公共债务达到 14.29 万亿美元的法定上限，2011 年 8 月美国众议院通过了将债务上限上调 2.4 万亿美元的提案，引发了公众对美债违约的担忧，评级机构标准普尔因此率先下调了美国保持了 70 年之久的 3A 主权债务信用评级。随后美债降级事件诱发了美国国债和股票市场剧烈波动，经济下滑，失业率升高，美国债务危机正式爆发，如今美债危机已暂时告一段落，欧债危机也逐渐趋于平稳，但它们都给世界经济的稳定发展带来了很大的负面冲击。债务危机期间，市场恐慌情绪的蔓延导致政府融资困难，一度陷入"流动性陷阱"，严重危及政府的偿债能力和信誉，而流动性紧缺通过证券市场和货币市场快速传播蔓延，使其他相关国家蒙受重大损失。流动性是现代金融体系的生命力，作为主权债务危机中最为关键的风险影响因素之一，其变动性直接影响一国宏观经济稳定。如何有效结合现代股票市场的流动性特点，深入分析欧美主权债务危机期间流动性冲击及其结构变点形成的内在机理，无疑为及时有效应对和预防未来主权债务问题带来的流动性冲击有十分重要的理论价值与实践指导意义。

4.3.2 欧美主权债务危机的流动性机理分析

尽管欧洲主权债务危机和美国债务危机存在众多不同之处，但流动性问题无疑都是引起这两次债务危机不可忽视的关键因素。市场流动性的剧烈波动贯穿债务危机的全过程，时刻左右着危机的变化和发展。流动性影响欧美主权债务危机的原因主要体现在以下三个方面。

第一，融资流动性严重短缺是导致欧美主权债务危机的直接原因。为了积极应对 2008 年的全球经济危机，迅速恢复经济增长，欧洲各国政府和美联储倾向于采取刺激消费投资的宽松财政政策，然而出于政治需求又需要维持可持续的社会高福利水平，双重目标下使政府需要更多的财政资金支持。除了税收，政府只能凭借国家信用大量发行国债的方式实现融资，于是长期的对外举债和财政赤字导致欧美国家债台高筑，市场对政府信誉逐渐产生质疑。当国际三大评级机构下调欧美国家主权债务评级时，过度负债导致偿债风险激增的问题引起了市场的极度恐慌，投资者纷纷回收流动性，政府面临严峻的流动性短缺，融资流动性变得日益紧张，外部融资成本急剧升高，政府从市场融资变得更加困难，严重削弱了政府偿债能力。

第二，资产流动性不足导致资产价值下跌触发欧美主权债务危机。银行和外国政府是一国国债的主要购买者。当欧美主权债务危机爆发之后，原本安全性最高的资产瞬间变成风险最大的资产，市场恐慌情绪蔓延导致欧美国债价值严重缩水，国债流动性不足，银行突然面临资产减值和资产负债表萎缩，流动性风险大幅增加，银行资产变现能力弱化。资产流动性不足又进一步导致银行惜贷现象发生，企业融资难度提高，影响宏观经济发展。

第三，货币流动性失衡加速主权债务危机在国际范围内的扩散。就欧元区国家而言，希腊等国家的债务危机问题没有迅速得到有效解决，加大了市场对这些国家退出欧元区，甚至欧元区解体的预期，导致欧元未来前景不明朗，引起欧元贬值，欧元流动性减弱。美联储为了应对债务危机实施积极的量化宽松货币政策，导致全球美元泛滥，美元贬值。欧美系列债务货币化政策导致欧美债券持有国家的外汇资产严重缩水，因外汇资产无法及时兑现遭受重大损失，冲击了这些国家的资产负债表，导致主权债务危机在国际范围内扩散蔓延。

融资流动性、资产流动性和货币流动性的严重失衡是导致欧美主权债务危机在全球金融体系和国家间迅速传染扩散的主要驱动力，流动性冲击成为诱发危机的最主要原因之一。

4.3.3 市场流动性指标构建

由于股票市场流动性是现代金融市场体系中最敏感、最具代表性的关键要素，所以股票市场构建流动性度量指标可以及时有效地反映市场流动性的总体状况。Black（1971）提出了具有完全流动性的理想市场假设，揭示了流动性的四个特征，即直接、紧度、深度和弹性；Kyle（1985）从数量方面对紧度、深度和弹性给出了解释；后来学者就把股票市场流动性度量指标归纳为紧度指标、深度指标和弹性指标三类，它们分别表示交易价格与有效价格的偏离、现有价格水平可被交易的市场容量以及价格冲击发生偏离后重新回复到有效价格的速度。基于已有研究，本节从价格、成交量和影响力三个层面对股票市场流动性状况进行衡量，避免仅基于价格而忽略成交量的"有价无市"以及仅基于成交量而忽略价格的"低价抛售"情形，而这两种极端情况的发生都会对单一流动性度量指标产生偏差。通过引入流动性影响力指标，有利于检测重大事件导致市场流动性突变的情形，相比于其他流动性度量指标，其对极端事件更为敏感。股票流动性度量指标构建过程如下：

$$p_t = \frac{p_{t,\max} + p_{t,\min}}{2} \tag{4.3.1}$$

$$w_t = \frac{p_t \cdot v_t}{\sum\limits_{t=1}^{T} p_t \cdot v_t} \quad\quad (4.3.2)$$

式（4.3.1）中 $p_{t,\max}$、$p_{t,\min}$ 分别表示第 t 天一国股市的最高股票指数和最低股票指数，用其求平均后的 p_t 来刻画当天股票指数的总体行情。由此得到的 p_t 在最大范围内包含了当天股指的变化情况，平滑了其波动幅度，反映了一天中股票指数的一般水平。式（4.3.2）中 p_t 与成交量 v_t 的乘积反映了第 t 天股市的成交金额，将其与 $t=1,2,\cdots,T$ 的总成交金额做比较，就得到了第 t 天股市的加权系数。w_t 表示第 t 天成交额占历史总成交金额的比例。分别对股票指数 p_t 和成交量 v_t 做加权平均，得到 $\bar{p} = \sum\limits_{t=1}^{T} p_t w_t, \bar{v} = \sum\limits_{t=1}^{T} v_t w_t$，最后得到了三个流动性度量指标：

$$\mathrm{Lp}_t = w_t \cdot \frac{p_t - \bar{p}}{p_t} \quad\quad (4.3.3)$$

$$\mathrm{Lv}_t = w_t \cdot \frac{v_t - \bar{v}}{v_t} \quad\quad (4.3.4)$$

$$\mathrm{LI}_t = \sqrt{|\mathrm{Lp}_t \cdot \mathrm{Lv}_t|} = w_t \sqrt{\left|\frac{p_t - \bar{p}}{v_t - \bar{v}}\right| \cdot \frac{v_t}{p_t}} \quad\quad (4.3.5)$$

由于股票价格指数对流动性有重要影响，而成交量又直接反映市场交易水平，所以构建了 Lp_t 和 Lv_t 度量指标。其中，Lp_t 主要从股票价格指数层面反映市场流动性状况，代表第 t 天股指的波动情况；而 Lv_t 侧重于从成交量角度反映市场流动性，表明市场交易进行的顺利程度。而 LI_t 是 Lp_t 与 Lv_t 乘积的开方，用来反映流动性波动冲击对市场的影响程度。Lp_t 与 Lv_t 值越大，表明当天股票价格高于这一时间段内股票的平均价格越多，或者当日成交量大于时段内的平均成交量，说明流动性状况越好；反之，Lp_t 和 Lv_t 的值越小，表明股价低于均价越多或成交量太少，流动性状况不良。LI_t 的值越大，表明当日流动性状况对市场产生的影响大于这段时间内流动性对市场的平均影响水平，预示着此时市场可能存在流动性过剩或者流动性短缺现象。若 LI_t 的值持续较大，则未来引发流动性冲击的可能性很大。

4.3.4　流动性冲击变点检测的理论方法设计

变结构点检测作为判断变量变化趋势或变量间关系何时发生突变的重要方法，可以通过检测欧美金融市场流动性和其他国家证券市场流动性间相关关系是否存在变结构点，来进一步分析欧美主权债务危机是否对其他国家金融市场产生流动性冲击。

通常检测变结构点的方法有相关系数法、基于模糊先验信息的线性贝叶斯方法（general Bayesian method with vague priorinformation，GBV）和 Bayes 时序诊断法，结合流动性冲击特点和 Spearman 相关系数法的金融市场非参数分析优势，进行新的检测方法设计，力求实现流动性冲击变结构点的有效识别。Spearman 相关系数又称秩相关系数，是利用两变量的秩次大小作为线性相关分析，对原始变量的分布不做要求，属于非参数统计方法。Spearman 秩相关系数的定义如下：

定义 4.3.1　令 $(x_1, y_1), (x_2, y_2), (x_3, y_3)$ 为独立同分布的随机向量，则称

$$\rho = 3\{P[(x_1 - x_2)(y_1 - y_3) > 0] - P[(x_1 - x_2)(y_1 - y_3) < 0]\}$$

为 Spearman 秩相关系数，且满足 $\rho \in [-1, 1]$。

Spearman 秩相关系数刻画了随机向量 $(x_1, y_1), (x_2, y_3)$ 间的一致协调性。从定义上看，ρ 正比于两个随机向量 $(x_1, y_1), (x_2, y_3)$ 一致的概率与不一致的概率之差，是一个全局变量。对于 Spearman 秩相关系数的计算及性质研究，常常借助 Copula 函数。Nelsen（2006）给出了定理如下：对随机变量 $x_1, x_2, \cdots, x_n$ 做严格的单调增变换，相应的 Copula 函数不变，即若 $\dfrac{\partial h_i(x_i)}{\partial x_i} > 0$，$i = 1, 2, \cdots, n$，则 $C(x_1, x_2, \cdots, x_n) = C(h_1(x_1), h_2(x_2), \cdots, h_n(x_n))$，其中 $h_i(x_i)$ 是随机变量 x_i 的函数，$C(x_1, x_2, \cdots, x_n)$ 为连接 $x_1, x_2, \cdots, x_n$ 的 Copula 函数，$C(h_1(x_1), h_2(x_2), \cdots, h_n(x_n))$ 为连接 $h_1(x_1), h_2(x_2), \cdots, h_n(x_n)$ 的 Copula 函数。

根据上述定理，如果对变量进行严格的单调递增变换，就可以由 Copula 函数得到稳定的相关性测度。对于 Spearman 秩相关系数 ρ，若随机变量 X, Y 的边缘分布分别为 $F(x)$、$G(x)$，则相应的 Copula 函数为 $C(u, v)$，即 Spearman 秩相关系数 ρ 可由相应的 Copula 函数 $C(u, v)$ 给出：

$$\rho = 12 \int_0^1 \int_0^1 uv \mathrm{d}C(u, v) - 3 = 12 \int_0^1 \int_0^1 C(u, v) \mathrm{d}uv - 3 \qquad (4.3.6)$$

特别地，当 U, V 服从 $[0, 1]$ 上的均匀分布时，此时有

$$\rho = 12 \int_0^1 \int_0^1 uv \mathrm{d}C(u, v) - 3 = \frac{\mathrm{Cov}(U, V)}{\sqrt{D(U)D(V)}} = \rho(U, V) \qquad (4.3.7)$$

这表明 ρ 正好是 U, V 的 Spearman 相关系数，且由函数 $C(u, v)$ 的参数 θ 唯一决定。因此，可以通过检验 ρ 的变化诊断变结构点的存在情况。对随机变量序列 $\{x_i\}_{i=1}^n$、$\{y_i\}_{i=1}^n$，基于 Spearman 相关系数进行检验的过程设计如下。

（1）假设样本总数为 n，选取开始检测变点的样本点 (x_k, y_k)，一般要求 $k \geqslant 10, n \geqslant 2k$，则位于 (x_k, y_k) 之前的序列为 $\{x_i\}_{i=1}^k, \{y_i\}_{i=1}^k$，位于 (x_k, y_k) 滞后的序列为 $\{x_i\}_{i=k+1}^n, \{y_i\}_{i=k+1}^n$。

（2）分别求出 $\{x_i\}_{i=1}^k$、$\{y_i\}_{i=1}^k$ 的 Spearman 相关系数 ρ_{1k} 和 $\{x_i\}_{i=k+1}^n$、$\{y_i\}_{i=k+1}^n$ 的

Spearman 相关系数 ρ_{2k}。

（3）构造 W_k 统计量并将 ρ_{1k}、ρ_{2k} 代入计算：

$$W_k = \frac{\overline{\rho}_{1k} - \overline{\rho}_{2k}}{\sqrt{\dfrac{1}{k-3} + \dfrac{1}{n-k-3}}} \qquad (4.3.8)$$

其中，$\overline{\rho}_{1k} = \dfrac{1}{2}\ln\left(\dfrac{1+\rho_{1k}}{1-\rho_{1k}}\right)$；$\overline{\rho}_{2k} = \dfrac{1}{2}\ln\left(\dfrac{1+\rho_{2k}}{1-\rho_{2k}}\right)$。

（4）令 $k = k+1$，重复步骤（2）和步骤（3），直到 $k = n-k_0$，即对样本区间内可能的样本一一加入前组并计算 W_k 统计量，得到序列 $W_k, W_{k+1}, \cdots, W_{n-k}$。

（5）画出序列 $\{W_i\}_{i=1}^{n-k}$ 的变化趋势图，找到 $\{W_i\}_{i=1}^{n-k}$ 的极大值或极小值，即图中变化趋势的拐点，这些点就有可能是序列 $\{x_i\}_{i=k+1}^{n}$、$\{y_i\}_{i=k+1}^{n}$ 的变结构点。

（6）对统计量 W_k 差分后取绝对值 $|\mathrm{d}W_k| = |W_k - W_{k-1}|$。$|\mathrm{d}W_k|$ 表示加入或减少一个样本单位引起统计量 W_k 变化的大小。显然，当加入或减少的样本点显著异于之前的样本点，则 W_k 变化较大，$|\mathrm{d}W_k|$ 的值较大，所以 $|\mathrm{d}W_k|$ 值较大的点就有可能是变结构点。

因此，可以通过寻找 $\{W_i\}_{i=1}^{n-k}$ 趋势发生变化的点，即其拐点，结合 $|\mathrm{d}W_k|$ 值最大的样本点，检测变结构点的位置。本节的变结构点检测方法是在 Forbes 和 Rigobon（2002）提出的变结构点线性相关系数显著性检验方法基础上建立的。Forbes 和 Rigobon（2002）方法主要是对可能的变结构点进行显著性检验，以确认它们是否真的是拟合模型的变结构点，重在检验。而上述方法主要是寻找所有可能的变结构点，不要去对其真实性进行检验，结合实际情况，若该点确实是特殊点，则就将其当做变结构点，重在检测。另外，本节增加了 $|\mathrm{d}W_k|$ 作为参考，这对反向变结构点更加有效。

4.3.5　实证分析

本节以希腊雅典股指（ASE）作为欧债危机引发国的股票指数，美国纳斯达克股指（NASDAQ）代表美国股票指数，爱尔兰股指（ISEQ）作为债务危机重灾国家的股票市场代表，法国 CAC40 作为欧元区其他国家股市的代表，英国 FTSE100 作为非欧元区欧洲国家股市的代表，日本东京指数（Nikkei）作为非欧洲发达国家股市的代表，中国上证综指（Shanghai）和印度股指（BSE）作为新兴国家股市的代表，分别就欧美主权债务危机对这些国家市场产生的流动性冲击进行研究，检测不同国家市场变结构点引发的时点。根据 4.3.3 小节的分析首先选取股票市场基于价格的流动性度量指标 Lp_t，构造流动性波动率作为样本数据

$L_t = Lp_t / Lp_{t-1}$ 分别对希腊、爱尔兰、法国、英国、美国、中国、印度和日本的股市流动性数据进行描述性统计分析（表 4.3.1）。

表 4.3.1　代表性国家股票市场的描述性统计

股票市场	均值	最大值	最小值	中位数	标准差	偏差	峰度
ASE	1.036 4	6.876 7	−8.082 9	0.969 4	0.769 8	−0.405	57.063
ISEQ	1.264 7	53.323 4	−24.512 7	0.922 8	3.820 6	5.939	84.989
CAC40	1.020 1	9.032 3	−14.076 9	1.013 4	0.999 0	−4.547	96.020
FESE100	0.929 0	22.789 7	−58.478 2	0.986 5	2.782 0	−11.951	250.422
NASDAQ	1.017 5	9.534 0	−14.672 6	0.994 1	0.871 9	−6.294	166.846
Shanghai	1.009 8	24.730 3	−10.125 7	0.979 0	1.486 8	1.078	162.347
BSE	1.065 9	22.768 4	−26.224 2	0.982 6	1.658 3	0.467	158.218
Nikkei	1.086 2	31.418 2	−11.070 1	0.978 4	2.151 4	8.678	126.757

从表 4.3.1 可知，代表性国家的股票市场流动性波动率偏度与峰度明显偏离 0 和 3，表明它们均不服从正态分布，为了了解分布情况，分别做出其 QQ 图（图 4.3.1）。

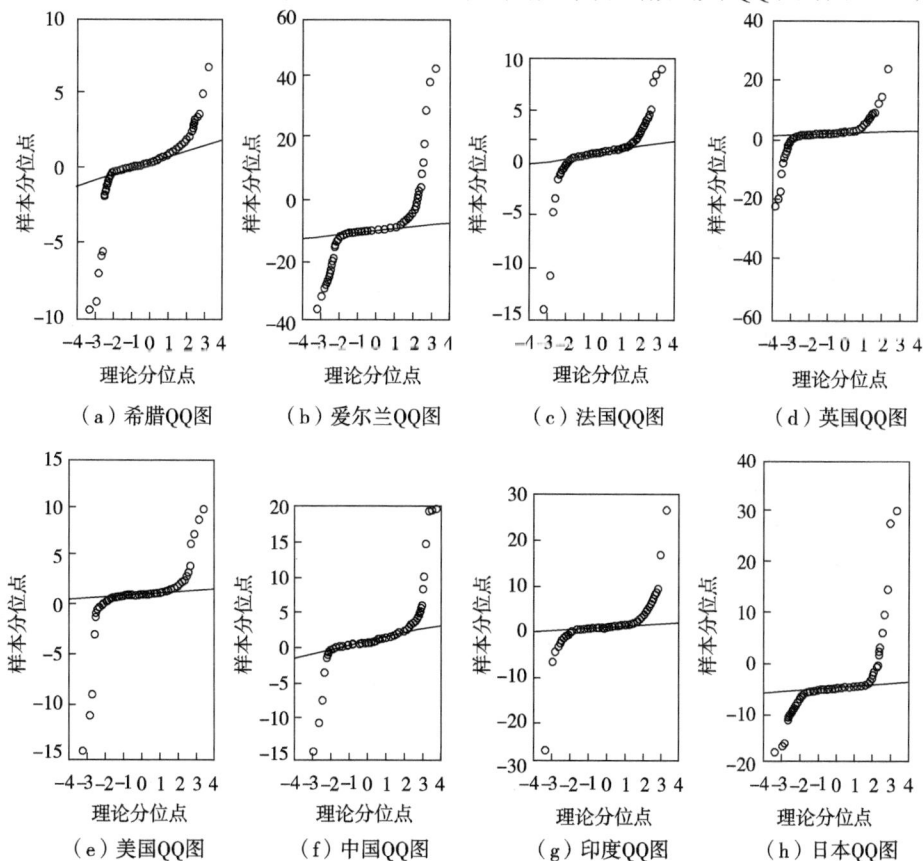

（a）希腊QQ图　　　（b）爱尔兰QQ图　　　（c）法国QQ图　　　（d）英国QQ图

（e）美国QQ图　　　（f）中国QQ图　　　（g）印度QQ图　　　（h）日本QQ图

图 4.3.1　代表性国家的股票市场 QQ 图

通过 QQ 图可以看出，流动性波动率分布的上下尾部明显偏离正态分布，呈厚尾状；加上其峰度大于 0，表现出金融市场典型的尖峰厚尾分布。因为 GARCH 模型能够较好地刻画金融市场时间序列时变集聚的波动特性，所以本节选用 GARCH-t 模型对数据进行拟合。通过检验发现 GARCH-t(1,1)模型的拟合效果最好，拟合模型为

$$\begin{cases} x_t = \mu_x + \theta_x x_{t-1} + \varepsilon_t \\ \varepsilon_t = h_t \sigma_{x,t}, h_t \sim t(k_x) \\ \sigma_{x,t}^2 = \omega_x + \alpha_x \varepsilon_{t-1}^2 + \beta_x \sigma_{x,t-1}^2 \end{cases} \tag{4.3.9}$$

其中，参数 θ 表示 $t-1$ 期流动性对 t 期流动性的影响水平；误差项 ε_t 表示 t 期一个标准差冲击对当前及未来流动性的影响程度；当期的条件方差 σ_t^2 被解释为长期平均值 ω，前一期流动性波动的有关信息 ε_{t-1}，以及前一期预测方差 σ_{t-1}^2 的加权函数，由此可了解各国股市流动性短期和长期的波动情况。模型参数估计值如表 4.3.2 所示。

表 4.3.2　参数估计表

股票市场	μ	θ	ω	α	β	k
ASE	1.160 0	−0.175 9	0.055 0	0.845 0	0.039 5	2.379 2
ISEQ	0.997 1	−0.032 5	1.959 8	0.884 6	0.115 4	2.025 0
CAC40	1.194 4	−0.186 4	0.145 6	0.269 7	0.730 3	2.412 6
FESE100	1.119 7	−0.127 1	0.109 8	0.618 5	0.381 5	2.203 3
NASDAQ	1.210 5	−0.210 2	0.030 4	0.315 7	0.684 3	2.612 1
Shanghai	0.985 6	0.000 0	0.338 7	0.001 3	0.998 7	2.182 3
BSE	0.985 9	0.000 0	0.150 4	0.223 3	0.776 7	2.421 7
Nikkei	0.989 1	0.000 0	0.092 4	0.476 0	0.524 0	2.300 5

由表 4.3.2 可以发现，中国上证综指、印度指数和东京指数的 θ 均为零，说明这三个国家股市当前的流动性状况对未来的影响不大；希腊雅典指数和爱尔兰指数的 α、β 值分别为 0.845 0、0.039 5 和 0.884 6、0.115 4，较大的 ARCH 系数和较小的 GARCH 系数表明这两个国家股市流动性对冲击反应迅速，冲击持续时间较短，记忆性短，流动性能够从较大的波动中较快恢复，但同时较大的波动聚集在一起，具有明显的波动积聚效应。反之，法国 CAC 指数、中国上证综指和印度指数流动性的 ARCH 系数较小，GARCH 系数较大，说明这三个国家股票市场流动性对冲击反应较慢，持续时间较长，记忆性较长。

根据 GARCH-t 的拟合结果得到流动性波动率序列的条件边缘分布，对序列进行概率积分变换，将其转换为服从[0,1]均匀分布的随机变量，并用 K-S 检验方法对变换后的序列是否服从[0,1]均匀分布进行检验。结果 K-S 概率值均大

于 5%，所以拒绝"变换后序列服从[0,1]均匀分布"的原假设。同时，对序列进行自相关性检验，结果表明变换后的序列基本不存在自相关。因此，通过 K-S 检验和自相关性检验，可以认为 GARCH-t 模型估计得到的条件边缘分布能够较好地拟合各序列的条件边缘分布，用其来描述流动性波动率是较为合适的。拟合完序列的条件边缘分布，采用上文的变结构点检测方法，从 $k=50$ 开始，利用二元分布 Copula 模型的 Spearman 秩相关系数检测变换后的序列 $\{u_i\}_{j=1}^{n}$ 和 $\{v_i\}_{i=1}^{n}$ 变结构点的存在位置。

图 4.3.2 是希腊引发的欧债危机对爱尔兰（债务危机国）、法国（欧元区国家）、英国（非欧元区欧洲国家）、日本（主要发达国家）以及中国和印度（新兴市场国家）的流动性冲击变结构点检测图。由图 4.3.2 可知，希腊债务危机确实对这些国家股票市场的流动性产生了冲击，在图中表现为 W 图的均存在极值点，且由极值点数量可知，爱尔兰、法国和日本受希腊债务危机冲击的次数较多。由图 4.3.2（a）的极值点，结合图 4.3.2（b）中较大值的对应点，得到希腊与爱尔兰股市流动性间所有可能的变结构点数值点 219、244、403、658、712、737、789 和 812，这些点分别对应 2009 年 8 月 25 日、2011 年 1 月 11 日、2011 年 9 月 5 日、2011 年 11 月 21 日、2011 年 12 月 29 日、2012 年 3 月 14 日、2012 年 4 月 20 日和 2014 年 1 月，其中哪些与债务危机有关，需要结合实际情况进一步分析。根据表 4.3.3 给出的对应时间点和对应大事记，最终确定该变点是否是真实的变结构点。

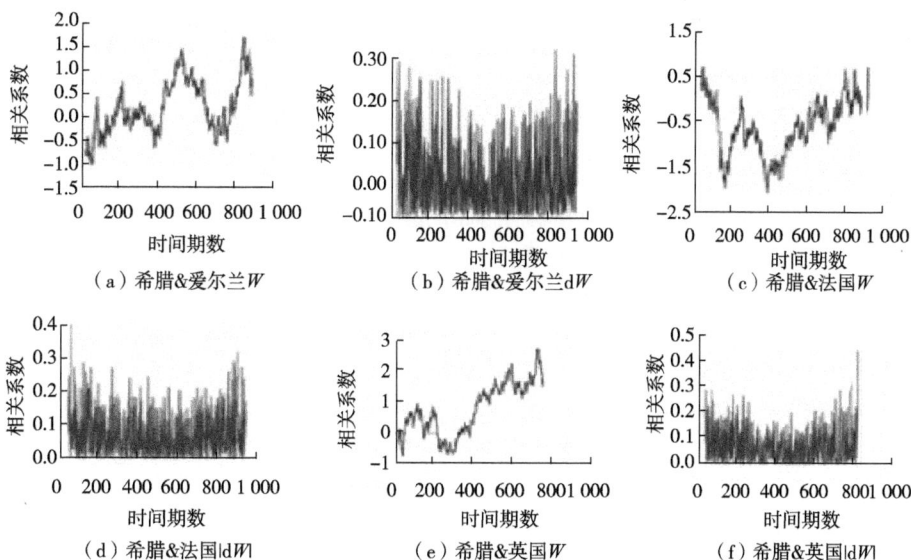

（a）希腊&爱尔兰W　　（b）希腊&爱尔兰dW　　（c）希腊&法国W

（d）希腊&法国dW　　（e）希腊&英国W　　（f）希腊&英国dW

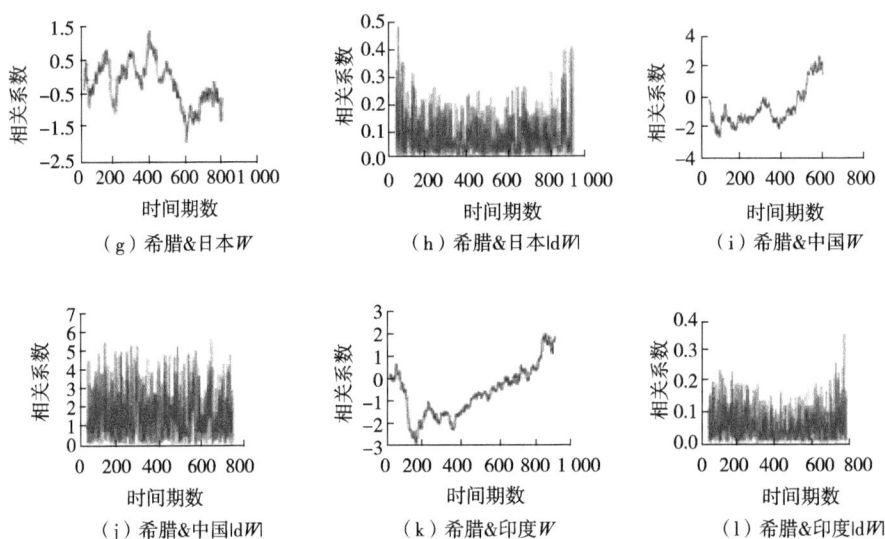

（g）希腊&日本W　　　（h）希腊&日本ldW　　　（i）希腊&中国W

（j）希腊&中国ldW　　　（k）希腊&印度W　　　（l）希腊&印度ldW

图 4.3.2　股票市场变结构点检测图

表 4.3.3　希腊对爱尔兰股票市场流动性冲击的变结构点选择

变点	对应时间点	对应大事记	是否是变点
219	2009 年 11 月 23 日	欧债危机未开始	否
244	2009 年 12 月 30 日	年末效应	否
403	2010 年 8 月 25 日	标准普尔宣布降低爱尔兰主权信用评级至 AA⁻，评级前景为负面	是
496	2011 年 1 月 11 日	日本表态计划采取措施向欧元区进行投资，欧洲财政官员同时在布鲁塞尔讨论了欧洲金融稳定机制可能的调整方案	是
658	2011 年 9 月 5 日	世界银行称欧洲主权债务危机已对欧元区金融机构造成威胁，希腊财务长声称将加快紧缩政策实施步伐	是
712	2011 年 11 月 21 日	欧洲中央银行称欧债危机已经从欧元区边缘国家蔓延到法国、德国等核心国家，并逐渐影响欧洲以外经济体	是
737	2011 年 12 月 29 日	穆迪发布声明称其正在考虑下调欧洲 15 个国家 87 家银行的债务评级	是
789	2012 年 3 月 14 日	无大事件发生	否
812	2012 年 4 月 20 日	无大事件发生	否

　　根据表 4.3.3，得到了希腊和爱尔兰股市流动性间五个变结构点，可以看出，希腊债务危机对爱尔兰股市产生的流动性冲击较为频繁，尤其集中在 2011 年。同样，通过结合实际分析找到希腊对法国股市流动性冲击的五个变结构点，分别是 2009 年 12 月 23 日、2011 年 6 月 14 日、2012 年 2 月 29 日、2012 年 3 月 23 日和 2012 年 4 月 24 日；希腊对英国股市流动性冲击的四个变结构点是 2009 年 12 月 23 日、2011 年 11 月 28 日、2012 年 3 月 23 日和 2012 年 5 月 16 日；希腊对日本股市流动性冲击的四个变结构点是 2009 年 12 月 16 日、2011 年 7 月 13 日、2012 年 3 月 23 日、2012 年 4 月 27 日；希腊对中国股市流动性冲击的四个变结构点是 2009 年 12 月 11 日、2010 年 9 月 13 日、2011 年 2 月 23 日、2011 年 11 月 28 日；希腊对印度股市流动性冲击的两个变结构点是 2011 年 9 月 16 日、2012 年 3 月 2 日。

　　根据上述方法，继而采用基于成交量的流动性衡量指标 Lv_t 和基于影响力的流动性衡量指标 LI_t，对希腊对其他国家股票市场流动性冲击的变结构点进行检测。表 4.3.4 汇总了三个流动性指标各自检测出的变结构点，并且给出了实际发生的大事记时间点，用检测出的变结构点总和占实际发生大事记时间点的比例，计算本节构建的基于 Copula 和 Spearman 秩相关系数法新型变结构点检测方法的准确率。

表 4.3.4　希腊对他国股票市场流动性冲击变结构点

国家	Lp_t	Lv_t	LI_t	实际大事记时间点	准确率/%
希腊对爱尔兰	2010 年 8 月 24 日、2010 年 1 月 10 日、2011 年 9 月 5 日、2011 年 11 月 21 日、2011 年 11 月 29 日	2009 年 12 月 8 日、2010 年 8 月 24 日、2011 年 4 月 5 日、2011 年 10 月 4 日、2011 年 11 月 29 日	2010 年 8 月 24 日、2010 年 11 月 23 日、2011 年 1 月 10 日、2011 年 4 月 5 日、2011 年 9 月 5 日、2011 年 11 月 29 日	2009 年 12 月 8 日、2010 年 8 月 24 日、2010 年 11 月 23 日、2010 年 12 月 17 日、2011 年 1 月 10 日、2011 年 4 月 5 日、2011 年 9 月 5 日、2011 年 10 月 4 日、2011 年 11 月 21 日、2011 年 11 月 29 日	90
希腊对法国	2009 年 12 月 23 日、2011 年 6 月 14 日、2012 年 2 月 29 日、2012 年 3 月 23 日、2012 年 4 月 24 日	2011 年 6 月 14 日、2011 年 8 月 8 日、2011 年 12 月 5 日、2012 年 4 月 24 日	2011 年 6 月 14 日、2011 年 12 月 5 日、2012 年 2 月 29 日、2012 年 3 月 23 日、2012 年 4 月 24 日	2009 年 12 月 23 日、2011 年 6 月 14 日、2011 年 8 月 8 日、2011 年 12 月 5 日、2012 年 1 月 14 日、2012 年 2 月 29 日、2012 年 3 月 23 日、2012 年 4 月 24 日	87.5

续表

国家	Lp_t	Lv_t	LI_t	实际大事记时间点	准确率/%
希腊对英国	2009 年 12 月 23 日、2011 年 11 月 28 日、2012 年 3 月 23 日、2012 年 5 月 16 日	2009 年 12 月 23 日、2010 年 12 月 13 日、2011 年 11 月 28 日、2012 年 3 月 23 日	2009 年 12 月 23 日、2012 年 1 月 14 日、2011 年 11 月 28 日、2012 年 3 月 23 日、2012 年 5 月 16 日	2009 年 12 月 23 日、2010 年 12 月 13 日、2011 年 11 月 28 日、2012 年 1 月 14 日、2012 年 3 月 6 日、2012 年 3 月 23 日、2012 年 5 月 16 日、2012 年 11 月 6 日	75
希腊对日本	2009 年 12 月 16 日、2011 年 7 月 13 日、2012 年 3 月 23 日、2012 年 4 月 27 日	2009 年 12 月 16 日、2012 年 4 月 27 日	2009 年 12 月 23 日、2011 年 7 月 13 日、2012 年 4 月 27 日	2009 年 12 月 16 日、2009 年 12 月 23 日、2011 年 7 月 13 日、2012 年 3 月 6 日、2012 年 3 月 23 日、2012 年 4 月 27 日	83.3
希腊对中国	2009 年 12 月 11 日、2010 年 9 月 13 日、2011 年 2 月 23 日、2011 年 11 月 28 日	2009 年 12 月 11 日、2010 年 9 月 13 日、2011 年 2 月 23 日、2011 年 11 月 28 日	2009 年 12 月 11 日、2010 年 9 月 13 日、2011 年 2 月 23 日、2011 年 3 月 04 日、2011 年 11 月 28 日	2009 年 12 月 11 日、2009 年 12 月 23 日、2010 年 9 月 13 日、2011 年 2 月 23 日、2011 年 3 月 4 日、2011 年 11 月 28 日、2012 年 3 月 6 日	71.4
希腊对印度	2011 年 9 月 16 日、2012 年 3 月 2 日	2011 年 9 月 16 日、2012 年 3 月 2 日	2011 年 9 月 16 日、2012 年 3 月 2 日	2009 年 12 月 23 日、2010 年 12 月 7 日、2011 年 9 月 16 日、2011 年 11 月 28 日、2012 年 3 月 2 日	60

由表 4.3.4 可知：①爱尔兰、法国和英国变结构点的个数分别为 10、8、8，均多于日本、中国和印度变结构点个数 6、7、5，由此可知，希腊债务危机对欧洲国家，尤其是欧元区国家股票市场流动性冲击频率要大于其他国家，说明欧债危机对欧元区国家的影响更为严重。②希腊债务危机对爱尔兰、法国、英国和日本股市的流动性冲击多发生于 2011 年下半年以后，且 2011 年后变结构点产生的原因多是法国、英国和日本自身债务问题受到希腊流动性危机冲击后暴露引起的；而希腊对中国、印度股市流动性的冲击分布时间则较均匀，且产生变结构点主要是希腊债务情况发生变动引起的。说明多数发达国家负债过多，融资困难使其难以

抵挡长期的债务压力，自身潜藏的债务问题逐渐显现，所以 2011~2012 年变结构点增多。③凡是同时出现在 Lp_t 和 Lv_t 检测结果中的变结构点必定会出现在 LI_t 指标的检测结果中，且 LI_t 指标检测出的变结构点一般多于 Lp_t 和 Lv_t，说明其检测结果更为全面。④变结构点检测准确率基本呈递减趋势，由最高的爱尔兰 90%到最低的印度 60%，平均准确率约 80%，说明本节构建的变结构点检测方法能检测出大部分股票市场流动性异常变化点，尤其对于相关性较高的国家间的变结构点检测准确率更高。对于遗漏的变结构点，可能是因为当天或近期有其他影响股市流动性的重要消息发布，抵消或减弱了希腊债务危机带来的冲击。

　　同样就美国债务危机对英国、日本（核心发达国家）以及中国和印度（新兴市场国家）股市流动性冲击的变结构点检测，以基于价格的流动性指标为代表，绘出了变结构点检测图（图 4.3.3）。

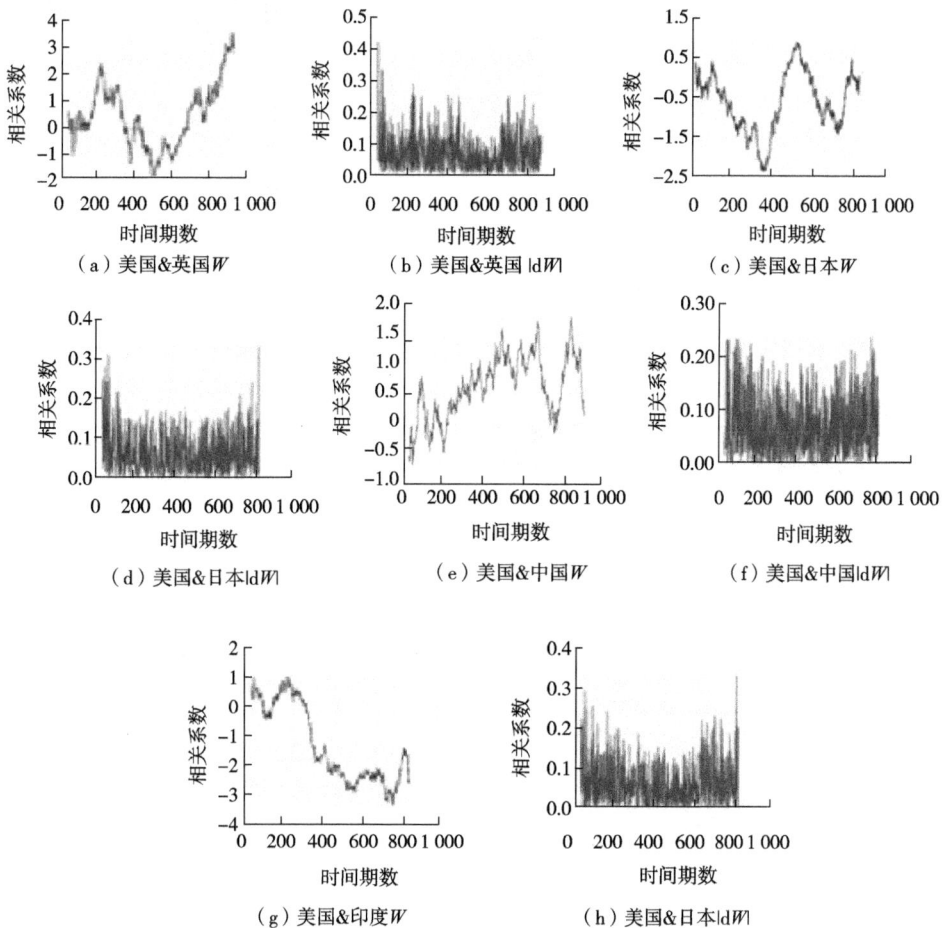

（a）美国&英国 W　　（b）美国&英国 ld$W$　　（c）美国&日本 W

（d）美国&日本 ld$W$　　（e）美国&中国 W　　（f）美国&中国 ld$W$

（g）美国&印度 W　　（h）美国&日本 ld$W$

图 4.3.3　股票市场变结构点检测图

　　美债危机的持续时间较欧债危机短，始于2011年1月6日，主要集中在同年5月至8月。虽然时间较短，但由图4.3.3仍然可以看出，美债危机对其他国家股票市场流动性造成了冲击，导致市场流动性相关性变化的多个拐点。由于美国对世界各国影响的重要性远大于其他国家，所以不需要区分各个国家的实际大事件，而将其归总于导致美国债务危机变化的事件。2011年4月18日，标普下调了美国政府评级前景至"负面"，美国政府违约风险开始受到世界的关注；2011年6月22日，惠誉发出警告，美债面临巨大的降级压力；2011年8月2日，美国参众议院通过了提高美国债务上限和削减赤字的法案，至此美债危机暂时告一段落。这三个时点是美债危机发展变化过程中最为关键的阶段，预示着美债危机的开端、发展和结束，因此认为其应该作为判断检测结果准确性的变结构时间点。此外，还有其他一些事件影响较小的时间点，若同时能检测出，则说明检测方法敏感度较高。根据本节构建的指标以及变结构点检测方法，最终得到的变结构点检测结果如表4.3.5所示。

表 4.3.5　美国对他国股票市场流动性冲击的变结构点

国家	Lp_t	Lv_t	LI_t	实际大事记时间点	准确率/%
美国对英国	2011年4月18日、2011年6月22日、2011年6月28日、2011年7月26日、2011年8月2日	2011年4月18日、2011年6月22日、2011年7月20日、2011年8月2日	2011年4月18日、2011年6月22日、2011年7月26日、2011年8月2日		100
美国对日本	2011年4月18日、2011年6月22日、2011年7月15日、2011年7月20日、2011年7月26日、2011年8月2日	2011年4月18日、2011年6月22日、2011年7月15日、2011年7月20日、2011年8月6日	2011年4月18日、2011年6月22日、2011年7月15日、2011年7月20日、2011年8月2日	2011年4月18日标普下调了美国政府评级前景至"负面"	100

续表

国家	Lp$_t$	Lv$_t$	LI$_t$	实际大事记时间点	准确率/%
美国对中国	2011 年 6 月 8 日、2011 年 6 月 22 日、2011 年 7 月 5 日、2011 年 7 月 20 日、2011 年 8 月 2 日	2011 年 4 月 18 日、2011 年 6 月 8 日、2011 年 6 月 22 日、2011 年 7 月 5 日、2011 年 7 月 26 日、2011 年 8 月 2 日	2011 年 4 月 18 日、2011 年 6 月 8 日、2011 年 6 月 22 日、2011 年 7 月 5 日、2011 年 8 月 2 日	2011 年 6 月 22 日惠誉再次发出降级警告,美债面临巨大的降级压力	100
美国对印度	2011 年 4 月 18 日、2011 年 6 月 22 日、2011 年 7 月 5 日、2011 年 7 月 20 日、2011 年 8 月 6 日	2011 年 4 月 18 日、2011 年 6 月 22 日、2011 年 7 月 20 日、2011 年 8 月 2 日	2011 年 4 月 18 日、2011 年 6 月 22 日、2011 年 7 月 5 日、2011 年 7 月 20 日、2011 年 8 月 2 日、2011 年 8 月 6 日	2011 年 8 月 2 日美国参众议院通过了提高了美国债务上限和削减赤字的法案	100

根据表 4.3.5 可知,美债危机对英国、日本、中国和印度股票市场流动性冲击变结构点检测的准确率均达到 100%,而且除了中国基于价格的流动性指标外,所有国家所有指标都检测出了 2011 年 4 月 18 日、2011 年 6 月 22 日以及 2011 年 8 月 2 日这三个变结构点,这意味着该时点美国债务危机的变化不论对发达国家还是发展中国家都产生了重大影响和冲击。此外,各国还检测出了其他一些变结构点。例如,2011 年 6 月 8 日,惠誉公司表示,如果美国国会在 2011 年 8 月未能上调公共债务上限,将把美国列入债务评级负面观察名单;2011 年 7 月 5 日,美债违约大限将至,评级机构警告声不断;2011 年 7 月 15 日,美国联邦储备局主席伯南克称或将实行第三轮量化宽松政策;2011 年 8 月 6 日,标普下调美国主权债务评级至"AA+",美国首次失去了保持 70 年之久的 3A 评级;等等。这些事件虽然没有"三大事件"的影响大,但同样反映了美债危机的历程。

基于 Spearman 相关系数的变结构点检测方法之所以在美债危机的检测中表现出极高的准确性,主要是因为美债危机对各国市场流动性造成冲击的时间点较为一致,冲击力度较大,且关键的变结构点明确、个数较少,不同于欧债危机国家间错综复杂的相互影响关系,因此检测结果更直接、准确。

4.3.6　主要结论

基于流动性视角的分析表明，融资流动性、资产流动性和货币流动性的严重失衡是导致欧美主权债务危机在全球金融体系和国家间迅速传染扩散的主要驱动力。为了避免仅基于价格而忽略成交量的"有价无市"以及仅基于成交量而忽略价格的"低价抛售"两种极端情形出现流动性度量偏差，在传统价格和成交量的基础上引入流动性影响力指标，本节从三个层面对股票市场流动性状况进行衡量，该流动性度量体系适用于极端事件变更的情形。然后在Spearman 相关系数法的基础上，运用二元 Copula 和非参数统计方法对传统的变结构点检测进行了重新设计，首先对各个数据序列进行正态性检验，其次选择相应的 GARCH 模型进行拟合，经过概率积分变换后，最后得到变结构点检测，结合实际事件，克服了传统方法只重检验的问题，能够有效实现变结构点的检测，且检测准确率较高。流动性是现代金融市场的生命力，近年来系列金融危机都与市场流动性变化紧密相关，成为触发危机的关键因素。本节的流动性变结构点基于股票市场，对整个金融系统的宏观流动性缺乏考虑，这也将是流动性变点检测今后长期的研究热点。

4.4　市场流动性的状态转换机制及其突变点检测分析：基于金融系统稳定的视角

4.4.1　研究背景

近年来，频繁爆发的金融危机和经济事件更加凸显了流动性在金融系统中的基础性地位，市场流动性作为衡量金融市场状态良好与否的重要指标，其强弱程度及波动状态关系到证券交易的顺利进行和资金配置的效率。尤其对于监管部门而言，准确测度市场流动性的强弱程度，及时了解其状态变化，有效识别其逆转或突变的时点、方向及诱因，有助于及时采取针对性的政策措施，降低市场流动性冲击对金融系统稳定的不利影响。

本节首先考虑到市场流动性具有较强的自相关性，将 AR 模型与 MS-GARCH模型相结合来分析市场流动性的状态转换机制；其次，通过对市场流动性的状态划分，建立其"低—高"波动状态与其"强—弱"程度之间的内在联系；最后，研究市场流动性在不同状态之间转换的非对称性，基于平滑概率构造检测指标有效地识别市场流动性的突变点，并分析引发市场流动性结构性变化的可能原因。

4.4.2　市场流动性的状态转换模型及其估计

1. 数据来源与统计分析

市场流动性是指在既定的市场结构下，资产能够以合理的价格迅速变现而不会引起其他资产价格发生显著波动的能力，反映了"时间尺度"和"价格尺度"的双重属性。现实中，鉴于股票市场在金融市场中的重要地位，而股市流动性又是现代金融系统中最敏感、最具代表性的关键因素，因此通过构建股市流动性的测度指标可以及时有效地反映市场流动性的总体状态。本节选取 2006 年 1 月至 2015 年 9 月沪深 300 指数的月度数据为样本，所需数据来源于同花顺金融数据库。采用许睿等（2004）"价量结合"的思想，构建以下市场流动性的测度指标：

$$\text{Mar } L_t = | \ln P_t - \ln P_{t-1} | / \text{Turn}_t \qquad (4.4.1)$$

其中，P_t 和 Turn_t 分别为 t 期的收盘价与换手率。当 $\text{Mar} L_t$ 越大时，说明单位换手率引起的价格波动越大，则市场流动性越差。

根据式（4.4.1）计算市场流动性，通过描述性统计发现其偏度为 1.472 8，峰度为 5.005 6，表现出典型的"尖峰厚尾"特征，J-B 统计量为 61.909 1，说明在 1%的置信水平下拒绝服从标准正态分布。由 ADF 单位根检验可知市场流动性在 1%的置信水平下拒绝存在单位根的原假设，说明该数据是平稳的。

2. AR-MS-GARCH 模型的构建

MS-GARCH 模型能够较好地捕捉到样本期内数据波动随时间和状态变化的特征，且参数估计相对简单。鉴于市场流动性具有较强的自相关性，本节主要在 Haas 等（2004）模型的基础上，将 AR 模型和 MS-GARCH 模型相结合从而分析流动性的状态转换机制。

根据市场流动性的统计分析，序列在样本期内往往存在结构变化或阶段断点，需要进行非线性检验。通过 BDS 检验、Reset 检验和 Wald 检验可以发现市场流动性具有非线性特征，结合 AIC 标准发现选择 AR(1)模型来刻画市场流动性的均值方程效果最好，利用似然比检验（likelihood-ratio test，LR）来识别市场流动性的状态转换结构时发现选择两状态较为合适。由于马尔可夫状态转换模型中区制概率为内生决定，由数据自行划分波动区间，这可以避免研究者对模型的主观设定和选择偏差。因此，假定存在一个无法观测的状态变量 s_t，第 t 期的市场流动性状

态被 s_t 所影响，其中 S_t 被定义为市场流动性高波动状态和低波动状态，构建的
AR(1)-MS(2)- GARCH(1,1)模型如下：

$$\begin{cases} \mathrm{Mar}L_t = \mu + \rho \mathrm{Mar}L_{t-1} + \varepsilon_t \\ \varepsilon_t = \sqrt{h_t} v_t, v_t \sim \mathrm{iid}(0,1) \\ h_t = \omega_{s_t} + \alpha_{s_t} \varepsilon_{t-1}^2 + \beta_{s_t} h_{t-1} \\ h_t = E(\varepsilon_t^2 \mid I_{t-1}) - \left(E(\varepsilon_t \mid I_{t-1}) \right)^2 \end{cases} \quad （4.4.2）$$

这里状态变量 s_t（$s_t = 1,2$）服从一个严格平稳的一阶马尔可夫过程，其转移
概率可表示为

$$\mathrm{Pr}(s_t \mid s_{t-1}) = \begin{cases} \mathrm{Pr}(s_t = 1 \mid s_{t-1} = 1) = p_{11} \\ \mathrm{Pr}(s_t = 2 \mid s_{t-1} = 1) = p_{12} = 1 - p_{11} \\ \mathrm{Pr}(s_t = 1 \mid s_{t-1} = 2) = p_{21} = 1 - p_{22} \\ \mathrm{Pr}(s_t = 2 \mid s_{t-1} = 2) = p_{22} \end{cases} \quad （4.4.3）$$

3. 参数估计及结果分析

通过对市场流动性进行非线性检验，确定样本期内的方差存在两个状态转换
机制，对上述模型进行参数估计，结果如表 4.4.1 所示。

表 4.4.1　AR(1)-MS(2)-GARCH(1,1)模型的参数估计结果

参数	估计值	p 值
μ	1.639 1	0.000 0
ρ	0.376 2	0.000 0
ω_1	0.176 5	0.000 1
ω_2	2.253 8	0.000 0
α_1	0.003 8	0.000 0
α_2	0.119 9	0.000 2
β_1	0.666 4	0.002 3
β_2	0.796 2	0.000 8
p_{11}	0.929 1	0.000 0
p_{12}	0.070 9	0.001 4
p_{21}	0.040 6	0.002 7
p_{22}	0.959 4	0.000 0
LL 值	283.407 6	
AIC	1.229 1	

由表 4.4.1 可以发现，所有参数在 1%的置信水平下都显著异于 0，尤其是波动方程中的状态参数（ω_{s_t}、α_{s_t} 和 β_{s_t}）在两种状态下具有较显著的差异，这说明市场流动性的状态转换确实会对其波动情况产生较大影响。具体来说，从均值方程中的 AR 参数可知市场流动性具有较强的自相关性。从条件方差的长期均值可知，状态 1 属于市场流动性低波动状态，而状态 2 是其高波动状态，且状态 2 中市场流动性的波动程度是状态 1 的约 12.77 倍；总体上两种状态下都满足约束条件 $\alpha_{s_t} + \beta_{s_t} < 1$，其中状态 2 的 ARCH 系数要明显高于状态 1，这表明市场流动性在高波动状态下具有更强的波动集聚性，也更容易受到外生冲击的影响；虽然两种状态下都具有较高的 GARCH 系数，但状态 2 仍略高一点，这说明高波动状态下市场流动性同样具有更高的波动持续性。从两种状态的转移概率来看，p_{11} 和 p_{22} 分别表示上一期市场流动性处于状态 1 与状态 2 时，当前仍维持原状态不变的概率，而两种概率均显著大于 0.92，也从侧面验证了市场流动性在状态内波动具有较高的持续性，且 $p_{22} > p_{11}$ 表明状态 2 的稳定性要高于状态 1；因此，总结两种状态下市场流动性的特征发现，状态 1 具有较低波动性、波动集聚性较弱、持续时间较短、稳定性较差等特点，而状态 2 具有较高波动性、波动集聚性较高、持续时间较长和稳定性较强等特点；两种状态间的转移概率 p_{12} 和 p_{21} 均较小且满足 $p_{12} > p_{21}$，这说明虽然市场流动性从低波动状态向高波动状态或高波动状态向低波动状态转换的可能性不大，但这种状态间的转换仍具有一定的非对称性。

表 4.4.2 给出了市场流动性在不同状态下的主要特性。不难看出市场流动性在 35.5%的时间里处于低波动状态，平均可持续约 14.104 4 个月（即 $1/(1-p_{11})$），约有样本 41.5 个；而在 64.5%的时间里处于高波动状态，平均可持续约 24.630 5 个月（即 $1/(1-p_{22})$），约有样本 75.5 个。

表 4.4.2　市场流动性的状态特性

状态	样本数/个	概率	持续期/月
状态 1	41.5	0.355 0	14.104 4
状态 2	75.5	0.645 0	24.630 5

平滑概率可以较准确地刻画市场流动性在"低波动状态"与"高波动状态"之间进行相互转换的过程，从而判断每个时刻市场流动性最可能出现的状态，判断的标准为当某一时刻处于状态 1 的平滑概率大于 0.5（即 $\Pr(s_t = 1 \mid \mathrm{Mar}L_t) > 0.5$）时，表示此时市场流动性处于低波动状态；当某一时刻处于状态 2 的平滑概率大于 0.5（即 $\Pr(s_t = 2 \mid \mathrm{Mar}L_t) > 0.5$）时，表示此时市场流动性处于高波动状态。图 4.4.1 描述了市场流动性各状态在不同时间出现的平滑概率。

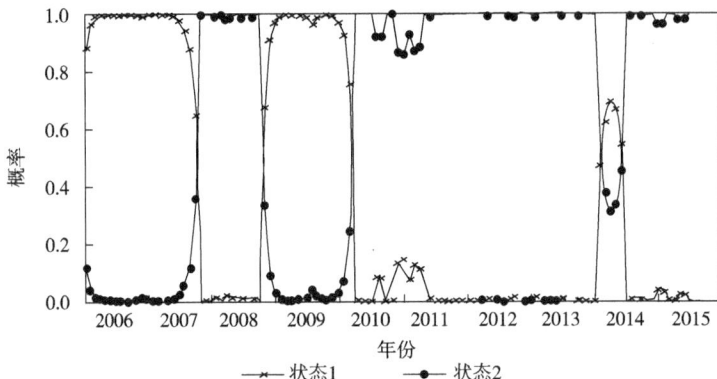

图 4.4.1　两种状态下市场流动性波动的平滑概率图

　　从图 4.4.1 可以看出,市场流动性具有比较明显的状态效应。根据状态划分标准可知,在所有 117 个样本(2006 年 1 月至 2015 年 9 月)中,市场流动性处于状态 1(低波动)的时间段有 2006 年 1 月至 2007 年 10 月、2008 年 11 月至 2010 年 3 月、2014 年 3 月至 2014 年 6 月;处于状态 2(高波动)的时间段有 2007 年 11 月至 2008 年 10 月、2010 年 4 月至 2014 年 2 月、2014 年 7 月至 2015 年 9 月。总体而言,2010 年 4 月之前市场流动性在两种状态间的转换相对频繁,且都有较长的持续期,但市场流动性的低波动状态仍占主流,持续时间达 39 个月,而高波动状态只有 12 个月。这主要是由于美国次贷危机开始扩散和影响到中国的金融市场,引起投资者恐慌,并通过财富效应和信贷收缩效应对实体经济造成衰退性冲击,其间货币政策调整的频率也较高,经历了从“稳健”到“从紧”再到“适度宽松”等过程,再加上受政府“四万亿”经济刺激计划和中央银行频繁调整存款准备金率等众多政策因素的影响。在 2010 年 4 月以后,市场流动性在两种状态间只发生了一次转换,且持续时间较短;在此期间,市场流动性主要处于高波动状态,持续时间达 66 个月,而市场流动性在低波动状态内只经历了短暂的 4 个月。这可能是因为欧美主权债务危机逐渐影响到我国股价波动和投资者情绪,从而改变金融市场流动性的强弱。期间货币政策的取向也逐渐由“适度宽松”向“稳健”转变,且长期保持“稳健”的基调不变;存款准备金率调整的频率也显著减少,尤其是 2011 年下半年以后。而市场流动性短暂的状态转换可能是受到国内首次公开募股(initial public offerings,IPO)重启、中国内地和中国香港联合开展沪港通试点、新国九条出炉等重大事件的影响。由此可见,中国政策的变化会对市场流动性的状态转换产生较大影响,金融市场的不完善和信息不对称等因素的存在仍然会导致中国股市出现“政策市”的现象。但从 2010 年以后,这种政策因素对市场流动性的影响程度也随着金融市场的逐渐成熟和一系列监管措施的出台而慢慢弱化,其影响机制也逐渐通过影响供求平衡、运用市场规则对市场流动性产生作用,与 2010 年以前的作用方式存在较大差异。

4.4.3　市场流动性波动的突变点检测分析

突变点检测作为判断变量变化趋势或变量间关系如何发生跳跃的重要方法,可以用于识别市场流动性在不同状态间转换的内在原因。传统的突变点检测方法有相关系数法、GBV 方法和 Bayes 时序诊断法等,本节主要结合 MS-GARCH 模型的非参数分析优势,设计新的突变点检测指标,力求实现对市场流动性状态的突变点进行有效识别。

由于 MS-GARCH 模型估计的平滑概率能够清晰地刻画市场流动性的状态转换过程,而每个状态转换的临界点所对应的时刻往往是市场流动性演变的关键时点。因此,本节基于两种状态下的平滑概率构造如下的突变点检测指标:

$$\text{CPI}_t = | \Pr(s_t = 1 | \text{Mar} L_t) - \Pr(s_t = 2 | \text{Mar} L_t) | \qquad (4.4.4)$$

通过计算 CPI$_t$ 指标,依据 CPI$_t \leqslant 0.5$ 找出其"局部尖点"。如图 4.4.2 所示,在整个样本期内 CPI$_t$ 大约出现了 5 个"局部尖点",对应的时刻分别为 2007 年 10 月、2008 年 10 月、2010 年 3 月、2014 年 2 月和 2014 年 6 月。然后根据这些时点将市场流动性 Mar L_t 进行分割,不难看出市场流动性在样本期内经历了"低波动→高波动→低波动→高波动→低波动→高波动"的交替转换过程,而这些时刻正是市场流动性演变的突变点。通过比较平滑概率图(图 4.4.1)和 CPI$_t$ 可以看出,市场流动性的突变点往往是其状态转换的时点,这也从侧面验证了所构建的突变点检测指标的有效性。从总体上来看,市场流动性的突变点主要集中于 2006~2011 年,而这段时间内中国股市经历了历史罕见的大牛熊市转换,同时深受美国次贷危机和欧洲主权债务危机的影响。通过观察分割后的市场流动性 Mar L_t 演变趋势可以发现,市场流动性的高波动状态往往对应于市场流动性较弱的时候,而其低波动状态常常是市场流动性较强的时期。因此,市场流动性同样经历了"强→弱→强→弱→强→弱"的交替转换过程,而这些突变点正是市场流动性由强变弱或由弱变强的临界时刻。鉴于我国金融市场中监管制度亟待完善,投资者普遍缺乏理性,市场投机气氛较重,整个金融市场呈现出"新兴+转轨"的特征等事实,如果监管部门能够准确掌握市场流动性的突变点及其状态转换方向,在市场流动性由强转弱时及时采取措施补充流动性,在市场流动性由弱变强时合理地引导市场预期,调整货币政策的强度,便可以减弱市场流动性的状态转换对金融系统的负面影响,更好地维护金融系统的稳定和发展。市场流动性状态转换的时点、方向及其可能的原因如表 4.4.3 所示,不难发现金融危机和金融市场的突发事件往往推动市场流动性由低波动向高波动状态进行转换，而宏观经济基本面向好或政府宏观调控政策常常引导市场流动性由高波动向低波动状态转换。

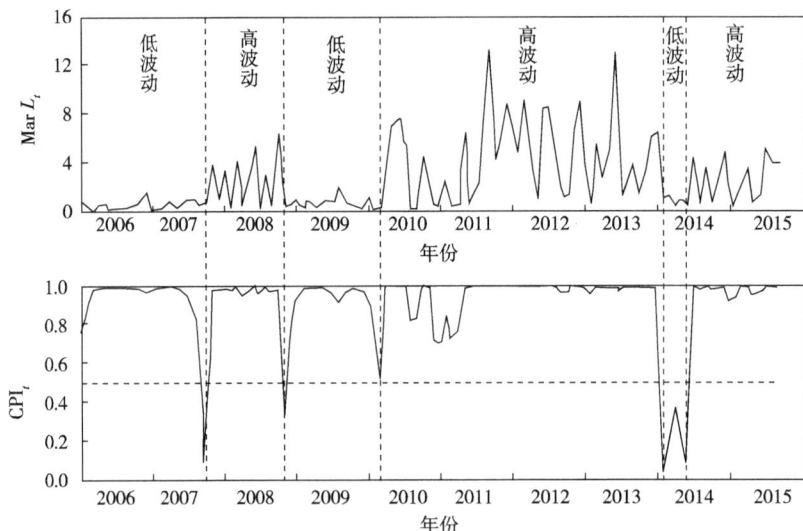

图 4.4.2　市场流动性及其状态突变点检测

表 4.4.3　市场流动性的状态转换时点及其可能的原因

时点	状态转换	可能的原因
2007 年 10 月	低波动→高波动	次贷危机引发新兴市场资本外流和国际利差交易大量平仓，金融危机蔓延和扩散到中国金融市场，尤其是股市等
2008 年 10 月	高波动→低波动	货币政策由"从紧"转变为"适度宽松"和"四万亿"经济刺激计划的实施等
2010 年 3 月	低波动→高波动	惠誉、穆迪和标普先后下调希腊的主权信用评级，引发了欧洲主权债务危机，市场恐慌情绪更加明显，并通过证券市场和货币市场迅速蔓延至新兴经济体等
2014 年 2 月	高波动→低波动	IPO 正式重启，国企改革重新拉开序幕，沪港通开始试点等
2014 年 6 月	低波动→高波动	"新国九条"开始实施，美国退出量化宽松政策，中央银行继续实施"稳健"的货币政策等

4.4.4　本节结论

本节在 Haas 等（2004）模型的基础上，将 AR 模型和 MS-GARCH 模型相结合分析了市场流动性的状态转换机制，并利用平滑概率构建了一类新的市场流动性突变点检测指标。对 2006 年 1 月至 2015 年 9 月的沪深 300 股指数据进行实证分析，结果表明，利用 BDS 检验、Reset 检验以及 Wald 检验发现市场流动性存在非线性特征；通过构建 AR(1)-MS(2)- GARCH(1,1)模型来分析市场流动性的波动特征发现，市场流动性具有显著的两种状态特征，虽然市场流动性在两种状态下都具有较强的自相关性和波动持续性，但仍存在比较明显的非对称性。其中，状态 1（低波动状态）波动较小、波动积聚性和稳定性较弱、持续时间较短；而状态 2（高波动状态）波动较大、波动集聚性和稳定性较强、持续时间较长，另外市场流动性在两种状态之间的转换概率也存在一定的非对称性。通过计算市场流动性的突变点检测指标发现，市场流动性在样本期内存在五个突变点，分别是 2007 年 10 月、2008 年 10 月、2010 年 3 月、2014 年 2 月和 2014 年 6 月。根据这些时点对市场流动性进行分割发现，市场流动性在样本期内经历了"低波动→高波动→低波动→高波动→低波动→高波动"的交替转换过程，而这一过程又与市场流动性所经历的"强→弱→强→弱→强→弱"的交替转换过程高度一致。因此，这些突变点正是市场流动性由强变弱或由弱变强的临界时刻。通过分析市场流动性进行状态转换背后的原因发现，金融危机和金融市场的突发事件往往推动市场流动性由低波动（或较强状态）向高波动（或较弱状态）状态进行转换，而宏观经济基本面向好或政府宏观调控政策能够引导市场流动性由高波动（或较弱状态）向低波动（或较强状态）状态转换。中国金融市场正处于"新兴+转轨"和金融改革的关键时期，监管部门应该密切关注市场流动性的状态变化，尤其是市场流动性演变的突变点，及时采取温和长效的政策措施，合理引导市场预期，避免市场流动性在强弱之间发生突然逆转，提高资源配置和市场交易的效率，减少市场流动性因状态转换所引发的系统性冲击，从而更好地维护金融系统的稳定和发展。

4.5　过度自信、市场流动性与投机泡沫

4.5.1　研究背景

资本市场中资产价格是由其内在价值决定的吗？这个问题颇受争议。从英国南海泡沫、法国密西西比泡沫，到日经指数的癫狂和美国互联网泡沫，从中国股市 2007~2008 年的暴涨暴跌，到近期遭遇的"股灾"事件，可以看出即使在一个非常有效的市场中，资产价格也可能远远偏离其内在价值，股市泡沫的疯狂与幻灭不断在人类历史上重演，资产价格泡沫的形成、膨胀与破灭存在于世界资本市场的发展之中。许多文献也表明资产价格确实具有泡沫的特点，泡沫运动机制及

其影响因素一直是经济和金融领域的重要研究焦点。我国股市经历了 2005 年的股权分置改革之后，2006~2007 年上证综指大幅上涨 400%，曾一度引发我国股市是否存在泡沫的争论，近期我国股市发生剧烈震荡，2015 年 6 月 15 日，上证综指从最高点 5 178 点自由落体到 3 373 点，跌幅达 34.9%，千股跌停，市场流动性受到极大的冲击，再次引发关于我国股市泡沫的热议。投资者作为股票市场的主要参与者，其行为直接影响股票价格的波动，投资者过度自信是股票价格投机泡沫出现的一个重要原因。另外，当股市出现剧烈波动时，我国政府主要通过涨跌停板限制和停牌来管理市场，势必会造成流动性冻结，导致流动性风险，进而影响泡沫的变化。因此，研究投资者过度自信和市场流动性如何影响我国股市泡沫的动态变化，具有一定的理论意义和实践价值。

4.5.2　理论分析

假设市场存在单一的交易资产，此资产具有一般性，可代表股票、证券投资组合或整个市场等，本节主要代表股票。假设整个市场股票的供给量为 Q，整个市场分为 3 期：$t = 0, 1, 2$，股票在 $t = 0, 1$ 期进行交易，在 $t = 2$ 期支付股利 f，f 服从正态分布，各个时期股票的价格为 P_t。假设市场中有两类投资者 A 和 B，他们遇到新信息到来时，对信息有不同的自信程度，即投资者具有异质性。过度自信通过在相同市场流动性水平下不同投资者利用新信息对股票股利的预期精度反映出来。为方便比较投资者过度自信对股票价格泡沫的影响，每一类中所有投资者认为是同质的。所有投资者对风险的偏好程度认为是一样的，且其风险承受能力有限，记为 η。假设股票市场的流动性有两种可能的水平 C 和 D，市场流动性的差异通过相同投资者在不同流动性状态下对股票红利的预期精度反映出来。

1. 过度自信和市场流动性的参数设定

在 $t = 0$ 时，两种投资者在不同的市场流动性水平下，对资产在 $t = 2$ 时的股利 f 的分布有一个初始的判断，即 f 的先验分布，在市场流动性水平为 C 时，分别为 $N(\hat{f}_0^{AC}, \sigma_0^2)$ 和 $N(\hat{f}_0^{BC}, \sigma_0^2)$，在市场流动性水平为 D 时，分别为 $N(\hat{f}_0^{AD}, \sigma_0^2)$ 和 $N(\hat{f}_0^{BD}, \sigma_0^2)$，初始信念有相同的方差，即预期的精度相同，均为 $\tau_0 = 1 / \sigma_0^2$，但是不同流动性水平下两种投资者对 f 的预期期望可以不等。在 $t = 1$ 时刻，投资者观察到市场上的四个公共信息：

$$S_f^A = f + \varepsilon_f^A, \quad S_f^B = f + \varepsilon_f^B, \quad S_f^C = f + \varepsilon_f^C, \quad S_f^D = f + \varepsilon_f^D$$

其中，$\varepsilon_f^I, I \in \{A, B, C, D\}$ 为信息的随机扰动项，且 $\varepsilon_f^I \sim N(0, \sigma_\varepsilon^2)$；$S_f^A, S_f^B$ 用来讨论

投资者过度自信的区别；S_f^C, S_f^D 用来讨论市场流动性的区别。记 $\tau_\varepsilon = 1/\sigma_\varepsilon^2$ 为四个信息噪声项正态分布的精度。由于过度自信的存在，投资者 A 高估信息 A 的精度为 $\varphi\tau_\varepsilon$，认为 $\varepsilon_f^A \sim \mathrm{N}(0, \sigma_\varepsilon^2/\varphi)$，这里 φ 是过度自信参数，且 $\varphi > 1$（设定 $\varphi > 1$ 是为了衡量投资者过度自信的变化方向，即由小变大，不代表后面实证分析中过度自信指标必须大于 1）。投资者 B 高估信息 B 的精度为 $\varphi\tau_\varepsilon$，认为 $\varepsilon_f^B \sim \mathrm{N}(0, \sigma_\varepsilon^2/\varphi)$。

　　市场流动性对资产价格的影响也会随着新信息的到来反映出来。流动性与股票价格波动的联动机制并不唯一，已有文献表现出两种对立的观点，一些学者认为资产价格会随着高的市场流动性远离其基本价值，产生泡沫并随之表现出高的波动率，Hussam 等（2008）、Valenzuela 等（2015）支持此观点。而 Jarrow 等（2012）认为资产价格是由市场交易行为决定的，指出流动性风险是资产价格产生泡沫的显著性因素，流动性越大，资产价格会随着套利的消失而趋于基本价值，价格波动相应越低。本节假设第一种观点成立，进行分析检验。在第一种观点的基础上，当信息反映出较高的市场流动性时，资产价格的波动率也较大。由于市场流动性不同，市场流动性水平为 C 时如果信息 C 反映出较高的市场流动性，投资者会认为信息 C 的精度变小为 τ_ε/ϕ，即 $\varepsilon_f^C \sim \mathrm{N}(0, \phi\sigma_\varepsilon^2)$，这里 ϕ 是市场流动性的参数，且 $\phi > 1$（设定 $\phi > 1$ 是为了衡量市场流动性的变化方向，即由小变大，不代表后面实证分析中市场流动性指标必须大于 1）。市场流动性水平为 D 时，如果信息 D 反映出较高的流动性，投资者会认为信息 D 的精度变小为 τ_ε/ϕ，即 $\varepsilon_f^D \sim \mathrm{N}(0, \phi\sigma_\varepsilon^2)$。

2. 股票市场投机泡沫的推导

　　首先讨论两组投资者在 $t = 1$ 时对股票红利的预期，根据正态分布参数的贝叶斯估计，可得如下结论。

　　命题 4.5.1　$t = 1$ 时两种投资者在不同流动性水平市场上对股票红利的预期均服从正态分布，$\mathrm{N}(\hat{f}_0^{AC}, \sigma_1^2), \mathrm{N}(\hat{f}_0^{AD}, \sigma_1^2)$ 和 $\mathrm{N}(\hat{f}_0^{BC}, \sigma_1^2), \mathrm{N}(\hat{f}_0^{BD}, \sigma_1^2)$，其精度和方差相等，即

$$\tau_1 = \tau_0 + (2 + \varphi + \frac{1}{\phi})\tau_\varepsilon, \quad \sigma_1^2 = \frac{\sigma_0^2 \sigma_\varepsilon^2}{\sigma_\varepsilon^2 + (2 + \varphi + \frac{1}{\phi})\sigma_0^2} \quad (4.5.1)$$

期望分别为

$$\hat{f}_0^{AC} = \hat{f}_0^{AC} + \frac{\varphi\tau_\varepsilon}{\tau_1}(S_f^A - \hat{f}_0^{AC}) + \frac{\tau_\varepsilon}{\tau_1}(S_f^B - \hat{f}_0^{AC}) + \frac{\tau_\varepsilon}{\phi\tau_1}(S_f^C - \hat{f}_0^{AC}) + \frac{\tau_\varepsilon}{\tau_1}(S_f^D - \hat{f}_0^{AC})$$

$$(4.5.2)$$

$$\hat{f}_0^{AD} = \hat{f}_0^{AD} + \frac{\varphi\tau_\varepsilon}{\tau_1}(S_f^A - \hat{f}_0^{AD}) + \frac{\tau_\varepsilon}{\tau_1}(S_f^B - \hat{f}_0^{AD}) + \frac{\tau_\varepsilon}{\tau_1}(S_f^C - \hat{f}_0^{AD}) + \frac{\tau_\varepsilon}{\phi\tau_1}(S_f^D - \hat{f}_0^{AD})$$

（4.5.3）

$$\hat{f}_0^{BC} = \hat{f}_0^{BC} + \frac{\tau_\varepsilon}{\tau_1}(S_f^A - \hat{f}_0^{BC}) + \frac{\varphi\tau_\varepsilon}{\tau_1}(S_f^B - \hat{f}_0^{BC}) + \frac{\tau_\varepsilon}{\phi\tau_1}(S_f^C - \hat{f}_0^{BC}) + \frac{\tau_\varepsilon}{\tau_1}(S_f^D - \hat{f}_0^{BC})$$

（4.5.4）

$$\hat{f}_0^{BD} = \hat{f}_0^{BD} + \frac{\tau_\varepsilon}{\tau_1}(S_f^A - \hat{f}_0^{BD}) + \frac{\varphi\tau_\varepsilon}{\tau_1}(S_f^B - \hat{f}_0^{BD}) + \frac{\tau_\varepsilon}{\tau_1}(S_f^C - \hat{f}_0^{BD}) + \frac{\tau_\varepsilon}{\phi\tau_1}(S_f^D - \hat{f}_0^{BD})$$

（4.5.5）

投资者 A 和 B 的平均预期为

$$\hat{f}_1^A = p\hat{f}_1^{AC} + (1-p)\hat{f}_1^{AD}$$
$$\hat{f}_1^B = p\hat{f}_1^{BC} + (1-p)\hat{f}_1^{BD}$$

其中，p 为市场流动性水平为 C 的概率。

由命题 4.5.1，股票红利预期的不同来源于三个方面：一是不同投资者在不同流动性水平上的初始信念不同；二是当新信息到达时，过度自信水平的不同；三是当新信息到达时，市场流动性水平的不同。由于投资者过度自信和市场流动性均通过新信息来区分，为主要突出过度自信和市场流动性对股票价格变化过程的影响，我们只讨论后面两种不同的来源，即假设不同投资者在不同流动性水平上的初始信念相同，那么令 $l_1 = \hat{f}_1^A - \hat{f}_1^B$ 表示考虑市场流动性水平后，投资者 A 和 B 对股票红利在 $t = 1$ 时预期的差异，则

$$l_1 = \frac{(\varphi - 1)\tau_\varepsilon}{\tau_0 + \left(2 + \varphi + \dfrac{1}{\phi}\right)\tau_\varepsilon}(\varepsilon_f^A - \varepsilon_f^B)$$

（4.5.6）

由式（4.5.6）可知，l_1 服从正态分布，且均值为 0，方差为

$$\sigma_{l_1}^2 = \frac{(\varphi - 1)^2(\varphi + 1)}{\varphi\tau_\varepsilon\left[\tau_0 + \left(2 + \varphi + \dfrac{1}{\phi}\right)\right]^2}$$

（4.5.7）

在命题 4.5.1 的结论基础之上，考虑在 $t = 1$ 时的市场均衡价格和投资者股票均衡需求量。给定股票在 $t = 1$ 时的价格为 p_1，两种投资者对股票的需求量分别记为 x_1^A, x_1^B，则

$$x_1^A = \max[\eta\tau_1(\hat{f}_1^A - p_1), 0]$$
$$x_1^B = \max[\eta\tau_1(\hat{f}_1^B - p_1), 0]$$

结合市场出清条件 $x_1^A + x_1^B = Q$，便可得到 $t = 1$ 时的股票均衡价格和投资者均衡需求量。

引理 4.5.1　考虑市场流动性水平和投资者过度自信程度的不同后，在 $t=1$ 时的股票均衡价格和投资者需求量有以下三种情况：

（1）如果 $l_1 > Q/\eta\tau_1$，则

$$x_1^A = Q, \quad x_1^B = 0, \quad p_1 = \hat{f}_1^A - \frac{Q}{\eta\tau_1} \tag{4.5.8}$$

（2）如果 $|l_1| \leqslant Q/\eta\tau_1$，则

$$x_1^A = \eta\tau_1\left(\frac{l_1}{2} + \frac{Q}{2\eta\tau_1}\right), \quad x_1^B = \eta\tau_1\left(\frac{-l_1}{2} + \frac{Q}{2\eta\tau_1}\right), \quad p_1 = \frac{\hat{f}_1^A + \hat{f}_1^B}{2} - \frac{Q}{2\eta\tau_1} \tag{4.5.9}$$

（3）如果 $l_1 < -Q/\eta\tau_1$，则

$$x_1^A = 0, \quad x_1^B = Q, \quad p_1 = \hat{f}_1^B - \frac{Q}{\eta\tau_1} \tag{4.5.10}$$

引理 4.5.1 的证明只需将式（4.5.8）~式（4.5.10）代入市场出清的条件即可。引理 4.5.1 是 Hong 等（2006）中引理的扩展，虽然形式类似，但是三种情况的临界点 $l_1 = \hat{f}_1^A - \hat{f}_1^B$ 的影响因素和具体大小不等。Hong 等（2006）只考虑了过度自信导致的投资者对股票红利预期的差异，本节在此基础上考虑了市场流动性对其的影响。由于投资者都是风险厌恶的，所以均希望其他投资者和其一起分担市场上股票的流通量 Q，进一步共同承担风险，除非他们对股票价格的预期差异很大，这就是引理 4.5.1 中的第二种情况，此时股票价格由投资者 A 和 B 预期的平均决定，并进行适当的风险调整 $Q/2\eta\tau_1$。如果投资者 A 对股票价格的信心远大于投资者 B，投资者 A 会持有市场上股票的所有流通量 Q，此时股票价格由投资者 A 的预期决定，并进行适当的风险调整 $Q/\eta\tau_1$，此即为引理 4.5.1 中的第一种情况。第三种情况是第一种情况的对称情形。

类似可以得出在 $t=0$ 时的股票均衡价格和投资者的股票均衡需求量。

引理 4.5.2　令 $l_0 = E_0^A p_1 - E_0^B p_1$ 表示考虑市场流动性水平后投资者 A 和 B 在 $t=0$ 时对股票价格下一期预期的差异，则 $t=0$ 时股票均衡价格和投资者均衡需求量有以下三种情况：

（1）如果 $l_0 > Q/\eta\tau_0^A$，则

$$x_0^A = Q, \quad x_0^B = 0, \quad p_0 = E_0^A p_1 - \frac{Q}{\eta\tau_0^A} \tag{4.5.11}$$

（2）如果 $-Q/\eta\tau_0^A \leqslant l_0 \leqslant Q/\eta\tau_0^B$，则

$$x_0^A = \frac{\tau_0^A\tau_0^B}{\tau_0^A + \tau_0^B}\eta l_0 + \frac{\tau_0^A}{\tau_0^A + \tau_0^B}Q, \quad x_0^B = \frac{\tau_0^A\tau_0^B}{\tau_0^A + \tau_0^B}\eta l_0 + \frac{\tau_0^B}{\tau_0^A + \tau_0^B}Q$$

$$p_0 = \frac{\tau_0^A}{\tau_0^A + \tau_0^B} E_0^A p_1 + \frac{\tau_0^B}{\tau_0^A + \tau_0^B} E_0^b p_1 - \frac{1}{(\tau_0^A + \tau_0^B)\eta} Q \qquad (4.5.12)$$

（3）如果 $l_0 < -Q/\eta\tau_0^B$，则

$$x_0^A = 0，\quad x_0^B = Q，\quad p_0 = E_0^B p_1 - \frac{Q}{\eta\tau_0^B} \qquad (4.5.13)$$

其中，x_0^A、x_0^B 为 $t = 0$ 时两种投资者对股票的需求量；$E_0^A p_1$ 和 $E_0^B p_1$ 分别表示 $t = 0$ 时投资者 A 和 B 考虑市场流动性后对下一期股票价格预期的期望；τ_0^A、τ_0^B 分别为 $t=0$ 时投资者 A 和 B 对股票下一期预期价格的精度，证明和经济意义同引理 4.5.1。

由引理 4.5.1 和引理 4.5.2，可得在 $t = 0$ 时刻股票价格投机泡沫的表达式，证明过程见本节附录。

命题 4.5.2　如果不同投资者在不同流动性市场上有相同的初始信念，新信息的到来反映出不同投资者的过度自信程度和市场流动性水平，则在 $t = 0$ 时，股票价格的投机泡沫可以表示为

$$B(\sigma_{l_1}^2) = \frac{\sigma_{l_1}}{\sqrt{2\pi}} e^{-\frac{Q^2}{2\eta^2 \tau_1^2 \sigma_{l_1}^2}} - \frac{Q}{\eta\tau_1} N\left(-\frac{Q}{\eta\tau_1\sigma_{l_1}}\right) \qquad (4.5.14)$$

其中，$N(\cdot)$ 表示标准正态分布的累积分布函数。命题 4.5.2 说明投机泡沫是不同投资者在不同流动性水平市场下的对股票价格预期差异的方差 $\sigma_{l_1}^2$ 的函数，结合式（4.5.7）可知，投机泡沫为过度自信参数 φ 和市场流动性参数 ϕ 的函数。

3. 过度自信、市场流动性影响投机泡沫的结论

由式（4.5.14）容易验证 $dB/d\sigma_{l_1}^2$，$\partial\sigma_{l_1}^2/\partial\varphi > 0$，$\partial\sigma_{l_1}^2/\partial\phi > 0$，所以 $\partial B/\partial\varphi > 0$，$\partial B/\partial\phi > 0$，且均不为常数，立即可得到下面两个结论，详细证明见本节附录。

命题 4.5.3　股票价格投机泡沫与投资者过度自信参数 φ 呈正相关关系，股票价格投机泡沫随着投资者过度自信程度的增大而增大，且不同程度的过度自信对资产价格泡沫的影响效应不同，投资者过度自信会促进股市投机泡沫的形成。

命题 4.5.4　股票价格投机泡沫与市场流动性参数 ϕ 呈正相关关系，股票价格投机泡沫随着市场流动性水平的增大而增大，且不同水平的市场流动性对资产价格泡沫的影响效应不同，市场流动性不足会促使股市投机泡沫破灭的可能性增大。

4.5.3　实证分析

1. 样本选取与数据来源

考虑到数据的可得性和代表性，选取 2005 年 4 月至 2015 年 6 月的沪深 300

指数和工业增加值、居民消费价格指数与银行间 7 日隔夜拆借利率的月度数据，其中沪深 300 数据来源于 Wind 资讯，三个宏观经济变量的数据来源于中国人民银行和东方财富网。选取沪深 300 指数为代表，是因为沪深 300 指数样本覆盖了沪深市场六成左右的市值，具有良好的市场代表性，且于 2005 年 4 月 8 日正式发布，从 2005 年 4 月开始的股权分置改革是我国股票市场的一次重大制度性变革，之前股票市场股价偏离内在价值的程度较大，股权分置改革后股价偏离内在价值的程度大为降低，证券市场的走势更多地反映宏观经济面的变化。选取工业增加值、居民消费价格指数和银行间 7 日隔夜拆借利率是因为这三个宏观经济变量与股市投资及价格波动密切相关，可以作为股市基本面的衡量变量。

2. 主要变量的测量指标

1）股票市场投机泡沫的提取

股市泡沫一般认为是股票价格偏离其基本价值的大小，因此对股票基本价值的估计非常重要。国外一些学者用股利倍数法估计股票基本价值，然后用股票实际价格和基本价值之差来衡量股票价格泡沫。然而由于中国企业红利政策的不完善性，公司发放红利时间间隔大，许多公司甚至长期不派发红利，用红利衡量股票的基本价值在中国是行不通的，所以我们参考 Ahmed 等（1999）和赵鹏和曾剑云（2008）的处理方法，采用合适的宏观经济变量工业增加值、居民消费价格指数、银行间 7 日隔夜拆借利率作为基本面的代理变量，通过对沪深 300 指数的收盘价和宏观经济变量进行 VAR 协整检验及向量误差修正（vector error correction，VEC）模型建模提取泡沫。

首先对沪深 300 指数的收盘价、工业增加值、居民消费价格指数和银行间 7 日隔夜同业拆借利率序列进行单位根检验，结果表明上述时间序列均为 $I(1)$ 序列，其次进行 Johansen 协整检验，结果如表 4.5.1 所示。

表 4.5.1　Johansen 协整检验

原假设	特征根	Trace 统计量	λ-max 统计量
没有协整关系	0.329 216	81.448 32(0.000 0)**	48.715 64(0.000 0)**
至多一个协整关系	0.134 970	32.732 68(0.022 3)**	17.688 96(0.141 9)
至多两个协整关系	0.092 479	15.043 72(0.058 4)	11.838 76(0.116 9)
至多三个协整关系	0.025 928	3.204 96(0.073 4)	3.204 96(0.073 4)

**表示在 5%的置信水平下显著

注：括号内为估计值的 p 统计量

表 4.5.1 说明在 5%的显著性水平下，沪深 300 指数的收盘价与宏观经济变量

之间存在 1 个协整关系，因此存在明显的长期均衡关系。对上述变量采用 VEC 模型来剔除指数价格的内在价值，使用 AIC 准则选择 VEC 模型的滞后阶数为 1。剔除内在价值后获得的收盘价残差序列 ε_t 为第 t 个月沪深 300 指数的泡沫成分，记为 b_t，代表泡沫绝对大小，第 t 个月沪深 300 收盘价为 p_t，记 $B_t = b_t / p_t$ 代表泡沫相对大小。

2）市场流动性的度量

测量市场流动性的指标有很多，本节采用 Amihud（2002）提出的应用比较广泛的市场非流动性指标来衡量流动性。第 t 个月的市场非流动性可以表示为

$$\text{Illiq}_t = \frac{1}{\text{Day}_t} \sum_{i=1}^{\text{Day}_t} \frac{\left| (P_{t,i} - P_{t,i-1}) / P_{t,i-1} \right|}{\text{Tvalue}_{t,i}} \times 10^{10}$$

其中，$\left| (P_{t,i} - P_{t,i-1}) / P_{t,i-1} \right|$ 表示第 t 个月第 i 个交易日回报率的绝对值；$\text{Tvalue}_{t,i}$ 表示第 t 个月第 i 个交易日的成交额；Day_t 为第 t 个月的交易天数，式中乘以 10^{10} 是为了将非流动性指标值调整到适当的水平。市场非流动性指标是市场流动性的反向指标，即 Illiq 越小，市场越有深度，市场流动性越大。

3）投资者过度自信的测度

过度自信会影响投资者的交易行为，进一步影响资产价格波动。Gervais 和 Odean（2001）表明过去对市场信息判断的成功会激励投资者过度自信，从而促使其进行过度交易，产生市场交易量的反常增加，并推动股票价格的增加。相反，如果投资者信心不足，则会抑制其进行交易，产生交易量的减少。Ko 和 Huang（2007）进一步指出投资者过度自信会导致股票价格的过度波动，这样势必会使价格产生泡沫。另外，Deaves 等（2010）提出，投资者过度自信导致的行为可以通过过去的回报率对交易量的影响关系表示出来。Chuang 和 Lee（2006）将市场交易量的变化分为与投资者信心有关以及与投资者信心无关两部分。本节将投资者过度自信造成的交易量变化和其他因素导致的交易量变化区分开来，借鉴 Chuang 和 Lee 的方法，对投资者过度自信进行度量。将交易量分为两部分，表示如下：

$$V_t = \alpha + \sum_{j=1}^{p} \beta_j r_{t-j} + \varepsilon_t = [\alpha + \varepsilon_t] + \sum_{j=1}^{p} \beta_j r_{t-j} = \text{NONOVER}_t + \text{OVER}_t$$

其中，V_t 表示第 t 个月剔除当期股票流通股本增加效应后的交易量，称为去趋势交易量，其计算方法为当日成交量与当日新增流通量股本的比值取对数，即 $V_t = \log(T \text{volume}_t / \text{Newturnover}_t)$，其中，$T \text{volume}_t$ 表示第 t 个月的成交量，Newturnover_t 表示第 t 个月新增的流通股本，r_t 表示第 t 个月的收益率，通过 AIC 准则选取上述动态回归模型的滞后阶数为 2，估计出投资者过度自信的指标记为 OVER_t。

3. 实证模型设计

由第二部分理论分析可知，市场流动性和投资者过度自信对泡沫有正向的影响，并且影响效果随着流动性水平和过度自信程度的不同而不同，因此投资者过度自信和市场流动性对泡沫的动态演变有一定的区制效应。基于此，本节在 Brooks 和 Katsaris（2005）的三区制模型基础上，放入投资者过度自信和市场流动性变量，检验其对股市泡沫的影响。假设下一期泡沫可能处于三种区制中的任意一种，即潜伏区制(用 D 表示)、膨胀区制(用 S 表示)和破裂区制(用 C 表示)，股票价格泡沫的三区制转换模型可以表示为

$$r_{t+1}^D = \beta_{D,0} + u_{t+1}^D, \quad r_{t+1}^S = \beta_{S,0} + \beta_{S,B} B_t + \beta_{S,\text{OVER}} \text{OVER}_t + u_{t+1}^S, \quad r_{t+1}^C = \beta_{C,0} + \beta_{C,B} B_t + u_{t+1}^C$$

$$(4.5.15)$$

其中，r_t 表示 t 时期的股票收益率。关于区制之间转移概率的设定有两种情形：一种是常转移概率：

$$P(S_t = J | S_{t-1} = I) = p_{IJ}, I, J \in \{D, S, C\} \qquad (4.5.16)$$

其中，S_t 表示 t 时期处于的区制。称模型（4.5.15）和模型（4.5.16）为 Hamilton 三区制变量扩展模型，如果限制 $\beta_{S,\text{OVER}}$，则为 Hamilton 三区制简单扩展模型。如果限制不存在潜伏区制 D，则退化为 Hamilton 模型。

另一种是时变转移概率。在 Brooks 和 Katsaris（2005）模型中认为，泡沫处于区制 D 时，有较大的可能性 n_t 下一期继续处在该区制中，投资者会忽略泡沫破裂的可能性，以 $1-n_t$ 的概率转移到膨胀区制 S；当泡沫离开潜伏区制后，处于膨胀区制 S 或破裂区制 C，当泡沫处于区制 S 时，以一定的概率 q_t 继续留在该区制，以 $1-q_t$ 的概率转移到破裂区制 C。本节仍然沿用此设定，但是除了泡沫相对大小绝对值之外，Brooks 和 Katsaris（2005）模型中转移概率还受到其他变量（如超额收益率和异常交易量）的影响，受此启发，我们在转移概率中引入投资者过度自信和市场流动性两个变量，以讨论其对股市泡沫的作用。则泡沫处在式（4.5.15）中的三种区制概率分别为 n_t、$(1-n_t)q_t$、$(1-n_t)(1-q_t)$，设

$$n_t = N(\beta_{n,0} + \beta_{n,B}|B_t| + \beta_{n,\text{OVER}}\text{OVER}_t) \qquad (4.5.17)$$

$$q_t = N(\beta_{q,0} + \beta_{q,B}|B_t| + \beta_{q,L}L_t) \qquad (4.5.18)$$

其中，$N(\bullet)$ 为标准正态分布的累积分布函数；n_t, q_t 属转移概率。称模型（4.5.15）、模型（4.5.17）和模型（4.5.18）为 VNS 三区制变量扩展模型，如果限制 $\beta_{S,\text{OVER}} = 0, \beta_{n,\text{OVER}} = 0, \beta_{q,L} = 0$，则为 VNS 三区制简单扩展模型，如果限制不存在潜伏区制 D，则退化为 VNS 模型。

在运用样本数据检验泡沫是否满足模型（4.5.15）、模型（4.5.16）和模型（4.5.15）、模型（4.5.17）、模型（4.5.18）之前，还需推导一些约束条件。式（4.5.15）

中，在不同区制中收益率的均值应该不同，才能说明不同区制的存在，即要求 $\beta_{D,0} \neq \beta_{S,0} \neq \beta_{C,0}$。模型（4.5.15）中后两式为泡沫处于膨胀和破裂两个不同区制，在实际股票市场中，股票在膨胀区制的预期收益率要比在破裂区制高，故要求 $\beta_{S,B} > \beta_{C,B}$。式（4.5.15）中引入投资者过度自信，是因为理论部分已经推导出，资产价格泡沫会随着投资者过度自信的增大而增大，进而导致收益率增大，所以式（4.5.15）中过度自信的系数应该大于 0，即 $\beta_{S,OVER} > 0$。式（4.5.17）和式（4.5.18）中，随着泡沫相对大小的绝对值 $|B_t|$ 的增加，n_t 和 q_t 下降，从而 $\beta_{n,B} < 0, \beta_{q,B} < 0$。式（4.5.17）是市场下一时刻处于潜伏区制的概率，理论部分已证明，过度自信程度越大，泡沫越大，从而离开潜伏区制的概率越大，从而 $\beta_{n,OVER} < 0$。式（4.5.18）是市场下一时刻处于膨胀区制的概率函数，理论部分已证明，市场流动性越小，泡沫破裂的概率越大，从而泡沫停留在膨胀区制的概率 q_t 越小，所以 $\beta_{q,L} > 0$。

4. 实证结果分析

1）描述性统计分析

从表 4.5.2 研究变量的描述性统计中看出，收益率偏度和泡沫相对大小的偏度为负，分布具有左偏态性，说明收益率数据和泡沫相对大小位于平均值左边的数据比位于右边的数据多，峰度也均大于 3，说明收益率和泡沫相对规模大小符合金融资产尖峰厚尾的特征。

表 4.5.2　全样本研究变量的描述性统计结果

统计量	收益率	泡沫相对大小	非流动性	过度自信
样本容量	121	121	121	121
均值	1.691 085 5	−0.286 888 144	30.787 056 60	0.036 845 855
标准差	9.710 804 21	9.742 538 206	35.290 667 55	0.149 426 802 4
偏度	−0.112 292	−0.873 954	2.795 415	0.316 887
峰度	3.545 452	4.776 932	11.965 60	3.115 122
最小值	−25.850 62	−34.343 77	2.183 377 4	−0.349 893 4
最大值	27.929 24	19.761 038 8	211.900 797 9	0.401 342 9

表 4.5.3 列示了各变量之间的相关系数，可以看出收益率和泡沫相对大小、过度自信、非流动性都呈正相关关系，泡沫相对大小和投资者过度自信呈正相关关系，而与非流动性变量呈负相关关系，即与流动性成正相关关系，这和理论部分的结果一致，说明可以用马尔可夫区制转换模型对股票泡沫与市场流动性和过度自信之间的关系做进一步验证。

表 4.5.3　全样本研究变量的相关系数矩阵

研究变量	收益率	泡沫相对大小	非流动性	过度自信
收益率	1			
泡沫相对大小	0.119 213	1		
非流动性	0.024 535	−0.147 7	1	
过度自信	0.202 491	0.136 088	−0.227 64	1

图 4.5.1 给出沪深 300 指数在样本期内的价格和泡沫绝对大小的走势,可以看出两者变化趋势具有一致性。2006~2007 年,沪深 300 指数的泡沫绝对大小基本上大于 0,说明股市存在正向泡沫,而 2008 年泡沫绝对大小基本上小于 0,说明股市出现负向泡沫。2008 至 2014 年 6 月,泡沫在 0 附近较小的范围内波动,说明股票市正负泡沫交替出现,且价格偏离其基本价值的程度不大。2014 年 6 月之后,泡沫绝对大小又较多的处于 0 以上,说明股市出现正向泡沫。这与我国股市 2006~2007 年与 2014~2015 年呈现牛市的实际情况是吻合的。说明用选择合适的宏观经济变量作为股票价格基本面的衡量依据来提取股市投机泡沫是可行的。

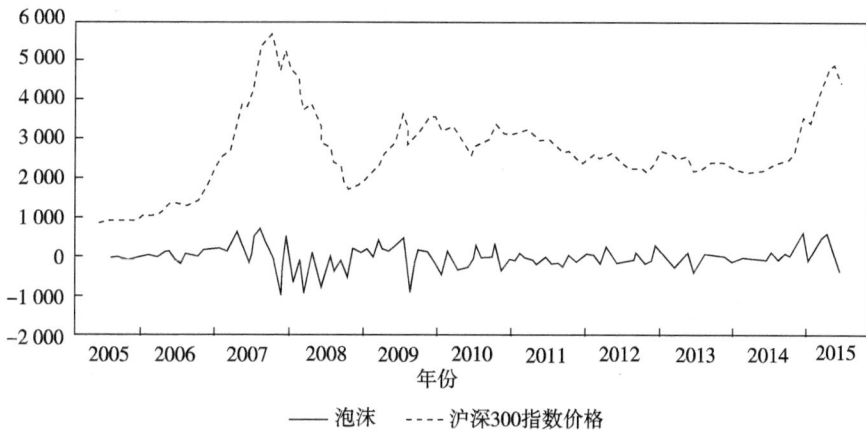

图 4.5.1　沪深 300 指数价格和泡沫趋势

图 4.5.2 描述了在样本期内收益率、泡沫相对大小、市场非流动性和投资者过度自信的变化趋势。首先,从投资者过度自信的走势来看,2006~2007 年以及 2014~2015 年投资者过度自信程度较高,明显大于 0,而 2008 年则明显小于 0,其他时间在 0 上下波动。事实上,当投资者对市场新信息做出预期后,如果市场实际发展与其吻合,会鼓励投资者相信自己预期的误差比较小,于是投资者过度自信的程度就会随之增大。2006~2007 年以及 2014~2015 年牛市市场上,大部分投资者对股票价格有较高的预期,而市场走势证实了这种预期的正确性,从而加大投资者过度自信的程度,而 2008 年金融危机的出现则导致投资者信心不足,说

明本节度量中国股市投资者过度自信指标的方法是有效的。其次，从整体来看，泡沫相对大小与投资者过度自信与的走势基本一致，而与市场非流动性指标的变化趋势基本相反，说明与市场流动性的变化趋势一致，直观上与理论部分得出的泡沫与投资者过度自信参数和市场流动性参数均呈正相关关系的结论是一致的。

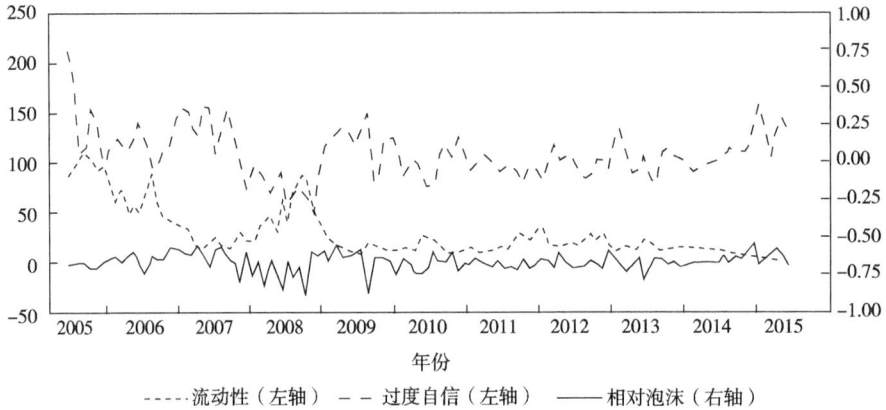

图 4.5.2　各研究变量变化趋势

2）实证模型的参数估计结果分析及模型对比

在对模型进行参数估计之前，首先需要对各研究变量的时间序列进行单位根检验，检验结果见表 4.5.4。由表 4.5.4 可知，在 5%的显著性水平下，沪深 300 指数的收益率、泡沫相对大小、市场非流动性指标和投资者过度自信的序列均是平稳序列，因此可以进行马尔可夫区制转换方程的估计。

表 4.5.4　单位根检验

研究变量	ADF 检验	含截距项 ADF 检验	含截距项和趋势项 ADF 检验
收益率	−3.477 149(0.000 6)**	−3.601 622(0.007)**	−3.732 545(0.024)**
泡沫相对大小	−3.718 242(0.000 3)**	−3.697 198(0.000 53)**	−3.698 256(0.026 4)**
非流动性	−5.212 524(0.000)**	−5.806 19(0.000)**	−6.009 238(0.000)**
过度自信	−2.622 186(0.009)**	−2.8193 27(0.0586)	−2.454 996(0.349 7)

**表示在 5%的置信水平下显著

注：括号内为估计值的 p 值，且所有序列用于检验的滞后阶数均为 12

表 4.5.5 首先给出 Hamilton 式三个不同的马尔可夫区制转换模型的估计结果与模型对比。首先，三区制马尔可夫区制转换模型的参数估计结果的 p 值远小于两区制模型，其参数更显著，说明三区制模型更适合刻画股市泡沫的变化。其次，Hamilton 三区制变量扩展模型的似然函数比 Hamilton 三区制简单扩展模型的似然函数小，且似然比统计量显著，说明增加过度自信变量会增加对泡沫动态变化的

解释能力。另外，三个模型中泡沫相对大小的系数在膨胀区制均比破灭区制大，满足约束条件。但是，两区制模型的转移概率中有两个 p 值较大，三区制模型的转移概率均出现概率为 1 的特殊值，使模型有效性受到质疑，所以用 Hamilton 式马尔可夫区制转换模型来识别中国股市泡沫有一定的局限性，还需要进一步用非Hamilton 式马尔可夫区制转换模型进行验证。

表 4.5.5　**Hamilton 式马尔可夫区制转换模型的估计结果和模型对比**

待估参数	Hamilton 三区制变量扩展模型	Hamilton 三区制简单扩展模型	Hamilton 模型
$\beta_{D,0}$	0.343 4(0.00)**	0.776 0(0.00)**	—
$\beta_{S,0}$	2.359 0(0.00)**	1.653 0(0.00)**	7.528 9(0.00)**
$\beta_{C,0}$	−9.232 7(0.00)**	−1.533 4(0.00)**	−2.577 2(0.01)**
$\beta_{S,B}$	0.110 8(0.00)**	1.924 0(0.00)**	0.134 4(0.05)**
$\beta_{C,B}$	−0.889 0(0.00)**	−0.515 7(0.00)**	−0.173 9(0.10)**
$\beta_{S,OVER}$	17.938 1(0.00)**	—	—
p_{DD}	0.97(0.00)**	0.45(0.00)**	0.89(0.00)**
p_{DS}	0.03(0.00)**	0.55(0.00)**	0.11(0.15)
p_{SD}	0(0.00)**	1(0.00)**	0.06(0.18)
p_{SS}	0.97(0.00)**	0(0.00)**	0.94(0.00)**
p_{CD}	1(0.00)**	1(0.00)**	—
p_{CS}	0(0.00)**	0(0.00)**	—
σ_D^2	39.642 938(0.00)**	55.140 502(0.00)**	—
σ_S^2	133.934 134(0.00)**	142.347 537(0.00)**	68.888 211(0.00)**
σ_C^2	374.899 408(0.00)**	377.170 651(0.00)**	67.582 760(0.00)**
对数似然函数	−431.451	−440.084 5	−436.733 4
似然比统计量	—	17.267***	10.570 8***
似然比临界值	—	2.706	9.236

***、**分别表示在 10%、5%的置信水平下显著

注：括号内为估计值的 p 统计量

表 4.5.6 给出了非 Hamilton 式三个不同的马尔可夫区制转换模型的估计结果与模型对比。可以看出，VNS 三区制变量扩展模型和 VNS 三区制简单扩展模型的所有系数都显著，且符号都与预期相同，而 VNS 模型的转移概率方程的系数不显著，其他参数均显著，同表 4.5.5 结果一致，说明三区制模型更适合刻画股市泡沫的变化。通过模型对比，表 4.5.6 中第一个 LR 统计量在 10%显著性水平下显著拒绝了 VNS 三区制简单扩展模型的设定，意味着投资者过度自信和市场流动性在衡量泡沫并预测收益率方面有着强有力的作用。

表 4.5.6　非 Hamilton 式马尔可夫区制转换模型的估计结果和模型对比

待估参数	VNS 三区制变量扩展模型	VNS 三区制简单扩展模型	VNS 模型
$\beta_{D,0}$	0.784 532(0.000)*	0.911 883(0.000)*	—
$\beta_{S,0}$	7.250 784(0.000)*	1.137 941(0.000)*	2.444 347(0.006 3)*
$\beta_{C,0}$	−1.660 236(0.000)*	−15.647 886(0.000)*	−14.305 17(0.000 1)*
$\beta_{S,B}$	0.190 052(0.000)*	0.003 242(0.000)*	0.334 049(0.005 0)*
$\beta_{C,B}$	−0.172 647(0.000)*	−0.056 728(0.000)*	−0.646 232(0.025 8)*
$\beta_{S,OVER}$	2.829 344(0.000)*	—	—
$\beta_{n,0}$	38.801 618(0.000)*	6.436 138(0.000)*	4.352 844(0.207 9)
$\beta_{n,B}$	−4.118 906(0.000)*	−23.782 266(0.000)*	−0.201 007(0.385 4)
$\beta_{n,OVER}$	−101.064 592(0.000)*	—	—
$\beta_{q,0}$	63.589 436(0.00)*	7.010 790(0.000)*	—
$\beta_{q,B}$	−4.811 655(0.000)*	−7.420 015(0.000)*	—
$\beta_{q,Illiq}$	−4.211 924(0.000)*	—	—
σ_D^2	45.530 841(0.000)*	19.445 952(0.000)*	—
σ_S^2	55.517 024(0.000)*	101.040 315(0.000)*	68.341 83(0.000)*
σ_C^2	197.448 633(0.000)*	43.259 986(0.000)*	56.292 967 82(0.048 6)*
对数似然函数	−434.067 6	−436.722 5	−432.618 2
似然比统计量(LR)	—	5.315 8**	−2.898 8
似然比临界值	—	4.605	12.017

*表示在 5%的水平下显著，**表示在 1%的水平下显著

注：括号内为估计值的 p 统计量

　　进一步根据 VNS 三区制变量扩展模型的估计结果分析中国股市泡沫的特点。首先，从状态方程的截距来看，$\beta_{D,0} \neq \beta_{S,0} \neq \beta_{C,0}$，当泡沫位于潜伏区制时截距为 0.784 532，意味着潜伏区制的基本预期回报率，即基本面价值的回报率为 0.78%。当泡沫位于膨胀区制时截距为 7.250 784，这说明在膨胀区制，基本预期回报率大大增加，即使泡沫膨胀没有激发投资者过度自信程度的增加，资产回报率也会达到 7.25%，远高于潜伏区制的水平。当泡沫位于破裂区制时截距为−1.660 236，与泡沫破裂时收益率为负的实际情况相符。

　　其次，从状态方程中泡沫相对大小的系数来看，$\beta_{S,B} > \beta_{C,B}$，与预期相同，保证泡沫在膨胀区制的收益率比在破裂区制时高。在膨胀区制，收益率对于泡沫有一个正的敏感度 0.190 052，表明当泡沫相对大小越来越大时，投资者会要求越来越高的资产回报率来补偿日益增加的泡沫破裂的风险。在泡沫破裂区制，收益率对于泡沫的敏感度为−0.172 647，说明在破裂区制泡沫相对大小的增加会减少预期收益率的大小。应注意的是 $\beta_{S,B}$ 也会出现负值的情况，在膨胀

区制，当大的泡沫要求高的资产回报率无法继续时，回报率就会大幅下跌，此时 $\beta_{S,B}$ 可能为负。

再次，从状态方程中投资者过度自信的系数来看，$\beta_{C,B} > 0$，取值为 0.172 647，说明在膨胀区制收益率对过度自信有正的敏感度，投资者过度自信的程度越高必然会要求预期收率的增加，从而对泡沫也有正向作用。

最后，从两个转移概率方程来看，$\beta_{n,B}$，$\beta_{n,OVER}$ 和 $\beta_{q,B}$，$\beta_{q,Illiq}$ 均小于 0，与预期符号一致。随着泡沫相对大小和投资者过度自信程度的增加，泡沫继续维持在潜伏区制的概率减小；随着泡沫相对大小和非流动性的增加，泡沫继续维持在膨胀区制的概率也会减小，与理论结论一致。

3）中国股市投机泡沫的区制划分

由上文的比较分析可知，加入变量过度自信和市场流动性后，非 Hamilton 式马尔可夫三区制转换模型刻画股市泡沫动态变化的效果较好。图 4.5.3~图 4.5.5 给出了 VNS 三区制变量扩展模型的平滑概率图，根据图 4.5.3~图 4.5.5 来判断每个时刻最可能出现的区制，判断依据如下：当某一时刻处于状态 1 的平滑概率大于 0.5 时，表示泡沫处于潜伏区制，当某一时刻处于状态 2 的平滑概率大于 0.5 时，表示泡沫处于膨胀区制，当某一时刻处于状态 3 的平滑概率大于 0.5 时，表示泡沫处于破裂区制。通过对平滑概率图的观察，可以得出，在所有 121 个样本中（2005年 6 月至 2015 年 6 月），明显处于潜伏状态的时刻有 2005 年 6 月至 2006 年 2 月（样本 1~9）、2009 年 9 月至 10 月（样本 52~53）、2011 年 1 月至 2012 年 3 月（样本 68~82）、2012 年 6 月至 11 月（样本 85~90）和 2013 年 7 月至 2014 年 5 月（样本 98~108）；明显处于膨胀状态的时刻有 2006 年 3 月至 5 月（样本 10~12）、2006 年 7 月至 8 月（样本 14~15）、2007 年 5 月至 8 月（样本 24~27）、2010 年 6 月至 8 月（样本 56~58）、2012 年 4 月至 5 月（样本 83~84）、2012 年 12 月至 2013 年 3 月（样本 91~94）和 2014 年 6 月至 2015 年 4 月（样本 109~119）；明显处于破裂状态的有 2007 年 2 月至 3 月（样本 22~23）、2009 年 5 月至 8 月（样本 48~51）、2010 年 4 月至 6 月（样本 59~61）和 2015 年 5 月至 2015 年 6 月（样本 120~121）。另外，由图 4.5.3~图 4.5.5 可看出，在金融危机前后，中国股市泡沫的区制效应较为明显，而在 2007 年 10 月至 2009 年 4 月（样本 29~47），股市泡沫在膨胀区制和破裂区制之间转换频繁，区制明显程度不及其他时间段，但位于破裂区制的样本点明显居多，结合图 4.5.2 可知，此期间投资者过度自信和市场流动性波动亦较大，这可能是 2008 年金融危机中，投资者过度自信和市场流动性受到冲击变化较多引起的。

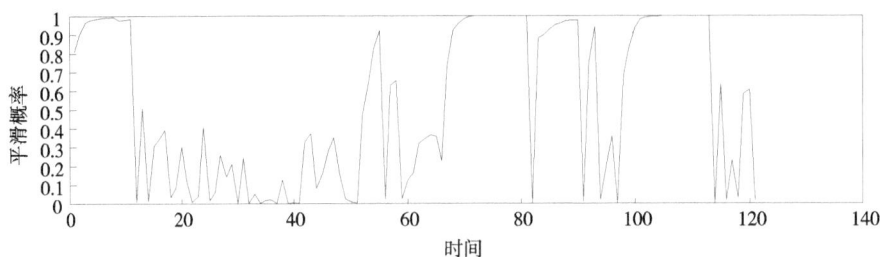

图 4.5.3 泡沫 VNS 三区制变量扩展模型处于潜伏区制的平滑概率

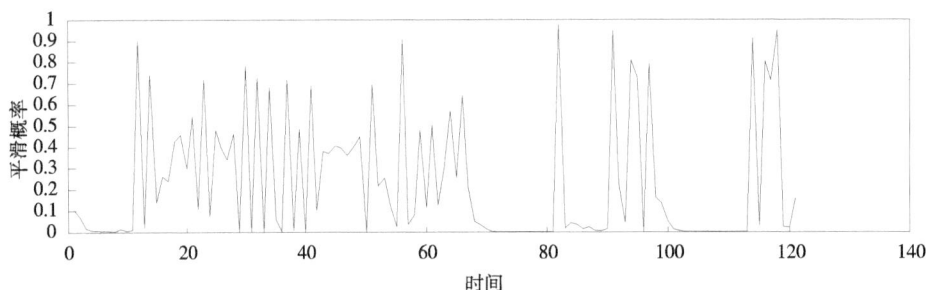

图 4.5.4 泡沫 VNS 三区制变量扩展模型处于膨胀区制的平滑概率

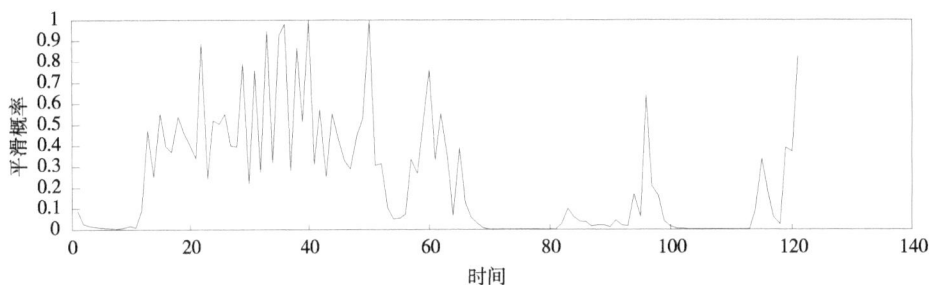

图 4.5.5 泡沫 VNS 三区制变量扩展模型处于破裂区制的平滑概率

4.5.4 主要结论

本节从理论视角分析了投资者过度自信和市场流动性对股票市场投机泡沫的影响,得出如下结论:股票价格泡沫随着投资者过度自程度的增加而增加,流动性减少会增加泡沫破裂的可能性。并在 Hamilton 式和非 Hamilton 式的马尔可夫区制转换模型中,放入过度自信和市场流动性变量,对中国股市泡沫的特征进行了实证研究。结果表明,VNS 三区制变量扩展模型刻画中国股市泡沫效果较好,投资者过度自信和市场流动性是未来收益率的有效预测指标,对泡沫的动态变化过程也有显著的影响。泡沫处于潜伏区制时,随着泡沫相对大小和投资者过度自

信的增加，下一期处于膨胀区制的概率也会增加，导致投资者要求更高的风险报
酬。泡沫处于膨胀区制时，泡沫相对大小和市场流动性是泡沫是否即将破裂的有
效信号，当泡沫相对大小较高，或者市场流动性水平降低时，下一期泡沫破裂的
可能性非常大，实证结果和理论分析结论一致。

泡沫的存在对市场有双向作用，泡沫在适度范围内对市场可以起到一定的繁
荣作用，但是泡沫太大，则会使市场崩溃，对经济造成负面影响。我国股市最近
出现的股灾受到广泛关注，如何运用股市泡沫的变化机制，积极引导证券市场发
展是一个十分重要的课题。对此，本节提出以下四点建议：

（1）关注投资者心理，正确引导投资者形成理性投资的习惯。政府采取相关
措施会影响投资者心理，要引导投资者注重资产的内在基本价值，倡导理性投资
理念。

（2）采取市场化手段来减少投资者非理性的股价炒作，抑制投资者过度自信
的进一步膨胀，从而抑制市场的过度投机，避免危害实体经济的发生。

（3）注重市场流动性预警，改善市场流动性环境，指定系统重要性机构在紧
急条件下可以获得流动性救助。可以考虑废除涨跌停板制度，严格管理上市公司
的停牌要求。

（4）在市场引入杠杆交易的情况下，对流动性的要求显著提高，这与停板制
度对流动性的限制形成冲突，可以考虑强制所有具有杠杆或者类似杠杆机制的产
品进行及时和完备的信息披露，也可考虑对市场的总体杠杆比例进行限制，并将
杠杆交易限制在场内。

本 节 附 录

1. 命题 4.5.2 的证明

证明：如果不同投资者在不同流动性市场上有相同的初始信念，则在引理
4.5.2 中 $\tau_0^A = \tau_0^B$，记为 τ_2，且 $E_0^A p_1 = E_0^B p_1$，则由引理 4.5.2 式（4.5.15）可知股票
在 0 时刻的均衡价格为

$$p_0 = \frac{1}{2}(E_0^A p_1 + E_0^B p_1) - \frac{Q}{2\eta\tau_2} \qquad (4.5.19)$$

式（4.5.19）的具体含义是，0 时刻的股票价格由两种投资者在 0 时刻对 1 时
刻股票价格预期的平均和风险调整项决定，为此，需要首先知道两种投资者在 0
时刻对 1 时刻股票价格的预期，由引理 4.5.1 的式（4.5.8）~式（4.5.10）可知

$$p_1 = \hat{f}_1^B - \frac{Q}{2\eta\tau_1} + \begin{cases} -\dfrac{Q}{2\eta\tau_1}, & if \ l_1 < -\dfrac{Q}{\eta\tau_1} \\ \dfrac{1}{2}l_1, & if \ -\dfrac{Q}{\eta\tau_1} < l_1 < \dfrac{Q}{\eta\tau_1} \\ l_1 - \dfrac{Q}{2\eta\tau_1}, & if \ \dfrac{Q}{\eta\tau_1} < l_1 \end{cases} \qquad (4.5.20)$$

其中，$l_1 = \hat{f}_1^A - \hat{f}_1^B$。式（4.5.20）中包含两个随机变量，一个是 $\hat{f}_1^B$，一个是关于 l_1 的分段函数，且 $\hat{f}_1^B$ 和 l_1 都服从正态分布（上文已给出其均值和方差）。由于 $E_0^A p_1 = E_0^B p_1$，故只需计算一个即可，我们推导投资者 B 在 0 时刻对于 1 时刻股票价格预期的期望，对（4.5.20）两边求期望有

$$E_0^B p_1 = E_0^B\left[\hat{f}_1^B\right] - \frac{Q}{2\eta\tau_1} - E_0^B\left[\frac{Q}{2\eta\tau_1}I_{\left\{l_1 < -\frac{Q}{\eta\tau_1}\right\}}\right] + E_0^B\left[\frac{l_1}{2}\frac{Q}{2\eta\tau_1}I_{\left\{-\frac{Q}{\eta\tau_1} < l_1 < \frac{Q}{\eta\tau_1}\right\}}\right] + E_0^B\left[\left(l_1 - \frac{Q}{2\eta\tau_1}\right)I_{\left\{l_1 > \frac{Q}{\eta\tau_1}\right\}}\right]$$

$$(4.5.21)$$

由 4.5.2 可知 l_1 服从均值为 0 的正态分布，故式（4.5.21）中第四项为 0，且

$$E_0^B\left[\frac{Q}{2\eta\tau_1}I_{\left\{l_1 < -\frac{Q}{\eta\tau_1}\right\}}\right] = E_0^B\left[\frac{Q}{2\eta\tau_1}I_{\left\{l_1 > \frac{Q}{\eta\tau_1}\right\}}\right]$$

又因为忽略初始信念的差异，记 0 时刻不同流动性水平下不同投资者初始预期均为 $\hat{f}_0$，有

$$E_0^B\left[\hat{f}_1^B\right] = E\left[p\hat{f}_1^{BC} + (1-p)\hat{f}_1^{BD}\right] = p\hat{f}_0^{BC} + (1-p)\hat{f}_0^{BD} = \hat{f}_0$$

所以式（4.5.21）最终表示为

$$E_0^B p_1 = E_0^A p_1 = \hat{f}_0 - \frac{Q}{2\eta\tau_1} + E\left[\left(l_1 - \frac{Q}{\eta\tau_1}\right)I_{\left\{l_1 > \frac{Q}{\eta\tau_1}\right\}}\right] \qquad (4.5.22)$$

将式（4.5.22）代入式（4.5.19）有，在 0 时刻股票均衡价格为

$$p_0 = \hat{f}_0 - \frac{Q}{2\eta\tau_2} - \frac{Q}{2\eta\tau_1} + E\left[\left(l_1 - \frac{Q}{\eta\tau_1}\right)I_{\left\{l_1 > \frac{Q}{\eta\tau_1}\right\}}\right] \qquad (4.5.23)$$

上述价格中包含四项：第一项为股票基本价值的预期；第二项为持有股票从 0 时刻到 1 时刻的风险溢价；第三项为持有股票从 1 时刻到 2 时刻的风险溢价；最后一项为未来将持有股票卖给对此股票有更高预期的其他投资者的价值，此即为股票价格中的投机泡沫成分。对式（4.5.23）中最后一项积分计算，命题 4.5.2 得证。

2. 命题 4.5.3 和命题 4.5.4 的证明

证明：上文中式（4.5.14）对 $\sigma_{l_1}^2$ 求偏导有

$$\frac{\mathrm{d}B}{\mathrm{d}\sigma_{l_1}^2} = \frac{\sigma_{l_1}}{\sqrt{2\pi}} \mathrm{e}^{-\frac{Q^2}{2\eta^2\tau_1^2\sigma_{l_1}^2}} \frac{Q^2}{2\eta^2\tau_1^2\sigma_{l_1}^4} + \frac{1}{2\sqrt{2\pi}\sigma_{l_1}} \mathrm{e}^{-\frac{Q^2}{2\eta^2\tau_1^2\sigma_{l_1}^2}} - \frac{Q}{\eta\tau_1} \frac{1}{\sqrt{2\pi}} \mathrm{e}^{-\frac{Q^2}{2\eta^2\tau_1^2\sigma_{l_1}^2}} \left(\frac{Q}{2\eta\tau_1\sigma_{l_1}^3} \right) = \frac{1}{2\sqrt{2\pi}\sigma_{l_1}} \mathrm{e}^{-\frac{Q^2}{2\eta^2\tau_1^2\sigma_{l_1}^2}} > 0$$

（4.5.24）

$\sigma_{l_1}^2$ 分别对 φ 和 ϕ 求偏导有

$$\frac{\partial\sigma_{l_1}^2}{\partial\varphi} = \frac{\tau_\varepsilon(\varphi-1)\left[(2\varphi^2+\varphi+1)\tau_0 + \left(5\varphi^2+5\varphi+2\frac{\varphi^2}{\phi}+\frac{\varphi}{\phi}+\varphi+2\right)\tau_\varepsilon\right]}{\varphi^2[\tau_0+(2+\varphi+\frac{1}{\phi})\tau_\varepsilon]^3} > 0$$

$$\frac{\partial\sigma_{l_1}^2}{\partial\phi} = \frac{2(\varphi-1)^2(\varphi+1)\tau_\varepsilon^2}{\varphi\phi^2[\tau_0+(2+\varphi+\frac{1}{\phi})\tau_\varepsilon]^3} > 0$$

（4.5.25）

结合式（4.5.24）和式（4.5.25）可得 $\partial B/\partial\varphi > 0$，$\partial B/\partial\phi > 0$ 且均不为常数，命题 4.5.3 和命题 4.5.4 得证。

4.6　本章小结

本章开篇基于金融系统稳定视角，分别从"数量尺度"、"时间尺度"、"价格尺度"和"价量结合"四个方面总结了度量流动性的基本模型，并指出这些度量指标只是刻画和描述流动性本质的一个或几个方面，无法完全替代流动性的系统内涵。这将为后续研究流动性的多维度集成测度、变点检测及状态转换奠定基础。

流动性是金融市场的基本特征，关系到证券交易的进行和资源配置的效率。4.2 节将流动性区分为货币流动性、融资流动性和市场流动性三个维度，结合 DCC-MVGARCH 模型和熵值法，构建了一类多维度流动性的集成测度方法。实证结果表明，货币流动性和市场流动性的动态相关结构在平稳期呈正相关，而在危机期间表现为负相关，融资流动性与货币流动性具有长期稳定的正相关性，市场流动性与融资流动性的相关性在危机期间较低，在危机后波动加剧且存在显著的正向流动性螺旋。运用所构建模型测度金融系统的总体流动性具有明显的两阶段特征，分界点之前总体流动性均值较大且波动较小，分界点之后均值减小且波动加剧，流动性周期也从平均 10 个月延长至 27.5 个月。另外,货币政策的取向对总体流动性的状态变化影响显著,当货币政策由危机期间的适度宽松调整为危机后的稳健时,总体流动性有所减小且波动性明显加剧。这些结论为监管部门从流动性视角调整货币政策、防范金融风险提供了重要依据。

4.3 节基于流动性视角的分析表明,融资流动性、资产流动性和货币流动性的严重失衡是导致欧美主权债务危机迅速传染扩散的主要驱动力。在传统价格和成交量的基础上引入流动性影响力指标,构建了股票市场流动性度量指标体系;在 Spearman 相关关系法的基础上,运用二元 Copula 和概率积分变换构建了新型的变结构点检测方法,有效实现了欧美债务危机国与英国、日本等核心发达国家以及中国、印度等新兴国家间股票市场流动性冲击的变结构点检测。

4.4 节通过构建 AR-MS-GARCH 模型分析了市场流动性的状态转换机制,并设计了一类新的突变点检测指标。实证结果表明,市场流动性存在明显的“低—高”波动状态交替转换特征,两种状态都有较强的波动持续性,但不同状态转换和持续期存在一定的非对称性;计算突变点检测指标发现,市场流动性在样本期内存在五个突变点,而它们所对应的时刻往往是市场流动性“强—弱”转换的临界点。这些结论有助于监管部门及时采取政策措施,减少市场流动性突然逆转的可能性,以维护金融系统稳定。

4.5 节首先从理论上揭示了过度自信和市场流动性对股市投机泡沫存在正向作用的内在机理,且不同程度的过度自信和市场流动性对于泡沫的影响效应不同。基于该理论分析和时变转移概率马尔可夫区制转换模型(MS-TVTP),构建了包含投资者过度自信和市场流动性的中国股市泡沫动态演化机制模型(VNS 三区制变量扩展模型),并利用 2005 年 4 月至 2015 年 6 月沪深 300 指数的相关数据进行了实证分析。结果表明:运用 VEC 模型提取的股市泡沫和实际情况吻合;与现有 Hamilton 模型和 VNS 模型及相关扩展模型比较,VNS 三区制变量扩展模型能够较好地刻画中国股市泡沫特征;沪深 300 指数泡沫变化可划分为潜伏、膨胀和破裂三种状态,与 2008 年金融危机期间相比,危机前后中国股市投机泡沫的区制效应更加明显;投资者过度自信的增加会增大泡沫从潜伏区制到膨胀区制的概率,市场流动性的负向变化会增加泡沫从膨胀区制到破裂区制的可能性。

第 5 章　流动性冲击金融系统稳定的传导扩散机制研究

在金融全球化的今天，各国之间的相互依存日益加深，市场联动性不断增强，流动性逆转通过"蝴蝶效应"迅速传导到全球，流动性冲击逐渐成为引发金融系统危机的重要因素。由于金融系统具有复杂性，流动性冲击实际上是一个风险形成、积累、转化和扩散的过程，是一个从量变到质变的过程。流动性变化期初并不是金融系统的整体问题，也不会对整个金融系统造成冲击。但是通过某些因素的作用，这种微小的变化不断放大、扩散，最终成为整体的危机。所以，传导机制在流动性冲击金融系统的过程中起关键性作用，分析流动性从最初的局部影响到最终的整体冲击这一演化过程，有助于发现哪些因素在这个过程中起促进、推动作用，清晰认识这些因素的作用机理。由流动性冲击演化为金融系统危机一般经历如下过程：诱导机制引发金融系统中的某一个部分，使流动性失衡在金融系统的其他部分显现，或者破坏其他流动性环节，导致交易等市场行为无法正常进行，最终通过共同纽带、杠杆化等因素将冲击进一步放大，造成整个金融系统的稳定性失衡。通过对流动性冲击中传导机制的发现、分析、建模、检验和总结，清楚了解初始的流动性变动是如何在系统内扩散的，以致冲击整个金融系统，造成系统危机，有助于在实践操作过程中，对影响冲击传导的各种因素进行综合分析，控制流动性危机的传递与扩散，减少金融系统不稳定引发金融危机带来的损失。本章主要从流动性冲击金融系统稳定的传导渠道分析、不同层次流动性冲击金融系统稳定的传导扩散研究、不同渠道流动性冲击金融系统稳定的传导扩散研究、流动性冲击金融系统稳定的传导效应研究四个方面进行分析讨论。

5.1   流动性冲击金融系统稳定的传导渠道分析

5.1.1   资产负债表渠道

金融系统稳定的研究随着世界金融危机的频繁发生，以及每次金融危机暴露出的不同特点而不断发展。王义中和何帆（2011）将金融危机的理论分为三个阶段：第一阶段的金融危机理论突出基本面因素的主要作用；第二阶段的金融危机理论强调资产价格变化的跳跃性，多重均衡会促使危机具有自我实现性质；第三阶段的金融理论着重分析金融中介在金融危机发生过程中所扮演的角色。许多学者从不同经济主体的资产负债表入手来审视金融危机，代表性研究如下：Fisher（1993）的债务通缩理论；Mishkin（1978）曾用这种方法解释大萧条；Koo（2008）用资产负债表对日本金融危机进行了研究。由于流动性对于金融系统的稳定起着非常重要的作用，而资产负债表方法将研究金融系统稳定的理论推向从微观层面来理解金融危机的传导渠道，基于此，本小节从国内资产负债表渠道和外部资产负债表渠道两个方面重点分析流动性如何冲击金融系统稳定。

1. 国内资产负债表渠道

流动性冲击金融系统稳定的资产负债表渠道可以通过不同的主体反映出来。首先，从家庭资产负债表的角度来看，经济萧条时，未意料的价格水平和股票价格变化会改变家庭实际债务水平，意味着家庭金融资产和净财富缩水，导致家庭资产负债表恶化，家庭收入的降低，从而降低家庭对有形资产的支出，引起总需求降低、经济紧缩，进而引起流动性水平的降低，而流动性水平的降低会导致家庭负债表的进一步恶化，尤其在负债消费和投资情况下，家庭资产负债表的恶化情况更为严重，造成流动性水平进一步降低，两者相互影响，家庭资产负债表效应在经济紧缩期间比较明显。其次，从企业资产负债表的角度来看，当市场流动性出现变化时，商品价格和资产价格的大幅度调整会使企业资产负债表变好或恶化，从而影响企业投资行为，并且增加或减少产量，对金融系统的稳定造成一定的冲击。在分析20世纪90年代日本金融危机时，Koo（2008）提出"资产负债表衰退"的概念，认为在资产价格泡沫破灭之后，价格崩溃造成在泡沫期间过度扩张的企业资产大幅度缩水，企业资产负债表恶化，负债大大超出资产。这种情况下企业目标从"利润最大化"转变为"负债最小化"，在停止向银行借贷的同时，将企业能够使用的现金流用于偿还债务，竭尽全力地修补受损的资产负债表。在企业无资金需求的前提下，无论利率水平多低，企业都无动力借新债，扩张性货币政策也难以起作用，出现流动性陷阱在所难免。最后，从银行资产负债表的角度看，市场流动性冲击会直接影响金融部门的资产负债表，间接影响可抵押资产的价值，进而影响货币政策传导渠道的畅通，降低货币政策的有效性。总之，流动性冲击金融系统稳定问题，已不仅仅是简单的流动性问题，而是深层次的资产负债表脆弱性和资本基础的虚弱性问题，这些是通过资产负债表渠道的传导机制反映出来的。

2. 外部资产负债表渠道

外部资产负债表"错配"决定着一国面对冲击时的偿还债务能力，并产生对应的资产负债表风险。外部资产负债表的错配分为两种，即期限错配和货币错配，两者会产生利率、汇率和贷款展期风险，导致偿付能力和流动性问题。

关于流动性冲击金融系统稳定的货币错配型资产负债表渠道，从企业层面来看，如果企业存在外币债务，当市场流动性过剩时，本币贬值会增加债务负担，恶化企业资产负债表，导致投资和产出萎缩。同时，资本外逃，资本流入减少对国内企业的资产负债表具有负面效应，会降低企业融资能力并导致资本的进一步减少，流动性进一步降低。相反，当市场流动性不足时，本币增值会增加企业资本，使企业资产负债表优化，投资和产出增加，经济繁荣，同时资本流入增加对国内企业的资产负债表具有正面效应，会增强企业融资能力并导致资本的进一步增加，流动性会相应地进一步提高。从银行层面来看，作为最重要的金融中介，银行扮演资金配置和提供融资便利的角色。当市场流动性过剩时，资产价格的下跌会影响银行判断企业负债表的能力，因而银行不愿意放贷，贷款的减少会直接促使投资减少以及消费支出的降低，并引起总体经济的下滑。另外，如果银行资产负债表外币化程度很高，银行自身的资产负债表问题就会对金融系统稳定产生作用。例如，本国国内存款外币化程度很高，当流动性很低时，银行就很难应付存款在金融危机期间的流失。由于货币当局不能增发国外货币，其最后贷款人的作用大大降低。而且过高的存款外币化会增加本币与外币的可替代程度，使汇率易受投资组合配置的影响。进一步，若银行流动性负债超过流动性资产，货币崩溃（名义汇率大幅度下降）将严重破坏银行资产负债表，从而加大银行和货币危机爆发的概率，对金融系统稳定造成极大的影响。

关于流动性冲击金融系统稳定的期限错配型资产负债表渠道，主要是通过从国外借入短期债务用于国内长期投资，使国内经济主体资产负债表易受短期资本流动冲击影响而体现出来的。这种流动性冲击对于新兴市场国家和发达国家的影响是不同的。对于新兴市场而言，其银行部门通过国际资本市场融资比较困难，但对于发达国家来说，当流动性不足、流动性受到约束时，发达国家比较容易借助国际资本市场获得紧急资金，而新兴市场国家只能在市场环境好的时候获得国外贷款，金融危机时国内储户挤兑和国外债权人撤资的恐慌行为会加剧流动性问题。所以，银行负债结构及偿付国际债务的能力对于金融系统稳定十分重要，短期资本流动的易变和逆转会对经济主体的资产负债表产生较大冲击，进而对金融系统稳定产生较大的冲击。

5.1.2　资产价格渠道

资产从类别上可以分为实物资产和金融资产，而流动性波动通过资产价格渠道冲击金融系统稳定也分为实物资产价格传导渠道和金融资产价格传导渠道，它们对流动性冲击的传导机制有相同之处，但更多的是不同之处，因此将其分开进行讨论。

1. 实物资产价格传导渠道

实物资产泛指有形的、有价值的商品，其流动性冲击传导的主要途径如下：一是通过与房地产相关的资产价格传播；二是通过原油、贵金属等大宗商品价格传播。对于第一种途径，一方面，当市场上流动性出现过剩时，多余的流动性进入房地产市场，需求的上升导致房价上涨，而房价上涨又促使开发商加大房地产投资开发力度，从而推动了与房地产相关的（如水泥、钢筋、建材等）资产价格的上涨，成本上升导致房价进一步抬高。另一方面，接连上涨的房价吸引了更多投资者，他们期望通过对房产的低买高卖快速赚取差价，因而不计后果地向银行借款，而银行由于过热的房价上涨行情也盲目进行放贷，所以银行内部应收账款快速增多。当房价泡沫破裂后，投资者无法通过高价变卖房产来偿还贷款，而银行也无法将抵押房产按原价卖出，导致银行坏账大幅增多，流动性紧缺，银行陷入流动性危机而面临破产风险。因此，流动性冲击的房地产价格渠道主要是通过影响相关资产在银行的应收账款质量从而影响金融系统的稳定。对于第二种途径，金融市场大量流通着以原油、贵金属等大宗商品为标的物的衍生产品，当市场上流动性出现异常波动时，国际原油、贵金属等大宗商品价格一般也会出现大幅上涨或下跌，进而影响到相关衍生产品价格的波动，导致投资者盲目乐观或利益受损，交易量过度放大或急剧萎缩，从而引发金融市场紊乱。因此，流动性冲击虽然是由实物资产价格变动引起的，但最终却是通过金融产品来影响金融系统稳定的。

2. 金融资产价格传导渠道

金融资产是金融市场中交易、买卖的产品，股票是最基本、最普通的金融资产之一。当宏观经济稳定而市场上出现流动性过剩时，由于投资者对未来经济形势乐观，大量资金进入股市，所以股价稳步上升。不同于房地产市场需要大量资金才能进入，股票市场门槛低，所需资金量少，因此除了机构投资者外，还吸引了更多社会中小散户的闲余资金，以期通过股价上涨获利。当流动性过剩形势到头，出现流动性萎缩，但宏观经济形势还未发生明显改变时，股票市场最先受到流动性冲击，表现为股价开始转头下跌，但此时只有部分灵敏的机构投资者撤离资金，多数机构投资者和散户都还认为股市会反弹回高点而继续持有手中股票。只有当流动性紧缩使股价接连下跌，熊市行情显现时，投资者才反应过来继而大量抛售股票，导致股价进一步被压低。一方面，机构投资者资产严重缩水减值，不仅冲击了机构投资者自身的资产负债，而且使银行理财产品、基金等投资品收益率也大幅下降，而收益率的下降又导致愿意购买的投资者减少，金融机构通过发行金融理财产品创收、融资的能力受到破坏，营利能力和经营稳定性下降。另一方面，个人投资者是金融资产最终的利益承担者，流动性紧缩使散户的资产大幅缩水，进而导致市场信心不足，买方市场萎缩，不仅冲击了金融市场的正常交易运营，还严重影响了社会稳定。

3. 利率渠道

流动性冲击金融系统稳定的利率渠道是间接的，中间通过对资产价格影响的过渡，即利率最先影响资产价格的波动，进一步影响金融系统稳定，所以我们把利率渠道放到流动性冲击金融系统稳定的资产价格渠道这一部分中来。市场流动性的增加会扩大货币供应量，而且货币供应量的增加会导致利率水平下降，进而影响资产价格，进一步影响金融系统的稳定。利率渠道主要有以下两条：一是利率的变动使货币和实物资产、金融资产之间的相对价格发生变化，进而改变资产结构。利率作为货币的价格，当市场流动性过剩时，意味着货币供应量供过于求，货币价格下降，即利率下降，根据投资曲线可知，利率下降会刺激产生更多的投资，投资支出的增加会为家庭创造更多的收入，进而拉动消费这辆马车。内需拉动了，公司也就有了生产的积极性和利润的空间，投资者们也会看好这家公司的股票。在这里，人们会放弃持有货币而选择更加保值的替代品，如虽然风险大但是收益更高的股票或者房产，有需求就推动了房价、股价的上涨。此外从理论上来讲，股票的定价基于未来现金流按利率的贴现值之和，利率作为分母如果下降，那么股价就会相应上升。所以不论是从理论上来讲还是根据现实分析，股价都会上涨，都会对金融系统稳定造成一定的影响。二是中央银行对利率的调整会向投资者们发出经济过热或过冷的信号，这样的信号会改变投资者们的预期。投资者们最初在自己的心中都对利率有个预期值，当中央银行的信号改变他们的预期后，他们也会做出相应的调整。这样他们的投资组合就会做出结构变化以期在今后获得最大收益。

5.1.3　心理预期渠道

1. 挤兑效应

挤兑现象指的是大批储户向银行要求取出其在银行存放的自有资金，造成银行资金大规模外流，通常发生在银行传出重大负面消息，使市场对银行产生质疑时，是一种突发性、集中性、灾难性的危机。当市场上传出对某一银行不利的传言时，储户担心银行倒闭，自己的存款无法取回而陷入恐慌，恐慌情绪在市场上蔓延导致储户纷纷去该银行提款，使银行备用资金不足以应对提款需求，陷入流动性危机；正常时期下，银行可以通过其他渠道获得外部机构的融资，但是当其他机构投资者受传言影响也不愿意对该银行进行贷款时，该银行将无法及时取得外部融资帮助，资金链断裂，流动性风险进一步恶化，最终致使银行因无法按时归还存款违约而破产倒闭。银行挤兑受损或倒闭后，存款往往得不到及时兑付，从而损害存款人的利益。Diamond 和 Dybvig（1983）提出的挤兑模型认为任何引起存款者预期挤兑将要发生的事情都会导致挤兑在现实中发生，而与银行本身健全与否无关。单个银行的挤兑现象很容易通过存款者恐慌心理的传导演变成为系统性、区域性的风险，危及整个金融体系的稳定。挤兑效应来自于市场参与者对银行的心理预期，因此属于心理预期传导渠道。

20 世纪 70 年代开始，银行危机发生的频率越来越高，世界上有 100 多个国家或地区的银行曾经发生过银行挤兑事件。次贷危机爆发后，全球众多金融市场出现流动性下降、银行同业拆借大幅减少的情况。下面以国内外典型的挤兑事件为例，说明流动性冲击通过挤兑效应影响金融系统稳定。第一个例子是震惊全球的英国北岩银行挤兑事件。2007 年 9 月 14~17 日，北岩银行发生了英国 150 年内的首次挤兑事件，对英国金融稳定造成了严重冲击。危机发生前，北岩银行是英国的第五大按揭银行，主要在零售和批发市场提供房屋抵押贷款，高度依赖于银行间同业拆借款。2007 年 8 月美国次贷危机爆发后，流动性紧缩危机快速传播至欧洲，导致银行间信贷缩紧，北岩银行无法顺利通过银行间拆借款补充流动性而陷入流动性危机，储户普遍出现了恐慌情绪，争先到银行进行提款。受挤兑事件的影响，北岩银行股价在一日内下跌 31.5%，从 9 月 13 日的 639 便士跌至 9 月 14 日的 438 便士，并于 17 日下跌至 282.75 便士。为了防止事态失控，英国政府出面公开表示将为北岩银行提供担保，才阻止了挤兑事件进一步发展。但这次事件给北岩银行带来了巨大冲击：首先，北岩银行股价大幅下跌，被收购风险激增导致长期经营稳定性受到破坏。其次，评级的下调导致北岩银行声誉大大受损，业务开展困难，仅有 6.25% 的分析师建议 "买进" 其股票；同时公司盈利水平和业绩表现大幅下跌，在 2007 年财务报表指标下滑的基础上，2008 年其财务报表指标仍进一步恶化（表 5.1.1），利润、每股收益、净资产收益率、企业价值等都出现了明显的下降。

表 5.1.1　北岩银行财务指标比较

财务指标	2007 年	2008 年
调整后的每股收益/英镑	0.628	0.471
每股现金流量/英镑	1.502	1.149
税前利润/亿英镑	518.966	426.051
调整后的净利润/亿英镑	265.153	187.059
净资产收益率/%	17.906	13.409
总资产收益率/%	0.346	0.320
企业价值/EBITDA/%	84.677	78.500

资料来源：Bloomberg

　　第二个例子是近期发生在江苏盐城的射阳农村商业银行挤兑事件，该事件引发了我国金融界的高度关注。2014 年 3 月 24 日下午，近千名储户簇拥在银行内希望提出存款，仅仅是因为听说了银行可能倒闭的谣言。虽然银行经理不断解释银行资金充足、经营良好，但都没能消除储户的恐慌情绪，并且挤兑消息引来了更多储户上门取款，银行只能抽出大量现金用于应对提款需求，并从总部调来精干力量到现场帮助。虽然这次挤兑事件没有导致该银行破产，但仍对其正常经营产生了重大冲击。引发该挤兑事件的原因就是射阳农村商业银行与数十家担保公司展开了业务合作，而担保公司卷款逃跑致使储户认为银行资产将受到冲击，很可能致使银行破产而无法兑现，因而对银行的持续经营能力产生质疑，倒闭传言在民众间一传十、十传百，造成市场恐慌情绪，挤兑现象最终发生。我国银行体系不同于发达国家，普遍认为政府会提供隐形担保，因而银行稳定性更强。

　　除此之外，2008 年 9 月 24 日，东亚银行中国香港分行因财务传闻引发挤兑；2008 年 9 月 25 日，美国华盛顿互惠银行受次贷危机影响引发挤兑并倒闭；2012 年 5 月，欧债危机加剧，希腊人民担心国家脱离欧元区后发行的新货币没有人要，纷纷去银行提取存款，引发大规模挤兑，银行流出资金达 7 亿欧元。这些挤兑事件给银行系统敲响了警钟，说明挤兑现象仍会发生，因而平时注重流动性管理十分重要。

　　2. 羊群效应

　　羊群是一个散乱的群体，一般情况下只是盲目地相互冲撞，但一旦有一只领头羊率先动起来,其他羊也会跟随领头羊相拥而上,并且这种跟随行为是不经过独立思考的。因此,羊群效应是指在投资信息不对称的情况下"群体压力"等情绪导致的一种异常现象,人们经常受到大众行为的影响,而产生跟随大众思想或行为的表现,也称从众效应。投资者为追求自身利益的最大化,会在交易过程中不断学习和模仿其他投资者的决策,在决定投资策略时过分依赖于舆论噪声而非自身的判断,盲目跟随别人的行动,在突发事件下表现出群体性的非理性行为。将羊群效应运用于金融领域,当股票市场中出现重大利好消息时,散户投资者会盲目跟风,在同一时期内做出相同的买卖决策,将资金集中投入某一领域,导致股市流动性突然增加甚至过剩,资产价格泡沫逐渐膨胀,出现价格快速上涨的"非理性繁荣";同样,当股票市场出现负面消息时,投资者会一致将资金迅速抽离,同时抛售股票,导致股市流动性严重枯竭,资产价格直线下跌。羊群效应如果从个人角度看来是一种理性行为,因为将资金投入上涨领域、抽离下跌领域是理性行为人的基本表现,但从集体角度看则是一种非理性行为,将导致资产价格的大幅上升或下跌,极大地放大了流动性的波动幅度,不利于维持金融系统的长期稳定。

凯恩斯指出:"从事股票投资就好比参加选美竞赛,谁的选择结果与全体评选者平均爱好最接近,谁就能得奖;因此每个参加者都不选他自己认为最美者,而是运用智力,推测一般人认为最美者。"可见当股票市场中存在羊群效应时,投资者为了追求自身收益稳定且最大,会在交易过程中不断学习、模仿其他投资者或领导者的交易决策,导致他们在某一时期内做出相同的买卖决策。如果投资者同时进入股市,做出买入股票的决策,将导致股市流动性突然增多甚至过剩,出现股价快速上扬的"非理性繁荣"现象,虽然投资者在短期内会有所盈利,但从长期来看将严重威胁证券市场的稳定性,加剧市场波动幅度。如果投资者同时退出股市,做出卖出股票的决策,将导致股市流动性突然萎缩,陷入流动性紧缺、股价快速大幅下跌状态,而此时大多数投资者都将在下跌的股市中受损,严重冲击了证券市场的稳定性。

不同于国外成熟的资本市场,中国市场投资者结构以散户为主导,市场机制尚不健全,并且存在严重的信息不对称问题。散户投资者由于自身专业性和教育程度不够,投资行为很容易受其他投资者影响并模仿他人决策,形成"跟风""跟庄"等行为,所以表现出更明显的羊群效应。1991 年,上证综指从 100 点开始,成立后一年就升至 1 429 点,不久之后又在短时间内回落到原点。2006 年中旬开始,中国股票市场表现出强势上升趋势,最先只是部分有经验的投资者将资金投入股市,而羊群效应的存在,最后连从未接触过股票的民众也将资金投入股市,导致股市流动性过剩,到 2007 年 10 月 16 日,股价一路飙升至 6 124.04 点,创下历史新高。受到美国次贷危机的影响,从 2007 年 10 月中下旬开始,我国股市开始出现大幅跳水下跌。大量外国游资外撤、少数庄家和国际财团等率先纷纷退出中国股市、欧美股市价格下跌等现象，通过羊群效应导致本国多数投资者也做出相同的抛售股票行为，但由于买方市场萎靡，股价进一步急速下跌，流动性严重萎缩，剩余投资者的利益受到极大冲击，到 2008 年 10 月 28 日，中国股价指数跌至 1 664.93 点，市值缩水超过 70%。中国上证综指变动如图 5.1.1 所示。2015 年一路上涨的"疯牛市"吸引大量从未炒股的股民也开户入市，受羊群效应的影响呈现全民炒股的热潮，指数攀升至 5 167 点。然而好景不长，下半年受配资清理的影响开启"闪电熊"模式，股价应声而落，千股跌停的局面不断上演，短短 3 个月跌去 50%~60% 的市值，市场恐慌情绪蔓延。因此，中国股市经历很多外国股票市场未曾有过的大起大落，呈现出显著的暴涨暴跌特征。互联网时代信息扩散太快，任何未经证实的利空消息都会使整个市场风声鹤唳、草木皆兵，羊群效应的传导力度更大，严重破坏金融市场的稳定。

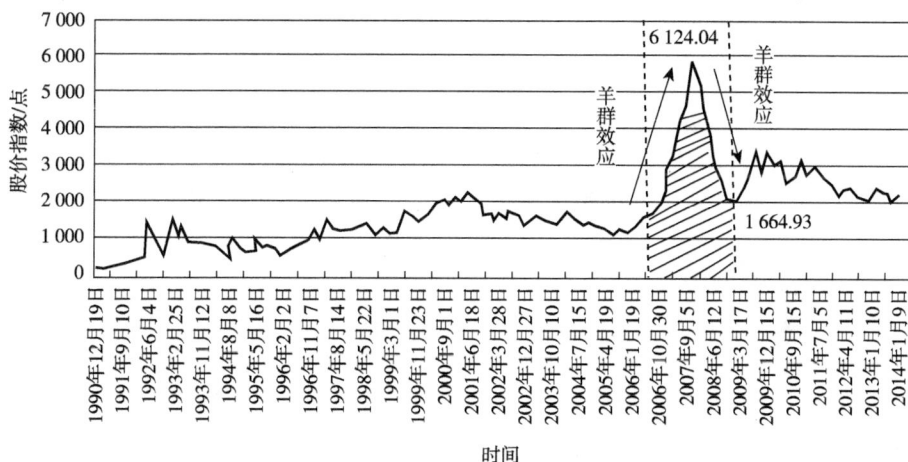

图 5.1.1　中国股票市场羊群效应示意图

5.1.4　国际贸易渠道

在金融全球化的今天，各个国家之间金融系统稳定是相互影响的，金融危机可通过资本市场渠道传导到经济基本面良好的国家，使之发生金融危机，即金融溢出效应。如果一个国家市场流动性不足，可能发生货币金融危机，从而使金融中介为规避风险开始清算其在其他市场上的资产，进而引发另一个国家大规模的资本抽逃行为，引发另一个国家的流动性水平降低，这样流动性冲击通过国际贸易渠道在不同国家之间传导。针对流动性传导的方式不同，流动性在国际贸易渠道传导上表现为直接传导型和间接传导型的冲击扩散效应。前者是指由于国家之间联系紧密，一国流动性的变化导致另一个与其有密切金融联系的国家受到流动性冲击，进一步，一国金融系统的震荡导致另一个与其有密切金融联系的国家受到投资冲击进而引发金融系统的波动；后者是指虽然两国并无直接金融投资联系，但均通过第三国联系在一起，一国流动性的变化和金融系统的波动通过第三国传导开来，导致本身与变化无直接金融投资关系的国家遭受流动性冲击和投资冲击压力，进而影响其金融系统稳定。

国际贸易导致的流动性冲击扩散对金融系统稳定的影响主要包括以下几个方面。

（1）国际收支。如果一国的外汇储备由大量的短期资本构成，那么该国的国际收支便处于一种极不稳定的状态。一旦该国的政治经济形势发生变化或其他重大突发事件发生时，这些短期资本便会迅速抽离，从而使该国国际储备不足，无法进行对外支付及偿债，对该国提供贷款的债权国国际收支状况恶化。

（2）证券。当一国流动性过剩时，证券价格高涨，泡沫化明显，该国许多居民实体甚至其他国家的投资者都涌入其中，致使股票价格持续攀升。当证券价格攀升到极高位后，其他国家的短期投资可能因为获得巨额利润而迅速撤离，从而引发证券交易的巨大波动，证券价格迅速大幅下降，进而引发全国乃至各相关国家的恐慌，纷纷抛售手中证券，流动性会迅速降低，容易导致金融危机迅速爆发。

（3）汇率。国际间短期投资一般以外币形态在其他国出现，它根据对不同国家货币未来汇价的预期，在国际外汇市场上进行投机炒作，从而使当事国汇率异常波动，对该国金融经济造成极大危害，并通过不同国家之间的汇率波动将危机传导开来。不同发展水平的国家对汇率波动的免疫能力不同。Calvo 等（2008）发现新兴市场国家存在实际汇率大幅度波动与资本流动急停同生现象，因为国内银行部门持有过高的美元债务，所以这些国家易受实际汇率大幅度波动冲击。这些国家的国内经济政策是决定国内资产负债表结构的因素，如影响可贸易品供给的关税政策、错误的财政和货币政策会导致国内负债美元化，负债美元化引起资本流动急停是高度非线性的。国内私人部门及公共部门债务的美元化程度、实际汇率对资本流动逆转的敏感度（取决于可贸易品的供给与需求的相对规模），这些资产负债表因素会加剧经济相对于资本流动急停的脆弱性。因而大规模未意料的资本流动逆转（或资本流动急停）伴随着实际汇率大幅度波动，会引发资产负债表波动，导致严重的信贷紧缩和银行破产，对金融系统的稳定有极大的影响。

5.2　不同层次流动性冲击金融系统稳定的传导扩散研究

5.2.1　研究背景

金融系统是现代经济的核心，流动性则是金融体系生命力的源泉。流动性作为资产的一种属性，主要表现为资产的融资工具转换、财富增长与规避风险的能力。虽然流动性不是信用创造，但流动性是信用创造的工具和结果，流动性永远处于一个形成、产生和成长的过程中，具有多样性和复杂性等特征。

自 20 世纪 70 年代中后期开始，金融危机频繁爆发，严重威胁着全球金融系统和经济的稳定。纵观世界金融发展历史，每一次金融危机的出现都伴随着流动性失衡，流动性冲击成为导致金融系统波动，诱发金融危机最为关键的因素之一。历次金融危机无不表现为流动性过剩、流动性紧缩和流动性突然消失的过程，并迅速波及货币市场、信贷市场、外汇市场和实体经济等各个领域。这种流动性短缺产生的原因有两方面：一方面是提供市场流动性的金融中介机构和投资者面临融资流动性困难的问题难以从市场中抽离；另一方面是市场参与者丧失信心，基于对未来市场的悲观预期，参与市场的恐慌抛售，导致资产价格不断下降，造成更低的流动性，在融资流动性和市场流动性等因素的相互作用和传导下形成流动性循环，使流动性突然消失的现象频繁发生。

流动性作为一个和货币总量、经济环境、市场预期、交易制度相关联的变量，本身就是一个多层次的概念。不同层次的流动性冲击在不同空间与市场之间的传导过程并不是分割的，而是协同进行的，时间上相互交叉、传导上相互感染、空间上连锁反应，形成极为复杂的传导与扩散机制，通过影响金融系统稳定性，最终引发全球性的金融危机。因此，区分流动性的不同层次，尤其是对构成流动性循环的融资流动性和市场流动性间的传导与扩散机制进行分析，发现其内在运行规律，对及时有效预防和应对流动性冲击在不同金融市场、不同金融领域间的传播有十分重要的理论价值和实践指导意义。

5.2.2　传导机制模型构建

1. 流动性的层次划分

流动性的内涵随金融体系的发展不断丰富，与货币总量、信贷水平、资本预期等变量息息相关，可划分为多个不同的层次。全球化条件下，货币层次的流动性冲击大多源于汇率扭曲所引发的投机性冲击；银行系统层次的流动性冲击源于金融机构的内在脆弱性以及由此引发的各种风险——特别是过度信贷导致的大量不良资产；债务层次的流动性冲击源于信贷和国际收支失衡；资本市场层次的流动性冲击除了市场内部原因之外，还可能是实体经济和产业结构失衡、经济增长速度放慢、货币政策调整、银行业危机、外汇市场危机和债务危机以及它们所带来的信心危机所导致的。本小节则分别从中观和微观两个角度考虑两类不同层次的流动性，即融资流动性和市场流动性。

1）融资流动性

融资流动性主要是指缺乏资金的金融机构通过各种融资途径获取资金的难易程度。IMF 的工作报告中指出，融资流动性又可进一步细分为 ABCP 市场的流动性、银行系统流动性和信贷违约市场的流动性。次贷危机期间市场上大量结构化投资产品均是通过发行 ABCP 进行融资的，导致到期日严重不匹配，随着标的资产价值和风险的不确定性上升，投资者不愿意对相应的 ABCP 展期，所以 ABCP 的平均到期日急剧降低，成交量也随之骤减，ABCP 市场的流动性迅速降低。同时，随着结构化产品问题的加深，为这些产品提供流动性的银行也面临巨大压力，资产负债表严重恶化，在流动性风险和信贷风险的双重压力下，银行选择囤积流动性资产，导致银行系统的流动性也迅速下降。银行在资本充足率的约束下紧缩信贷，金融机构的融资链条断裂，违约风险不断上升，从而代表信贷市场的 CDS 产品息差也随之不断扩大。

2）市场流动性

市场流动性是指市场参与者根据市场的基本供给和需求情况，在不会对资产价格产生巨大冲击的前提下，能够以相对较低的成本迅速进行大规模金融交易的能力。市场流动性一般从投资者交易的角度出发，度量市场交易的难易程度，具体表现为由价格影响、有限市场深度和交易价差共同引起的证券交易成本。通常情况下一类资产在市场上具有相对稳定的价格，但当该资产遭遇大量抛售时，供给在短时间内突然加大，而需求却没发生太大变化，这种供求失衡的状态会使资产价格下跌。流动性较高的资产需求弹性较大，即使被大量抛售对价格的冲击也不大，而对流动性较低的资产来说，需求弹性较小，短时间内大量抛售资产会使价格急剧下跌。通常可以用两种方式来衡量市场流动性：在相同价格变动下，相同数量资产的变现速度，如换手率、周转率等指标；在相同时间内，变现相同数量资产所带来的价格冲击。出售速度越快，市场流动性越强；价格变动越大，则市场流动性越小。

2. 流动性的传导机制：基于流动性循环视角

在次贷危机形成并发展为全球性金融危机的过程中，货币流动性、融资流动性和市场流动性引发的全面流动性危机扮演了十分重要的角色。美国次贷危机从产生到形成全面流动性危机的过程恰恰验证了该观点（图 5.2.1）。

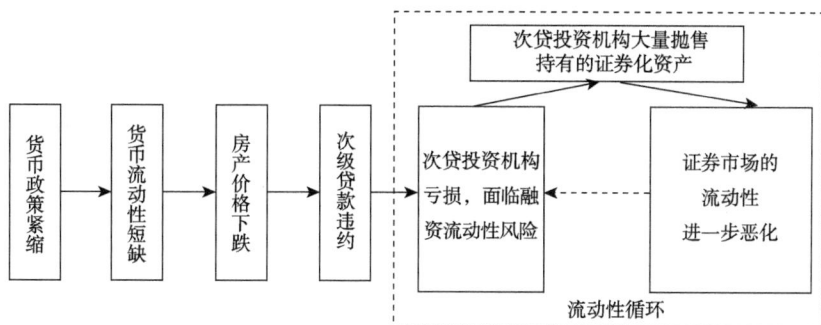

图 5.2.1　次贷危机中的流动性危机形成示意图

　　从 2000 年开始，随着银行利率逐步降低，美国的房地产行业蒸蒸日上，大量低收入者以"再贷款"方式参与房地产的投机行为，进一步推动房价攀升，房地产泡沫也越滚越大。2004 年，美国政府意识到货币投放已经过量，并逐步提高利率。货币流动性开始紧缩，房价失去上涨的最大动力，价格开始下降。银行面临极大的坏账风险，选择收回房产或终止贷款发放。低收入购房者无力还款，造成大面积房屋次级贷款违约。银行以及大量参与次贷相关业务的证券投资金融机构面临亏损，融资流动性风险凸显。为缓解融资压力，金融机构不得不变卖资产，导致产品的市场流动性也不断恶化。一旦危机发展到一定程度，金融机构大量卖出与次贷无关的其他金融资产时，市场流动性短缺的问题就会扩散到整个金融市场，金融机构的融资问题也越来越严峻，至此金融市场陷入了融资流动性、市场流动性不断恶化的流动性循环之中，恶性循环的结果就是全面的流动性危机和金融危机爆发。美国次贷危机从产生到形成全面流动性危机的过程如图 5.2.1 所示。

　　本节以次贷危机为例，着重分析在金融危机期间融资流动性和市场流动性是如何相互传导和扩散，最终形成流动性的恶性循环。从上述分析可以看出，货币流动性不足先会表现为部分金融机构和投资者的融资流动性不足，接着引起市场流动性恶化，最终导致金融市场进入融资流动性和市场流动性不断恶化的循环之中，如图 5.2.2 所示。在流动性过剩期间形成上升式的循环，资产价格急剧膨胀，经济过度繁荣并形成泡沫。一旦流动性循环中的任一环节出现断裂，流动性膨胀的现象会戛然而止，整个经济系统的流动性迅速逆转而下，向着流动性紧缩的方向螺旋下降，在"保证金循环"和"损失循环"的相互交织作用下，形成恶性的流动性循环，导致流动性急剧衰减甚至消失，金融市场剧烈波动，全面流动性危机在市场中不断蔓延和扩散，整个金融市场、银行体系和宏观层面的流动性状况均发生根本性的改变。

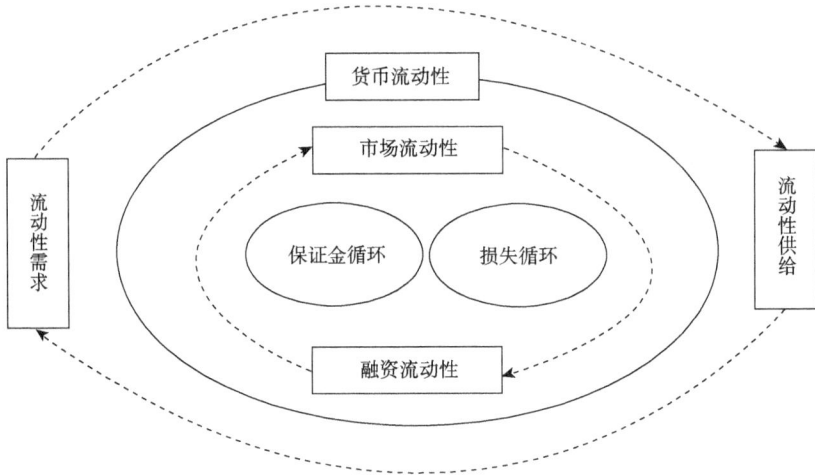

图 5.2.2　流动性循环示意图

3. DCC-MVGARCH 模型

DCC-MVGARCH 模型的全称为动态条件相关多变量广义自回归条件异方差模型。DCC-MVGARCH 模型是在 CCC-MVGARCH 模型的基础上拓展而来的，不同于 CCC 模型中假设序列相关性是固定不变的常数，DCC 模型放松该假设，认为相关系数是随时间变化的动态相关系数。该研究方法包含两个步骤：第一，估计每个变量的单变量 GARCH 模型来生成标准化离差；第二，用第一步估计得到的标准离差计算出标准化残差，再以 GARCH 模型的形式用该标准化残差估计其动态相关矩阵。

设随机变量 $\{e_t\}$ 是独立同分布的白噪声过程，服从均值为 0、协方差矩阵为 $\boldsymbol{H}_t$ 的多元分布，即满足式（5.2.1）：

$$e_t \mid \phi_{t-1} \sim \mathrm{N}(0, \boldsymbol{H}_t),\ \boldsymbol{H}_t = \boldsymbol{D}_t \boldsymbol{R}_t \boldsymbol{D}_t,\ \boldsymbol{D}_t = \mathrm{diag}\left|\sqrt{h_{i,t}}\right| \tag{5.2.1}$$

其中，ϕ_{t-1} 表示 $\{e_t\}$ 在时刻 t 的信息集；$\boldsymbol{D}_t$ 表示 2×2 阶的对角时变标准差矩阵；$\boldsymbol{R}_t$ 为动态相关系数矩阵；$h_{i,t}$ 表示 $\boldsymbol{D}_t$ 的对角线元素，表示单变量 GARCH 模型方程估计出的条件方差，即

$$h_{i,t} = \omega_i + \sum_{p=1}^{p=P_i} \alpha_{i,p} \varepsilon_{i,t-p}^2 + \sum_{q=1}^{q=Q_i} \beta_{i,p} h_{i,t-q}^2 \tag{5.2.2}$$

其中，ω_i 表示条件方差的常数项；p 表示残差平方的滞后项数变量；P_i 表示残差平方滞后项的最大取值；$\alpha_{i,p}$ 表示残差平方项的系数；q 表示条件方差的滞后项数变量；Q_i 为条件方差滞后项的最大取值；$\beta_{i,p}$ 表示条件方差滞后项的系数；$\varepsilon_{i,t}$ 表示一元波动模型所估计得到的标准化残差，即

$$\varepsilon_{i,t} = \frac{e_{i,t}}{\sqrt{h_{i,t}}},\ \varepsilon_t = (\varepsilon_{1,t}, \varepsilon_{2,t})' = D_t^{-1} r_t \qquad (5.2.3)$$

$$Q_t = \left(1 - \sum_{m=1}^{M} \alpha_m - \sum_{n=1}^{N} \beta_n\right)\underline{Q} + \sum_{m=1}^{M} \alpha_m (\varepsilon_{t-m}\varepsilon_{t-m}') + \sum_{n=1}^{N} \beta_n Q_{t-n} \qquad (5.2.4)$$

$$R_t = Q_t^{*-1} Q_t Q_t^{*-1} \qquad (5.2.5)$$

这里 $\underline{Q}$ 为标准化残差的无条件方差矩阵：

$$\underline{Q} = T^{-1} \sum_{t=1}^{T} \varepsilon_t \varepsilon_t' \qquad (5.2.6)$$

Q_t^* 为 Q_t 对角线上的数：

$$Q_t^* = \begin{pmatrix} \sqrt{q_{11,t}} & \cdots & 0 \\ \vdots & & \vdots \\ 0 & \cdots & \sqrt{q_{kk,t}} \end{pmatrix} \qquad (5.2.7)$$

估计融资流动性和市场流动性间的相关性前需要对变量间是否存在常数条件相关系数进行检验，若接受原假设，则 DCC 模型不适合该问题，但若检验后拒绝原假设，则证明在后续实证分析中运用 DCC 模型更符合实际需要。具体的常相关系数检验的理论方法可参考 Engle（2002）和孙彬等（2010）。本节所使用的计量软件主要为 Matlab 和 Eviews 7。

5.2.3　实证分析

通过对次贷危机中流动性逆转的形成与扩散过程分析后发现，不同层次的流动性冲击会通过不同传染渠道演变为系统性的流动性冲击，进而影响金融系统的稳定。货币流动性、银行流动性和市场流动性并非相互独立，常常复杂地交织在一起，使流动性冲击扩散的速度加快，程度加剧，范围扩大。其中，融资流动性和市场流动性之间的正向反馈效应是构成流动性循环最关键的环节，准确分析和量化其动态相关关系是防范和控制金融市场风险、维护金融系统稳定发展的重要基础。金融市场中普遍存在波动聚集的现象，而多元 GARCH 模型不仅能涵盖单变量模型的波动特性，更能刻画不同波动间的相关关系，从而成为刻画金融市场中不同因素、不同变量间相关关系的有效工具。本节选择多元 GARCH 模型中具有代表性的 DCC-MVGARCH 模型对融资流动性和市场流动性的传导效应进行实证分析。

1. 数据来源与变量指标的选择

本节以次贷危机为例，重点研究美国市场上融资流动性和市场流动性之间的传导扩散效应，分别选择 ABCP 市场、CDS 市场、银行同业拆借市场的流动性作为融资流动性的代表，选择股票市场流动性作为市场流动性的代表。不同层次流动性指标的选取参考 Hesse 等（2008）的指标构建方法。ABCP 市场的融资流动性指标用三个月 ABCP 收益率和三个月美国国债收益率之差来衡量，差值越大表明融资流动性越差。银行系统的流动性指标由三个月美元伦敦同业拆借利率（London interbank offered rate，LIBOR）与三个月美国国债收益率的差值表示，即用 TED 利差来衡量。TED 利差扩大，表明同业拆借市场融资压力过大，融资流动性较差。CDS 市场流动性指标利用二级市场中三个月的 CDS 收益率与三个月国债收益率之差来衡量，CDS 息差越大，融资流动性越差。股市流动性指标参考 Amihud（2002）构建的非流动性指标来衡量，该值越大，表明流动性越差，计算公式如下：

$$\text{Illiq}_t = | \ln P_{t+1} - \ln P_t | / V_t \qquad (5.2.8)$$

其中，P_t 为美国纳斯达克指数在 t 日的收盘价；V_t 为股票指数在 t 日的成交量。

本节选取 2004 年 1 月至 2010 年 12 月的日度数据作为样本，保证足够大的样本量来满足流动性指标的 GARCH 效应。本节使用的数据均来源于 Wind 数据库。

2. 变量的描述性统计

为了解各流动性变量的统计特性，本节先对样本进行描述性统计。如表 5.2.1 所示，四个流动性指标的 J-B 统计量均显示各变量在 1% 的置信水平下不服从正态分布的原假设。各变量的偏度都大于 0，峰度远大于 3，表明四类流动性指标呈现出金融时间序列中典型的"尖峰厚尾"形态。另外，对各变量序列进行自相关性检验，发现 Q 统计量在 1% 的水平下拒绝变量不存在自相关性的假设，表明各流动性指标序列存在明显的自相关性。

表 5.2.1　各流动性指标的描述统计量

变量	均值	方差	最大值	最小值	偏度	峰度	J-B 统计量	Q(4)
ABCP	0.37	0.52	4.38	−0.06	3.60	18.32	33 862.41***	9 978.5***
TED	0.43	0.47	4.57	0.03	3.40	18.50	33 837.25***	10 777***
CDS	0.37	0.51	5.27	−0.04	3.90	23.77	58 194.15***	10 524***
STOCK	5.22	5.17	58.76	0.90	3.49	20.41	41 534.78***	167***

***表示在 1% 的置信水平下显著

图 5.2.3 给出了代表融资流动性的各变量趋势图，可以看到流动性指标在 2007 年 8 月前后发生了明显的变化，这正是次贷危机爆发的时刻。衡量 ABCP 市场的

融资流动性指标在危机后显著上升，表明 ABCP 收益率与国债收益率之差扩大，ABCP 市场融资困难，流动性下降；同样，衡量银行系统流动性的指标 TED 利差和衡量违约互换市场流动性的指标也在危机后迅速上升，融资成本增加，融资压力增大，融资流动性在危机后急剧下降。图 5.2.4 给出了代表市场流动性的变量趋势图，可以看到股市非流动性指标在 2007 年 8 月后有较明显的上升，说明股市流动性在危机爆发后也显著下降。

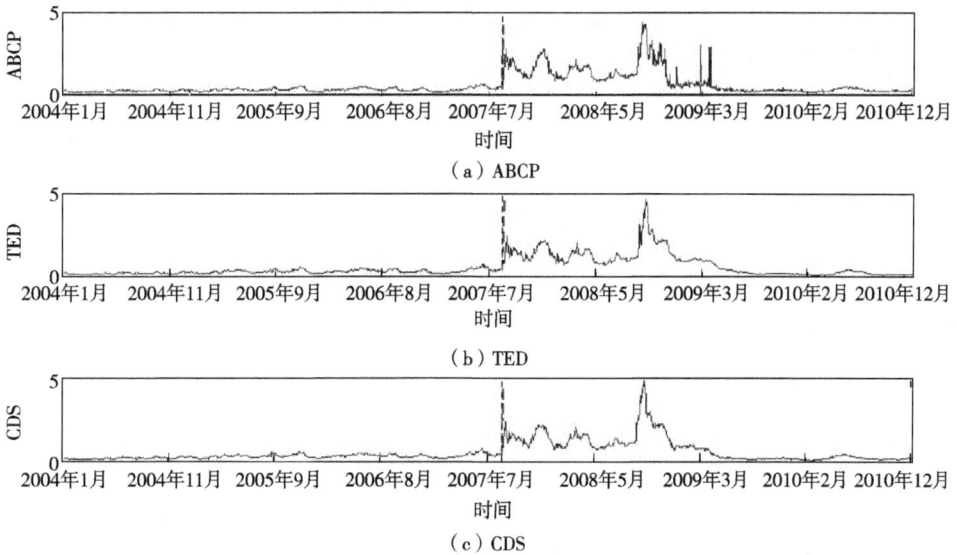

（a）ABCP

（b）TED

（c）CDS

图 5.2.3　融资流动性指标的趋势图

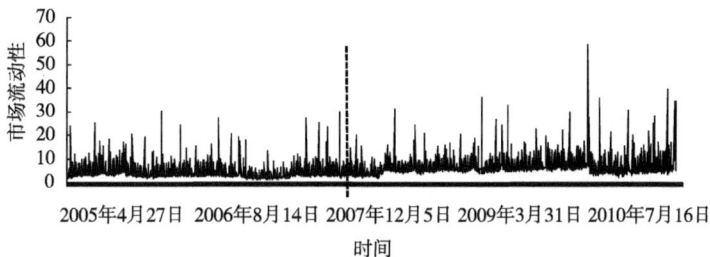

图 5.2.4　市场流动性趋势图

3. Granger 因果检验

为避免出现伪回归问题，需要先对各变量进行平稳性检验，本节运用 Eviews 7 对各变量序列进行 ADF 单位根检验，结果如表 5.2.2 所示。可以看出，变量 ABCP、CDS、STOCK 在 1%的显著性水平下拒绝存在单位根的原假设，即各序列均是平稳的。变量 TED 在 1%的显著性水平下接受存在单位根得到原假设，但其一阶差分拒绝存在单位根的原假设。

表 5.2.2　各变量的单位根检验

变量	ADF 检验	1%临界值	结论
ABCP	−3.91	−3.43	平稳
TED	−3.02	−3.31	不平稳
d（TED)	−14.13	−3.43	平稳
CDS	−3.47	−3.43	平稳
STOCK	−3.76	−3.43	平稳

为了判断不同类型融资流动性与市场流动性相互传导的方向性，这里对通过平稳性检验的各流动性指标变量进行 Granger 因果检验，结果如表 5.2.3 所示。

表 5.2.3　各变量的 Granger 因果检验

原假设	F 统计量	结论
ABCP 不是 STOCK 的 Granger 因果关系	1.19	接受原假设
STOCK 不是 ABCP 的 Granger 因果关系	2.98	拒绝原假设（5%）
TED 不是 STOCK 的 Granger 因果关系	3.51	拒绝原假设（5%）
STOCK 不是 TED 的 Granger 因果关系	3.83	拒绝原假设（5%）
CDS 不是 STOCK 的 Granger 因果关系	4.45	拒绝原假设（5%）
STOCK 不是 CDS 的 Granger 因果关系	3.17	拒绝原假设（5%）

从表 5.2.3 可以看出，在 5%的置信水平下，融资流动性指标中 TED、CDS 与 STOCK 之间存在双向的 Granger 因果关系，而 STOCK 是 ABCP 的单向的 Granger 因果关系。这说明基于 CDS 市场和银行间同业拆借市场的融资流动性与市场流动性关系更加密切，存在双向反馈传导效应，而市场流动性对基于 ABCP 市场的融资流动性具有单项传导效应。

4. 单变量 GARCH-t 模型的估计

通过描述性统计可知各流动性指标存在"尖峰厚尾"形态并且拒绝残差服从正态分布，因此这里利用 GARCH-t 模型对各指标序列进行拟合。另外，平稳性检验表明 ABCP、CDS、STOCK 均在 1%的显著性水平下是平稳的，而变量 TED 在 1%的显著性水平下皆是一阶单整的，因此在进行 GARCH-t 建模时主要利用序列 ABCP、CDS、STOCK 和 TED 的一阶差分 d(TED)。

前面已经检验到各变量均存在 4 阶序列相关性，故建立各变量的自回归模型，通过回归得到残差，再得到残差的平方。若回归残差存在一阶 ARCH 效应，则此时不必建立相应的 GARCH 模型。故先对各变量的残差平方序列进行 ARCH 检验，考察其是否存在条件异方差性。检验结果表明各变量残差平方的自相关函数在统计上显著不为 0，即各序列存在高阶 ARCH 效应。在条件异方差的理论中，在滞后项太多的情况下，一般采用 GARCH 模型替代 ARCH 模型。至此，可建立各流动性指标的 GARCH 模型来刻画变量的波动聚类现象，为准确地度量出各变量的异方差性，必须对时间序列的异方差性进行模型分析。经反复测算，GARCH（1,1）比较合适。

表 5.2.4 给出了各变量 GARCH（1,1）模型的估计结果。其中，ω 为常数项；α 为 ARCH（1）项的系数；β 为 GARCH（1）项的系数。从表 5.2.4 中看到，各参数均在 1% 的置信水平下显著不为 0 且满足约束条件 $\alpha + \beta < 1$。其中，ABCP、CDS 和 STOCK 的 β 值较大，说明这些序列具有较强的波动持续性，而 d（TED）序列的 α 值相对较大，说明该序列具有较强的波动集聚性。

表 5.2.4　各变量 GARCH(1,1)模型的参数估计

变量	ω	α	β
ABCP	$2.67 \times 10^{-5***}$	0.21^{***}	0.68^{***}
d(TED)	0.003^{***}	0.59^{***}	0.18^{***}
CDS	$1.90 \times 10^{-5***}$	0.23^{***}	0.52^{***}
STOCK	0.041^{***}	0.03^{***}	0.64^{***}

***表示在 1% 的置信水平下显著

5. DCC-MVGARCH 模型的参数估计

在估计 DCC 模型前，需对残差进行常相关性检验。为此，选择 4 阶滞后对各类融资流动性指标和市场流动性指标进行常相关系数的假设检验。表 5.2.5 显示，各统计量在 10% 的置信水平下均拒绝融资流动性与市场流动性之间存在常相关性的假设，支持选择 DCC 模型来刻画它们之间的动态相关性。

表 5.2.5　融资流动性指标与市场流动性指标的常相关性检验

指标	χ^2	p	结论
ABCP & STOCK	1.35	0.03	不存在常相关系数
TED & STOCK	2.41	0.09	不存在常相关系数
CDS & STOCK	1.72	0.05	不存在常相关系数

表 5.2.6 给出了 DCC 模型的参数估计结果。可以看到，各参数在 1% 的置信水平下均显著不为 0，且 β 值十分接近 1，说明变量间的相关性具有非常强的可持续性。

表 5.2.6　DCC 模型的估计结果

指标	α	B
ABCP & STOCK	0.027 3[***]	0.946 1[***]
TED & STOCK	0.016 3[***]	0.975 7[***]
CDS & STOCK	0.00 3[***]	0.074 9[***]

[***]表示在 1%的置信水平下显著

图 5.2.5~图 5.2.7 分别给出了三类融资流动性指标与市场流动性指标间动态相关系数的时间变化路径图，可以发现以下几个特征：①变量间的动态相关系数在整个样本期内随时间不断变化，这与上文常相关性系数检验的结果一致。②次贷危机前后不同层次流动性间的相关性发生了显著的结构变化，无论是相关性的均值还是波动性均存在一定程度的差异。其中，ABCP 市场流动性和 CDS 市场流动性与股票市场流动性指标之间的相关性在宏观经济较为稳定的时期相对比较平稳，甚至出现负相关性，但在危机发生后状态却突然转变，相关性显著上升，即 ABCP 市场和 CDS 市场流动性越低，股市流动性就越低。该结论与现实是相符的，流动性的蒸发是次贷危机的关键特征，ABCP 作为资产证券化商业票据的代表市场在流动性紧缩时会减少对中小企业的短期融资，同时企业资金链的断裂又进一步加大企业的违约概率，CDS 市场的融资成本上升，流动性随之降低，一旦整个金融形成强烈的不良预期，必定会造成资产市场抛售的羊群行为，整个市场的流动性骤然消失。③银行系统流动性与股票市场流动性指标间的动态相关性在危机前后并不存在显著差别。从理论上来看，银行系统作为最重要的融资渠道，在危机期间的信贷紧缩和囤积流动性的行为会对股市流动性产生巨大影响，但实证结果中却并未反映出这一现象，这可能是因为银行系统的融资流动性并没有直接对股市流动性产生显著影响，而是间接地通过 ABCP 市场和 CDS 市场的融资流动性对股市形成冲击。

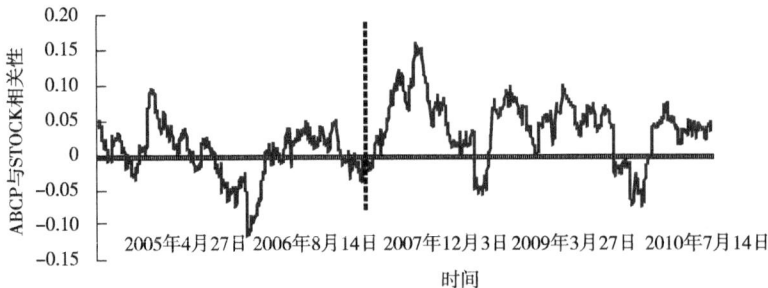

图 5.2.5　ABCP 与 STOCK 的相关系数

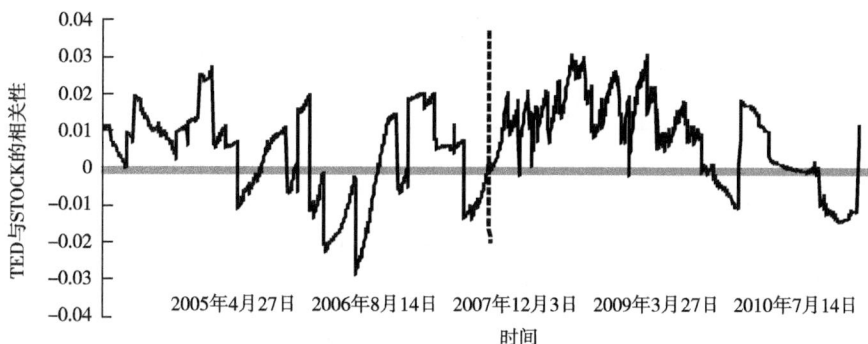

图 5.2.6　TED 与 STOCK 的相关系数

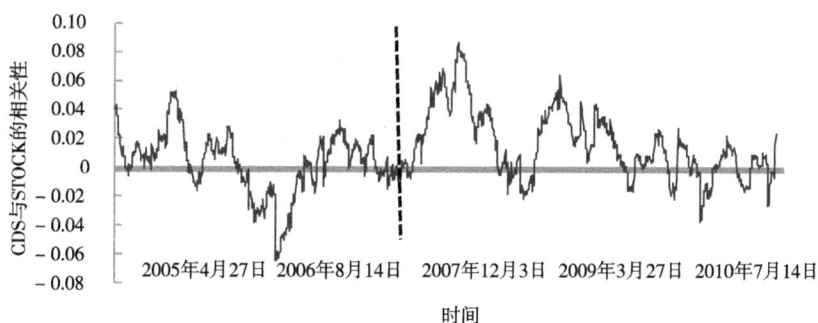

图 5.2.7　CDS 与 STOCK 的相关系数

　　表 5.2.7 给出了次贷危机前后不同流动性指标间动态相关性的对比值。ABCP 市场的融资流动性与股票市场流动性的动态相关性从危机前的 0.002 上升到危机后的 0.041，CDS 市场的融资流动性与股票市场流动性的动态相关性从危机前的 0.003 上升到危机后的 0.016，且动态相关系数的波动性也更为剧烈。相关系数在危机时显著上升意味着当一个市场受到冲击时，很容易将危机引入另一个市场，两个市场间的传导机制会加强并引发流动性风险在不同市场之间的传染。这说明融资流动性与市场流动性在金融危机中确实存在显著的联动效应，融资流动性的压力会引起市场流动性的短缺，市场流动性风险的扩大又会进一步导致融资流动性的枯竭，两类流动性之间的相互传导并非单向的，而是存在交互影响，呈现出流动性循环的现象。但银行系统的融资流动性与股票市场流动性间的动态相关系数并未发生明显变化，反而是 ABCP 市场作为短期融资市场对股市的影响最为强烈。这意味着当衍生品工具市场不断扩大、金融创新不断深化时，金融监管部门仅对银行的流动性进行严格监控已经远远不够，ABCP、CDS 等各类新型衍生品工具也在逐渐发展成为具有影响力的融资渠道，对融资流动性有重要的指示和导向作用，应当引起相关政府监管部门的重视。

表 5.2.7 对比次贷危机前后融资流动性与市场流动性的相关性

指标		危机前	危机后
ABCP 与 STOCK	均值	0.002	0.041
	方差	0.026	0.044
TED 与 STOCK	均值	0.004	0.007
	方差	0.012	0.013
CDS 与 STOCK	均值	0.003	0.016
	方差	0.021	0.046

5.2.4 本节结论

本节以 2007 年美国次贷危机为例,从理论上分析了融资流动性与市场流动性之间的传导机制,发现货币流动性的紧缩会触发融资流动性风险,金融机构面临融资压力不得不抛售资产,市场流动性随之恶化,融资流动性与市场流动性之间的正向反馈效应进一步构成恶性的流动性循环,使整个金融市场在整个危机期间持续处于流动性低迷的状态。通过将融资流动性分为 ABCP 市场流动性、银行系统流动性和信贷违约市场流动性,本节构建了衡量融资流动性和市场流动性的指标,进一步利用 2004 年 1 月至 2010 年 12 月的美国市场数据建立 DCC-MVGARCH 模型研究融资流动性和市场流动性在金融危机前后的相关性。实证结果表明:

(1)危机前后融资流动性与市场流动性的相关关系发生结构性改变,波动性也明显加强。该结论证实在危机期间,不同层次流动性之间的传导会放大危机的扩散效应。

(2)ABCP 市场的融资流动性对股票市场流动性的影响最强,这说明 ABCP 市场所构成的短期融资市场已经逐渐发展壮大,成为企业短期融资的重要途径,并对整个金融市场构成一定的影响力。

(3)银行系统的融资流动性与股票市场流动性的相关系数在危机期间并没有显著改变,说明银行系统可能是间接通过 ABCP 市场和 CDS 市场的融资流动性对股市形成冲击,而不会直接影响股市流动性。

根据本节的研究结论,提出以下政策建议。

第一,应该区别对待不同时期融资流动性与市场流动性的关系。危机前后两类流动性的相关性发生了结构性改变,可能是由于危机前,市场资金充足,触及融资限制的风险因较容易释放而难以积聚,不太可能发生大规模的流动性风险,市场对融资成本的敏感性不强。在危机爆发后,信用危机带来的市场恐慌导致股票市场的大规模抛售行为,股票价格急剧下跌,投资者买入一直下降,市场流动性突然逆转，银行的惜贷行为进一步加剧融资流动性风险，二者进入流动性的恶性循环状态。因此，为了防止危机进一步扩大，政府的首要任务就是立刻向资本市场输血，制定宽松的货币政策缓解融资流动性问题，避免出现整个市场流动性骤然消失进而引发流动性陷阱的局面。同时，为银行间贷款提供担保，消除银行体系的崩溃情绪，降低利率以减少融资成本，缓释融资流动性风险。

第二，区别对待不同市场中融资流动性与市场流动性的关系。由于 ABCP 市场和信贷违约市场的融资流动性与市场流动性的相关性较强，而银行系统流动性与市场流动性的相关性较弱。因此，相关部门应该重点监管 ABCP 市场和 CDS 市场的流动性状态变化情况，提高资本要求，及时缓释风险，避免融资流动性风险向其他金融市场进一步传导和扩散。

第三，金融监管部门应该从多层次视角重视融资流动性与市场流动性的关系。金融监管部门对银行系统流动性的单一监控是远远不够的，需要有关部门在全面了解和认识各类金融市场融资渠道的基础上，制定相应的政策法规，并形成一套完整、严格和有效的流动性监控体系。

5.3　不同渠道流动性冲击金融系统稳定的传导扩散研究

5.3.1　研究背景

流动性冲击通常表现为许多不同的金融现象，根据流动性在历次金融危机中所扮演的角色和导致的影响，流动性冲击可被分为市场流动性、融资流动性、资产负债表流动性、流动性供给和流动性需求五个维度，这五个维度相互影响、相互包含，通过不同的渠道单个流动性冲击可以演变为系统性的流动性冲击并传导到其他系统，相互强化形成流动性循环。流动性冲击作用于传导渠道，如资产价格渠道、货币供给渠道、国际收支渠道、信贷渠道、资产负债表渠道等，产生资产负债效应、信贷紧缩效应、挤兑效应、信用传染效应、避险效应、通货膨胀效应、财富效应、去杠杆效应、流动性囤积效应和心理预期效应等传导效应，并通过传导效应进行放大、促进和扩散，造成金融体系紊乱、金融机构风险增大、监管政策失效等一系列金融系统不稳定现象；而金融系统的不稳定又进一步促进了流动性冲击，形成了流动性冲击和金融系统不稳定螺旋式攀升的恶性循环。流动性冲击通过传导机制，在这种恶化环境中不断积累、扩散，最终导致金融系统危机。近年来，欧美的次贷危机和主权债务危机充分表明，在美国如此发达的金融市场、如此完善的法治制度下都容易导致巨大的流动性危机，那么对中国这种新型金融市场来说，更是要在这方面花大力气，深入研究流动性冲击金融稳定系统稳定的传导扩散机制，深刻探讨什么是流动性对金融稳定系统的稳定冲击的渠道。本节重点关注市场流动性影响金融系统稳定的资产价格渠道，利用 TVP-SV-SVAR 模型分析不同渠道流动性之间的动态互动关系。

5.3.2　传导机制模型构建

1. 模型的设定

为介绍 TVP-SV-SVAR，先引入基本的 VAR 模型，定义如下：

$$A\boldsymbol{y}_t = \boldsymbol{F}_1\boldsymbol{y}_{t-1} + \cdots + \boldsymbol{F}_s\boldsymbol{y}_{t-s} + \boldsymbol{u}_t, \quad t = s+1, \cdots, n \qquad (5.3.1)$$

其中，$\boldsymbol{y}_t$ 为 k 维列向量；$\boldsymbol{A}, \boldsymbol{F}_1, \cdots, \boldsymbol{F}_s$ 为 $k \times k$ 的系数矩阵；$\boldsymbol{u}_t$ 为 $k \times 1$ 维的结构冲击，假设 $\boldsymbol{u}_t \sim \mathrm{N}(0, \boldsymbol{\Sigma\Sigma})$，即

$$\boldsymbol{\Sigma} = \begin{pmatrix} \sigma_1 & 0 & \cdots & 0 \\ 0 & & & \vdots \\ \vdots & & & 0 \\ 0 & \cdots & 0 & \sigma_k \end{pmatrix} \qquad (5.3.2)$$

用递归法对同期关系的冲击进行识别，将式（5.3.2）改写为递归的 SVAR 模型，则要求矩阵 $\boldsymbol{A}$ 为主对角线均为 1 的下三角矩阵，即

$$\boldsymbol{A} = \begin{pmatrix} 1 & 0 & \cdots & 0 \\ a_{21} & & & \vdots \\ \vdots & & & 0 \\ a_{k1} & \cdots & a_{k,k-1} & 1 \end{pmatrix} \qquad (5.3.3)$$

从而式（5.3.1）可以改写为

$$\boldsymbol{y}_t = \boldsymbol{B}_1\boldsymbol{y}_{t-1} + \cdots + \boldsymbol{B}_s\boldsymbol{y}_{t-s} + \boldsymbol{A}^{-1}\boldsymbol{\Sigma}\boldsymbol{\varepsilon}_t, \quad \boldsymbol{\varepsilon}_t \sim \mathrm{N}(0, I_k) \qquad (5.3.4)$$

其中，$\boldsymbol{B}_i = \boldsymbol{A}^{-1}\boldsymbol{F}_i$，$i = 1, \cdots, s$。针对 $\boldsymbol{B}$ 矩阵中的元素按行进行重组成 $(k^2 s + k) \times 1$ 的列向量 $\boldsymbol{\beta}$，定义矩阵 $\boldsymbol{X}_t = I_n \otimes [1, \boldsymbol{y}'_{t-1}, \cdots, \boldsymbol{y}'_{t-s}]$，其中 $\otimes$ 表示克罗内克积，则模型（5.3.4）可以表示为

$$\boldsymbol{y}_t = \boldsymbol{X}_t\boldsymbol{\beta} + \boldsymbol{A}^{-1}\boldsymbol{\Sigma}\boldsymbol{\varepsilon}_t \qquad (5.3.5)$$

模型（5.3.5）中所有参数都是固定的，并不随时间改变。

进一步，如果允许 SVAR 模型（5.3.4）中所有参数随时间改变，即

$$\boldsymbol{y}_t = \boldsymbol{B}_{0t} + \boldsymbol{B}_{1t}\boldsymbol{y}_{t-1} + \cdots + \boldsymbol{B}_{st}\boldsymbol{y}_{t-s} + \boldsymbol{A}_t^{-1}\boldsymbol{\Sigma}_t\boldsymbol{\varepsilon}_t, \quad \boldsymbol{\varepsilon}_t \sim \mathrm{N}(0, I_k) \qquad (5.3.6)$$

此即为带有随机波动率的结构化时变参数 VAR 模型（TVP-SV-SVAR）。其

中，A_t 为时变结构矩阵；$B_{0t}, B_{1t}, \cdots, B_{st}$ 为 $k \times k$ 维的时变系数矩阵；Σ_t 为以 $[\sigma_{1t}, \sigma_{2t}, \cdots, \sigma_{st}]$ 为对角线的 $k \times k$ 维的对角矩阵。针对 B_{it} 矩阵中的元素重组为 $(k^2 s + k) \times 1$ 的列向量 β_t，TVP-SV-SVAR 模型的简约形式可以表示为

$$y_t = X_t \beta_t + A_t^{-1} \Sigma_t \varepsilon_t, \quad t = s+1, \cdots, n \tag{5.3.7}$$

式（5.3.7）中系数 β_t、参数 A_t 和 Σ_t 都是随时间变化的。根据 Primiceri（2005）的研究，针对结构性矩阵 A_t 中的无约束因素重新组合成 $k(k-1)/2$ 维列向量，即 $\alpha_t = [\sigma_{21}, \sigma_{31}, \sigma_{32}, \sigma_{41}, \cdots, \sigma_{k,k-1}]$。另外，定义 k 维列向量 $h_t = [h_{1t}, \cdots, h_{kt}]$，其中，$h_{jt} = \log \sigma_{jt}^2$。设定 TVP-SV-SVAR 模型中所有的参数服从随机游走过程，即

$$\beta_{t+1} = \beta_t + \mu_{\beta t}, \quad \alpha_{t+1} = \alpha_t + \mu_{\alpha t}, \quad h_{t+1} = h_t + \mu_{ht} \tag{5.3.8}$$

$$\begin{pmatrix} \varepsilon_t \\ \mu_{\beta t} \\ \mu_{\alpha t} \\ \mu_{ht} \end{pmatrix} \sim \mathrm{N} \left(0, \begin{pmatrix} 1 & 0 & 0 & 0 \\ 0 & \Sigma_\beta & 0 & 0 \\ 0 & 0 & \Sigma_\alpha & 0 \\ 0 & 0 & 0 & \Sigma_h \end{pmatrix} \right) \eta^E \tag{5.3.9}$$

其中，$\beta_{s+1} \sim \mathrm{N}\left(\mu_{\beta_0}, \Sigma_{\beta_0}\right)$；$\alpha_{s+1} \sim \mathrm{N}\left(\mu_{\alpha_0}, \Sigma_{\alpha_0}\right)$；$h_{s+1} \sim \mathrm{N}\left(\mu_{h_0}, \Sigma_{h_0}\right)$；$\Sigma_\beta$、$\Sigma_\alpha$ 和 Σ_h 均为正定对角矩阵。Σ_β 为对角矩阵，表示假设时变参数的随机扰动性不相关；根据 Nakajima（2011）的假定，Σ_α 为块对角矩阵，表示变量的同期相关系数是独立的；Σ_h 矩阵的对角性能够在不对估计结果产生影响的前提下有效提高估计的效率。Primiceri（2005）指出模型中所有参数服从一阶随机游走的假设可以允许参数暂时或永久的变动，可以充分捕捉潜在经济结构的渐变和突变。

2. 参数估计

在 TVP-VAR 模型的参数估计中，如果假设方差是非时变的，通过在线性的高斯状态空间模型中进行标准的卡尔曼滤波，采用极大似然估计实现对参数的估计。然而在 TVP-SV-VAR 模型中需要估计的参数有 β_1，α_1，h_1，Σ_β，Σ_α 和 Σ_h，波动率的时变性构成状态空间模型的非线性，使传统的极大似然估计需要大量重复卡尔曼滤波计算来估计每个参数集的极大似然函数，直到达到最大值，计算量非常繁重，不易解决。所以，模型参数的估计主要参考 Nakajima（2011）提出的在贝叶斯统计推断框架下进行 MCMC 算法计算。

首先，参数先验概率分布的设定，提供 MCMC 算法的初始迭代值。本节参照 Primiceri（2005）选取学习样本，通过固定系数 VAR 模型的估计结果得到贝叶斯估计的先验值，设定矩阵 Σ_β 和 Σ_α 服从逆威沙特（inverse wishart，IW）分布，矩阵 Σ_h 服从逆伽马（inverse gamma，IG）分布，因此参数的先验信息如下所示：

$$\boldsymbol{\beta}_0 \sim \mathrm{N}(\beta_{\mathrm{OLS}}, 4V(\beta_{\mathrm{OLS}})), \boldsymbol{\alpha}_0 \sim \mathrm{N}(\alpha_{\mathrm{OLS}}, 4V(\alpha_{\mathrm{OLS}})), \boldsymbol{h}_0 \sim \mathrm{N}(h_{\mathrm{OLS}}, 4V(h_{\mathrm{OLS}}))$$

$$\boldsymbol{\Sigma}_\beta \sim \mathrm{IW}(k_{\Sigma_\beta}^2 \tau V(\beta_{\mathrm{OLS}}), \tau), \quad \boldsymbol{\Sigma}_\alpha \sim \mathrm{IW}(k_{\Sigma_\alpha}^2 (1+n_\alpha) V(\alpha_{\mathrm{OLS}}), (1+n_\alpha)),$$

$$\boldsymbol{\Sigma}_h \sim \mathrm{IG}(k_{\Sigma_h}^2 (1+n_h) I_k, (1+n_h))$$

其中，τ 表示学习样本的时期数；n_α 和 n_h 分别表示矩阵 $\boldsymbol{\Sigma}_\alpha$ 和 $\boldsymbol{\Sigma}_h$ 的维度；为提高模型估计的准确性，新引入参数 k_{Σ_β}、k_{Σ_α} 和 k_{Σ_h} 的设定应使模型后验分布的概率接近于 1，本节依据 Primiceri（2005）的相关研究，分别取 0.05、0.01 和 0.1。

其次，MCMC 算法依次对参数的条件后验概率进行抽样，形成参数的条件后验分布。具体地，使用 MCMC 算法下的 Gibbs 抽样，令 $\boldsymbol{y} = \{y_t\}_{t=1}^n$，系数 $\boldsymbol{w} = (\boldsymbol{\Sigma}_\beta, \boldsymbol{\Sigma}_\alpha, \boldsymbol{\Sigma}_h)$，根据上一步事先给定参数 $\boldsymbol{w}$ 的先验概率密度函数，给定 $\boldsymbol{y} = \{y_t\}_{t=1}^n$ 的观测数据集，对后验分布 $\pi(\beta, \alpha, h, w | y)$ 进行抽样，具体步骤如下：

（1）初始化 $\boldsymbol{\beta}$、$\boldsymbol{\alpha}$、$\boldsymbol{h}$、$\boldsymbol{w}$，本节根据经验设定参数的初始值为 $\mu_{\beta_0} = \mu_{\alpha_0} = \mu_{h_0} = 0$，$\boldsymbol{\Sigma}_\beta = \boldsymbol{\Sigma}_\alpha = \boldsymbol{\Sigma}_h = 10I$。

（2）给定 $\boldsymbol{\alpha}$、$\boldsymbol{h}$、$\boldsymbol{\Sigma}_\beta$、$y$，根据后验条件分布 $\pi(\beta | \alpha, h, \Sigma_\beta, y)$ 对 $\boldsymbol{\beta}$ 进行抽样。

（3）给定 $\boldsymbol{\beta}$，根据后验条件分布 $\pi(\Sigma_\beta | \beta)$ 对 $\boldsymbol{\Sigma}_\beta$ 进行抽样。

（4）给定 $\boldsymbol{\beta}$、$\boldsymbol{h}$、$\boldsymbol{\Sigma}_\alpha$、$y$，根据 $\pi(\alpha | \beta, h, \Sigma_\alpha, y)$ 对 $\boldsymbol{\alpha}$ 进行抽样。

（5）给定 $\boldsymbol{\alpha}$，根据 $\pi(\Sigma_\alpha | \alpha)$ 对 $\boldsymbol{\Sigma}_\alpha$ 抽样。

（6）给定 $\boldsymbol{\beta}$、$\boldsymbol{\alpha}$、$\boldsymbol{\Sigma}_h$、y，根据 $\pi(h | \beta, \alpha, \Sigma_h, y)$ 对 $\boldsymbol{h}$ 进行抽样。

（7）给定 $\boldsymbol{h}$，根据 $\pi(\Sigma_h | h)$ 对 $\boldsymbol{\Sigma}_h$ 抽样。

（8）返回第二个步骤重复。

最后，构造合适的冲击矩阵对简约形式的冲击进行重组，验证相关的约束形成脉冲响应的冲击结果。当所有的参数估计出来之后，可以由此计算脉冲响应函数。在普通的 VAR 模型中，脉冲响应可以直接从向量移动平均（vector moving average，VMA）表达式中得到，然而在存在随机波动率的时变参数 VAR 模型中，VMA 系数也是时变的。假设普通的 VAR 模型所对应的 VMA 表达式如下：

$$y_t = \sum_{i=0}^\infty \theta_i u_{t-i} \tag{5.3.10}$$

那么在以后 h 期的脉冲响应就可以用 θ_h 来反映。在存在随机波动率的结构性时变 VAR 模型中，各个时期所对应的 VMA 表达式如下：

$$y_t = \sum_{i=0}^\infty \theta_{t,h} u_{t-i} \tag{5.3.11}$$

因此，在第 t 时期以后 h 期的脉冲响应就可以用 $\theta_{t,h}$ 来反映，可见各个时期的脉冲响应函数是不一样的，在进行脉冲响应分析时，我们可以做出各个时期的脉冲响应图和所有时间不同滞后期的脉冲响应图，以及所有时期不同滞后期的三维动态脉冲响应图，能够更加清楚地看到变量之间的动态效应关系。

5.3.3　实证分析

1. 变量选择和数据选取

金融稳定状况指数是测定和评估金融系统稳定的一种重要技术方法，将若干基础指标，主要是金融价格变量，如利率、汇率、股价和房地产价格通过某种程序和方法进行合成得到一个总指标，从而反映金融稳定这样复杂的总体现象。为了讨论市场流动性冲击对金融系统稳定的影响，本节基于金融稳定状况指数构建的启发，选取利率、汇率、股价和房地产价格作为金融稳定的状况变量，但是不进行合成综合指标，分析市场流动性与这些金融价格变量之间的动态关系，以此解析市场流动性对金融系统稳定冲击的渠道。选择金融价格变量作为金融系统稳定状况变量的原因如下：首先，利率是中国人民银行的重要货币政策手段。中国人民银行通过上调或下调利率来控制通货膨胀或防止通货紧缩，以实现金融稳定，如 1998 年亚洲金融危机后中国连续 7 次降息，2006 年开始中国 10 次上调利息，说明我国货币政策当局把利率作为调节金融稳定的重要手段，本节选取银行间 7 天同业拆借利率（用 R 表示）作为利率的代理指标。其次，随着全球经济一体化的发展，中国对外联系日益加深，汇率市场化日益加深，汇率变动对中国金融系统稳定的影响也十分巨大，本节选取人民币实际有效汇率指数作为实际汇率的代理指标（用 E 表示）。再次，近年来房地产蓬勃发展，已成为中国的支柱产业之一。房地产价格的大幅攀升和下降，往往伴随着经济的通胀和紧缩，势必影响金融系统的稳定，本节选取国房景气指数作为房地产价格的代理指标（用 H 表示）。最后，股票市场是金融市场最重要的组成部分，股市已成为经济状况的晴雨表，股价上涨时，股民信心大大加强，从而会增加投资，降低企业的融资成本，导致金融状况偏松，从而拉动整个经济的增长。本节选取上证综合指数作为股票价格的代理指标（用 S 表示）。

测量市场流动性的指标有很多，本节采用 Amihud（2002）提出的应用较广泛的市场非流动性指标来衡量流动性。第 t 个月的市场非流动性可以表示为

$$\text{Illiq}_t = \frac{1}{\text{Day}_t} \sum_{i=1}^{\text{Day}_t} \frac{\left| (P_{t,i} - P_{t,i-1}) / P_{t,i-1} \right|}{\text{Tvalue}_{t,i}} \times 10^{10}$$

其中，$\left| (P_{t,i} - P_{t,i-1}) / P_{t,i-1} \right|$ 表示第 t 个月第 i 个交易日回报率的绝对值；$\text{Tvalue}_{t,i}$ 表示第 t 个月第 i 个交易日的成交额；Day_t 为第 t 个月的交易天数；式中乘以 10^{10} 是为

了将非流动性指标值调整到适当的水平。市场非流动性指标是市场流动性的反向指标，即 Illiq 越小，市场越有深度，市场流动性越大。

综上，本节选取 2005 年 8 月至 2015 年 9 月的银行间 7 天同业拆借利率、人民币实际有效汇率指数、国房景气指数和上证综合指数相关月度数据，一共 122 个样本点。之所以选择 2005 年 8 月作为起始点，是因为 2005 年 3 月我国进行了股权分置改革，并在 2007 年 7 月进行了汇率改革，这两项大的重要政策对我国股市和汇市有一定的推动作用，对金融系统稳定状况有不可忽略的影响。

　　2. 平稳性检验

除了对利率和流动性以外的数据进行对数化处理，实际有效汇率指数、国房景气指数和上证综合指数对数处理后的数据用小写字母 e、h、s 分别表示。在实证研究前采用 ADF 方法对各个序列的平稳性进行检验，检验结果见表 5.3.1。从表 5.3.1 可以看出，利用上证综合指数相关数据计算出来的非流动性指标是平稳的序列，而用来表示金融系统稳定的四个价格变量都不平稳，其一阶差分的平稳性检验表明，四个一阶差分序列均是平稳的。根据理论分析和平稳性检验结果，将 SV-TVP-SVAR 模型中的变量顺序设定为流动性、股价波动、房地产价格波动、利率波动和汇率变动。

表 5.3.1　ADF 单位根检验

变量	检验类型 （C,T,N）	T 统计量	1%临界值	5%临界值	p 值	结论
Illiq	$(C,0,0)$	−3.883 770	−3.485 115**	−2.885 450*	0.002 9	平稳
I	$(0,0,2)$	−0.807 615	−2.584 539	−1.943 540	0.364 2	非平稳
ΔI	$(0,0,1)$	−11.442 010	−1.943 540**	−2.584 539*	0.000 0	平稳
e	$(C,0,1)$	−0.478 389	−3.485 586	−2.885 654	0.890 4	非平稳
Δe	$(0,0,0)$	−7.226 234	−2.584 375**	−1.943 516*	0.000 0	平稳
h	$(C,0,0)$	−0.341 242	−3.485 115	−2.885 450	0.914 2	非平稳
Δh	$(0,0,0)$	−5.771 825	−2.584 357**	−1.943 516*	0.000 0	平稳
s	$(C,0,0)$	−2.308 879	−3.485 115	−2.885 450	0.170 9	非平稳
Δs	$(0,0,0)$	−9.243 171	−2.584 375**	−1.943 516*	0.000 0	平稳

**表示 1%的显著性水平下显著；*表示 5%的显著性水平下显著

注：检验类型中的 C、T、N 分别表示 ADF 检验模型中的常数项、时间趋势和滞后项，数值为 0 表示没有此项

　　3. 参数估计结果分析

根据 AIC 准则选择 VAR 模型的最优滞后阶数是 2，用 MCMC 算法的抽样模拟 10 000 次得到有效样本，SV-TVP-SVAR 模型参数估计的结果见图 5.3.1 和表 5.3.2。

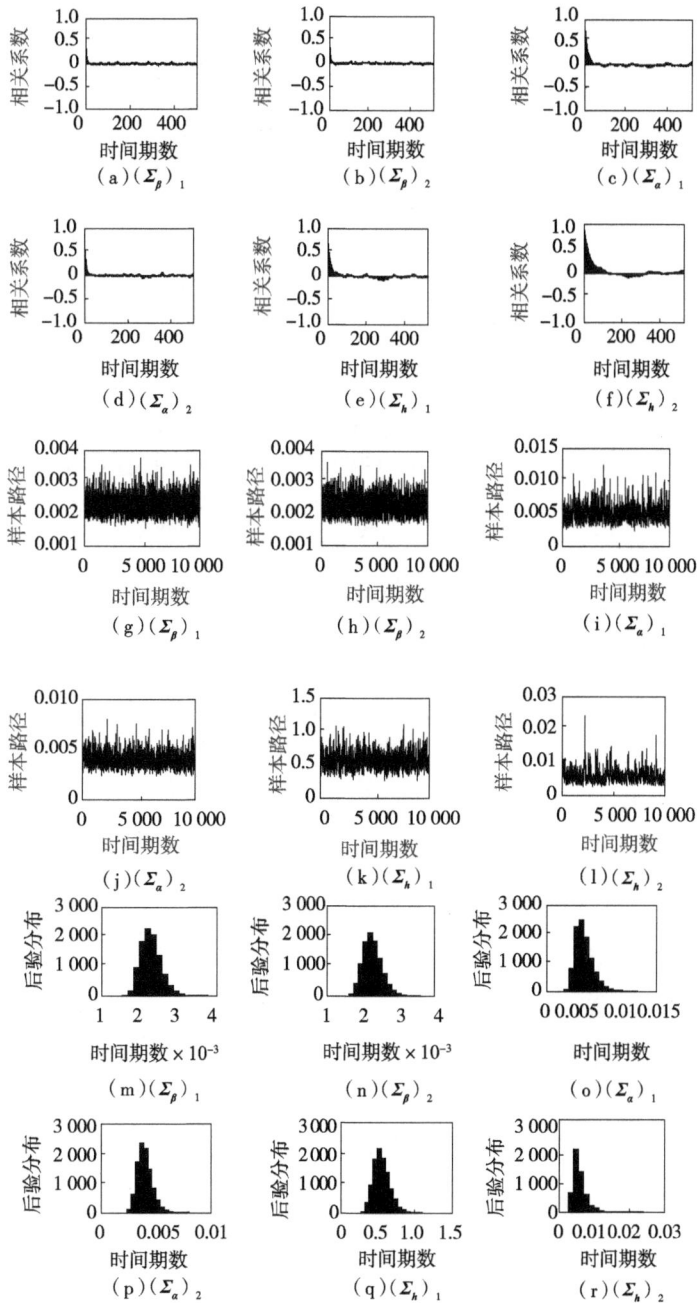

图 5.3.1　样本自相关系数、样本路径和后验分布

表 5.3.2　　参数估计结果

参数	均值	标准差	95%置信区间	Geweke	非有效性（Ineffficiency）
$(\Sigma_\beta)_1$	0.002 3	0.000 3	[0.001 9,0.002 9]	0.625	7.33
$(\Sigma_\beta)_2$	0.002 3	0.000 3	[0.001 8,0.002 9]	0.563	8.07
$(\Sigma_\alpha)_1$	0.005 1	0.001 2	[0.003 3,0.008 1]	0.070	25.26
$(\Sigma_\alpha)_2$	0.004 0	0.000 7	[0.002 9,0.005 5]	0.034	13.70
$(\Sigma_h)_1$	0.552 2	0.110 1	[0.365 9,0.794 7]	0.970	26.58
$(\Sigma_h)_2$	0.005 9	0.002 0	[0.003 5,0.010 9]	0.221	52.11

　　图 5.3.1 显示了样本自相关系数、样本路径和后验密度。从图 5.3.2 可以看出，剔除预烧期的样本，样本的自相关系数明显下降，且样本路径图显示抽样数据的平稳性，表明通过预设参数的 MCMC 抽样获得了不相关的有效样本。从收敛性来看，表 5.3.2 中参数的 Geweke 收敛诊断值均为超过 5%的置信水平临界值 1.96，不能拒绝趋于后验分布的原假设，表明预烧期已经能使马尔可夫链趋于集中。非有效因子表示为得到不相关样本所需要抽样的次数，非有效因子越低，表明样本越有效，表 5.3.2 中无效因子都非常低，其中最大值仅为 52.11。由于本书实证进行了 10 000 次模拟抽样，可以获得至少 10 000/52.11≈191.9 个不相关的样本。因此，基于图 5.3.1 和表 5.3.2 参数估计结果的分析可知，本节通过 MCMC 算法对 TVP-SV-SVAR 模型进行参数的模拟估计是有效的。

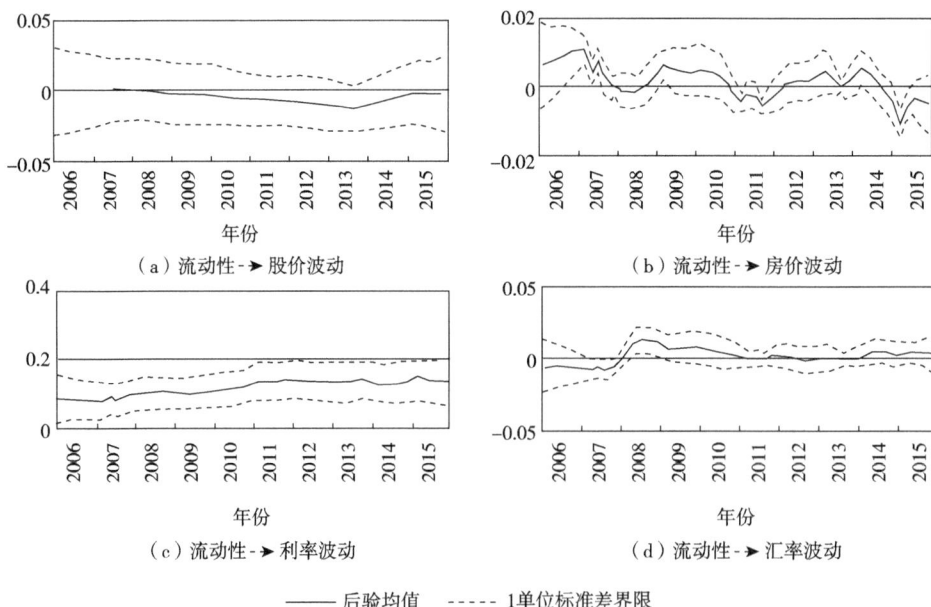

（a）流动性-→股价波动　　（b）流动性-→房价波动　　（c）流动性-→利率波动　　（d）流动性-→汇率波动

—— 后验均值　----- 1单位标准差界限

图 5.3.2　流动性与金融状况变量之间的同期关系

4. 时变系数的特征分析

图 5.3.2 反映的是市场非流动性指标对金融稳定状况各价格变量影响关系随时间变化的特征。从图 5.3.2 可知，市场流动性对房地产价格波动和汇率变动的同期影响有较强的时变性，而对股价变动和利率波动的同期影响相对稳定。从图 5.3.2（a）可见，市场非流动性指标对股价波动的影响系数基本上都是负值，尤其是 2008 年之后都为负值，说明市场流动性对股价波动有正的影响，并且保持相对稳定。从图 5.3.2（b）可以看出，市场流动性对房价波动的影响随时间波动的特点比较显著，且在 2008 年、2011 年和 2015 年呈现正向影响，而其他时间呈现负向影响。图 5.3.2（c）说明市场流动性对利率影响的时变性不强且呈负向影响。图 5.3.2（d）说明在 2008 年之前市场流动性对汇率有正的影响，且在 2007 年 4 月左右达到最大，随后逐渐降低，2007 年 9 月转为负向影响，且在 2008 年达到最小之后逐渐趋于稳定。

5. 时变波动率的特征分析

图 5.3.3 和图 5.3.4 给出了市场流动性与金融稳定状态变量的价格指标各自的随机波动率。由图 5.3.3 可以看出，在 2007~2008 年，中国股市经历牛市之后遭遇美国次贷危机影响，市场流动性水平波动较高，2007 年 7 月达到局部高点后下降，直到 2010 年又开始升高，可能是因为受欧洲主权债务危机的影响，2012 年趋于平稳，到 2013 年年初，随着中国股市牛市的到来，股市流动性大大加强，市场流动性波动又重拾升势，在 2014 年和 2015 年，市场流动性波动相对较高。

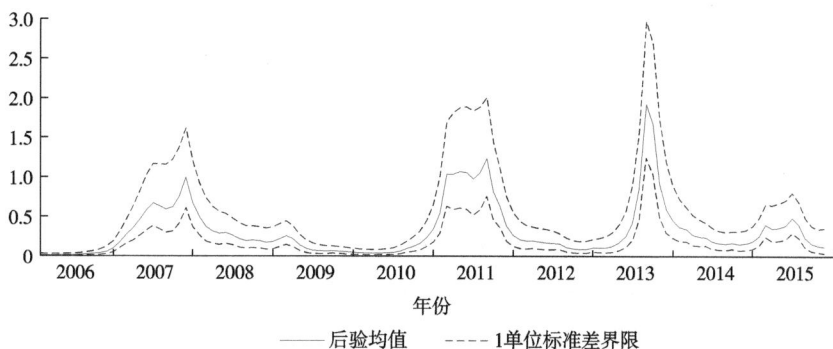

图 5.3.3　市场流动性的随机波动率的时变特征

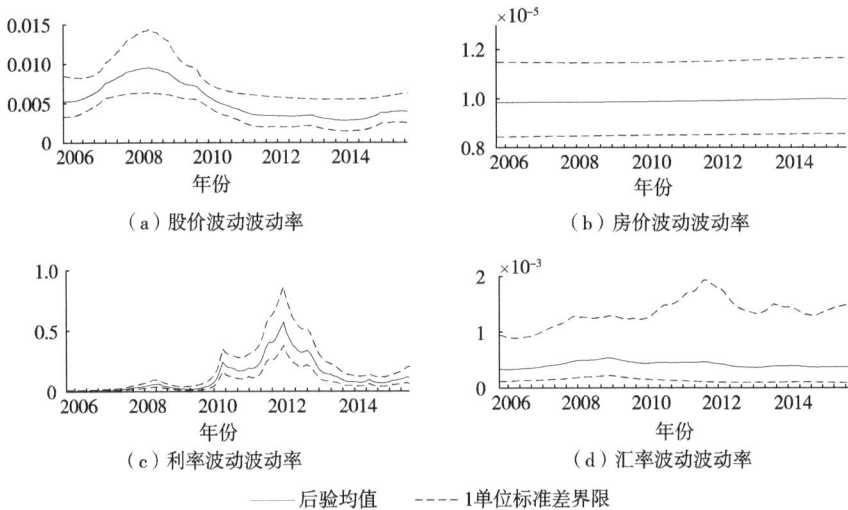

（a）股价波动波动率　　　　　　　　　　（b）房价波动波动率

（c）利率波动波动率　　　　　　　　　　（d）汇率波动波动率

——— 后验均值　　---- 1单位标准差界限

图 5.3.4　金融系统稳定状况变量的随机波动率的时变特征

　　图 5.3.4（a）和图 5.3.4（b）说明股票价格相对于房地产价格，其波动率随时间改变的特点更加显著，2005~2015 年，股价的随机波动率在 2009 年之前一直处于上升状态，在 2008 年达到最高点之后开始逐步下降，并在 2014 年开始有上升的端倪。2005 年股权分置改革之后，我国股市在 2006~2007 年经历了牛市，股价波动也比较高，但在 2008 年全球金融危机的冲击下，我国股市从 2007 年年底开始急剧下探，之后不断在较小的震荡中调整，直到 2014 年新一轮牛市的到来，股价大幅上升，在 2015 年 5 月达到巅峰后又急剧下跌，带来股价波动的再次上升。这些特点在图 5.3.4（a）中得到较好的解释。房地产价格波动在 2005~2015 年呈稳步的微小上升态势，虽然我国房价在此阶段整体上涨比较多，但是相对于股票市场而言，国家对房地产价格的宏观调控力度比较强，房价不会出现大幅上升或下跌的现象，而是小时间段内小幅上涨累积成的长时间大幅变化，所以在波动率上的变化体现不明显。

　　图 5.3.4（c）和图 5.3.4（d）说明相对于汇率波动率，利率波动率随时间变化的特点更加显著。2005~2010 年，利率的随机波动率一直比较平稳，可能 2008 年前后受金融危机影响，银行间同业拆借市场面临严峻风险，导致投资者缺乏投资积极性，加之 2008 年中国政府实施的“4 万亿投资”政策使市场拥有更多的流通资金，银行间同业拆借市场价格的波动幅度较小，但 2010~2012 年利率随机波动率大幅提高，并在 2012 年年初达到最高点，尽管 2012 年之后一直有所下降，但总体趋势上升。而对于汇率而言，2005 年汇率改革之后，人民币汇率的随机波动

率一直比较平稳，这主要是因为中国采取小幅升值策略。在汇率相对平稳的随机波动率图中，可以看出 2008~2009 年，随机波动率有小幅提高，可能是因为受全球金融危机的影响，为避免冲击，中国人民银行重新将人民币盯住美元。2010 年之后汇率随机波动率又有小幅上涨，2011 年之后则开始有所下降。2010 年的小幅波动可能是迫于当时一些欧美国家纷纷要求人民币升值，中国迫于压力于 2010 年 10 月重启了人民币的升值通道，升值幅度逐步加快，导致波动加快。但是由于本书采取实际有效汇率指数作为汇率变动指标，为数据稳定性要求，进行了对数差分的处理，所以用于实证的汇率数据较小且变化不大，汇率波动虽然能看出变化趋势，但是幅度不是十分明显。

6. 时变脉冲响应分析

基于 TVP-SV-SVAR 模型中两类不同的脉冲响应函数，即在不同时点上冲击形成的脉冲响应和不同提前期一单位标准正向冲击形成的脉冲响应，本节通过响应时点和响应时期两个维度构建脉冲响应三维图形来描述市场流动性与金融价格波动之间的动态互动关系，结果如图 5.3.5~图 5.3.8 所示。

图 5.3.5 反映的是在不同时点上不同响应期数一单位标准正向非流动性冲击（由于采用非流动性指标，即一单位标准负向流动性冲击）的脉冲响应结果。从整体来看，非流动性冲击对股票价格波动和利率波动的影响在短期影响较大，长期影响则较为微弱稳定，而且对股票价格波动的影响时变特征更为显著；而非流动冲击对房价波动和汇率波动的短期与长期影响均具有明显的不稳定性，而且随时间改变的特征均比较明显。

股价波动对非流动性冲击在不同时点上的脉冲响应并不一致。首先，2005 年至 2007 年年底与 2010~2015 年，股价对非流动性冲击当期均表现出上升趋势，而 2008~2010 年，股价对非流动冲击的当期则表现出下降趋势，可能是因为金融危机影响的滞后性，使投资者对股票市场的信息需要一定的时间来调整，在一段时间内股价波动反应不是十分灵敏；其次，虽然房价波动对非流动冲击在第 6 期之后脉冲响应函数值趋于稳定，但 2005 年和 2013 年均为负向影响，而 2014~2015 年从第二期开始则出现明显的正向响应，这可能是由于 2014~2015 年中国股市出现的牛市中，大量散户加入股市，投资者对市场信心大涨，引起股价的连续攀升，而在 2015 年 5 月出现股价直线下降，加上中国股市应对股灾采取涨跌幅限制，市场流动性受到很大的影响，股价波动也异常明显。2005~2015 年利率波动对市场流动性冲击的脉冲响应函数变化趋势基本相似，时变特性不明显。汇率波动对市场非流动冲击当期表现为正向响应，于第 3 期达到最小值后转为上升，并于第 4 期开始维持在负值水平。

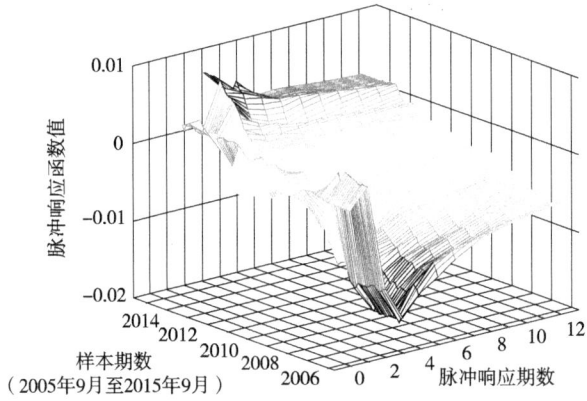

（a）流动性→股价波动

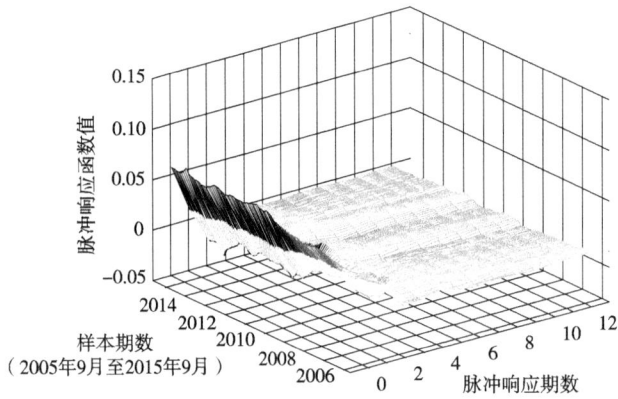

（b）流动性→利率波动

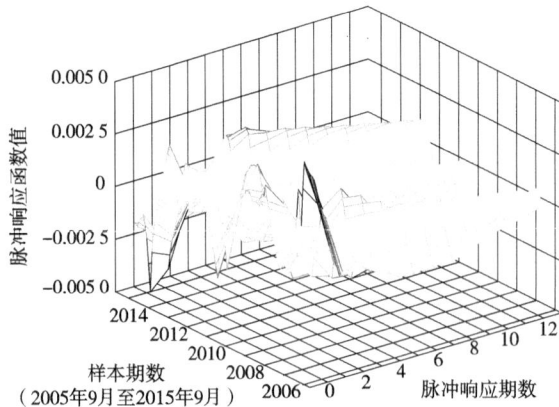

（c）流动性→房价波动

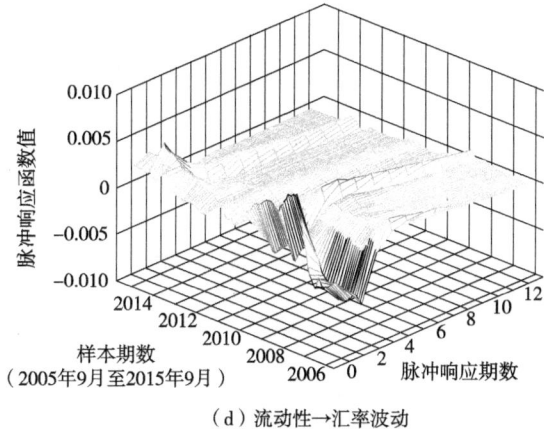

（d）流动性→汇率波动

图 5.3.5　金融稳定状况变量波动对流动性冲击的脉冲响应函数

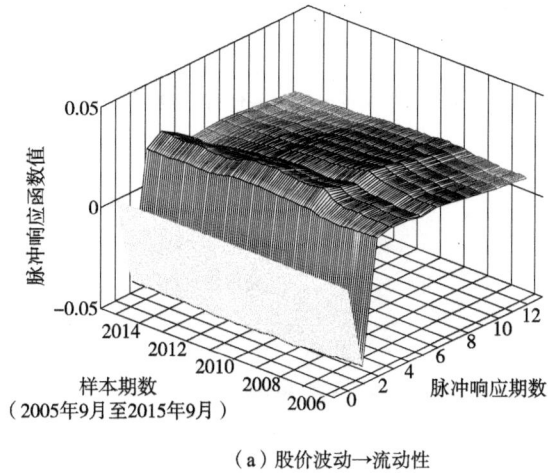

（a）股价波动→流动性

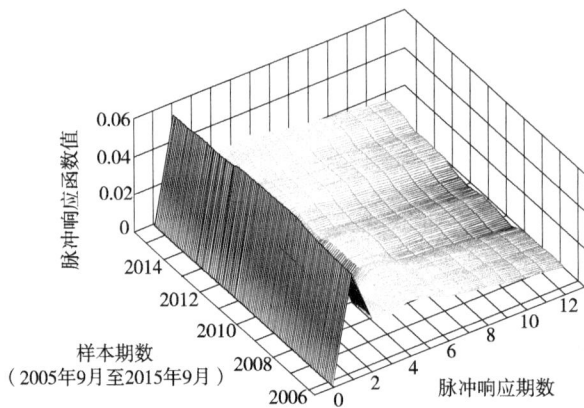

（b）利率波动→流动性

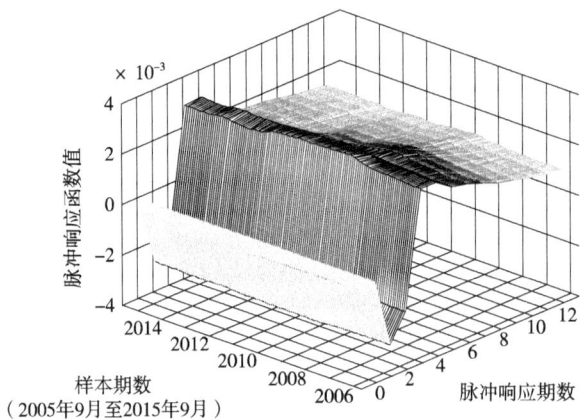

（c）房价波动→流动性

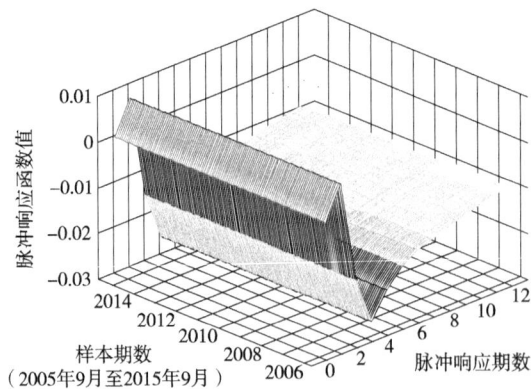

（d）汇率波动→流动性

图 5.3.6　流动性冲击对金融稳定状况变量波动的脉冲响应

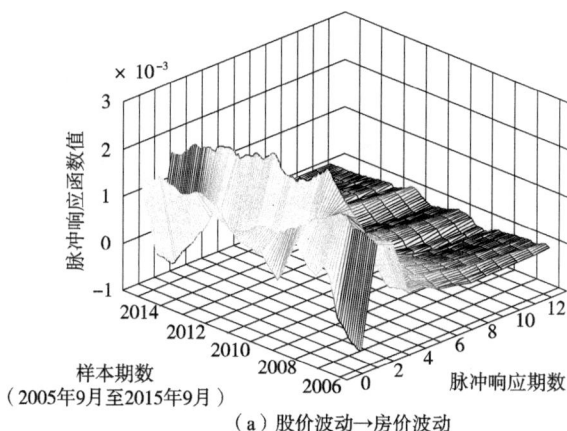

（a）股价波动→房价波动

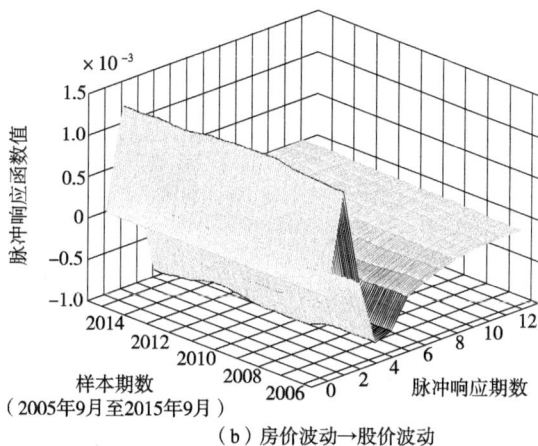

（b）房价波动→股价波动

图 5.3.7　股价波动和房价波动互动响应

　　房价波动对于市场非流动性冲击的脉冲响应在不同时点上的走势明显不同，从响应期数来看，房价波动的响应值与第 1 期至第 4 期在正负值以及上升和下降之间波动，并与第 4 期开始维持在某一水平，但是从不同时点来看，不同时间维持的稳定水平并不一致，2005~2015 年有极其明显的变化，其中 2012 年趋于稳定的脉冲响应值最大。说明房价波动与市场流动性之间的关系不是唯一的，这主要是因为房子与股票有不同的属性，除了均具有投资属性之外，房地产价格还受市场刚性需求和国家宏观调控的影响。2005~2015 年汇率波动对市场流动性冲击的脉冲响应表现并不一致。2005 年至 2006 年年底年汇率波动对市场非流动性冲击

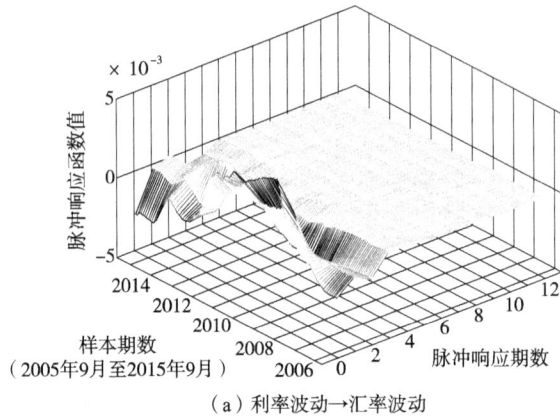

（a）利率波动→汇率波动

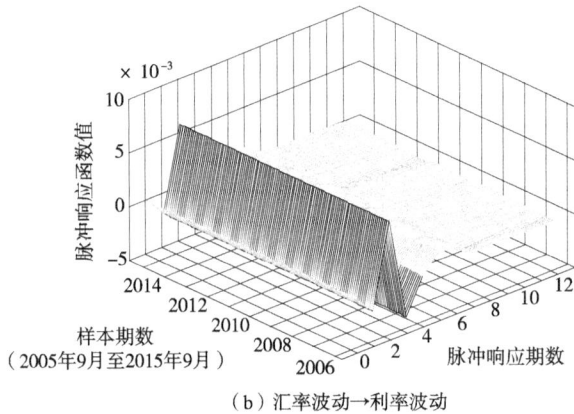

（b）汇率波动→利率波动

图 5.3.8　利率波动和汇率波动互动响应

的当期影响表现为负向响应，且绝对值较大，之后逐步上升并在 4 期后表现为正值。这主要是因为 2005 年 7 月我国进行了汇率改革，汇率以市场为基础，所以对市场非流动冲击有显著反映。但是在 2007 年年底至 2010 年年初，汇率波动对市场非流动性的当期反应表现为正值，下降一期之后转为上升趋势，并在第 6 期之后于 0 值附近稳定，短期响应较 2007 年之前绝对值较小，响应降低，这可能是因为此期间正值金融危机，再次盯住美元的人民币汇率对市场非流动性冲击的反应在减弱。2011 年至 2013 年年初，汇率波动对市场非流动性冲击的反应从初期就处在几乎为 0 的状态，2014~2015 年汇率波动对市场非流动性冲击反映的短期效应再次显现，但是滞后影响期数较短，大概两期之后就逐步趋于稳定。

图 5.3.6 反映的是在不同时点上不同响应期数市场非流动性对于不同的一单位标准正向金融价格冲击（由于采用非流动性指标，即一单位标准负向流动性冲击）的脉冲响应结果。整体来看，金融价格波动对于非流动性指标的影响随时间

变化的特点均不十分明显，且脉冲响应函数均呈现当期为 0，短期冲击响应明显，长期冲击响应逐渐消失的现象。其中，市场非流动性对股价波动冲击在第 1 期有负向反应，随后大幅上升在第 2 期有正向反应，之后小幅上升在响应期数为 3 时达到最大值后开始下降，并第 4 期之后维持在正值之上，但随着期数增加，响应缓慢下降；市场非流动性对于利率波动的冲击响应数值在第 1 期出现较大的正值，从第 1 期之后数值逐步下降，第 2 期降幅较大，之后仍然呈下降趋势，但幅度较小，直至第 12 期一直维持在 0 以上，说明利率波动冲击对市场流动性有负向影响；市场非流动性对房价波动冲击的脉冲响应函数值在第 1 期为负值，随后逐步上升，第 3 期达到正值开始下降，并于第 6 期开始下降趋势趋缓，且直至第 12 期维持在正值水平；汇率波动冲击对市场非流动性的影响在第 1 期为正，随后开始大幅下降变为负向影响，在第 2 期达到最小值之后开始上升，且从第 8 期开始趋势变缓，直至第 12 期一直保持负向影响。

综合图 5.3.5 和图 5.3.6 可以看出，金融稳定状况的变量即金融价格波动对于市场流动性冲击的脉冲响应的时变性较强，反之，市场流动性对金融价格波动冲击的脉冲响应的时变性弱。同时，市场流动性对于股市波动的冲击强于对房价波动的冲击，对于利率波动的冲击强于对汇率波动的冲击，说明市场流动性冲击金融稳定系统的渠道主要是通过股市和汇率，房地产市场和汇率市场由于受到国家宏观调控的影响比较大，其稳定性虽然也会受到市场流动性的影响，但较之股票市场和汇率市场，影响较弱。

另外，我们从股价波动和房价波动、利率波动和汇率波动两个方面来探讨金融市场价格变量之间的互动关系，结果分别见图 5.3.7 和图 5.3.8。房价波动对于股价波动冲击的响应图见图 5.3.7（a），具有较为明显的长期和短期时变特征。从短期来看，2005 年至 2012 年年初，2008~2012 年房价波动的当期响应值为负值，其他时间房价波动的当期响应值则为正值，之后第 1 期到第 2 期的脉冲响应值波动并不一致，2005~2012 年的第 1 期脉冲响应有不同程度的上升，而 2013~2015 年的第 1 期脉冲响应出现下降趋势，第 2 期到第 4 期脉冲响应的变化趋势随时间变化也较大，但从第 5 期开始趋于稳定，且维持在 0 附近的负值。股价波动对于房地产价格波动的响应见图 5.3.7（b），在第 1 期有最大的正向脉冲响应，其后连续两期大幅衰减，第 3 期达到最小负向响应后开始上升，到第 8 期逐渐稳定于 0。实际有效汇率波动对于利率波动冲击的脉冲影响见图 5.3.8（a），利率波动冲击对汇率波动在短期内的作用正负向不唯一，且变化方向存在不一致性，具有较为明显的时变特征，而长期则比较稳定，且不具有明显的作用。利率波动对于汇率冲击的脉冲响应前 4 期时变性不明显，之后具有一定的时变性。脉冲响应值从第 1 期的负值开始上升，第 2 期达到最大且为正值后开始下降，第 3 期达到最小且为负值后开始上升，第 5 期到第 8 期下降之后响应逐渐消失。

5.3.4 本节结论

本节使用 TVP-SV-VAR 模型研究市场流动性与金融系统稳定之间的关系，利用三维脉冲响应函数图来刻画市场非流动性指标和金融价格指标波动之间的动态互动关系，实证研究发现市场流动性与各金融资产价格之间的影响关系是不确定的，而且在不同时期呈现不同的特征，即市场流动性和金融价格变量之间的联动关系是随时间变化而变化的，主要结论如下：

（1）市场流动性与金融价格波动存在互动关系。各金融价格波动对市场流动性冲击的脉冲响应的时变特征比市场流动性冲击对各金融变量波动冲击的脉冲响应的时变性显著。

（2）市场流动性冲击对于各金融资产价格波动的影响。市场流动性冲击对股票价格波动和利率波动的影响在短期影响较大，长期影响则较为稳定，且对股票价格波动的影响时变特征非常显著，长期趋于稳定的影响水平不同；而非流动冲击对房价波动和汇率波动的短期与长期影响均具有明显的不稳定性，且随时间改变的特征均比较明显。

（3）各金融资产价格波动冲击对市场流动性的影响。金融价格波动对非流动性指标的影响随时间变化的特点均不是十分明显，且脉冲响应函数均呈现当期为0，短期冲击响应明显，长期冲击响应逐渐稳定的现象。

（4）房价波动与股价波动之间的互动关系。房价波动对于股价波动冲击的响应具有比较明显的长期和短期时变特征。股价波动对于房地产价格波动的时变性不强，但在各个时点影响持续期较长，到第8期脉冲响应函数值才逐渐趋于0。

（5）利率波动与汇率波动的互动关系。利率波动冲击对汇率波动在短期内的作用正负向不唯一，且变化方向存在不一致性，具有比较明显的时变特征，而长期则比较稳定，且不具有明显的作用。利率波动对汇率波动冲击的脉冲响应在各个时点变化趋势基本一致。

5.4 流动性冲击金融系统稳定的传导效应研究

5.4.1 信用传导效应

现代金融系统在很大程度上可以说是由信用支撑的，金融机构间频繁的往来交易、相互担保和交叉持股等关联关系使其资产负债表高度相关，此时信用风险就显得尤为重要，信用风险管理也成为现代风险管理体系中极其重要的组成部分。信用风险又称违约风险，指的是借款人或交易对方因种种原因，不愿或无力履行合同条款而导致违约发生，使贷款方遭受损失的可能性。由于银行是资金的主要借出方，企业、政府的各项融资筹资活动均依靠银行进行，所以银行也是信用风险的主要承担者。信用传染效应指的是一方受到信用违约而发生损失，损失导致自身资产恶化而发生违约，使其他数个关联方也遭受违约发生损失，如此层层传递，最终导致一传十、十传百的违约扩散情况。现在信用风险传染已是金融系统中常见的复杂社会现象，金融机构间频繁的交易、担保和相互借贷等关联关系使彼此之间资产负债表高度相关，单个机构的信用风险很容易通过机构间信息、情绪、态度、行为等双向互动机制在系统内蔓延和传染。金融市场上的信用风险传染是投资者心理行为和流动性交互作用的结果，既能通过金融机构、企业的资产负债表产生直接作用，又能通过资产价格间接发挥作用。

作为资金的主要出借方，银行是政府、企业融资筹资的主要来源，也是信用风险的主要承担者。单个银行的坏账风险也会通过银行与银行之间的同业拆借业务、担保业务不断扩散，从而引发银行的系统性风险。具体而言，当流动性正常或过剩时，各个银行由于资金充足而放宽借贷条件，增加对企业的贷款量，以期通过存贷利差赚取收益，同时银行与银行之间的相互借贷、担保活动也较为频繁。首先，若此时宏观经济形势改变或突发事件使某些重要企业投资失败而无力偿还借款，银行将突然间面临巨额资金无法收回的情况，资产方坏账数额大量上升导致资产减值，流动性骤紧使资金周转困难，大银行虽然可以通过额外风险保证金、存款保证金等方式缓解流动性风险，但对于小银行，短时间内快速陷入流动性危机将是致命的，流动性风险最先通过企业对小银行资产负债表的信用违约渠道冲击部分金融机构稳定。其次，银行与银行间存在交叉借贷、相互担保等复杂的资产负债关联关系，高度相关的资产负债表加速了信用传染的发生。小银行陷入流动性危机而接连破产倒闭，大银行对小银行的贷款和投资无法收回，导致本身就受到企业破产流动性冲击的大银行资金更加紧缺，而对小银行的担保又要求有一大笔资金的支出，资产大幅减少，负债快速增加，种种关联使大银行资产负债表恶化，信用风险传染导致各个银行陷入流动性危机，面临资金链断裂、破产倒闭的可能。流动性冲击最终通过银行与银行之间资产负债表的关联关系冲击整个金融系统稳定。

5.4.2　杠杆周期效应

从资产负债表角度出发，杠杆率指的是总资产与所有者权益的比值，杠杆率越高，说明公司通过负债经营的比重越高。经济繁荣时期，高杠杆会增加公司的股权收益，但在经济危机期间则会削减公司的收益。由于金融创新的不断发展，传统资产在金融机构中所占的比重已经逐渐降低，取而代之的是资产证券化、衍生品等多种多样的新型金融产品，这些创新产品为全球提供了富余的流动性，极大地扩张了金融机构的资产负债表，表现出显著的杠杆顺周期效应。朱民（2007）指出，1986~2006年，全球新型金融资产的数量正在快速增长，传统流通中的现金（M0）占全球GDP的10%左右，M2占全球GDP的122%，证券化债务占比为142%，但它们为市场提供的流动性分别只有1%、11%和13%，也就是说传统金融资产总共仅提供了25%的流动性。相反，金融衍生产品占全球GDP的比重高达802%，并以GDP增长率5倍的速度继续快速增长，为全球市场提供了近75%的流动性，流动性的倒金字塔结构如图5.4.1所示。同时，金融系统中除了银行外，还出现了另一个重要的影子银行体系，包括投资银行、对冲基金、保险公司和特殊目的机构（special purpose vehicle，SPV）等金融机构，它们在证券市场反向操作，借入流动性较高的资金，而后投入流动性较差的资产，通过杠杆交易为市场创造了大量流动性。

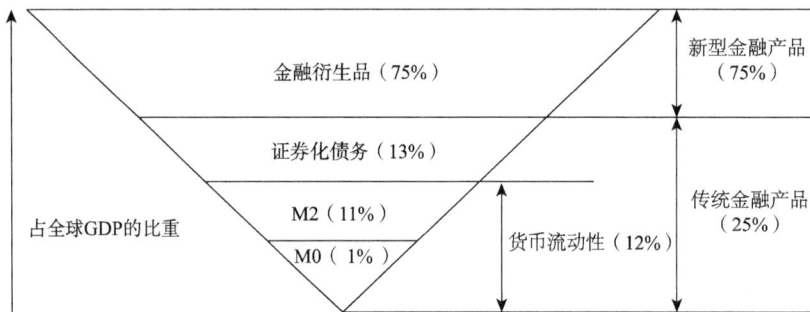

图5.4.1　上海银行间同业拆借利率的变化趋势图

　　正是这些创新金融产品和金融机构，使现在的金融体系，不论是商业银行还是影子银行，几乎都采取杠杆经营模式。但利用杠杆进行经营具有明显的顺周期效应：资产负债表规模与杠杆率呈正相关关系，即在经济繁荣时期，资产价格上升，杠杆率升高，资产负债表扩张；在经济萧条时期，资产价格下降，杠杆率降低，资产负债表萎缩，这种顺周期效应大幅放大了流动性对金融稳定的冲击。当流动性过剩导致资产价格上涨时，资产负债表资产方和权益方同时增加，杠杆率下降，而金融机构往往不愿意持有过多的权益资本，从而购入资产以提升杠杆率，导致资产价格进一步上涨，流动性扩张加剧；当流动性萎缩导致资产价格下跌时，杠杆率上升，而金融机构此时又希望持有更多的权益资本，因而通过变卖资产降低杠杆率，俗称去杠杆化作用，导致资产价格的持续下跌，流动性进一步萎缩。

如此通过杠杆的顺周期效应，流动性异常状况被数倍放大，对金融系统稳定的冲击力度也大大增强。金融危机爆发前，美国商业银行的杠杆率一般维持在 10~20 倍，投资银行的杠杆率一般在 30 倍左右，而危机爆发后，金融机构的杠杆率普遍大幅下降，降幅超过一半以上。表 5.4.1 以回购协议为例，说明金融危机爆发前和爆发期间保证金比率及杠杆率的变化情况。

表 5.4.1　金融危机前和危机期间美国金融资产保证金比率及杠杆率对比

金融资产	保证金比率/%		杠杆率	
	危机前	危机期间	危机前	危机期间
美国国债	0.25	3	400	33.33
投资级债券	0~3	8~12	33.3	8.33~12.5
高收益债券	10~15	25~40	6.67~10	2.5~4
投资级公司 CDS	1	5	100	20
优先杠杆贷款	10~12	15~20	8.33~10	5~6.67
优质抵押支持证券	2~4	10~20	25~50	5~10
资产支持证券 ABS[1]	3~5	50~60	20~33.33	1.67~2
优先级 MBS[2]	2~4	10~20	25~50	5~10

1）资产证券化融资（asset-backed security，ABS）

2）抵押支持债券（mortgage-backed security，MBS）

资料来源：根据 IMF 的 *Global Financial Stability Report* 整理而得

同样，图 5.4.2 对比 2015 年危机爆发前后的融资融券余额，可以看到危机爆发前杠杆显著上升，而危机爆发后则呈现出明显的去杠杆化效应，可见杠杆是股灾背后的重要推手。

5.4.3　表外业务到期效应

从 2013 年 5 月中旬开始，我国银行体系内发生了异常的流动性紧张情形，即"钱荒"事件。银行间同业拆借利率逐步走高，6 月资金面已严重短缺，拆借利率不断创新高，在 6 月 20 日，银行间隔夜回购利率甚至创下了 30% 的历史最高值，而正常情况下隔夜利率基本维持在 3% 左右。图 5.4.3 为上海银行间不同期限同业拆借利率的变化趋势图，可以明显地看出 2013 年 6 月银行内部短期拆借利率突然飙升。银行体系内流动性紧缺导致了如此高的借款资金成本，严重影响了我国银行间相互融资的能力，金融系统的稳定运行也受到破坏，其中银行表外业务到期就是传导流动性冲击，导致"钱荒"的重要原因之一。

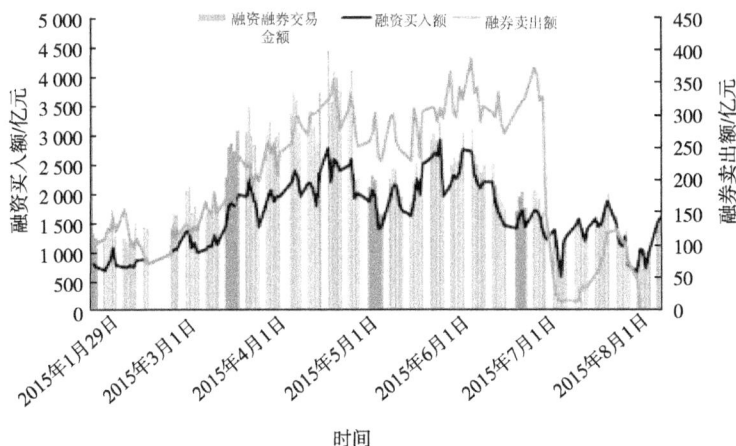

图 5.4.2　危机前后融资融券余额对比

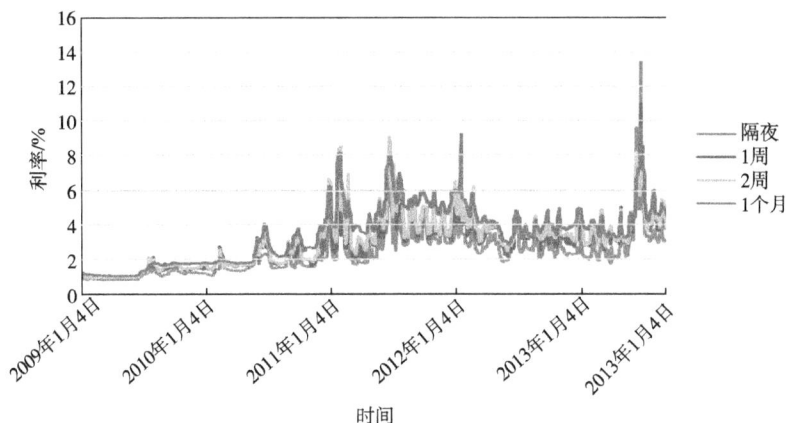

图 5.4.3　上海银行间同业拆借利率的变化趋势图

　　表外业务即不反应在资产负债表上的业务,具有规避监管、粉饰报表的作用,因此被银行和其他金融机构广泛采用。理财产品是一种非正式的资产证券化,其发售是基于未披露的表外资产池,因此属于银行的表外业务。表外业务的灵活性较高,其基础资产和理财产品之间的期限错配情况非常普遍,所以随着理财产品等表外业务的到期,资金流出很可能给银行带来严重的再融资压力,从而影响到银行的资产负债表,使银行陷入流动性风险。惠誉国际发布的报告称,截至 2013年 3 月 31 日,中国理财产品的规模已高达 13 万亿元,总额达到传统信贷业务总额的一半以上。6 月是银行年中考核的关键时期，也是多数银行理财产品集中到期的时期。惠誉的数据显示，6 月的第 3 周，市场上共有 813 款银行理财产品到期，而 6 月底的最后 10 天，中国银行业将有超过 1.5 万亿元的理财产品到期。大规模的理财产品集中到期赎回导致银行资金外流，资产方优质流动资产减少，流动性紧缺；而为了应对考核又必须保证流动性相对宽松，只有依靠银行间相互拆借暂时缓解流动性紧张情况。因此，短期刚性需求导致银行间同业拆借利率大幅上涨，银行以高出正常借贷成本近 10 倍的利率借入流动性，负债成本增加。所以表外业务到期使流动性冲击通过现金减少、负债成本增加的方式冲击银行的资产负债表，影响银行的正常融资。

5.4.4　国际传导效应

纵观 20 世纪 90 年代以来爆发的大量全球性金融危机，可以发现其普遍呈现出传导和扩散的区域越来越广、影响的持续时间越来越长、爆发的频率越来越快等特点。危机爆发时市场间常常出现"齐涨齐跌"的现象。无论是 2007~2008 年的次贷危机，还是 2010~2011 年的欧美主权债务危机，乃至本轮 2015 年的 A 股流动性危机，各国实体经济和资本市场均表现出显著的同步性，危机的跨国传导效应明显，单个国家受到的冲击很容易演变为席卷全球的金融危机。随着经济一体化和金融全球化的不断深化，流动性冲击通过国际热钱流动、季风效应和净传染效应等实现不同国家间的传导扩散。

1. 国际热钱流动

国际热钱又称国际游资，是国际短期资本的重要组成部分，其频繁在国际市场间流动，并以短期利率、汇率、股票和衍生品等的价格波动为目标，反复而快速进出债券市场、外汇市场、股票市场和衍生品市场等，以获取投资收益。虽然短期国际资本流动有助于促使交易达成，活跃金融市场，为市场提供流动性并有效调节国际间资金流动。但其具有很强的投机性、多变性和隐蔽性等特点，使国际游资的快进快出给一国市场和金融系统带来很大的不稳定性。据 IMF 统计，截至 2011 年，活跃在全球金融市场上的国际热钱数额已超过 72 000 亿美元，并且这一数额正在稳步上升。

国际热钱本身就是流动性的额外存在形式之一，因而其对流动性冲击的传导也具有直接、快速的特点，主要通过以下四种途径冲击金融系统稳定。第一，当国际游资在一国国际收支中占比较大时，也就意味着国家外汇储备中有很大一部分来自短期国际资本，此时游资的流入流出就会对国家国际收支的稳定性造成威胁。若外国由于流动性过剩产生资产虚高，或者本国的流动性冲击导致市场紊乱，国际游资由于敏感性和投机性，都将快速大量外撤，所以市场上流动性就会快速枯竭，同时严重的国家收支逆差将引起外汇储备不足，造成货币大幅度贬值，直接冲击国家金融系统稳定。例如，1997 年的东南亚金融危机，最先就是索罗斯带领的国际游资攻击泰铢，致使泰铢大规模贬值引发的。第二，国际游资的流入直接给一国市场带来流动性，但大量的游资则会造成市场流动性过剩，引发过度投资、资产价格泡沫等，破坏价格的形成机制，造成市场的虚假繁荣。此时一旦国际游资获利撤离，市场流动性瞬间蒸发，资产价格泡沫破灭而大幅下跌，很可能导致金融危机爆发，可见国际游资自身就是流动性冲击扩散的影响因素之一。第三，外国流动性失衡导致国际游资对其他国家汇率产生不同预期，大量进出他国外汇市场，扭曲了汇率水平，造成这些国家汇率的频繁大幅波动，通过外汇波动将流动性冲击传导给其他国家，造成大范围的金融不稳定。第四，国际游资大大削弱了政府对市场流动性的宏观调控，造成政策效果迟滞、失灵，甚至出现反向作用等。例如，政府希望通过提高利率的手段来吸收国内部分流动性，控制通货膨胀，但此政策很可能吸引国际游资进入市场，反而增加了市场上的货币流动性，加剧了通货膨胀，造成经济和金融系统波动。

2. 季风效应

季风效应于 1998 年由 Masson 首次提出，指的是由于受到同一外部冲击影响，几个国家或地区相继爆发金融危机的现象。20 世纪 90 年代以来，随着经济一体化和金融全球化的不断深化，国家与国家间的金融联系日益紧密，金融波动也越来越趋于一致。若一国受到流动性冲击而爆发金融危机，其采取的经济调整决策会导致其他关联国家做出类似的调整政策，从而导致其他国家资本大量流进流出，流动性发生异常波动，金融危机相继爆发。流动性冲击通过金融全球化产生季风效应，并对全球金融系统稳定产生越来越重要的影响。

以 1992 年爆发的欧洲货币体系危机为例，德国为了推动经济发展实施了高利率的货币政策，这也是导致此次危机的元凶。德国高利率政策给欧洲共同体成员国货币流动性和币值稳定带来了巨大冲击，这种共同冲击促使投资者在外汇市场上大量抢购马克，使马克流动性增强，而抛售其他币种，所以英镑、法郎、里拉等币种一度持续性贬值，流动性大大减弱。由季风效应引发的货币流动性危机使英国、法国、意大利等国家失业率增长，经济增长进一步放缓，金融系统不稳定性增强。政府为了阻止经济萧条的蔓延，相继退出了欧洲货币体系。

3. 净传染效应

近十几年来，流动性冲击导致的金融系统波动范围越来越广，国家与国家间即使不存在贸易往来或金融联系也会受到冲击波及。这种不通过直接的经济接触而导致冲击传染的传导渠道被称为净传染效应,万雪莉(2011)将净传染效应细分为经济相似净传染、政治相似净传染及文化相似净传染。经济相似净传染指的是一国由于流动性冲击爆发金融危机,投资者认为其他经济状况相似的国家也会出现流动性冲击从而改变投资决策,所以这些国家的金融系统稳定性发生波动;政治相似净传染指的是国家与国家间政治体制和政治决策基本一致,导致流动性冲击的传播扩散;文化相似净传染指的是国家间虽然经济联系不太紧密或者政治交往不太频繁,但由于历史发展等原因,其具有相似的文化传统和背景,而投资者预期流动性冲击将在这些国家间相继爆发,所以造成金融系统的不稳定。

历次流动性冲击导致的金融危机中都或多或少存在净传染效应,如 20 世纪 90 年代初爆发的墨西哥金融危机,使投资者认为其他如智利、阿根廷、巴西等拉美国家因经济结构和债务结构相似,也会受到流动性冲击,因此投资者选择撤资,最终这些国家也陷入金融危机。东南亚金融危机和欧洲主权债务危机,均是由于率先爆发金融危机的国家(泰国和希腊)与周边国家(马来西亚、新加坡等以及西班牙、爱尔兰、意大利等)具有极为相似的经济制度,甚至在政治体制和文化背景上也十分相近,所以流动性冲击通过净传染效应在这些国家间快速传播,造成大区域范围内金融系统的不稳定。

5.5　货币政策对股指期货市场流动性的非线性传导效应研究

本节基于"时间尺度"、"价格尺度"和投资者交易倾向等因素构建了测度股指期货市场流动性的新指标,通过非传统 Granger 因果检验和 MS-VAR 模型分析货币政策对股指期货市场流动性的非线性传导效应。实证结果表明:货币供应量、利率和股指期货市场流动性之间参数的短期稳定性较弱,长期稳定性较强,运用滚动宽窗 Granger 因果检验和非线性 Granger 因果检验发现 M2 与利率对股指期货市场流动性的引导关系在 2015 年 9 月之后发生结构性变化;MSMH(2)-VAR(3)模型表明系统存在明显的区制效应,在区制内运动的稳定性较高,区制间转换具有一定的非对称性;脉冲响应分析发现货币政策冲击对股指期货市场流动性的影响方向、影响程度和衰减速度在不同区制下都存在显著差异。

5.5.1 研究背景

自 20 世纪 90 年代以来，中国期货市场得到迅猛发展，尤其是 2010 年 4 月 16 日中国金融期货交易所（简称中金所）正式推出沪深 300 股指期货合约，作为第一个标准化金融衍生品，标志着中国正式实现从商品期货向金融期货的成功跨越，是中国金融市场一项重大的制度创新。随后，为了促进股指期货市场的发展，中金所采取降低手续费和保证金、提高持仓限额等多项措施鼓励投资者参与股指期货交易。到 2015 年，沪深 300 股指期货持仓量达到 4 023 万手，合约年成交量突破 163 万亿元，累积成交金额约为 464.5 万亿元。2015 年 4 月 16 日，上证 50、中证 500 等股指期货相继正式上市交易，进一步优化了中国金融市场的资源配置功能。然而，期货市场的发展必然会给投资者和监管者带来全新的挑战。受 2015 年 6 月"股灾"事件的影响，2015 年 9 月中金所、中国人民银行等多部门联合出台多项管控措施（包括暂停 IPO、限制股指期货户开仓数量和大幅提高保证金等），2015 年中国人民银行曾 5 次降准和降息，进一步加强对期货市场的监管。中金所和中国人民银行等监管部门此次政策调整对股指期货市场产生了巨大影响，引发了股指期货价格暴跌、成交量和换手率（成交量与持仓量之比）锐减等（如图 5.5.1 所示，阴影部分为 2015 年 9 月之后），股指期货市场面临着巨大的困境和挑战。

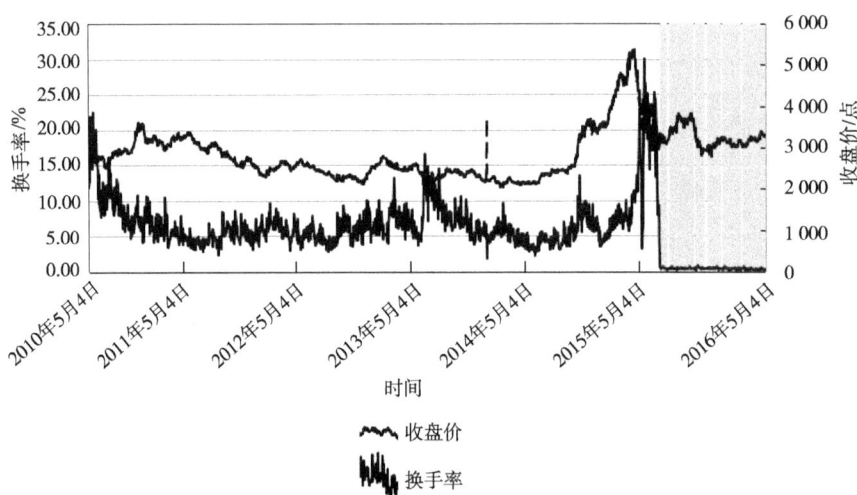

图 5.5.1　2010 年 5 月~2016 年 5 月沪深 300 股指期货的收盘价与换手率走势

众所周知，当市场失去流动性时，股指期货的价格发现和套期保值等功能也将难以发挥作用。可见，股指期货市场流动性中蕴含着丰富的市场信息，包括期货价格形成的内在机理、信息传递方式和市场运行效率等。正如 Amihud 和 Mendelson（1988）所言："流动性是市场的一切。"O'Hara（1995）也指出流动性为期货市场中各种投资者提供了快速买卖期货合约和转移风险的机会。事实上，货币政策为期货市场的流动供给提供源泉，Scrimgeour（2015）通过分析期货价格对货币政策异常的反应，发现利率 10 基点的异常变动会使商品期货价格下降约 0.5%。因此，科学地测度期货市场流动性的总体水平，深入分析货币政策对期货市场流动性的传导渠道及其影响效应，对进一步完善股指期货市场的交易制度改革、充分发挥股指期货的市场功能，进而维护股指期货市场的稳定发展具有重要的理论和现实意义。

已有关于市场流动性的研究过分强调价格冲击对流动性的影响，而忽略了成交量的作用，也没有考虑因成交额变化改变投资者交易倾向等因素，也鲜有关注股指期货市场的流动性问题。因此，本节基于"时间尺度"和"价格尺度"双重属性，并兼顾投资者交易倾向等因素，构建了一个股指期货市场流动性的新指标，从而为后续研究货币政策冲击对股指期货市场流动性的影响作用奠定基础。主要以 M2 和利率作为货币政策的代理变量，基于非线性视角从引导关系和状态影响两个方面研究货币政策对期货市场流动性的传导效应。

鉴于 2015 年 9 月中金所出台一系列管控措施对股指期货市场产生了极大的影响，本节以 2015 年 9 月为分界点将全样本一分为二，在 2015 年 9 月之前采用 Bootsrap 滚动宽窗 Granger 因果检验分析 M2 和利率对股指期货市场流动性的引导关系，而在 2015 年 9 月之后则利用非线性 Granger 因果检验方法讨论它们之间的引导关系，从而确定货币政策对股指期货市场流动性的引导关系是否存在结构性变化。同时，货币政策对期货市场流动性的影响作用常常具有非线性特征，仅仅利用线性模型很难刻画两者之间的动态关系，尤其是无法区分股指期货市场流动性的不同状态。因此，本书选择 MS-VAR 模型对货币政策代理变量和期货市场流动性组成 VAR 系统的区制效应进行识别，并利用累积脉冲响应分析 M2、利率在不同区制下对期货市场流动性的作用机制。基于上述两方面的研究将为促进期货市场，尤其是股指期货市场的稳定发展提供理论基础和实证依据。

5.5.2　实证模型及方法

1. 股指期货市场流动性

股指期货市场流动性主要是指在既定的股指期货市场结构下，股指期货合约能够以合理的价格迅速交易且不引起其他相关资产发生明显波动的难易程度，体现了股指期货交易的"时间尺度"（即交易时间短）和"价格尺度"（即交易成本低）双重属性，是衡量股指期货市场资源配置和运行状态的重要依据。鉴于当前文献在构造股货市场流动性指标中存在诸多不足和股指期货交易的特殊性，本节以沪深 300 股指期货为例，基于价格波动、成交量、持仓量和成交额等因素，构造一类新的股指期货市场流动性指标，即

$$\mathrm{Mar}\,L_t = \sum_{i=1}^{T_t} \omega_{t,i} \frac{V_{t,i}/N_{t,i}}{\exp\left[(P_{t,i} - P_{t,i-1})/P_{t,i-1}\right]} \qquad (5.5.1)$$

其中，$V_{t,i}$、$N_{t,i}$ 和 $P_{t,i}$ 为沪深 300 指数期货（主力合约）在 t 月第 i 个交易日的成交量、持仓量与收盘价；T_t 为 t 月的交易日数；分子 $V_{t,i}/N_{t,i}$ 反映的是对应交易日股指期货合约的换手率；分母则是对应交易日价格相对波动率的指数。在股指期货市场中，股指期货合约的交易状态容易受到投资者交易倾向的影响，而交易倾向对成交额变化尤为敏感，当成交额越大时越容易刺激投资者进行交易。因此，可利用股指期货合约的成交额构造权重对期货市场日度流动性进行加权平滑调整，权重为 $\omega_{t,i} = e_{t,i} \Big/ \sum_{j=1}^{T_t} e_{t,j}$，其中，$e_{t,i}$ 为 t 月第 i 个交易日的成交额。

从式（5.5.1）可知，$\mathrm{Mar}\,L_t$ 反映了单位期货合约价格波动下可能需要多大的换手率来吸收，即当价格波动越小，换手率越高，则 $\mathrm{Mar}\,L_t$ 值越大，此时股指期货市场的流动性越强，反之则 $\mathrm{Mar}\,L_t$ 值越小。可见，该指标的优点主要体现在以下四个方面：①价格波动率取指数可以避免在连续交易日始终出现涨停或跌停导致 $\mathrm{Mar}\,L_t$ 出现无穷大的极端情况，而此极端情形的流动性大小就是其换手率，与市场流动性的含义相符。②指数函数与原函数保持同样的单调性，且反应会更加灵敏。在股指期货交易中，价格波动率过大会带来诸多不确定性，从而使股指期货市场流动性更加显著地反映出来。③该指标用交易额反映期货交易情绪因素，从而构建权重进行平滑调整，而不是简单地进行算术平均。④$\mathrm{Mar}\,L_t$ 是正向指标，便于理解和分析。

2. 非传统的 Granger 因果检验方法

考虑一个经典的二元 VAR（p）模型，其矩阵形式如下：

$$\begin{bmatrix} y_{1t} \\ y_{2t} \end{bmatrix} = \begin{bmatrix} \varphi_1 \\ \varphi_2 \end{bmatrix} + \begin{bmatrix} \varphi_{11}(L) & \varphi_{12}(L) \\ \varphi_{21}(L) & \varphi_{22}(L) \end{bmatrix} \begin{bmatrix} y_{1t} \\ y_{2t} \end{bmatrix} + \begin{bmatrix} \varepsilon_{1t} \\ \varepsilon_{2t} \end{bmatrix} \qquad (5.5.2)$$

其中，y_{1t} 和 y_{2t} 为两组时间序列；$\varphi_{ij}(L) = \sum_{k=1}^{p} \varphi_{ij,k} L^k$，$i, j = 1,2$，$L$ 为滞后算子，即 $L^k y_t = y_{t-k}$，k 为滞后阶数；ε_{1t} 和 ε_{2t} 为白噪声序列。基于以上假设条件可知：y_{2t} 不是 y_{1t} 的 Granger 因果关系的原假设是 $\varphi_{12,k} = 0, k = 1, 2, \cdots, p$；类似地，$y_{1t}$ 不是 y_{2t} 的 Granger 因果关系的原假设是 $\varphi_{21,k} = 0, k = 1, 2, \cdots, p$。

由于传统的 Granger 因果检验的内在缺陷，下面主要介绍两种非传统的 Granger 因果检验方法来分析不同时期内货币政策对股指期货市场流动性的非线

性引导关系。

1）滚动宽窗 Granger 因果检验

滚动宽窗 Granger 因果检验其实就是将经典 Granger 因果检验的区间不断进行滚动估计，从而得到变量间的动态因果关系。具体方法如下：假设整个样本长度为 T，选定滚动宽窗为 n（$2p+1<n<T$），整个样本区间就转化为 $T-n$ 个子样本序列，任意子样本的样本期为 $t=\tau-n+1,\tau-n,\cdots,\tau$，$\tau=n,n+1,\cdots,T$。对每个子样本再运用 Bootstrap-$F$ 方法检验两组序列之间的 Granger 因果关系，此时，检验统计量为

$$F_{t,n}=\frac{(\mathrm{RSS}_{0,t}-\mathrm{RSS}_{1,t})/p}{\mathrm{RSS}_{1,t}/(t-2p-1)}:F(p,n-2p-1)\qquad(5.5.3)$$

其中，$\mathrm{RSS}_{1,t}=\sum_{i=t-n+1}^{t}\hat{\mu}_i^2$；$\mathrm{RSS}_{0,t}=\sum_{i=t-n+1}^{t}\hat{e}_i^2$。

2）非线性 Granger 因果检验

对于式（5.5.2）中的两组平稳时间序列 y_{1t} 和 y_{2t}，分别令

$$y_{i,t}^m=\left(y_{i,t},y_{i,t+1},\cdots,y_{i,t+m-1}\right),i=1,2;m=1,2,\cdots;t=1,2,\cdots\qquad(5.5.4)$$

$$y_{i,t-L_{y_i}}^{L_{y_i}}=\left(y_{i,t-L_{y_i}},y_{i,t-L_{y_i}+1},\cdots,y_{i,t-1}\right),i=1,2;L_{y_i}=1,2,\cdots;t=L_{y_i}+1,L_{y_i}+2,\cdots\qquad(5.5.5)$$

对于给定 $m,L_{y_i}\geqslant1$ 以及区间参数 $e>0$ 时，如果下式成立：

$$\Pr\left(\left\|y_{1,t}^m-y_{1,s}^m\right\|<e,\left\|y_{2,t-L_{y2}}^{L_{y2}}-y_{2,s-L_{y2}}^{L_{y2}}\right\|<e\left\|y_{1,t-L_{y1}}^{L_{y1}}-y_{1,s-L_{y1}}^{L_{y1}}\right\|<e\right)$$

$$=\Pr\left(\left\|y_{1,t}^m-y_{1,s}^m\right\|<e\left\|y_{1,t-L_{y1}}^{L_{y1}}-y_{1,s-L_{y1}}^{L_{y1}}\right\|<e\right)\bullet\Pr\left(\left\|y_{2,t-L_{y2}}^{L_{y2}}-y_{2,s-L_{y2}}^{L_{y2}}\right\|<e\left\|y_{1,t-L_{y1}}^{L_{y1}}-y_{1,s-L_{y1}}^{L_{y1}}\right\|<e\right)$$

$$\qquad(5.5.6)$$

则称 y_{2t} 不是 y_{1t} 的非线性 Granger 因果原因，其中 $\Pr(\cdot)$ 为概率测度，$\|\cdot\|$ 为向量的极大范数。

若令 $m=L_{y_1}=L_{y_2}=1$，则式（5.5.6）可表述为 $\left(y_{1,t},y_{2,t},y_{1,t+1}\right)$ 的联合分布的比率关系式：

$$\frac{f_{y_{1,t},y_{2,t},y_{1,t+1}}(y_{1,t},y_{2,t},y_{1,t+1})}{f_{y_{1,t},y_{2,t}}(y_{1,t},y_{2,t})}=\frac{f_{y_{1,t},y_{1,t+1}}(y_{1,t},y_{1,t+1})}{f_{y_{1,t}}(y_{1,t})}\qquad(5.5.7)$$

Diks 和 Panchenko（2006）对 Hiemstra 和 Jones（1994）的非线性 Granger 因果检验方法进行了有益拓展，引入恒正的权重函数 $g(y_{1,t},y_{2,t},y_{1,t+1})=f_{y_{1,t}}^2(y_{1,t})$，构造了一个服从正态分布的非参检验统计量：

$$T(e)=\frac{n-1}{n(n-2)}\sum_{j}^{n}\begin{bmatrix}\hat{f}_{y_{1,t},y_{2,t},y_{1,t+1}}(y_{j,1,t},y_{j,2,t},y_{j,1,t+1})\hat{f}_{y_{1,t}}(y_{j,1,t})\\-\hat{f}_{y_{1,t},y_{2,t}}(y_{j,1,t},y_{j,2,t})\hat{f}_{y_{1,t},y_{1,t+1}}(y_{j,1,t},y_{j,1,t+1})\end{bmatrix}\qquad(5.5.8)$$

其中，$\hat{f}_z(z_i) = (2e)^{-dz} \big/ (n-1) \sum\limits_{j,\,j \neq i} I_{ij}^z$ 为随机向量的局部密度估计式，这里
$I_{ij}^z = I\left(\left\| z_i - z_j \right\| < e\right)$，$e$ 为与样本相关的带宽参数。

3. MS-VAR 模型

MS-VAR 模型能够很好地捕捉样本期内影响关系随时间和状态变化的特征，且参数估计相对简单。因此，本节主要选择该模型来深入分析在不同状态下货币政策对股指期货市场流动性的影响机制。假设回归参数依赖于一个不可观测的时变区制变量 s_t，并服从一个严平稳的马尔可夫过程。下面给出 m 个区制滞后 q 阶的 MS(m)-VAR(q)模型表达式：

$$y_t = v(s_t) + \sum_{j=1}^{q} A_j(s_t) y_{t-j} + \varepsilon_t, \ \varepsilon_t \sim \text{NID}(0, \Sigma(s_t)) \qquad （5.5.9）$$

其中，$s_t = \{1, 2, \cdots, m\}$，相应的转移概率矩阵为

$$\boldsymbol{P} = \begin{bmatrix} p_{11} & p_{12} & \cdots & p_{1m} \\ p_{21} & p_{22} & \cdots & p_{2m} \\ \vdots & \vdots & & \vdots \\ p_{m1} & p_{m2} & \cdots & p_{mm} \end{bmatrix}$$

且满足 $p_{ij} = \Pr(s_{t+1} = j \mid s_t = i)$，$\sum\limits_{j=1}^{m} p_{ij} = 1, \forall i, j \in \{1, 2, \cdots, m\}$。

根据式（5.5.9）中的均值、截距、回归系数和方差等参数是否随 s_t 而变化的情况，可得到不同的 MS-VAR 模型，分别为 MSM-VAR、MSI-VAR、MSA-VAR 和 MSH-VAR 模型等，当均值或截距和方差同时随 s_t 变化时，则有模型 MSMH-VAR 或 MSIH-VAR 等。需要注意的是 MSMH-VAR 和 MSIH-VAR 并不相同，前者均值在进行区制转换时将导致可观测序列立即跳跃到新水平，而后者截距的一次永久性区制转换的动态效应与对白噪声序列以此同等冲击的动态响应一样（方舟等，2011）。这里给出 MSMH(m)-VAR(q)的表达式：

$$y_t - \mu(s_t) = \sum_{j=1}^{q} A_j \left(y_{t-j} - \mu(s_{t-j}) \right) + \varepsilon_t, \ \varepsilon_t \sim \text{NID}(0, \Sigma(s_t)) \qquad （5.5.10）$$

5.5.3　实证检验及结果分析

1. 变量选择与统计分析

本节采用货币供应量和利率作为货币政策的代理变量，其中货币供应量取 M2，利率采用银行间同业拆借 7 天加权平均利率 r，它能灵敏地反映金融市场上

货币资金的供求状况，可作为基准利率（方舟等，2011）。M2 和 r 选择 2010 年
5 月至 2016 年 8 月的月度数据，沪深 300 股指期货（主力合约）为日度数据，所
有数据均来源于同花顺金融数据库，其中 M2 采用 Census X12 方法进行季节调
整，并取月对数增长率，股指期货市场流动性 Mar L 数据根据式（5.5.1）计算得
到。2015 年 9 月中金所为了应对"股灾"事件的影响，针对股指期货市场采取了
一系列非常严格的管控措施，股指期货的成交量、成交额、持仓量和收盘价都明
显下跌，市场流动性显著减弱，从而与之前股指期货的市场表现截然不同。因此，
本节以 2015 年 9 月为分界点，分别分析货币政策对股指期货市场流动性在不同时
间段内的影响机制。表 5.5.1 给出了 M2、r 和 Mar L 在 2015 年 9 月前后的描述性
统计。

表 5.5.1　各变量在两个时间段内的描述性统计

统计量	2010 年 5 月至 2015 年 8 月			2015 年 9 月至 2016 年 8 月		
	M2	r	Mar L	M2	r	Mar L
均值	0.011 4	3.542 9	7.293 1	0.008 9	2.336 1	1.001 8
标准差	0.006 9	0.959 5	3.339 2	0.003 9	0.032 9	1.870 3
最大值	0.047 5	6.797 8	20.499 5	0.013 3	2.408 9	6.937 1
最小值	0.000 2	1.830 6	3.902 2	0.002 9	2.284 8	0.344 1
偏度	2.285 3	0.647 4	2.361 3	-0.271 6	0.595 1	3.008 5
峰度	12.820 5	4.139 0	9.050 8	1.619 8	3.325 3	10.066 7
J-B 统计量	312.88***	7.93**	157.11***	1.10	0.76	43.07***
M2	1			1		
r	-0.236 9*	1		0.185 9	1	
Mar L	0.152 7	-0.353 8***	1	-0.294 1	0.693 1**	1

***、**、*分别表示在 1%、5%和 10%的显著性水平下显著

　　如表 5.5.1 所示，与 2015 年 9 月之前相比，M2、r 和 Mar L 的均值、标准差
和波动范围（最大值与最小值之差）都显著减小，尤其是 Mar L 水平不足之前的
1/7；r 和 Mar L 在 2015 年 9 月前后保持正偏性不变，但 M2 则由较强的正偏转变
为轻微的负偏；J-B 统计量显示在 2015 年 9 月之前三个变量至少在 5%的显著性
水平下拒绝服从正态分布的原假设，而在分界点之后则只有 Mar L 仍在 1%的显
著性水平下拒绝服从正态分布的原假设，而 M2 和 r 则无法拒绝原假设，这可能
是由于分界点之后的样本量太小，但从整体来说，三个变量仍然呈现出金融时间
序列典型的"尖峰厚尾"特征。从相关性来看，在 2015 年 9 月之前，r 与 M2、
Mar L 之间都存在较强的负相关，但 M2 与 Mar L 之间存在一定的正相关，这与
经典的货币理论一致；但是，在 2015 年 9 月之后，三个变量两两之间相关性的正

负方向完全发生改变，且相关程度也有所增强。可见，货币政策代理变量、股指期货市场流动性及其它们之间的相关性在 2015 年 9 月前后均发生了结构性变化。

为了避免出现伪回归问题，采用 ADF 单位根方法对 M2、r 和 Mar L 在 2015 年 9 月前后样本的平稳性进行检验。从表 5.5.2 可以看出，在 2015 年 9 月之前，M2 和 r 均在 1%的显著性水平下拒绝存在单位根的原假设，而 Mar L 在 10%的显著性水平下拒绝存在单位根的原假设，说明三个变量在 2015 年 9 月之前是平稳的；在 2015 年 9 月之后，M2、r 和 Mar L 分别在 10%、5%与 1%的显著性水平下拒绝存在单位根的原假设，表明它们在分界点之后虽然检验的显著性有所变化，但平稳性仍然保持不变。

表 5.5.2　各变量在两个时间段内的平稳性检验

统计量	2010 年 5 月至 2015 年 8 月			2015 年 9 月至 2016 年 8 月		
	M2	r	Mar L	M2	r	Mar L
ADF 检验	$-9.113\,0^{***}$	$-4.190\,8^{***}$	$-2.800\,1^{*}$	$-2.744\,1^{*}$	$-3.623\,8^{**}$	$-85.025\,0^{***}$
1%临界值	$-3.538\,4$	$-3.538\,4$	$-3.538\,4$	$-4.200\,1$	$-4.200\,1$	$-4.200\,1$
5%临界值	$-2.908\,4$	$-2.908\,4$	$-2.908\,4$	$-3.175\,4$	$-3.175\,4$	$-3.175\,4$
10%临界值	$-2.591\,7$	$-2.591\,7$	$-2.591\,7$	$-2.729\,0$	$-2.729\,0$	$-2.729\,0$
p 值	$0.000\,0$	$0.001\,4$	$0.060\,5$	$0.092\,3$	$0.024\,7$	$0.000\,1$
结论	平稳	平稳	平稳	平稳	平稳	平稳

*** 、** 、*分别表示在 1%、5%和 10%的显著性水平下显著

2. 货币政策对股指期货市场流动性的非线性引导关系

为了研究货币政策对股指期货市场流动性的非线性引导关系，本小节基于滚动宽窗 Granger 因果检验方法分别检验在不同时间段内 M2、r 是否为 Mar L 的 Granger 因果关系。一般步骤如下：第一，利用全样本数据建立二元 VAR 模型，根据 AIC 信息准则选择最优滞后阶数；第二，基于 Bootstrap-F 统计量分别分析 M2、r 与 Mar L 之间 VAR 模型参数短期和长期的稳定性；第三，运用两类非传统的 Granger 因果检验方法分别研究在 2015 年 9 月前后 M2、r 对 Mar L 的引导关系。

1）参数稳健性检验

根据全样本 VAR 模型中的 AIC 信息准则选择最优滞后阶数都为 2。由于全

样本 Granger 因果检验结果的稳健性取决于 VAR 模型参数的稳定性,若参数不稳定则可能会影响检验结果的效果(徐胜和朱晓华,2015)。然而,货币政策对股指期货市场流动性的影响可能存在结构性变化,从而导致 VAR 模型参数的内在不稳定,即这种相互影响关系可能具有一定的时变性。因此,需要对参数短期和长期的稳定性进行检验,这里设定 Bootstrap 循环次数为 1 000,由 M2 和 r 分别与 Mar L 所构建的 VAR 模型在 2015 年 9 月前后的短期参数稳定性检验结果如表5.5.3 所示。

表 **5.5.3**　货币政策代理变量及股指期货市场流动性的短期参数稳健性检验

检验方法				Sup F	Ave F	Exp F	Nyblom-Hansen-M
2010 年 5 月至 2015 年 8 月	M2 & Mar L	M2 方程	统计量	8.71*	4.37**	2.69*	0.68**
			p 值	0.069 8	0.045 6	0.058 3	0.049 2
		Mar L 方程	统计量	57.85***	12.99***	25.45***	0.77**
			p 值	0.000 0	0.003 4	0.000 0	0.043 1
	r & Mar L	r 方程	统计量	43.18***	20.84***	18.05***	1.70**
			p 值	0.000 0	0.000 0	0.000 0	0.020 1
		Mar L 方程	统计量	64.78***	16.19***	28.58***	0.76**
			p 值	0.000 0	0.000 3	0.000 0	0.043 4
2015 年 9 月至 2016 年 8 月	M2 & Mar L	M2 方程	统计量	16.87*	10.27**	6.03*	9.66***
			p 值	0.077 8	0.021 5	0.050 7	0.005 0
		Mar L 方程	统计量	7.34*	3.89*	2.19*	9.91***
			p 值	0.074 9	0.064 9	0.064 5	0.005 1
	r & Mar L	r 方程	统计量	16.87*	10.27**	6.03**	1.27*
			p 值	0.077 8	0.021 5	0.040 8	0.091 2
		Mar L 方程	统计量	8.23*	3.94*	2.49**	3.07***
			p 值	0.099 2	0.088 1	0.044 6	0.005 1

***、**、*分别表示在 1%、5%和 10%的显著性水平下显著

如表 5.5.3 所示,首先,对于 M2 和 Mar L 所构建的 VAR 模型来说,Sup F 和 Exp F 检验均显示在 2015 年 9 月前后,M2 方程和 Mar L 方程的参数在 10%的显著性水平下都拒绝原假设,即可认为两个方程参数在短期内具有一定的不稳定性,而 Ave F 和 Nyblom-Hansen-M 检验表明在 2015 年 9 月前后,两个方程的参数至少在 5%的显著性水平下都拒绝原假设,即说明它们的参数具有较强的短期不稳定性。可见,由 M2 和 Mar L 构成的 VAR 系统的短期参数不稳定性在 2015 年 9 月前后保持一致。其次,对于 r 和 Mar L 所构建的 VAR 模型来说,在 2015 年 9 月之前,Sup F、Ave F、Exp F 和 Nyblom-Hansen-M 检验均表明 r 方程和 Mar L 方程的参数至少在 5%的显著性水平下都拒绝原假设,即 r 与 Mar L 的模型参数在

短期内也具有较强的不稳定性；虽然在 2015 年 9 月之后，Sup F、Ave F、Exp F 和 Nyblom-Hansen-M 检验仍都显示 r 与 Mar L 的模型参数在短期内是不稳定的，但显著性却明显减弱。因此，由 r 和 Mar L 构成的 VAR 系统参数在 2015 年 9 月之后仍然保持短期不稳定性，但这种不稳定性的显著程度有所减小。

进一步检验模型参数的长期不稳定性，检验结果如表 5.5.4 所示。

表 5.5.4　货币政策代理变量及股指期货市场流动性的长期参数稳健性检验

检验方法			Sup F	Ave F	Exp F	Nyblom-Hansen	Moving L2
2010 年 5 月至 2015 年 8 月	M2 & Mar L	统计量	56.43***	12.43*	24.58***	2.70**	0.81
		p 值	0.000 0	0.095 5	0.000 0	0.029 8	1
	r & Mar L	统计量	30.50**	22.84***	12.87***	4.46***	0.82
		p 值	0.014 8	0.001 2	0.007 2	0.005 1	1
2015 年 9 月至 2016 年 8 月	M2 & Mar L	统计量	17.61**	8.97*	5.65**	1.82***	7.94
		p 值	0.049 8	0.058 8	0.048 4	0.002 8	1
	r & Mar L	统计量	16.32**	5.78*	6.61*	1.94***	0.79
		p 值	0.041 6	0.055 7	0.058 1	0.002 4	1

*** 、** 、*分别表示在 1%、5%和 10%的显著性水平下显著

由表 5.5.4 可知，对于 M2 & Mar L 模型，在 2015 年 9 月前后，Sup F、Exp F 和 Nyblom-Hansen 三种统计量均显示至少在 5%的显著性水平下拒绝原假设，Ave F 统计量表明参数均在 10%的显著性水平下拒绝原假设，这说明模型参数具有长期稳定性，但 Moving L2 检验都无法拒绝原假设。因此，M2 & Mar L 模型参数在 2015 年 9 月前后保持较强的长期稳定性；类似地，对于 r & Mar L 模型来说，在 2015 年 9 月之前，Sup F、Ave F、Exp F 和 Nyblom-Hansen 四种统计量都至少在 5%的显著性水平下拒绝原假设，说明参数具有长期稳定性，仅 Moving L2 检验也无法拒绝原假设；与短期稳定性类似，在 2015 年 9 月之后，虽然四种统计量仍然表明参数在长期内存在一定的稳定性，但显著性水平有所降低，仅有 Moving L2 检验仍然无法拒绝原假设。因此，r & Mar L 的模型参数在长期内也具有较强的稳定性。

综合表 5.5.3 和表 5.5.4 的检验结果可知，由以 M2 和 r 为代理变量的货币政策和股指期货市场流动性 Mar L 所构建的 VAR 模型虽然在短期内都表现出较强的参数不稳定性，而参数的长期稳定性程度较高，但无论是短期不稳定性还是长期稳定性，它们参数稳健性的显著程度在 2015 年 9 月之后都明显减弱。这些结果显然违背了经典的 Granger 因果检验的前提假设，全样本的 Granger 因果检验已

经无法真实反映货币政策对股指期货市场流动性可能存在的引导关系。因此，对于 2010 年 5 月至 2015 年 8 月的样本采用滚动宽窗 Granger 因果检验，而由于 2015 年 9 月至 2016 年 8 月的样本太少，无法有效实施滚动宽窗技术，所以本节采用非线性 Granger 因果检验进行分析。

2）Granger 因果检验

上述的参数稳健性检验显示，货币供应量和利率与股指期货市场流动性之间的影响关系确实存在结构性变化，为了克服这种结构性变化带来的影响，对于 2010 年 5 月至 2016 年 8 月的样本采用滚动宽窗 Granger 因果检验分析 M2、r 分别对 Mar L 的引导关系，而对于 2015 年 9 月至 2016 年 8 月的样本则采用非线性 Granger 因果检验研究它们的引导关系。

（1）滚动宽窗 Granger 因果检验。

针对 2010 年 5 月至 2016 年 8 月的样本来说，在进行滚动宽窗 Granger 因果检验时选择合理的窗口宽度是该方法的关键所在，Pesaran 和 Timmermann（2005）研究认为窗口宽度设定在 10~15 比较合适。本节综合考虑估计的自由度需求和结构性变化特性，将窗口宽度设定为 14（相当于样本总数的 21.8%）。

第一，M2 对 Mar L 的滚动宽窗 Granger 因果检验。

图 5.5.2 显示了 M2 对 Mar L 的滚动宽窗 Granger 因果检验结果，原假设为 M2 不是 Mar L 的 Granger 因果原因。其中图 5.5.2（a）给出的是滚动宽窗 Granger 因果检验的 Bootstrap-p 值，可以发现在 10%的显著性水平下，2011 年 10 月至 2011 年 12 月、2013 年 6 月至 2013 年 10 月、2015 年 7 月至 2015 年 8 月三个时间段内拒绝原假设，即 M2 是 Mar L 的 Granger 因果原因（阴影部分），货币供应量冲击能够有效地解释股指期货市场流动性变化。为了更加清晰地测度 M2 对 Mar L 的影响方向及其程度，图 5.5.2（b）给出了 Granger 因果检验方程中估计系数的均值及其 95%置信水平的上下界，阴影部分对应图 5.5.2（a）中存在显著 Granger 因果关系的时期。从图 5.5.2（b）可以看出，虽然 2011 年 10 月至 2011 年 12 月 M2 对 Mar L 的影响较为显著，但是其实际影响的程度并不大，基本上在 0 附近波动；而在 2013 年 6 月至 2013 年 10 月、2015 年 7 月至 2015 年 8 月两个时期内 M2 对 Mar L 的影响程度较高，其中 2013 年 6 月至 2013 年 10 月 M2 对 Mar L 存在显著的负效应，最低达到−323.274，2015 年 7 月至 2015 年 8 月 M2 对 Mar L 存在显著的正效应，最高可达 379.751 9。M2 对 Mar L 的影响程度有所增强主要受到 2015 年 6 月"股灾"事件的影响，中金所随后加强对股指期货市场的监管，货币当局随即缩减货币供应量，减小货币增长率，使 M2 对 Mar L 的影响方向在 2015 年 7 月开始由负转正，导致股指期货市场自 2010 年上市以来遭遇前所未有的低谷。通过比较 M2 和 Mar L 的变化趋势可以发现，这三个显著时间段皆是货币供应量的增长率与股指期货市场流动性都处于下降时期，可见当两者同时处于减弱阶段，尤

其是两者相关性较强时期要比其他时期更容易导致 M2 是 Mar L 的 Granger 因果原因，且金融事件和政策调整容易引发 M2 对 Mar L 的影响方向及其程度的变化。

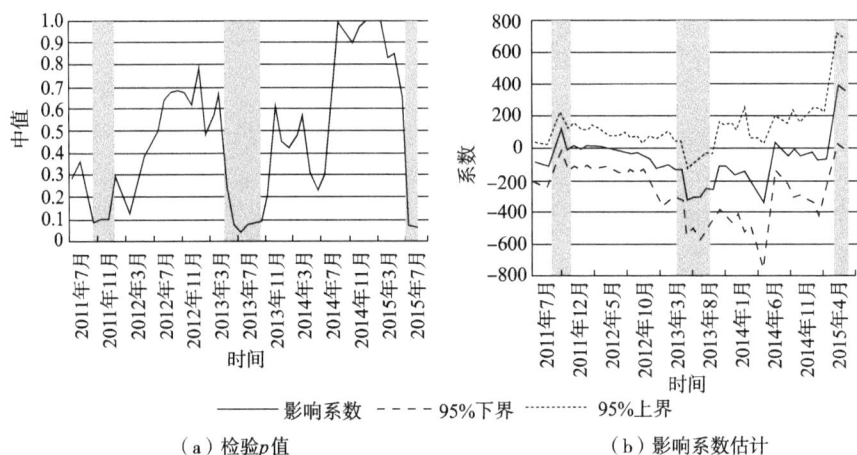

（a）检验 p 值　　　　　　　　　　　　　（b）影响系数估计

图 5.5.2　M2 对 Mar L 的滚动宽窗 Granger 因果检验

第二，r 对 Mar L 的滚动宽窗 Granger 因果检验。

图 5.5.3 显示了 r 对 Mar L 滚动宽窗 Granger 因果检验的结果，原假设为 r 不是 Mar L 的 Granger 因果原因。与上面类似，图 5.5.3（a）是滚动宽窗 Granger 因果检验的 Bootstrap-p 值，可以看出在 10% 的显著性水平下，2013 年 7 月至 2013 年 11 月、2014 年 5 月至 2014 年 8 月、2015 年 7 月至 2015 年 8 月三个时间段拒绝原假设，即 r 是 Mar L 的 Granger 因果原因，利率冲击能够有效解释股指期货市场流动性的变化。图 5.5.3（b）衡量了 r 对 Mar L 的影响方向及其程度，包括估计系数的均值及其 95% 置信水平的上下界，可以发现在 2014 年 5 月至 2014 年 8 月虽然 r 对 Mar L 的影响较为显著，但影响程度并不高，而在 2013 年 7 月至 2013 年 11 月、2015 年 7 月至 2015 年 8 月两个时期影响程度较高，其中在前一时期内 r 对 Mar L 存在正效应，最高可达 2.026 2，在后一时期内 r 对 Mar L 的影响主要表现为负效应，最低达到 –2.941 9。另外，自"股灾"事件之后，r 对 Mar L 的影响方向由正转负。与图 5.5.2 中影响显著的时间段进行对比发现，在 2013 年 7 月至 2013 年 10 月、2015 年 7 月至 2015 年 8 月两个时期，M2 和 r 对 Mar L 的影响程度都较高，但影响方向相反，这与传统的货币理论一致，并且在"股灾"事件的影响下，M2 和 r 对 Mar L 的影响程度也有增强趋势。比较 r 和 Mar L 的变化趋势可知利率增加且市场流动性减弱会导致 r 对 Mar L 存在正效应（即 2013 年 7 月至 2013 年 11 月），而利率减小且市场流动性减弱则会引发 r 对 Mar L 产生负效应（即 2015 年 7 月至 2015 年 8 月）。所以，"股灾"后中金所和货币当局采取的一系列针对股指期货市场的调控政策，确实导致货币政策对股指期货市场流动性

的引导机制发生了结构性改变。

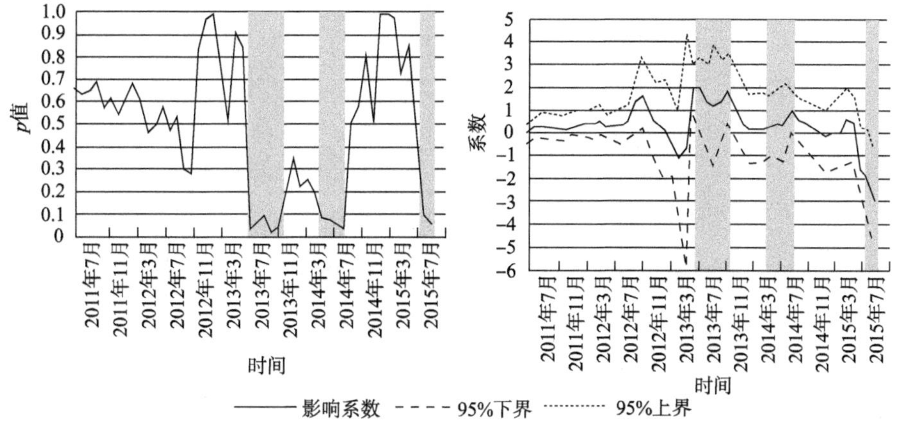

影响系数　－－－－ 95%下界　‥‥‥‥ 95%上界

（a）检验p值　　　　　　　　　　（b）影响系数估计

图 5.5.3　r 对 Mar L 的滚动宽窗 Granger 因果检验

（2）非线性 Granger 因果检验。

由表 5.5.2 可知，2015 年 9 月之后的 M2、r 和 Mar L 都是平稳的，但受样本数的限制，本节分别采用线性和非线性两类 Granger 因果检验 M2、r 对 Mar L 的 Granger 因果关系，结果如表 5.5.5 所示。由于 Granger 因果检验的结果对滞后阶数选择较为敏感，本节分别设置滞后 1 阶和 2 阶进行分析。

表 5.5.5　M2、r 对 Mar L 的 Granger 因果检验

原假设	$L_x = L_y$	线性 Granger		非线性 Granger	
		F 统计量	p 值	T 统计量	p 值
M2 $\neq$> Mar L	1	4.506 7[*]	0.066 5	0.777	0.781 5
	2	2.499 0	0.176 9	0.530	0.297 9
r $\neq$> Mar L	1	0.774 8	0.404 4	0.897	0.184 9
	2	0.684 0	0.546 3	0.672	0.121 8

*表示在 10%的显著性水平下显著

注：原假设栏 $X \neq$> Y 表示相应检验 X 不是 Y 的线性或非线性 Granger 因果原因，$L_x = L_y$ 栏表示检验 X 和 Y 取相等的滞后阶数

如表 5.5.5 所示，首先，对于 M2 不是 Mar L 的 Granger 因果原因的原假设来说，线性方法在滞后 1 阶、10%的显著性水平下拒绝原假设，但是在滞后 2 阶时无法拒绝原假设；然而对于非线性方法，不管是滞后 1 阶还是滞后 2 阶，都无法拒绝原假设，说明 M2 无法对 Mar L 起到有效的引导作用。其次，对于 r 不是 Mar L 的 Granger 因果原因的原假设来说，无论是滞后 1 阶或 2 阶还是线性或非线性方

法，都无法拒绝原假设，这说明在两种滞后阶数和两类检验方法的四种组合下 r 都无法对 Mar L 起到有效的引导作用。与 2015 年 9 月之前的 Granger 因果检验相比，M2、r 对 Mar L 的引导机制发生了结构性变化，2015 年 7 月至 2015 年 8 月的引导关系已经不复存在。事实上，在 2015 年 9 月中金所出台如此严格的股指期货市场管控政策以来，股指期货市场交易惨淡、价格暴跌导致其市场流动性一直在低位徘徊，股指期货市场的价格发现、风险规避等功能几乎丧失，因此货币政策对股指期货市场的引导作用也显著减弱。

3. 货币政策对股指期货市场流动性的状态影响分析

为了将 2015 年 9 月前后货币政策冲击对股指期货市场流动性的状态影响纳入同一个分析框架内，本节不再对 2015 年 9 月前后的两个子样本分别讨论，而是利用 MS-VAR 模型对 2010 年 5 月至 2016 年 8 月的全样本进行研究。本步骤主要如下：首先，确定 MS-VAR 模型的滞后阶数和区制个数；其次，对 MS-VAR 模型的参数进行估计，并通过概率转移图进行状态划分；最后，利用累积脉冲响应分析不同区制下 M2 和 r 对 Mar L 的动态影响。

1）MS-VAR 模型的选择

为了确定 M2、r 和 Mar L 的均值、截距与方差是否具有区制效应以及 VAR 模型的最优阶数，本节利用 LL、AIC、HQ 和 SC 三种准则进行模型比较，从而确定最优的 MS-VAR 模型，如表 5.5.6 所示。

表 5.5.6　MS-VAR 模型的选择

模型	VAR(2)	MSM(2)-VAR(2)	MSI(2)-VAR(2)	MSMH(2)-VAR(2)	MSIH(2)-VAR(2)
LL	38.98	42.82	48.21	64.31	79.71
AIC	−0.32	−0.29	−0.44	−0.71	−0.94
HQ	0.01	0.11	−0.04	−0.24	−0.47
SC	0.52	0.70	0.56	0.47	0.41
模型	VAR(3)	MSM(2)-VAR(3)	MSI(2)-VAR(3)	**MSMH(2)-VAR(3)**	MSIH(2)-VAR(3)
LL	48.07	55.97	53.98	**90.92**	84.53
AIC	−0.33	−0.41	0.36	**−1.20**	−1.02
HQ	0.12	0.10	0.16	**−0.62**	−0.51
SC	0.79	0.88	0.93	**0.27**	0.39

注：加粗列为所选的最优模型

从表 5.5.6 可以看出，根据 LL、AIC、HQ 和 SC 准则发现 MSMH(2)-VAR(3) 模型的拟合效果最好，即存在两个区制，滞后 3 阶且均值和方差均具有区制效应。MSMH(2)-VAR(3)模型的 LR 线性检验值为 85.708 8，卡方统计量的 p 值在小于 1%时显著地拒绝线性系统的原假设。因此，选择 MSMH(2)-VAR(3)相对比较合适。

2）MS-VAR 模型的参数估计

表 5.5.7 和图 5.5.4 给出了 MSMH(2)-VAR(3)模型参数的估计结果与区制转移概率图。

表 5.5.7　MSMH(2)-VAR(3)模型参数估计结果

参数	M2 方程		r 方程		Mar L 方程	
	系数	T 值	系数	T 值	系数	T 值
μ_1	0.01***	3.06	3.13*	1.38	4.70	0.90
μ_2	0.02**	2.51	4.07*	1.83	6.39*	1.19
M2(−1)	−0.18*	−1.62	7.98*	1.21	−23.39*	1.05
M2(−2)	−0.00	−0.02	1.03	0.15	0.76	0.03
M2(−3)	0.00	0.00	−0.12	−0.02	0.62	0.03
r(−1)	−0.00	−0.64	0.86***	9.95	0.33*	1.67
r(−2)	0.00	0.10	−0.04	−0.41	0.34*	−1.39
r(−3)	−0.00	0.60	0.09*	1.01	0.27*	1.38
Mar L(−1)	0.00	−0.67	−0.01	−0.83	1.12***	9.03
Mar L(−2)	−0.00	0.74	0.02*	0.99	−0.60***	−3.60
Mar L(−3)	0.00	0.06	−0.01*	−1.22	0.25**	2.44
标准差（区制 1）	0.005 8		0.143 1		1.037 4	
标准差（区制 2）	0.007 0		0.878 6		2.627 1	

***、**、*分别表示在 1%、5%和 10%的显著性水平上显著

从表 5.5.7 可以看出，三个方程的均值都有 $\mu_1 < \mu_2$ 且 $\Sigma_1 < \Sigma_2$ 成立，说明区制 1 是货币供应量较小、利率较低和股指期货市场流动性较低且市场波动较小的状态，而区制 2 则是货币供应量较大、利率较高和股指期货市场流动较高且市场波动较大的状态。从滞后项系数来看，三个变量都具有较显著的自相关性，尤其是在 Mar L 方程中，M2 的滞后一阶对 Mar L 的影响最大，这也符合在样本期内我国主要采取数量型货币政策的实际。由图 5.5.4 可知，系统具有非常明显的区制效应。根据区制划分的标准可知，系统处于区制 1 的时间段主要有 2012 年 5 月至 2013 年 5 月、2015 年 6 月至 2016 年 8 月，此段时间内 M2 和 r 水平较低，波动较小且股指期货市场流动性较低，尤其是受到 2015 年 6 月"股灾"事件影响，股指期货市场流动性急转直下，加之中金所一系列严厉的管控政策，使系统一直处于区制 1 状态。系统处于区制 2 的时间段主要有 2010 年 8 月至 2012 年 4 月、2013 年 6 月至 2015 年 5 月，此段时间内 M2 和 r 水平较高，波动较大且股指期货市场流动性较高，股指期货市场经历了较大发展，成交量、持仓量和市场价格都明显好于区制 1 内的表现。

（a）区制1

（b）区制2

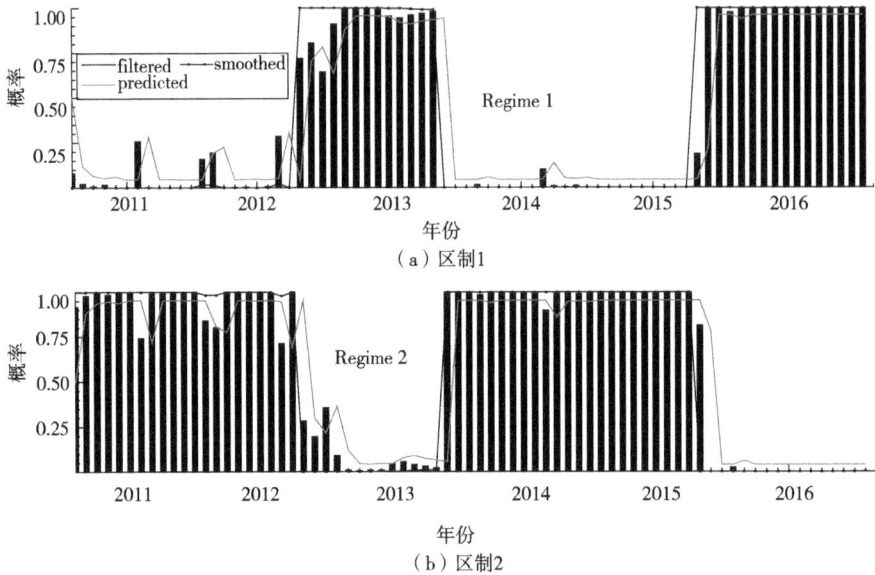

图 5.5.4　区制转移概率图

表 5.5.8 给出了不同区制之间的转移概率及其区制特性,可以发现系统维持区制 1 和区制 2 的概率都比较高,均大于 0.9,说明系统维持状态内运动的稳定性较高;转移概率满足 $p_{12} > p_{21}$ 表明系统在两种状态之间进行转换时存在一定的非对称性。比较两种状态下的区制特性可知,系统在 38.36% 的时间处于区制 1,平均可持续 14.71 个月 [即 $1/(1-p_{11})$],约有 28 个样本;而在 61.64% 的时间处于区制 2,平均可持续约 22.02 个月 [即 $1/(1-p_{22})$],约有 45 个样本。可见,系统在样本期内处于区制 2 的持续时间更长。

表 5.5.8　转移概率和区制特性

项目	转移概率		区制特性		
	区制 1	区制 2	样本数	概率	持续期
区制 1	0.932 0	0.068 0	28	0.383 6	14.71
区制 2	0.045 4	0.954 6	45	0.616 4	22.02

3）不同区制下的累积脉冲响应分析

脉冲响应函数主要用于分析系统中单个内生变量受到单位标准差冲击时,对系统中其他内生变量的动态影响。为了进一步研究货币政策冲击（包括 M2 冲击和 r 冲击）对股指期货市场流动性的动态影响及其差异,下面采用累积脉冲响应进行分析。

图 5.5.5 为两种区制下货币政策冲击股指期货市场流动性的脉冲响应图,其中

图 5.5.5（a）给出了当系统受到单位标准差的 M2 正向冲击时两种区制下的脉冲响应图。可以发现，在区制 1（股指期货市场流动性较低状态）下，Mar L 迅速增加并在第 2 期达到最大响应 2.1，随后冲击影响慢慢减弱并逐渐趋于稳定水平；在区制 2（股指期货市场流动性较强状态）下，M2 冲击也造成 Mar L 短时间内有所增强并也在第 2 期达到最大相应 0.31，随后累积响应逐渐减弱并趋于稳定水平，但 Mar L 增强的幅度和衰减的速度都明显小于区制 1。可见，增加货币供给在不同状态下对市场流动性的影响具有较大的差异性，当市场流动性较低时，M2 正向冲击可以在短时间内缓解股指期货市场的流动性压力，而在市场流动性较高时，股指期货市场流动性对货币投放的敏感性显著减弱。虽然 M2 冲击对 Mar L 影响具有状态差异，但从总体来看，增加货币供给量，向期货市场注入流动性仍可以在短时间内增强其市场流动性水平。图 5.5.5（b）给出了当系统受到单位标准差的利率正向冲击时两种区制下的脉冲响应图。可以发现，在区制 1 下，r 冲击导致 Mar L 在短时间内迅速减弱并在第 2 期达到负向的最大响应 -0.34，随后冲击响应逐渐恢复到稳定水平；在区制 2 下，提高 r 引发 Mar L 瞬间减弱为负值，随后冲击影响逐渐恢复并在第 2 期由负转正，在第 7 期达到最大相应 0.46，然后又逐渐减弱。因此，利率冲击对股指期货市场流动性的短期影响的方向一致且影响程度在区制 1 内更强，但长期影响的方向刚好相反且影响程度在区制 2 内更高，冲击响应的衰减速度在区制 2 内也更慢。这种差异性可能是因为我国利率市场化程度还有待提高，利率调控工具尚不完善，利率传导机制在短期和长期的作用难以统一。所以，应该针对股指期货市场的不同状态，需要适时、适度地调整货币供应量和利率水平，减少股指期货市场流动性暴涨和暴跌的可能性，从而更好地维护股指期货市场的稳定性。

5.5.4 结论与政策建议

调整货币政策是管控金融市场的重要工具，股指期货市场作为金融市场的重要组成部分，必然会受到货币政策的重要影响。从流动性视角厘清货币政策对股指期货市场的非线性传导机制，将为监管部门有效引导期货市场稳定发展提供重要依据。股指期货市场流动性是衡量期货市场资源配置和投资效率高低的重要指标，本节基于 2010 年 5 月至 2016 年 8 月的沪深 300 股指期货（主力合约）数据，在兼顾"时间尺度"、"价格尺度"和投资者交易倾向等因素下构建了一种测度股指期货市场流动性的新方法。然后，分别从非线性引导关系和状态转换影响两个方面系统研究货币政策冲击对股指期货市场流动性的非线性传导机制，实证结果表明：第一，利用 Bootstrap-F 滚动宽窗 Granger 因果检验方法分析 2010 年 5 月

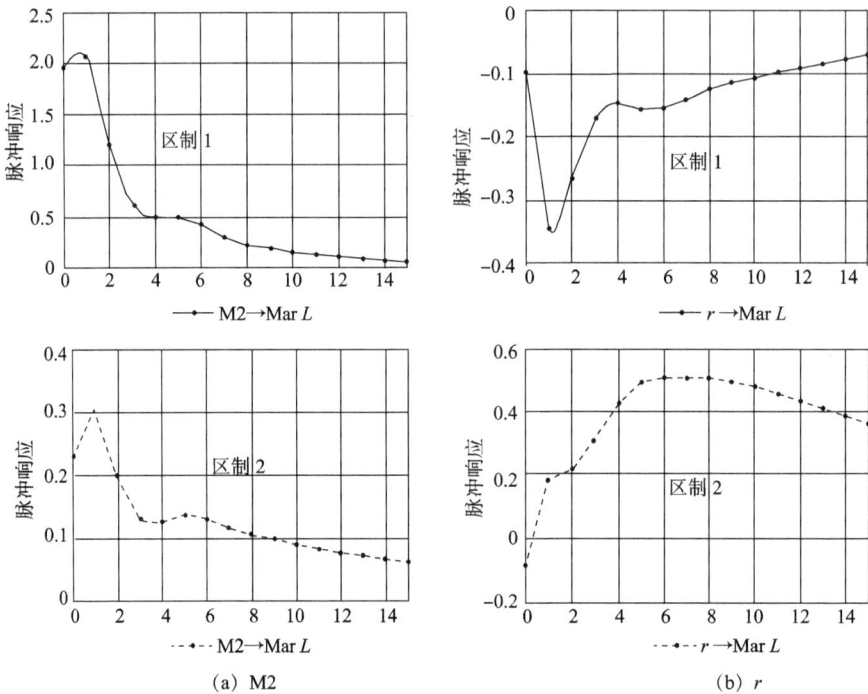

图 5.5.5　货币政策冲击股指期货市场流动性的脉冲响应

至 2015 年 9 月的样本发现，在 10%的显著性水平下，M2 在 2011 年 10 月至 2011 年 12 月、2013 年 6 月至 2013 年 10 月、2015 年 7 月至 2015 年 8 月三个时间段内是 Mar L 的 Granger 因果原因，其影响程度分别表现为无效应、负效应和正效应；r 在 2013 年 7 月至 2013 年 11 月、2014 年 5 月至 2014 年 8 月、2015 年 7 月至 2015 年 8 月三个时间段内是 Mar L 的 Granger 因果原因，其影响程度分别表现为正效应、无效应和负效应；利用非线性 Granger 因果检验研究 2015 年 9 月至 2016 年 8 月的样本可知 M2 和 r 都不是 Mar L 的 Granger 因果原因。因此，货币政策对股指期货市场流动性的引导关系在 2015 年 9 月前后发生了结构性变化。第二，采用 MS-VAR 模型分析在不同状态下货币政策冲击对股指期货市场流动性的动态影响表明，由 M2、r 和 Mar L 构成的 VAR 系统具有较明显的区制效应，其中区制 1 主要表现为货币供应量较小、利率较低、股指期货市场流动性较低且市场波动较小等特征，而区制 2 则呈现出货币供应量较大、利率较高、股指期货市场流动性较高且市场波动较大等特征。由脉冲响应分析可知，增加货币供应可以在短期内提高股指期货市场流动性，但在区制 1 内的影响程度明显高于区制 2；提高利率在短期内减弱股指期货市场流动性，但在区制 2 内其长期影响会提高股指期货市场流动性。

鉴于上述货币政策对股指期货市场流动性的研究结论和具体实践，为了提高货币政策的有效性和维护期货市场的稳定性，我们提出以下几点政策建议：第一，货币政策制定者应厘清货币政策对股指期货市场影响的传导渠道，提高货币政策调控的前瞻性和有效性，及时关注股指期货等金融市场流动性的状态变化及其与货币供应量、利率之间的内在联系，适时、适度调整货币供应量与利率水平，增强股指期货市场的交易效率；第二，金融监管部门不断完善股指期货交易制度，强化股指期货价格发现、规避风险的功能，鼓励期货等金融衍生工具的创新，允许设计更多的期货品种，完善股指期货市场的运行规则，进行股指期货市场流动性监控，并与其他市场情况及时协调，从而保持整个金融市场的稳定发展；第三，注重投资者的自我教育，让更多期货投资者了解货币政策对期货流动性的传导效应，形成货币政策调整合理的预期，避免政策冲击的羊群效应和踩踏效应；第四，进一步完善利率市场化改革，加强对股指期货市场的风险管理，促进我国期货市场的改革和发展。

5.6 本章小结

一系列金融危机事件表明，宏观经济的波动往往从资产价格泡沫引发的金融动荡或危机开始，流动性从过剩到紧缩的状态转换是金融系统不稳定的内在基础，因此，减小流动性的波动冲击是弱化金融系统不稳定的关键。本章主要对流动性冲击金融系统稳定的传导扩散机制进行研究，主要得到了以下结论。

（1）基于流动性循环视角，以美国次贷危机为例，利用 2004 年 1 月至 2010 年 12 月的美国金融市场数据建立 DCC-MVGARCH 模型研究融资流动性和市场流动性在金融危机前后的相关性，发现危机前后融资流动性与市场流动性的相关关系发生结构性改变，波动性也明显加强，并进一步将融资流动性划分为 ABCP 市场流动性、银行系统流动性和信贷违约市场流动性，发现 ABCP 市场的融资流动性对股票市场流动性的影响最强，银行系统的融资流动性与股票市场流动性的相关系数在危机期间并未发生显著改变。

（2）融资流动性和市场流动性在金融危机期间会形成流动性循环，放大流动性冲击的传导扩散效应。次贷危机前后融资流动性与市场流动性的相关关系发生结构性改变，波动性也明显加强。ABCP 市场的融资流动性对股票市场流动性的影响最强，这说明 ABCP 市场构成的短期融资市场已经逐渐发展壮大，成为企业短期融资的重要途径，并对整个金融市场构成一定的影响力。银行系统的融资流动性与股票市场流动性的相关系数在危机期间并未显著改变，说明银行系统可能是间接通过 ABCP 市场和 CDS 市场的融资流动性对股市形成冲击，而并不会直接影响股市的流动性。

（3）使用 TVP-SV-VAR 模型来研究市场流动性与金融系统稳定之间的关系，发现市场流动性与各金融价格之间的影响关系不是确定的，而是在不同时期呈现不同的表现，即金融变量之间的联动关系是随时间变化而变化的。各金融价格波动对市场流动性冲击的脉冲响应的时变特征比市场流动性冲击对各金融变量波动冲击的脉冲响应的时变性显著。市场流动性冲击对于股票价格波动和利率波动的影响在短期影响较大，长期影响则较为稳定，而非流动冲击对于房价波动和汇率波动的短期与长期影响均具有明显的不稳定性，且随时间改变的特征均比较明显。金融价格波动对于非流动性指标的影响随时间变化的特点均不是十分明显，且脉冲响应函数均呈现当期为 0，短期冲击响应明显，长期冲击响应趋于稳定的现象。

（4）基于"时间尺度"、"价格尺度"和投资者交易倾向等因素构建了测度股指期货市场流动性的新指标，通过非传统 Granger 因果检验和 MS-VAR 模型分析了货币政策对股指期货市场流动性的非线性传导效应。实证结果表明：货币供应量、利率和股指期货市场流动性之间参数的短期稳定性较弱，长期稳定性较强，运用滚动宽窗 Granger 因果检验和非线性 Granger 因果检验发现 M2 与利率对股指期货市场流动性的引导关系在 2015 年 9 月之后发生了结构性变化；MSMH(2)-VAR(3)模型表明系统存在明显的区制效应，在区制内运动的稳定性较高，区制间转换具有一定的非对称性；脉冲响应分析发现货币政策冲击对股指期货市场流动性的影响方向、影响程度和衰减速度在不同区制下都存在显著差异。

本章围绕流动性冲击金融系统稳定的传导扩散效应，从传导机制、传导路径、传导渠道和传导效应等方面全面深入地进行分析研究，便于更好地理解流动性与金融系统稳定之间的关系。在本章研究成果的基础之上，监管部门可以针对流动性的不同传导扩散效应采取相应的政策措施，及时有效地抑制流动性冲击在金融体系内的蔓延和扩散，防范流动性危机的爆发。在对流动性冲击金融系统稳定传导效应的后续研究中，可以对传导效应的研究视角进一步拓展，除杠杆视角、国别视角和流动性循环视角外，还可以将羊群效应、信用风险传导效应和挤兑效应等纳入研究范围；另外，金融危机中不同传导渠道之间会相互叠加、促进和放大，可以考虑从实证层面突破单一传导效应的研究限制，更加细致地分析不同传导渠道之间的联动效应，进一步完善和丰富流动性冲击金融系统稳定的传导扩散效应这一研究课题。

第6章　流动性冲击金融系统稳定的
动态效应研究

在一体化日益加深的全球金融市场，由于金融行为者的理性和非理性因素，微小局部的金融波动或损失通过影响金融机构的有限支付能力、企业资产负债状况或银行和居民的心理预期，放大既有的市场冲击，金融体系经常表现为非线性的动态复杂性。这种动态传导的机制表现为某种链式反应，即个体不恰当或利他的行为所产生的外部性发生序惯性传导，使整个群体集体行为失当或群体效率下降。如何从瞬息万变的金融体系运行中发现流动性冲击金融稳定的核心机理，寻找更为合理的切入点，需要通过构建计量经济模型，分析不同影响因子间动态溢出效应的差异，测度影响因子与流动性冲击溢出效应的关联度和有效性，为金融体系市场参与者的运营决策和管理者的宏观调控提供理论依据。因此，本章将从流动性冲击金融系统稳定的溢出效应、周期联动效应、乘数效应和基于国别主权视角的流动性溢出效应等几个方面进行研究。

6.1　流动性冲击金融系统稳定的溢出效应研究

6.1.1　研究背景

溢出效应指的是当一个事物发生变化时，它对与之相关的其他事物产生的影响，而流动性冲击金融系统稳定的溢出效应是其动态效应中最直接、最基本的表现之一，探究的是在流动性发生变动，产生流动性冲击后，其对金融系统稳定的影响。从流动性问题被关注以来，流动性冲击的溢出效应一直是学术界研究的热点，国内外众多学者对其进行了分析，采用了从统计计量到数学建模，再到计算机模拟的多种方法。本节在结合前人研究成果的基础上，基于中国近十年的数据，运用因子分析法构建金融系统稳定的度量指标,通过建立结构化向量自回归模型,产生脉冲响应函数并进行方差分解,对流动性冲击金融系统稳定的动态溢出效应进行全面的实证分析。

6.1.2   测度指标选取

金融市场是金融系统最重要的部分之一,投资者、金融机构、非金融机构在金融市场上投资,金融产品在金融市场上交易,因此金融市场承担着金融系统最基础的交易、投资、定价等作用,金融市场的运行状况也决定了金融系统的稳定情况。证券市场是金融市场中最主要的组成部分,证券市场中股票、债券和基金又是最基础、最关键的金融产品,因此股票、债权和基金的波动状况在很大程度上反映了证券市场的波动状况。外汇衡量一国货币国际地位的稳定性,而外汇波动会通过外汇金融产品、实体贸易等多方面影响金融体系,因此汇率变动情况也是反映金融系统稳定的重要标准之一。此外,经济运行状况也直接影响国家的金融状况,良好的经济发展常常伴随着稳定的金融系统,而严重的经济危机往往预示着波动的金融系统,经济状况与金融稳定紧密相连。

因此就证券市场,本节选取了股票指数涨跌幅、股票成交金额、债券指数涨跌幅、债券成交金额、基金指数涨跌幅及基金成交金额六个指标。其中,股票指数涨跌幅和股票成交金额采用上证综合指数和深圳综合指数涨跌幅及成交金额的平均值;债券指数涨跌幅和债券成交金额采用上证国债指数与上证企业债指数涨跌幅及成交金额的平均值;基金指数涨跌幅和基金成交金额采用上证基金指数与上证基金指数涨跌幅及成交金额的平均值。此外,外汇选取汇率变动量作为衡量指标,用宏观经济景气指数和消费者信心指数反映经济状况。但是这些指标与指标间可能存在相关性问题,会影响到后续对流动性冲击与金融系统稳定的研究,因此首先需要对指标进行优化处理,以消除指标间的相关性。因子分析是基于信息损失最小化而提出的一种有效多变量分析方法,它将众多指标综合成较少的几个公共指标,即因子。通过因子分析,不仅大大减少了原始变量的个数,而且消除了变量间的线性关系,以最少的信息损失取得最高的解释性。

本节截取 2003 年 7 月至 2014 年 4 月的中国数据为样本,首先考察指标间是否具有多重共线性问题,相关系数矩阵如表 6.1.1 所示。

表 6.1.1　相关系数矩阵（一）

指标	股票指数涨跌幅(x_1)	债券指数涨跌幅(x_2)	基金指数涨跌幅(x_3)	汇率变动量(x_4)	宏观经济景气指数(x_5)	消费者信心指数(x_6)	股票成交金额(x_7)	基金成交金额(x_8)	债券成交金额(x_9)
股票指数涨跌幅(x_1)	1	−0.229 1	0.885 7	0.037 7	−0.107 7	0.065 7	0.133 0	0.076 9	−0.126 6
债券指数涨跌幅(x_2)	−0.229 1	1	−0.272 6	0.105 1	−0.077 1	0.007 3	−0.297 6	−0.247 3	0.223 2
基金指数涨跌幅(x_3)	0.885 7	−0.272 6	1	−0.083 9	−0.065 7	0.143 7	0.117 7	0.085 2	−0.181 5
汇率变动量(x_4)	0.037 7	0.105 1	−0.083 9	1	−0.430 0	−0.307 3	−0.144 1	−0.114 6	0.374 7
宏观经济景气指数(x_5)	−0.107 7	−0.077 1	−0.065 7	−0.430 0	1	0.580 4	−0.062 9	−0.276 7	−0.576 1
消费者信心指数(x_6)	0.065 7	0.007 3	0.143 7	−0.307 3	0.580 4	1	−0.396 8	−0.474 0	−0.290 9
股票成交金额(x_7)	0.133 0	−0.297 6	0.117 7	−0.144 1	−0.062 9	−0.396 8	1	0.855 7	−0.130 1
基金成交金额(x_8)	0.076 9	−0.247 3	0.085 2	−0.114 6	−0.276 7	−0.474 0	0.855 7	1	0.073 2
债券成交金额(x_9)	−0.126 6	0.223 2	−0.181 5	0.374 7	−0.576 1	−0.290 9	−0.130 1	0.073 2	1

由表 6.1.1 可知，部分金融稳定指标间存在较为显著的相关性，如股票指数涨跌幅与基金指数涨跌幅（相关系数为 0.885 7）、股票成交金额与基金成交金额（相关系数为 0.855 7）、宏观经济景气指数与消费者信心指数（相关系数为 0.580 4）、债券成交金额与宏观经济景气指数（相关系数为−0.576 1）等。为了消除各指标间的相关性，采用因子分析法提取公共因子，结果如表 6.1.2 所示。

表 6.1.2　因子分析结果（一）

指标	公共因子 1	公共因子 2	公共因子 3	公共因子 4	公共因子 5
股票指数涨跌幅		0.900			
债券指数涨跌幅	−0.279	−0.249		0.161	
基金指数涨跌幅		0.989			−0.108
汇率变动量	−0.134		−0.301	0.177	0.608
宏观经济景气指数			0.853	−0.318	−0.210
消费者信心指数	−0.420	0.132	0.559		−0.293
股票成交金额	0.960				
基金成交金额	0.889		−0.254		−0.140
债券成交金额		−0.117	−0.301	0.924	0.187

指标	公共因子 1	公共因子 2	公共因子 3	公共因子 4	公共因子 5
因子载重	1.996	1.898	1.290	1.036	0.579
方差比率	0.222	0.211	0.143	0.115	0.064
累积方差比率	0.222	0.433	0.576	0.691	0.755

原假设：5 个公共因子可以涵盖大部分信息

$\chi^2(1)$ 统计量：0.5

p 值：0.48

　　表 6.1.2 中卡方检验结果显示 p 值为 0.48，大于 0.1 的显著性水平，因此接受原假设，认为 5 个公共因子可以涵盖大部分金融稳定指标所反映的信息。累计方差贡献率达到 0.755，超过 0.7，说明原始 9 个指标中有 75.5%能被提取的 5 个公共因子解释。其中，公共因子 1 在股票和基金的成交金额上载荷最大，分别达到 0.960 和 0.889，说明公共因子 1 主要用以反映两种金融工具的成交金额变动情况。公共因子 2 在股票指数涨跌幅和基金指数涨跌幅上载荷分别达到 0.900 和 0.989，表明公共因子 2 主要解释了这两种金融工具的波动情况。公共因子 1 和公共因子 2 共同说明了股票与基金具有较为一致的表现特征。公共因子 3 主要用以反映经济状况，其在宏观经济景气指数和消费者信心指数上载荷较大。公共因子 4 和公共因子 5 则分别主要反映了债券成交金额与汇率变动量。得到 5 个公共因子后，需要计算每个公共因子的得分，此处采用线性组合的方法得到。

　　设公共因子 F 由变量 x 表示的线性组合为

$$A = (a_1, a_2, \cdots, a_m) = (\sqrt{\lambda_1} \boldsymbol{u}_1, \sqrt{\lambda_2} \boldsymbol{u}_2, \cdots, \sqrt{\lambda_m} \boldsymbol{u}_m) \quad （6.1.1）$$

$$F_j = a_{j1} x_1 + a_{j2} x_2 + \cdots + a_{jp} x_p, \quad j = 1, 2, \cdots, m$$

其中，$\lambda_1 \geqslant \lambda_2 \geqslant \cdots \geqslant \lambda_p > 0$ 为变量协方差矩阵的特征根；$\boldsymbol{u}_1, \boldsymbol{u}_2, \cdots, \boldsymbol{u}_m$ 为对应的标准正交化特征向量。称式（6.1.1）为因子得分函数，由其来计算公共因子得分。这里取 $m=5$，则将 9 个金融稳定指标代入式（6.1.1）即可得到公共因子得分 F1、F2、F3、F4 和 F5。得到公共因子得分后，本节希望用一个指标反映金融系统稳定的总体状况，因此将各个公共因子的方差贡献率作为权重进行加权平均，最终得到衡量金融系统稳定的综合指标：

$$\mathrm{FS}_t = \sum_{i=1}^{m} w_i F_i$$

其中，w_i 为公共因子的方差贡献率。

　　流动性的度量指标多种多样，本节针对金融系统稳定指标，选取股票换手率（Stock）、债券指数成交量（Bond）、基金指数成交量（Fund）、广义货币 M2同比增长率（M2）、银行间同业拆借利率（BI）及固定期限国债到期收益率（Yield）

六个指标。其中，股票换手率利用成交股数除以总股本计算得到，用以反映股票市场的流动性情况；债券指数成交量为上证国债指数和上证企业债指数成交量的平均值，反映债券市场流动性变动状况；基金指数成交量为上证基金指数和深圳基金指数成交量的平均值，刻画基金市场的流动性；银行间同业拆借利率选取一年期银行同业拆借利率的加权平均利率，是银行系统内流动性的度量指标；M2 衡量市场上货币的整体流通量，从宏观上反映流动性波动状况；固定期限国债到期收益率为一年期国债平均到期收益率，代表国家融资的难易程度，间接反映市场流动性状况。同样采用标准化的方法将六个流动性度量指标转化为相同量纲。

6.1.3　理论模型构建

向量自回归模型是研究时间序列间动态溢出效应较为普遍的方法，而 SVAR 模型正是在 VAR 模型的基础上提出的。SVAR 模型的一般形式为

$$AY_t = \boldsymbol{\phi}_0 + \boldsymbol{\phi}_1 Y_{t-1} + \cdots + \boldsymbol{\phi}_p Y_{t-p} + \boldsymbol{\varepsilon}_i, \ \boldsymbol{\varepsilon}_i = (\varepsilon_{1i}, \varepsilon_{2i}, \cdots, \varepsilon_{ni})^{\mathrm{T}} \tag{6.1.2}$$

式（6.1.2）为一个 n 元 p 阶的 SVAR 模型，其中，Y_t 为 n 维内生变量向量；A 为 $n \times n$ 维系数矩阵，其对角线均为 1；$\boldsymbol{\phi}_i$ 为 $n \times n$ 维第 i 阶滞后内生变量的系数矩阵；$\varepsilon_{1i}, \varepsilon_{2i}, \cdots, \varepsilon_{ni}$ 为结构式残差。如果 A 可逆，则等式两边乘以 A^{-1} 得到 VAR 模型：

$$Y_t = A^{-1}\boldsymbol{\phi}_0 + A^{-1}\boldsymbol{\phi}_1 Y_{t-1} + \cdots + A^{-1}\boldsymbol{\phi}_p Y_{t-p} + \boldsymbol{\mu}_i, \ \boldsymbol{\mu}_i = A^{-1}\boldsymbol{\varepsilon}_i \tag{6.1.3}$$

从式（6.1.3）可知，VAR 模型无法反映各个变量间当期的相关关系，而且残差项 $\boldsymbol{\mu}_i = A^{-1}\boldsymbol{\varepsilon}_i$ 是原残差项 $\boldsymbol{\varepsilon}_i$ 的线性组合，是一种复合后的扰动项，导致脉冲响应函数的经济含义不清晰。而采用 SVAR 模型，通过对系数矩阵 A 中的参数施加约束，即可得到变量与变量间当期的相关关系，同时结构化冲击 $\boldsymbol{\varepsilon}_j' = A'\boldsymbol{\mu}_j$ 被识别，脉冲响应函数的时间路径可以得以准确反映。因此，我们采用 SVAR 模型来探究流动性冲击金融系统稳定的动态溢出效应。

6.1.4　实证分析

SVAR 模型是建立在 VAR 模型基础上的结构化向量自回归模型，同样有平稳性要求，因此利用 Eviews 6.0，分别采用 ADF 检验和 AR 根图示法来检验模型的平稳性，结果如表 6.1.3 和图 6.1.1 所示。

表 6.1.3　平稳性检验结果

指标	t 统计量	p 值
FS	−2.353 49	0.018 5
Stock	−3.643 33	0.000 3
Bond	−3.547 43	0.000 5
Fund	−3.601 05	0.000 4
BI	−4.232 49	0.000 0
M2	−2.833 74	0.004 9
Yield	−2.761 61	0.006 0

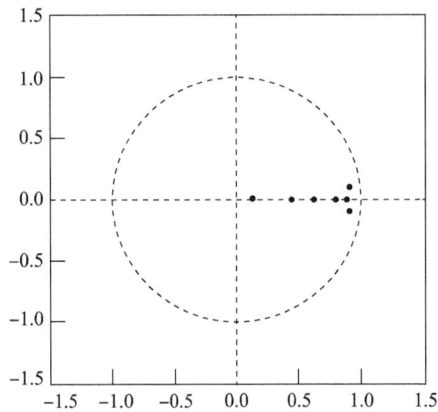

图 6.1.1　平稳性检验结果

　　由表 6.1.3 和图 6.1.1 可知，金融系统稳定指标和流动性指标 p 值均小于 0.05，其 AR 根也均在单位圆内，因此可认为 VAR 模型是平稳的。在此基础上，进一步需要确定模型的滞后阶数，而根据表 6.1.4 滞后阶数选择结果，在 AIC、SC 和 HQ 准则下，最终确定模型为一阶滞后。

表 6.1.4　滞后阶数选择结果

Lag	LogL	LR	FPE	AIC	SC	HQ
0	−825.001	—	0.001 978	13.639 350	13.800 240	13.704 700
1	−330.236	924.642 60	$1.33\times10^{-6\,1)}$	6.331 732[1]	7.618 823[1]	6.854 508[1]
2	−282.318	84.051 57	1.36×10^{-6}	6.349 482	8.762 778	7.329 688
3	−248.312	55.748 19	1.77×10^{-6}	6.595 278	10.134 780	8.032 915
4	−206.041	64.445 84	2.06×10^{-6}	6.705 591	11.371 30	8.600 657
5	−156.933	69.234 92[1]	2.18×10^{-6}	6.703 812	12.495 72	9.056 308

Lag	LogL	LR	FPE	AIC	SC	HQ
6	−118.364	49.949 94	2.85×10^{-6}	6.874 813	13.792 93	9.684 739
7	−75.959	50.051 33	3.64×10^{-6}	6.982 935	15.027 26	10.250 29
8	−28.975	50.065 17	4.56×10^{-6}	7.015 980	16.186 51	10.740 76

1）表示选择结果

SVAR 模型是目前应用最广泛的基本模型之一，其不仅可以建立内生变量的当期结构，明确当期关系，而且可以有效、直观地考察标准正交随机扰动项对各个内生变量的冲击以及冲击后的变化情况。根据 SVAR 模型的参数识别条件，对 n 元 p 阶的模型至少需要施加 $2n^2 - n(n+1)/2$ 个限制条件才能估计出结构式向量自回归模型的参数，在假设 A 为主对角线元素为 1 的矩阵，B 为单位阵的基础上，至少还需要施加 $2n^2 - n(n+1)/2 - (n^2 + n)$ 个约束条件，因此对于包含 FS、Stock、Bond、Fund、BI、M2 和 Yield 7 个变量的 SVAR 模型，则至少需要添加 14 个短期约束条件。

根据实际情况，股票市场和基金市场流动性的变动一般不会当期就对银行间同业拆借利率、广义货币增速及国债收益率产生影响，而债券市场流动性的波动可能会引起国债收益率的变动，但同样不会立即作用于银行间同业拆借利率和广义货币增速，因此假定 $a_{62} = a_{72} = a_{53} = a_{63} = a_{54} = a_{64} = a_{74} = 0$；银行间同业拆借利率变动首先只影响银行间融资情况，对证券市场流动性、货币增速及国债收益率均不会产生直接冲击，因此认为 $a_{25} = a_{35} = a_{45} = a_{65} = a_{75} = 0$；M2 增速是市场上货币量的直观反映，对证券市场流动性和银行系统流动性均有影响，但当期却不会直接导致国债收益率改变，因而 $a_{76} = 0$；国债收益率直接影响债券的交易情况，从而影响债券市场流动性，但一般不会立即引起股票市场、基金市场、银行系统流动性的波动以及货币量的变动，因此 $a_{27} = a_{47} = a_{57} = a_{67} = 0$。最后确定的短期约束矩阵 A 和 B 为

$$A = \begin{pmatrix} 1 & a_{12} & a_{13} & a_{14} & a_{15} & a_{16} & a_{17} \\ a_{21} & 1 & a_{23} & a_{24} & 0 & a_{26} & 0 \\ a_{31} & a_{32} & 1 & a_{34} & 0 & a_{36} & a_{37} \\ a_{41} & a_{42} & a_{43} & 1 & 0 & a_{46} & 0 \\ a_{51} & 0 & 0 & 0 & 1 & a_{56} & 0 \\ a_{61} & 0 & 0 & 0 & 0 & 1 & 0 \\ a_{71} & 0 & a_{73} & 0 & 0 & 0 & 1 \end{pmatrix}, \quad B = \begin{pmatrix} 1 & 0 & 0 & 0 & 0 & 0 & 0 \\ 0 & 1 & 0 & 0 & 0 & 0 & 0 \\ 0 & 0 & 1 & 0 & 0 & 0 & 0 \\ 0 & 0 & 0 & 1 & 0 & 0 & 0 \\ 0 & 0 & 0 & 0 & 1 & 0 & 0 \\ 0 & 0 & 0 & 0 & 0 & 1 & 0 \\ 0 & 0 & 0 & 0 & 0 & 0 & 1 \end{pmatrix}$$

根据上述检验结果及限制性条件，利用 Eviews 6.0 对 SVAR 模型的参数进行估计，参数估计结果如下：

$$\begin{pmatrix}
1 & 0.71^{***} & 0.29 & -1.28^{***} & 1.59^{***} & -1.57^{***} & -2.21^{***} \\
-1.57^{***} & 1 & -0.52^{***} & 1.39^{***} & 0 & -0.90^{**} & 0 \\
-0.27 & 0.91^{***} & 1 & -0.51^{***} & 0 & -0.82^{*} & 3.61^{***} \\
2.00^{***} & -2.03^{***} & 0.32^{*} & 1 & 0 & -1.16^{***} & 0 \\
-0.41 & 0 & 0 & 0 & 1 & 3.46^{***} & 0 \\
3.43^{***} & 0 & 0 & 0 & 0 & 1 & 0 \\
-0.01 & 0 & -1.76^{***} & 0 & 0 & 0 & 1
\end{pmatrix}$$

其中，***、**、*分别表示在 1%、5%和 10%的置信水平下显著。

　　为了更加直观、准确地探究流动性冲击金融系统稳定溢出效应的具体表现，在得到的模型上进行脉冲响应函数分析。脉冲响应函数用以描绘模型受到某种冲击，即来自随机扰动项的一个标准差冲击时，内生变量未来值发生变化的情况，能够更加明晰地反映变量之间的相互作用效应。选择滞后阶数 30，即考察受到不同流动性冲击后，金融系统当期及其后 30 个月内稳定性的变化状况。脉冲响应函数图如图 6.1.2 所示。

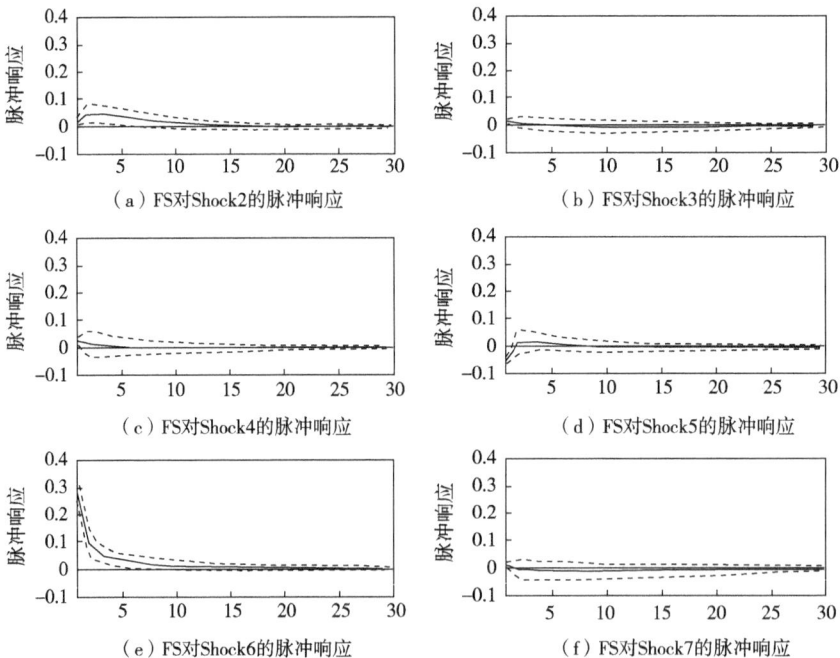

（a）FS对Shock2的脉冲响应　　　　　（b）FS对Shock3的脉冲响应

（c）FS对Shock4的脉冲响应　　　　　（d）FS对Shock5的脉冲响应

（e）FS对Shock6的脉冲响应　　　　　（f）FS对Shock7的脉冲响应

图 6.1.2　脉冲响应函数图

　　图 6.1.2 反映了流动性冲击对金融系统稳定的溢出效应。图 6.1.2 是股票市场流动性、债券市场流动性、基金市场流动性、银行系统流动性、货币流动性和国

债流动性变化一个单位标准差，对金融系统稳定性产生的影响。由图 6.1.2（a）~图 6.1.2（c）可以看出，股票市场和基金市场流动性改变在第 1 期后对金融系统稳定均有正向溢出效应，即股票市场和基金市场流动性增加会直接促进金融系统稳定，流动性减少则会破坏金融系统稳定。其中，股票市场流动性对金融系统稳定的正向溢出作用在第 2 期达到最大，随后逐渐减小至原水平，说明股票市场流动性冲击的溢出效应在随后两个月最为明显，此时冲击力度最大，对金融系统稳定的破坏最严重；基金市场流动性的溢出效应则呈递减趋势，在第 5 期左右恢复至原状态，说明基金市场流动性对金融系统稳定的冲击随时间推进迅速减弱，经过 5 个月基本恢复正常。债券市场虽然前几期溢出效应也是正向的，但从第 6 期开始转为负值，且一直持续至第 13 期左右才逐渐减小。产生此现象的原因主要是当证券市场流动性增加时，首先由于购买债券的人增多，债券市场繁荣直接促进了金融市场活跃度提高，金融系统稳定性增加；随后因为债券市场流动性增加而挤占其他证券市场流动性的现象越来越明显，且购买债券具有预示经济下滑的作用，导致股票、基金等市场萧条，金融市场交易低迷，金融系统稳定性降低。图 6.1.2（d）反映了银行间同业拆借利率的变动在第 1 期对金融系统稳定是负向溢出效应，但从第 1.5 期开始转为正向，并在第 2 期达到最大，随后逐渐回归平衡。银行短期融资通常通过同业拆借，而银行同业拆借利率的突然上升，导致银行系统流动性突然减小，近期银行融资将出现困难，因而金融系统稳定受到冲击；但随着其他融资途径资金的逐步到位，银行流动性恢复常态，金融系统稳定也趋于平稳。同时图 6.1.2（d）也说明了银行在面临同业拆借困难的情况下，寻求其他途径缓解流动性压力的效率较高，仅经过半个月即可重新恢复正常运营。图 6.1.2（e）反映了货币流动性对金融系统的溢出效应，从图中可以看出，广义货币增速的变化对金融稳定具有显著的正向作用，这种正向作用在第 1 期即达到最大值 0.33，而后逐渐减小，最后趋于初始水平。这说明货币量的突然增多使流动性流入实体经济和金融市场，会立即刺激经济和金融发展，从而促进金融系统稳定；反之，货币量的突然减少则将市场上的流动性快速抽离，破坏了金融系统的正常运行，严重冲击金融系统稳定。图 6.1.2（f）表明国债收益率与金融系统稳定呈现先正向后反向的溢出关系。开始时国债收益率的提高吸引了大量投资者购买，促进了交易的进行，巩固了金融系统的稳定；然而一方面由于资金大量流向国债，其他金融产品交易受阻；另一方面国债受热捧导致不知情的投资者误以为将出现经济危机，从而减少投资，导致金融系统其他部分的流动性短时间内紧缩，最终影响金融系统稳定。

为了进一步分析不同流动性冲击金融系统稳定溢出效应的相对程度，本节将采用方差分解考察影响金融系统稳定波动的流动性冲击原因。方差分解是分析变量间相互作用动态关系的常用方法之一，其将某一内生变量的方差分解成与其他内生变量结构冲击相关联的组成部分，用方差贡献率反映其他内生变量的结构冲击对该变量的影响程度。将代表金融系统稳定的变量 FS 进行方差分解，结果如表6.1.5 所示。

表 6.1.5　方差分解

时期	S.E.	FS	Stock	Bond	Fund	BI	M2	Yield
1	0.302 9	1.163 3	0.345 3	0.341 5	0.968 6	2.843 8	94.215 5	0.121 9
2	0.322 1	1.183 9	2.697 4	0.477 2	1.032 2	2.748 7	91.735 7	0.124 8
3	0.330 3	1.151 5	4.667 0	0.526 9	1.022 6	3.022 6	89.429 8	0.179 6
4	0.335 4	1.120 8	6.023 7	0.535 1	1.000 6	3.198 5	87.862 0	0.259 2
5	0.338 8	1.098 7	6.930 1	0.528 9	0.981 6	3.282 0	86.823 6	0.355 1
6	0.341 1	1.083 9	7.532 0	0.521 7	0.968 3	3.313 0	86.117 3	0.463 7
7	0.342 7	1.074 4	7.928 2	0.519 7	0.960 5	3.317 2	85.618 0	0.582 1
8	0.343 9	1.068 6	8.184 0	0.525 0	0.956 7	3.309 1	85.249 2	0.707 4
9	0.344 7	1.065 5	8.344 1	0.537 6	0.955 7	3.297 0	84.963 8	0.836 4
10	0.345 4	1.064 2	8.439 2	0.556 1	0.956 6	3.285 3	84.732 6	0.966 0
20	0.348 0	1.083 4	8.472 5	0.764 0	0.969 3	3.293 0	83.550 0	1.867 9
30	0.348 6	1.094 9	8.480 3	0.797 9	0.967 7	3.313 5	83.309 6	2.036 1

　　从表6.1.5 可以看出，M2 增速对金融系统稳定的方差贡献率最大，首期的方差贡献率达到 94.21%，随后逐渐减小并趋于稳定，最后维持在 83%左右，说明货币流动性冲击是影响金融系统稳定的最重要原因，对金融系统稳定的溢出效应最显著，货币供应量的突然变动很可能导致金融波动，严重危及金融系统稳定。股票市场流动性刚开始对金融系统稳定的影响较小，方差贡献率仅为 0.35%，但从第 2 期溢出效应开始迅速增大，在第 8 期左右逐渐趋于平稳，最后方差贡献率稳定在 8.5%左右。这表明股票市场流动性冲击对金融系统稳定的影响程度随时间推移逐渐增加，溢出效应越来越明显，成为威胁金融系统稳定的第二大因素。银行间市场的流动性冲击是影响金融系统稳定的第三大原因，其对金融稳定的方差贡献率从第 5 期开始一直保持在 3.3%左右。国债融资流动性冲击的贡献度在短期内（6 个月）是最小的，初期仅有 0.12%，远低于其他流动性冲击的贡献度。但随着时间推移，其贡献程度逐步增加，在第 30 期时超过 2%，高于债券市场和基金市场流动性冲击的贡献程度。而第 30 期时债券市场和基金市场流动性冲击对金融系统稳定的贡献程度最低，分别为 0.8%和 0.97%，说明从长期来看，债券市场和基金市场流动性冲击的溢出效应不太明显。

6.1.5　本节结论

通过对流动性冲击金融系统稳定的溢出效应进行实证分析可知，不同市场、不同性质的流动性冲击对金融系统稳定的溢出效应不同，其中货币流动性异常产生的冲击对金融稳定的影响最大，其次是股票市场流动性冲击，而债券市场和基金市场流动性冲击的溢出效应最小。

6.2　流动性冲击金融系统稳定的周期联动效应研究

6.2.1　研究背景

周期联动效应指的是两个相互联系的周期之间，某一周期发生变动而导致另一周期随之变动的情况。流动性冲击金融系统稳定的周期联动效应是指流动性冲击导致流动性周期阶段发生变化，或者整个周期发生推移，导致金融周期受其影响也发生变动，进而对金融系统稳定产生冲击的动态效应。流动性冲击确实会通过周期变动影响金融系统稳定，下文从流动性周期和金融周期两个周期层面出发，利用广泛应用于周期研究领域的谱分析方法，探究并分析流动性冲击金融系统稳定的周期联动效应。

6.2.2　理论基础

谱分析理论起源于物理学，后被用做考察经济周期的方法引入经济领域。它将时间序列看做由多个规则的不同频率的正弦波或余弦波叠加而成，并通过比较不同频率波的特性，发现时间序列的周期结构和主要波动特征。

1. 单谱理论

单谱分析是针对剔除趋势项和季节因素后的单个时间序列，根据谱估计得出谱密度函数，确定序列的主要周期和基本波动特征的方法。

以一个普通周期函数余弦函数 $Y_t = A\cos(2\pi\lambda_0 t + \varphi_0)$ 为例，其中，$|A|$ 为振幅；λ_0 为频率；φ_0 为相位，周期为 $1/\lambda_0$。由于相位仅决定波的起始位置，而对波形没有影响，所以该余弦函数波的基本特性完全取决于振幅 $|A|$ 和频率 λ_0。

令 $f(\lambda) = \begin{cases} A^2, & \lambda = \lambda_0 \\ 0, & \lambda \neq \lambda_0 \end{cases}$ ，称 $f(\lambda)$ 为余弦函数的功率谱密度函数。

若要计算某一时间序列的谱，首先应确定该序列是否是平稳序列，即序列的均值和方差是否随时间的变化而变化。只有平稳的时间序列才可以进行谱分析，否则要通过差分等方法提出趋势项和季节项。对于平稳序列，首先计算其自相关系数 ρ_k：

$$\rho_k = \frac{1}{n-k} \sum_{t=1}^{n-k} \frac{(X_t - \overline{X})(X_{t+k} - \overline{X})}{\sigma^2} \tag{6.2.1}$$

其中，$\overline{X} = \frac{1}{n} \sum_{t=1}^{n-k} X_t; \sigma^2 = \frac{1}{n} \sum_{t=1}^{n} (X_t - \overline{X})^2$。

其次计算谱 S_i：

$$S_i = \frac{a_i}{m} C_0 + 2 \sum_{k=1}^{m} \rho_k \lambda_k \cos\left(\frac{\pi i k}{m}\right) \tag{6.2.2}$$

其中，$a_i = \begin{cases} 1, & i = 1, 2, \cdots, m-1 \\ \frac{1}{2}, & i = 0, m \end{cases}$ ；$k = 0, 1, \cdots, m$。

2. 交叉谱理论

交叉谱分析也称互谱分析，探讨两个或两个以上平稳的时间序列在频率和周期波动上的相关关系，确定波与波之间的相关性程度。不同于单谱分析，交叉谱理论有 3 个十分重要的参数，即一致性、相位和增益。一致性也称相干性，是经过标准化处理后的振幅乘积，反映了两个序列周期在频域上的相关性。其取值通常在[0,1]，值越趋近 1 说明在该频率上越相关，反之，越接近 0 则说明越不相关；一般来说，值大于 0.6，则表明两序列存在明显的周期同步性。相位反映了两序列周期之间存在领先或滞后的时间差，其值为正则表明某一变量周期波动滞后于另一变量的周期波动，反之则说明该变量周期波动领先于其他变量。但由于相位谱得到的是角度间领先或滞后关系，所以需要通过一定的变换将其转化为长度上的时间差。增益考察因变量对自变量的敏感程度，即自变量变动 1%引起因变量周期变动的百分比。交叉谱理论考察两个序列在周期上的总体情况，能更准确地刻画其周期间的结构关系。

设两时间序列 X_t 和 Y_t，交叉协方差系数 C_{xy} 和 C_{yx} 如下：

$$C_{xy}(k) = \frac{1}{n-k} \sum_{t=1}^{n-k} \left(\frac{X_t - \overline{X}}{\sigma_x}\right)\left(\frac{Y_{t+k} - \overline{Y}}{\sigma_y}\right)$$

$$C_{yx}(k) = \frac{1}{n-k} \sum_{t=1}^{n-k} \left(\frac{X_{t+k} - \overline{X}}{\sigma_x} \right) \left(\frac{Y_t - \overline{Y}}{\sigma_y} \right)$$

其中，$\overline{X} = \frac{1}{n} \sum_{t=1}^{n-k} X_t; \overline{Y} = \frac{1}{n} \sum_{t=1}^{n-k} Y_t; \sigma_x = \sqrt{\frac{1}{n} \sum_{t=1}^{n} (X_t - \overline{X})^2}; \sigma_y = \sqrt{\frac{1}{n} \sum_{t=1}^{n} (Y_t - \overline{Y})^2}$ ；X_t 和 Y_t
为交叉谱的实部 R 与虚部 I，分别为

$$R_i = \frac{a_i}{m} C_{xy}(0) + \frac{1}{2} \sum_{k=1}^{m} \lambda_k [C_{xy}(k) + C_{yx}(k)] \cos\left(\frac{\pi i k}{m} \right)$$

$$I_i = \frac{a_i}{m} \sum_{k=1}^{m} \lambda_k [C_{xy}(k) - C_{yx}(k)] \sin\left(\frac{\pi i k}{m} \right)$$

最后得到的振幅 A、相位 P（角度）、时间差 T 和一致性 Q 如下：

$$A_i = \sqrt{R_i^2 + I_i^2}$$

$$P_i = \arctan\left(-\frac{I_i}{R_i} \right)$$

$$T_i = P_i \cdot \frac{L_i}{2\pi}$$

$$Q_i = \frac{A_i}{\sqrt{\sigma_{xi} \cdot \sigma_{yi}}}$$

其中，L_i 表示周期长度。

6.2.3　周期联动效应分析

1. 流动性度量指标的构建

为了更加有效、准确地探究流动性冲击金融系统稳定的周期联动效应，构建一个全面反映市场流动性状况的度量指标极其重要。本节采用与构建金融系统稳定指标一致的方法——因子分析法建立衡量整体流动性的指标。基础指标选用股票平均换手率、债券指数成交量、基金指数成交量、银行间同业拆借平均利率、M2 同比增长率和国债到期收益率六个指标，分别代表六种不同性质的流动性。同样先明确其相互间的相关关系，相关系数矩阵如表 6.2.1 所示。

表 6.2.1　相关系数矩阵（二）

指标	股票平均换手率	债券指数成交量	基金指数成交量	银行间同业拆借平均利率	M2 同比增长率	国债到期收益率
股票平均换手率	1.000 0	−0.248 5	0.754 1	−0.303 2	0.452 6	−0.362 8
债券指数成交量	−0.248 5	1.000 0	0.003 6	0.062 8	−0.192 4	0.107 9

续表

指标	股票平均换手率	债券指数成交量	基金指数成交量	银行间同业拆借平均利率	M2 同比增长率	国债到期收益率
基金指数成交量	0.754 1	0.003 6	1.000 0	−0.055 7	0.344 0	−0.197 6
银行间同业拆借平均利率	−0.303 2	0.062 8	−0.055 7	1.000 0	−0.613 0	0.773 2
M2 同比增长率	0.452 6	−0.192 4	0.344 0	−0.613 0	1.000 0	−0.665 7
国债到期收益率	−0.362 8	0.107 9	−0.197 6	0.773 2	−0.665 7	1.000 0

　　由相关系数矩阵可知，股票市场流动性和基金市场流动性之间存在明显的正向相关关系，相关系数达到 0.75，而与货币流动性之间也存在正相关，相关系数为 0.45；银行间市场流动性、货币流动性和国债流动性三者之间相互存在较为显著的相关关系，货币市场流动性与银行间市场流动性和国债流动性呈负相关，相关系数分别为−0.61 和−0.67，银行间市场流动性则与国债流动性表现出高度正向相关，相关系数达到 0.77。从而可以看出，6 个基础流动性指标间存在或多或少的相关性，直接用其研究流动性冲击与金融系统稳定的周期联动效应将由于共线性问题而受到影响，所以同样需对其进行因子分析，提取出具有代表性的公共因子，结果如表 6.2.2 所示。

表 6.2.2　因子分析结果（二）

指标	公共因子 1	公共因子 2	公共因子 3
股票平均换手率	0.299	0.756	−0.186
债券指数成交量			0.994
基金指数成交量		0.994	
银行间同业拆借平均利率	0.897		
M2 同比增长率	0.689	0.320	−0.129
国债到期收益率	0.862	0.159	
因子载重	2.118	1.691	1.044
方差比率	0.353	0.282	0.174
累积方差比率	0.353	0.635	0.809

　　因子分析结果表明，前三个公共因子基本可以覆盖大部分流动性指标的特性，累积方差贡献率达到80.9%。其中，公共因子 1 在银行间同业拆借平均利率、M2 同比增长率及国债到期收益率上有较高的载荷，分别达到 0.897、0.689 和 0.862，说明因子 1 主要用以反映银行间市场流动性、货币流动性和国债流动性。公共因子 2 在股票平均换手率、基金指数成交量上载荷分别为 0.756 和 0.994，表明公共因子 2 是衡量股票和基金市场流动性的代表性指标。公共因子 3 衡量债券市场流动性，其在债券指数成交量上载荷达 0.994。由于因子分析结果涵盖了 6 个基础指

标的大部分性质，同时与相关系数结果相符，所以最终提取前三个公共因子，并由此计算公共因子得分，作为衡量市场流动性的综合性指标。

2. 流动性周期与金融周期的基本特征

正如第 3 章所述，市场上流动性的不断起伏波动形成流动性周期。同样，金融系统稳定性也时刻发生着变化，系统从稳定到不稳定，最终再回归稳定这样一个循环往复的过程就形成金融周期。为了更详细、准确地探究流动性冲击金融系统稳定的周期联动效应，首先需要对流动性周期和金融周期各自的特性有所了解，因此先将流动性周期与金融周期分开，单独研究其基本特征。

1）流动性周期的基本特征

本节采用上述介绍的单谱分析方法，对 2003 年 7 月至 2014 年 4 月中国的综合流动性指标进行周期性分析。首先，谱分析的前提条件是时间序列是平稳的，因此用 Eviews 软件对综合流动性指标序列进行 ADF 单位根检验，得到 p 值显著小于 0.05，说明在 95%的置信水平下，综合流动性指标是平稳的，可以进行谱分析。因此根据谱分析理论［式（6.2.1）和式（6.2.2）］，利用 SPSS 对其周期特征进行单谱分析，得到谱密度函数如图 6.2.1 所示。

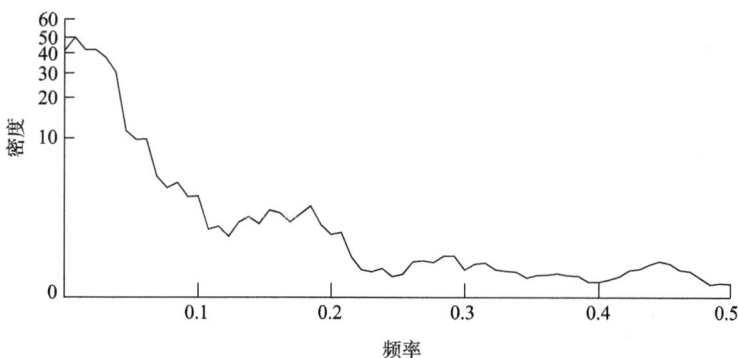

图 6.2.1 流动性周期谱密度函数图

从图 6.2.1 的流动性周期谱密度函数图可以看出，谱密度曲线在前一小段密度值较大，而后迅速减小，最后平稳趋于 0。最大谱密度值为 50.98，所对应的频率为 0.015 385，周期为 65 个月，即 5.42 年，这说明我国流动性存在一个约为 5 年的主周期，市场上整体流动性从过剩到减少，到不足，再到增加，这样一个完整的轮回大约需要 5 年时间。第 3 章实证分析中得到我国货币流动性周期为 2~4 年，信贷周期约为 1 年，均小于整体市场的流动性周期，说明我国在股票市场、债券市场等其他方面流动性周期跨度较长，影响较大。另外，在频率 0.1~0.2 还存在一个谱密度波峰，其峰顶处最大谱密度值为 2.848，对应的频率为 0.184 615，周期为 5.37 个月，说明我国市场流动性还存在一个约为 5 个月的次周期，反映了流动性由于月度效应、政策出台、国际经济形势波动等外部因素引起的一些适应性波动，这些波动会形成一个不到半年的短周期。因此，我国市场流动性周期主要由一个约为 5.42 年的主周期和 5.37 个月的次周期组成。

2）金融周期的基本特征

金融周期度量指标采取上文所构建的金融系统稳定性指标，同样先进行平稳性检验，根据 ADF 检验结果 p 值为 0，表明金融周期指标是平稳的，可以采用谱分析。因此，利用单谱分析，得到谱密度函数图，如图 6.2.2 所示。

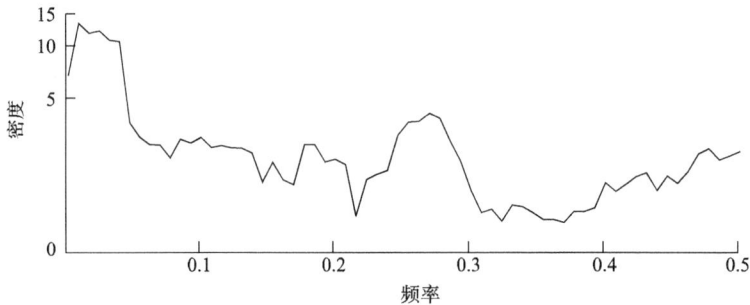

图 6.2.2　金融周期谱密度函数图

由图 6.2.2 可以看出，金融周期谱密度函数走势和流动性周期谱密度函数走势表现出较高的一致性，同样是在最初有个最大的波峰，随后迅速减小，但不同之处在于金融周期的谱密度始终不趋于 0，说明其短期异变性较大。最大谱密度为 13.28，出现在频率为 0.023 077 处，对应周期为 3.61 年，说明我国金融系统存在一个约为 3.6 年的主周期，表明金融系统从繁荣到衰退，再到繁荣，完成一次循环大约需要三年半的时间。同时，在谱密度函数中间段还存在一个次最大谱密度波峰，其峰顶处最大谱密度值为 3.698，对应的频率为 0.273 08，周期为 3.66 个月，说明我国金融系统还存在一个约为 3.66 个月的次周期，反映了金融系统其他外部因素导致的一些短期性波动，这些波动会形成一个 3~4 个月的短周期。因而我国金融周期主要由一个约为 3.61 年的主周期和 3.66 个月的次周期组成。此外，在频率为 0.184 615 处还有一个小波峰，形成金融周期的第二次周期，且与流动性周期的次周期相对应，可能预示着在该周期分量上流动性周期和金融周期具有较高的一致性。流动性周期和金融周期的整体走势及对应波峰相同表明流动性周期波动与金融周期波动确实存在联动关系，因此可以进一步对流动性周期与金融周期之间的周期联动效应进行深入分析。

3）流动性周期与金融周期的周期联动效应分析

为了探究流动性冲击金融系统稳定的周期联动效应，先从总体上直观了解流动性周期和金融周期的整体趋势。将流动性数据和金融稳定数据进行卡尔曼滤波，分离出周期项和趋势项，再将流动性冲击的周期项和金融系统稳定的周期项同时作图，以便更准确地观察流动性周期与金融周期的相关性。如图 6.2.3 所示，黑线为流动性周期，灰线为金融周期。

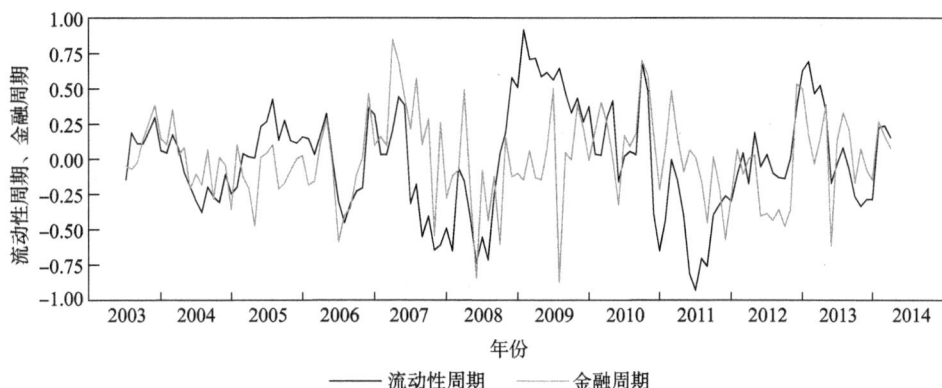

图 6.2.3　流动性周期和金融周期走势图

由图 6.2.3 可以看出，流动性周期和金融周期在整体走势上确实存在一定的共变性，且流动性周期的变动略微领先于金融周期的变动。但是，并不能明显分辨出它们之间的相互影响关系，也不能判断二者的共变性达到什么水平、相互影响程度是多少。因此，本节利用交叉谱分析方法，继续对流动性周期和金融周期的周期联动效应进行进一步研究。运用上述介绍的交叉谱公式经过处理后，得到的流动性周期与金融周期的相干谱、增益谱和相位谱分别如图 6.2.4~图 6.2.6 所示。

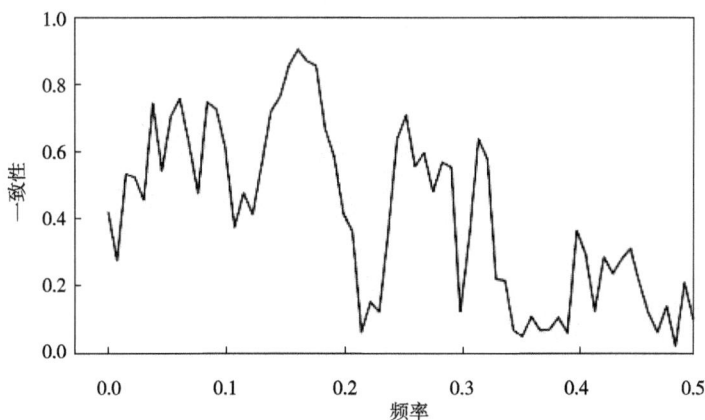

图 6.2.4　流动性周期与金融周期的相干谱

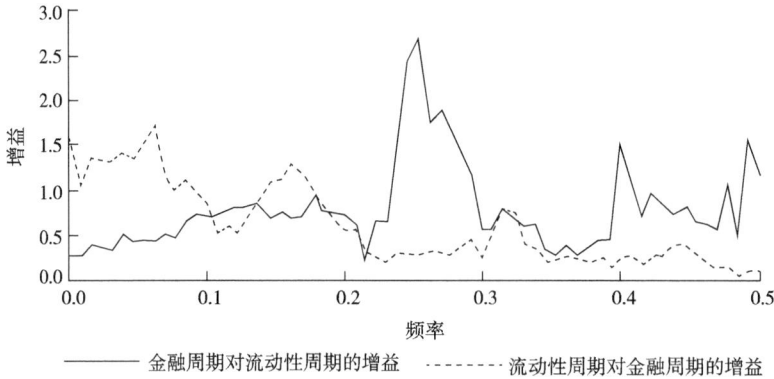

图 6.2.5　流动性周期与金融周期的增益谱

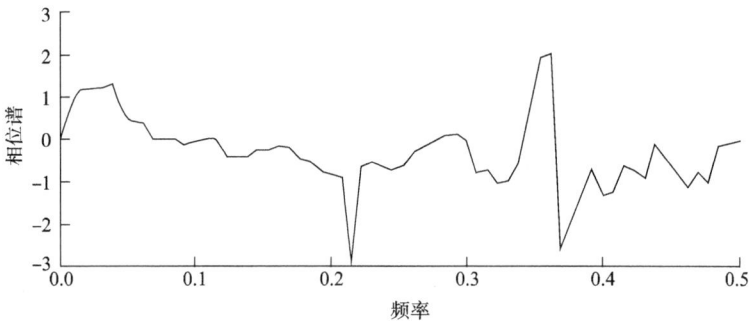

图 6.2.6　流动性周期与金融周期的相位谱

从图 6.2.4 可以看出，流动性周期与金融周期在前半段具有较高的一致性，随着频率增大，一致性逐渐减小。这与上文流动性周期和金融周期的基本特征相符，流动性周期密度谱趋于零，说明其极短期周期波动较小，而金融系统高频率时密度谱较大，其极短期周期波动性较大。相干谱在频率 0.153 846~0.184 615 超过 0.8，表现出高度的一致性，此时对应的周期为 5.42 个月至 6.5 个月，说明流动性周期与金融周期每经过 5~7 个月就会出现明显的共变性。其中，在频率 0.161 538 处，即周期 6.19 个月时，相干谱达到最大值 0.903，此时流动性周期与金融周期的一致性最强。值得注意的是，5.42 个月正好是流动性周期的次周期和金融周期的第二次周期，这也证明了上文的结论。此外，在频率 0.046 154、0.069 231、0.092 308 和 0.253 846 处，流动性周期与金融周期的相干谱也超过 0.7，分别达到 0.705、0.758、0.726 和 0.709，说明在 21.67 个月、14.44 个月、10.83 个月和 3.82 个月这几个周期分量上，流动性周期和金融周期都具有较强的共变性。

图 6.2.5 是流动性周期与金融周期的增益谱，反映了流动性周期与金融周期之间相互影响的情况，其中虚线代表流动性周期对金融周期的增益，实线代表金融周期对流动性周期的增益。从图 6.2.5 中可以看出，流动性冲击的增益和金融系统稳定的增益基本呈相反关系，即流动性冲击的增益越大，金融系统稳定的增益就越小，反之亦然。当频率小于 0.2 时，流动性冲击的增益基本大于金融系统稳定的增益；而当频率大于 0.2 后，金融系统稳定的增益迅速增大，超过流动性冲击的增益。这说明对于长周期（周期长度大于 5 个月），流动性周期对金融周期的影响较大，也即当流动性冲击产生，流动性周期改变后，其对金融系统稳定将造成较长时间的影响，导致金融周期整体走势等长期的推移和变化。而金融周期对流动性周期的影响多是中期和短期的，即当金融系统稳定性发生改变时，其对流动性造成的持续时间较短。其中，流动性周期对金融周期影响最大的时刻出现在频率 0.061 538 处，增益系数为 1.721，说明当流动性和金融系统处于 1.35 年左右的周期时，流动性每波动 1%，金融系统稳定波动 1.721%；金融周期对流动性周期影响最大的时刻发生在 0.253 846 处，增益系数达到 2.703%，表明在 3.82 个月的周期分量上，金融系统稳定性每改变 1%，流动性周期变化 2.703%。

图 6.2.6 描绘了流动性周期与金融周期的相位谱，反映了它们之间相对的领先与滞后关系。从图 6.2.6 中可以看出，大部分相位谱曲线位于零之下，为负值，表明金融周期滞后于流动性周期，也即流动性周期的变动会带动金融周期的改变，流动性冲击对金融系统稳定确实存在周期联动效应。在流动性周期与金融周期相干性最强的时刻，即频率 0.161 538 处，流动性周期与金融周期的相位谱为–0.147，转换成长度值后，表明在流动性和金融系统一致性最强的 6.19 个月周期分量上时，流动性周期波动领先于金融周期波动 4.46 天，也即流动性冲击经过 4 天左右的时间就会对金融系统稳定产生影响。此外，在相干性和增益均较大的 3.82 个月周期上，流动性周期与金融周期的相位谱为–0.603，表明此时流动性冲击经过 10.23 天将会导致金融系统稳定波动。

6.2.4　本节结论

通过对流动性周期与金融周期的谱分析，不仅证实了流动性冲击对金融系统稳定确实存在周期联动效应，而且也对其之间的周期联动效应有了更清晰的了解。不论是溢出效应还是周期联动效应，流动性冲击最终均会对金融系统稳定造成数倍影响，而这种影响大小则与流动性的乘数效应息息相关。

6.3   流动性冲击金融系统稳定的乘数效应研究

6.3.1   研究背景

1931 年，英国经济学家卡恩最早引入了"乘数"这一概念。1936 年，凯恩斯在其基础上于《通论》中提出了著名的投资乘数理论，用于刻画每增加一笔投资，对收入增长的倍数关系。此后，新古典综合派将乘数理论引入货币金融领域，提出了经典的货币乘数理论，用来描述基础货币的增加给货币供应量带来的倍数关系。乘数理论关注于某一变量增加或减少一个单位，对另一变量变化产生的倍数作用，该放大或紧缩作用称为"乘数效应"。近几年，由于宏观经济波动，乘数效应广泛出现在房地产、电子金融和信用经济等领域，所以乘数理论也被相应引入这些领域。

6.3.2   流动性乘数效应模型的构建

为了探究流动性冲击金融系统稳定的乘数效应，构建流动性乘数模型，得到流动性乘数尤为关键。流动性乘数效应指的是当金融系统中每增加或减少一单位流动性后，通过金融机构、金融市场的流转，最终在金融系统中产生的总流动性增加量或减少量。而流动性乘数即总增加量或减少量与初始流动性增加量或减少量的比例，其值大小直接反映了流动性冲击对金融系统稳定的乘数效应。

由于流动性具有多个维度且十分抽象，本节先以最直观、最简单的货币流动性为例，简要阐述货币流动性冲击金融系统稳定的乘数效应。正如前文所述，货币供应量是货币流动性的代表性指标之一，因而货币乘数理论可适当运用于此，最简化的计算公式为

$$k = \frac{1}{\alpha} = \frac{1}{1-(1-\alpha)}$$

其中，α 代表法定存款准备金率；$1-\alpha$ 表示每次继续投入市场的货币。该公式表明，在货币运转过程中，每当外界向金融系统中注入一单位基础货币，通过银行的存贷款流转后，将最终在金融系统中产生 k 倍的货币供应量。将该思想运用在金融系统内整体流动性上，并以此来构建流动性乘数的理论数学模型。

假设外界最初向金融系统内注入的初始流动性数量为 $A>0$，这部分流动性全部

以存款的形式进入银行，规定的存款准备金率为 α，所以银行首次可向市场投入的流动性总额为 $A(1-\alpha)$；假设银行的存款利率为 i，贷款利率为 r，所有的贷款都有抵押，抵押物的实际价值为 A_M，银行面临的违约概率为 θ，违约后银行变卖抵押物得到的补偿是抵押物价值的 β 倍，一般情况下 $\beta < 1$，即银行以 βA_M 的价格变卖抵押物；流动性进入社会，通过一次流转再次进入银行，则银行本次收回的流动性为

$$A(1-\alpha)(1-\theta)(1+r)+\theta\beta A_M$$

由于银行需要对初始持有的流动性 A 支付成本，成本为 iA，所以流动性经过一次循环后最终的剩余量为

$$A_1 = (1-\alpha)(1-\theta)(1+r)+\theta\beta A_M - iA \tag{6.3.1}$$

（1）$A_1 - A > 0, A_1 > 0$，表示经过一次流动性循环，银行回收的流动性增加，金融系统内流动性总量也增加。

（2）$A_1 - A < 0, A_1 > 0$，表示经过一次流动性循环，银行回收的流动性减少，但金融系统内流动性总量仍在增加。

（3）$A_1 - A < 0, A_1 < 0$，表示经过一次流动性循环，银行不但没有收回先前投放的流动性，反而需要用自身原有流动性弥补亏损，金融系统内流动性总量减少。

为了更直观地得到流动性乘数，假设抵押物的价值正好等于贷款数额，即 $A_M = A(1-\alpha)$，从而式（6.3.1）就化简为

$$A_1 = (1-\alpha)(1-\theta)(1+r)+\theta\beta A_M - iA = A\{(1-\alpha)[(1-\theta)(1+r)+\theta\beta]-i\}$$

以上得到的 A_1 成为银行下一次向市场投入流动性的基础。银行将 A_1 再次进行放贷，流动性经过第二次流转，收回的流动性为

$$A_2 = A_1\{(1-\alpha)[(1-\theta)(1+r)+\theta\beta]-i\} = A\{(1-\alpha)[(1-\theta)(1+r)+\theta\beta]-i\}^2$$

如此反复下去，经过多次的流动性投入与回收这一循环过程后，银行在第 n 次收回的流动性为

$$A_n = A\{(1-\alpha)[(1-\theta)(1+r)+\theta\beta]-i\}^n$$

经过无限多次的流动性循环，全过程中金融系统内产生的流动性总量为

$$L = A_0 + A_1 + \cdots + A_n + \cdots$$
$$= A + A\{(1-\alpha)[(1-\theta)(1+r)+\theta\beta]-i\}+\cdots+A\{(1-\alpha)[(1-\theta)(1+r)+\theta\beta]-i\}^n+\cdots$$

（1）当 $(1-\alpha)[(1-\theta)(1+r)+\theta\beta]-i \geqslant 1$ 时，$A_{i+1} - A_i > 0, A_i > 0, i=0,1,\cdots$，表明每经过一次流动性循环，银行回收的流动性要大于（或等于）先前投放的流动性，且 $\lim\limits_{n\to+\infty} L = +\infty$，这说明在其他条件没有发生变化的情况下，金融系统内流动性将不断增加，呈现流动性快速循环扩张的态势，最终系统内流动性总量将趋向于正无穷。此时，流动性乘数 $k = +\infty$，表明不管初始投入多少流动性，经过流动性循

环，最终都将导致金融系统内流动性过剩。这种情况下，流动性冲击金融系统稳定的乘数效应十分明显，微小的流动性偏离都有可能造成流动性泛滥，并严重破坏金融系统稳定。

（2）当 $0 < (1-\alpha)[(1-\theta)(1+r)+\theta\beta] - i < 1$ 时，$A_{i+1} - A_i < 0$，即表明每经过一次流动性循环，银行回收的流动性均小于先前投放的流动性，且

$$\lim_{n \to +\infty} L = \frac{A}{1 - \{(1-\alpha)[(1-\theta)(1+r)+\theta\beta] - i\}}$$

这说明在其他条件没有发生变化的情况下，金融系统内流动性虽然在不断增加，呈现流动性循环扩张的情况，但最终系统内流动性总量将趋向于一个固定的常数。在此状态下，流动性乘数 $k = \dfrac{A}{1 - \{(1-\alpha)[(1-\theta)(1+r)+\theta\beta] - i\}} > 1$，表明初始每投入一单位的流动性，最终将在金融系统内形成 k 单位的流动性。虽然此时流动性乘数效应为正，但这仅具有数值上的意义，对于其是否有利于金融系统稳定，则主要取决于流动性乘数效应大小与经济增长速度之间的相对关系。若经济处于快速增长的扩张时期，适当较大的乘数效应将为市场创造较多的流动性，为经济持续增长提供支持，从而保障金融系统的稳定运行；若经济增速缓慢，无法跟上流动性的扩张速度，金融系统将囤积大量的流动性，造成流动性过剩，金融系统不稳定，因而此时较小的乘数效应更有利于经济、金融稳定。此外，金融系统所处的流动性状态与流动性乘数大小的相对关系，也是影响流动性乘数效应与金融系统稳定的重要因素。若金融系统已处于流动性过剩时期，较大的流动性乘数将给系统带来更多的流动性，造成系统内流动性过剩压力进一步增加，不利于维持金融系统稳定；若流动性处于紧缩时期，较大的流动性乘数将为金融系统创造较多的流动性，以补充系统流动性不足的情况，促进金融系统恢复稳定状态。

（3）当 $(1-\alpha)[(1-\theta)(1+r)+\theta\beta] - i = 0$ 时，$A_i = 0, i = 1, 2, \cdots$，表明流动性经过一次循环将消失，银行无法收回原先投入的流动性，此时金融系统中增加的流动性即为外界初始投入的流动性 A。该情形下，流动性乘数 $k = 1$，也可以说流动性对金融系统稳定不存在乘数效应。这种情况下，虽然市场上流动性不会减少，但随着经济的不断发展，金融系统内的流动性将无法满足经济增长的需求，只能依靠外部源源不断地注入流动性来支撑经济的进一步发展，若没有外生流动性，则流动性冲击仍然会给金融系统的稳定性带来严重影响。

（4）当 $-1 < (1-\alpha)\left[(1-\theta)(1+r)+\theta\beta\right] - i < 0$ 时，$A_{i+1} < 0, |A_{i+1}| < |A_i|, i = 0, 1, \cdots$，表明每经过一次流动性循环，银行不仅没有回收原先投放的流动性，而且需要挪用其他自有流动性来弥补该缺口，但该流动性缺口小于初始投放的流动性量。

$$\lim_{n \to +\infty} L = \frac{A}{1 - \{(1-\alpha)[(1-\theta)(1+r)+\theta\beta] - i\}}$$

$A/2 < \lim_{n \to +\infty} L < A$，说明每经过一次循环，金融系统内流动性都减少一次，系统表现出流动性循环紧缩的情况，最终系统内流动性总量将少于初始流动性投入量，并趋于一个固定常数，但系统内的流动性总量仍为正值。此时流动性乘数

$$k = \frac{A}{1 - \{(1-\alpha)[(1-\theta)(1+r) + \theta\beta] - i\}}，\quad 0 < k < 1$$

表明初始每投入一单位的流动性，最终将在金融系统内形成 k 单位的流动性，而 $1-k$ 单位的初始流动性由于投资失败而从系统中消失。在这种情形下，金融系统也必须依靠外界不断输入新的流动性才能维持正常运行，且比第三种情形所需的外部流动性更多。一旦没有流动性注入，金融系统内部流动性经过流转将不断减少，面临循环紧缩的危机。

（5）当 $(1-\alpha)\big[(1-\theta)(1+r) + \theta\beta\big] - i < -1$ 时，$A_{i+1} < 0, |A_{i+1}| \geqslant |A_i|, i = 0,1,\cdots$，表明每经过一次流动性循环，银行不仅需要挪用其他自有流动性来弥补该缺口，而且该流动性缺口还大于初始投放的流动性，金融系统内最终的流动性总量 $\lim_{n \to +\infty} L = -\infty$，说明在没有外界干预的情况下，金融系统中流动性将不断减少，表现出流动性快速循环紧缩的状态，最终系统内流动性总量将趋向于负无穷。此时，流动性乘数 $k = -\infty$，流动性冲击的乘数效应巨大，表明只要银行将流动性投入市场，该银行很快会由于违约等原因投资失败而无法回收流动性，同时银行又需要支付流动性成本，所以流动性不断从银行流出，最终造成银行破产。对于金融系统，该情况下，任何的流动性投入都将造成损失，且形成恶性流动性循环紧缩，直至用尽系统内部全部的原有流动性，这将对金融系统造成毁灭性的危机，严重影响金融系统稳定。其中第三至第五种情况均可以看做流动性陷阱的表现形式。

6.3.3　乘数效应的数值模拟

通过上文对流动性乘数进行数学模型构建可知，流动性冲击金融系统稳定的乘数效应大小至少与存款准备金率、违约概率、存款利率、贷款利率及抵押物偿债比率五个参数直接相关，不同参数值可能产生完全不同的乘数效应。

由于数据的可得性问题，本节对相关参数进行了适当替代。由于各个银行超额准备金率不同且时刻变化，所以不考虑超额存款准备金率，存款准备金率取各国的法定存款准备金率；坏账占总贷款额表明银行总借出款项中无法回收的款项比例，因此用其代替违约概率具有一定的合理性；存款利率和贷款利率分别取一年期的银行存贷利率；不同抵押物变现偿债比率相差较大，也没有统一的测量口径，因而在计算上先按 0.8 取值。表 6.3.1 是世界部分国家流动性乘数及相关参数表。

表 6.3.1　流动性乘数及相关参数表（单位：%）

国家	α	θ	r	i	β	L
中国	20	1.0	6.00	3.00	80	5.43
美国	10	3.2	3.25	0.20	80	12.59
日本	1.2	2.3	1.25	0.33	80	128.55
德国	2.0	2.9	3.01	1.12	80	121.34
意大利	2.0	15.1	5.14	2.10	80	35.93
希腊	2.0	31.3	4.60	0.65	80	17.58

资料来源：The World Bank

由表 6.3.1 可以看出，中国的流动性乘数在这六个国家中是最小的，仅为 5.43，表明中国每投入 1 单位流动性，金融系统内最终将产生 5.43 单位的流动性。较小的流动性乘数效应有利于控制中国通货膨胀，但可能会造成市场流动性紧缩。产生此现象主要是由于中国法定存款准备金率较高（达到 20%），是德国等欧洲国家的 10 倍，是日本的近 17 倍，说明中国较大部分的流动性通过存款准备金流入中国人民银行而退出市场，这部分流动性没有形成乘数效应。日本和德国的流动性乘数最高，分别达到 128.55 和 121.34，大约是中国的 23.67 倍和 22.35 倍，大约是美国的 10.21 倍和 9.64 倍，主要由于其较低的法定存款准备金率（1.2% 和 2.0%），也说明这两个国家偏向于采取较为激进的经济扩张政策。意大利和希腊虽然法定存款准备金率也仅为 2.0%，但是其流动性乘数只有 35.93 和 17.58，远小于同货币政策的德国，所以较高的违约概率（15.1% 和 31.3%）导致流动性因为违约损失无法回收而流出金融系统。

不同参数取值对流动性冲击金融系统稳定的乘数效应将产生截然不同的影响。例如，较高的存款准备金率将导致较小的流动性乘数，反之，较低的存款准备金率则对应较大的流动性乘数，而流动性乘数的大小又直接影响流动性对金融系统稳定的冲击效应。因此，探究参数取值变化对流动性冲击乘数效应的影响，对政府制定相关政策控制参数波动范围，进而控制流动性乘数大小，维持金融系统稳定至关重要。本节以中国的参数值为基准，在此基础上轮流变动各个参数，以此来研究流动性冲击金融系统稳定的乘数效应相应变化的情况。

1. 存款准备金率对流动性冲击乘数效应的影响

存款准备金率代表流动性投入市场的比率，将存款准备金率从 0 变动至 1，则流动性冲击金融系统稳定的乘数效应变化情况如图 6.3.1 所示。

从图 6.3.1 可以看出，随着存款准备金率从 0 变动至 1，流动性乘数从正无穷变动至 0。类似货币乘数，存款准备金率越大，再次流入市场的流动性就越多，流动性乘数相应越大；反之，存款准备金率越小，银行放入中央银行的货币越多，

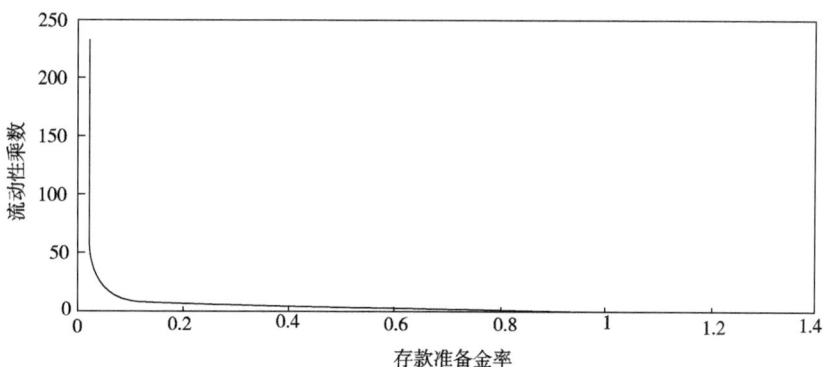

图 6.3.1　存款准备金率对流动性冲击金融系统稳定乘数效应的影响

流入市场的流动性越少，流动性乘数就相应越小。当存款准备金率小于 0.027 时，流动性乘数趋向于正无穷，说明此时微小的流动性注入都可能造成市场出现流动性过剩的状况，资产价格泡沫、恶性通货膨胀等现象频发，流动性冲击对金融系统稳定的乘数效应巨大，对金融系统稳定的破坏力极强。当存款准备金率大于 0.027 时，流动性乘数变为正值常数，并以较快幅度减小。此时流动性冲击的乘数效应对金融系统稳定的影响随流动性乘数的大小以及当时的经济金融环境而异。较大的流动性乘数更容易造成流动性过剩，但对治理流动性紧缩较为有效；较小的流动性乘数需要依靠更多的外部流动性注入，但不易引发流动性过剩。因此，当国家处于流动性过剩时期时，较小的流动性乘数不易加重通货膨胀压力，而当国家处于流动性短缺时期时，较大的流动性乘数则可以较快地为经济体注入新流动性，缓解危机。总而言之，存款准备金率对流动性乘数的影响重大，力度较强，一般国家政府在采取措施治理市场流动性时，不宜频繁或者大幅改变存款准备金率，以免造成更加严重的危机或反效果。

2. 违约概率对流动性冲击乘数效应的影响

违约概率表示银行借出款项中由于借款人失去还款能力等原因而无法回收的概率。一般经济环境较好时，违约概率较小；而国家发生经济、金融危机时，违约概率将急速上升。同样将违约概率从 0 逐渐变至 1，则流动性冲击金融系统稳定的乘数效应变化情况如图 6.3.2 所示。

由图 6.3.2 可知，流动性乘数随着违约概率的增大而减小。当违约概率为 0 时，流动性乘数为 5.49；当违约概率为 1 时，流动性乘数为 2.56。说明宏观经济较好，银行放出的贷款全能按时收回，不存在借款者违约的情况下，初始投入的流动性经过循环，将最终为金融系统带来 5.49 倍的流动性；而当宏观经济形势不佳，借款者相继违约，银行借出的款项均无法收回，只能通过变卖抵押物弥补借款亏损时，初始投入的流动性经过循环，最终能产生 2.56 倍的流动性。虽然相比不存在

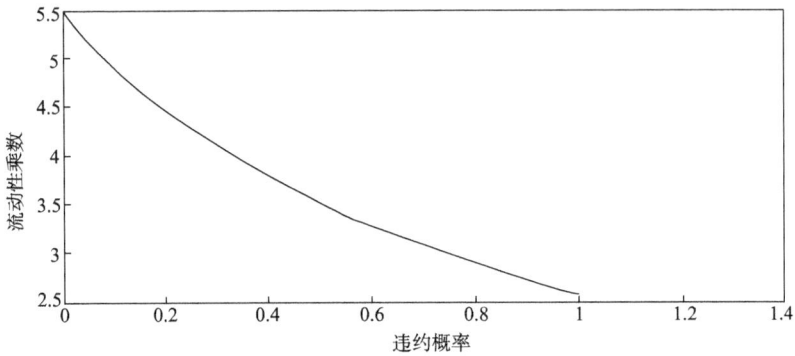

图 6.3.2　违约概率对流动性冲击金融系统稳定乘数效应的影响

违约情形时的流动性乘数减少了将近一半，但对金融系统的乘数效应仍为正值。产生此现象是由于本节设置了较高的抵押物变现偿债比率（0.8），而一般情况下，当宏观经济不好时，不仅违约概率升高，抵押物的变现能力也将大大下降。因此，令抵押物变现偿债比率分别降为 0.6、0.4、0.2 和 0，流动性冲击金融系统稳定的乘数效应如图 6.3.3 所示。

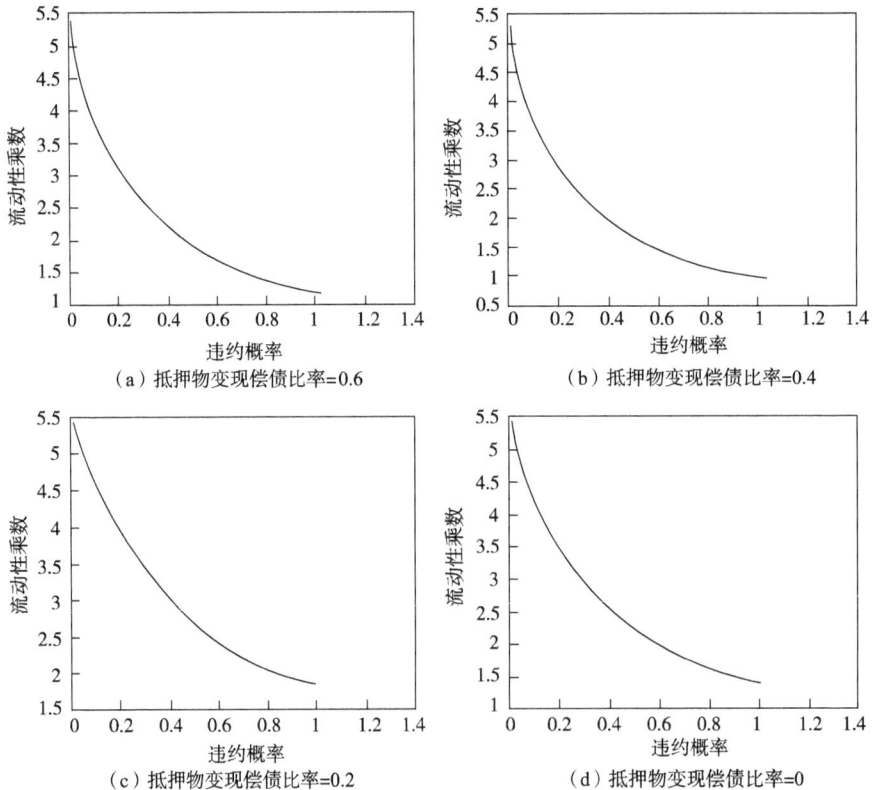

（a）抵押物变现偿债比率=0.6

（b）抵押物变现偿债比率=0.4

（c）抵押物变现偿债比率=0.2

（d）抵押物变现偿债比率=0

图 6.3.3　不同抵押物偿债比率下违约概率对流动性冲击金融系统稳定乘数效应的影响

从图 6.3.3 可以看出，抵押物变现偿债比率越小，流动性乘数曲线越凸，违约概率对流动性乘数的影响越大。当违约概率为 1，抵押物变现偿债比率从 0.6 降至 0 时，流动性乘数相应从 1.82 降至 1，越来越小的流动性乘数效应无法满足金融体系继续发展壮大的需求，造成流动性不足，甚至紧缺，进而危及金融系统稳定。当违约概率为 1，抵押物变现偿债比率为 0 时，市场上流动性乘数等于 1，即无法创造内生流动性，金融系统将全面陷入流动性陷阱，只能依靠外界不断注入流动性才能维持经济、金融增长需求，此时流动性冲击的乘数效应过小，将严重威胁金融系统的持续、稳定发展。

3. 贷款利率对流动性冲击乘数效应的影响

贷款利率是银行借出资金所收取的回报价格，往往能反映市场资金供需的整体状况。当市场上资金供应多、流动性充足时，贷款利率一般较低；而当市场上资金紧俏、流动性缩紧时，贷款利率则较高。同样将贷款利率从 0 开始逐渐变动，则流动性冲击金融系统稳定的乘数效应变化情况如图 6.3.4 所示。从图 6.3.4 可以看出，流动性冲击金融系统稳定的乘数效应随贷款利率的增大而不断增大，且增大速度越来越快。当贷款利率较小时，流动性乘数变化速度慢、幅度小：贷款利率为 24% 和 25% 时，流动性乘数分别为 23.41 和 28.11，增加了 4.7；随着贷款利率持续增大，流动性乘数变化速度越来越快，变化幅度越来越大，在贷款利率达到 28% 左右将出现一个明显的数倍增长：违约概率为 28% 和 29% 时，流动性乘数分别为 94.06 和 285.39，增加了 191.33，增加幅度约为之前的 41 倍。当贷款利率继续增加，超过 29.4% 后，流动性乘数趋向于正无穷，流动性冲击将产生巨大的乘数效应，严重威胁金融系统的稳定性。但从实际上来看，目前世界上除了巴西、马达加斯加和马拉维等少数国家，其余国家的贷款利率均远低于 28%，因此单纯的贷款利率过高导致流动性乘数效应冲击金融系统稳定的可能性较小。

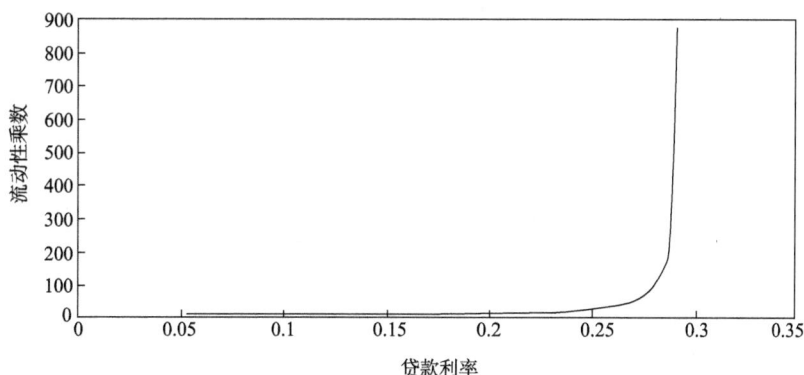

图 6.3.4　贷款利率对流动性冲击金融系统稳定乘数效应的影响

4. 存款利率对流动性冲击乘数效应的影响

存款利率表明储户将资金存入银行，银行支付给储户的报酬价格。一般情况下，市场上流动性较宽裕时，存款利率较低；而流动性较紧张时，存款利率较高。同样将存款利率由 0 开始逐渐变动，则流动性冲击金融系统稳定的乘数效应变化情况如图 6.3.5 所示。

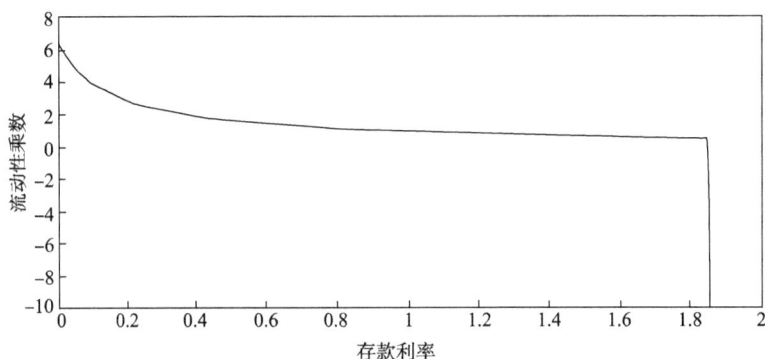

图 6.3.5　存款利率对流动性冲击金融系统稳定乘数效应的影响

由图 6.3.5 可知，流动性冲击金融系统稳定的乘数效应与存款利率负相关，存款利率越大，乘数效应越小；反之，存款利率越小，乘数效应越大。当存款利率为 0，即银行不需要支付储户存款利息的情况下，流动性乘数效应为 6.49；当存款利率为 84.59%时，流动性乘数为 1，金融系统无法创造内生流动性；当存款利率继续增加时，流动性乘数将小于 1，表明金融系统不仅无法创造内生流动性，而且外界注入的流动性中有部分也会被浪费，金融系统陷入较为严重的流动性陷阱，稳定性受到破坏；当存款利率超过 1.846 时，即 1 元本金存入银行，1 年后银行需要支付储户超过 2.846 元的本息和，此时流动性乘数瞬间转变为负无穷，金融系统不仅无法创造内生流动性，而且全部的外界注入流动性以及系统内部原有的流动性都会被逐渐浪费，这种循环式消失的流动性乘数效应将使金融系统陷入极其危急的流动性陷阱，严重冲击金融系统的稳定性。但历史上，世界各国发生存款利率高于 20%的情况少之又少，因此存款利率上升致流动性乘数效应冲击金融系统稳定的可能性较小。

6.3.4　本节结论

由前面分析可知，过大或过小的流动性乘数都意味着显著的乘数效应，表明流动性经过循环将以数倍于初始流动性的速度快速膨胀或者紧缩。因此，若要维持金融系统稳定，避免流动性冲击对金融系统产生比较严重的影响，则要控制流动性冲击的乘数效应，即将流动性乘数维持在适当范围内。由上文单独分析存款准备金率、违约概率及抵押物变现偿债比率、存款利率和贷款利率对流动性乘数的影响，可知减少存款准备金率、违约概率和存款利率，增大贷款利率和抵押物变现偿债比率均能增大流动性乘数；反之，增大存款准备金率、违约概率和存款利率，减小贷款利率和抵押物变现偿债比率则会减小流动性乘数。因此，通过改变存款准备金率、违约概率、贷款利率、存款利率和抵押物变现偿债比率，将流动性乘数控制在一定范围内，将大大减小流动性冲击金融系统稳定的乘数效应，更好地保障金融系统的稳定发展。

6.4　基于国别主权视角的流动性溢出效应研究

6.4.1　研究背景

跨国溢出效应会显著放大流动性冲击的传导能力，导致流动性危机在不同国家之间扩散和蔓延，进而影响全球金融系统稳定性。以欧债危机为例，希腊政府财政危机导致全球三大评级机构降低对希腊的主权信用评级，随之蔓延到葡萄牙、爱尔兰、西班牙和意大利。欧元区一体化的经济模式导致欧元区债务和信用评级较好的核心国家英国、德国也一并受到牵连。债务危机期间，政府偿债能力和信誉的急剧下降导致政府融资困难，一度陷入"流动性陷阱"，而流动性短缺的现象又通过全球的股票市场迅速蔓延传播开来，使欧洲以外的各大新兴体国家也同样蒙受重大损失。流动性的跨国溢出效应使危机期间国际市场的资产价格显著下降、市场波动性明显加剧，金融市场的关联强度发生结构性的变动。本节利用 2006~2011 年的全球股市数据，基于国别视角分析 2008 年以来重大金融危机事件中流动性的跨国溢出效应，运用 DCC-MVGARCH 模型对不同地区发达国家和新兴国家股市的动态相关结构进行测定，并对比次贷危机和欧美债务危机中传导效应的差异。

6.4.2　理论分析

随着全球金融市场的不断发展，不同资产、不同影响因子间的波动相关关系也在不断加强，为了分散金融风险，需要对多个资产进行组合和风险对冲，从而衍生出对多个变量波动的相关分析。多变量 GARCH 模型不仅能涵盖单变量模型的波动特性，更能刻画不同变量波动间的相关关系，从而成为刻画金融市场中不同因素、不同变量间相互影响和相关关系的有效工具。关于 DCC-MVGARCH 模型介绍和应用见 5.2 节相关内容。

在运用 DCC 模型之前首先需要对序列间的相关性是否为常数进行检验。Engle 给出了常数相关系数的检验方法。检验中原假设为时间序列的相关性是常数，即

$$H_0 : \boldsymbol{R}_t = \underline{\boldsymbol{R}} \quad \forall t \in T \qquad (6.4.1)$$

相应地，备择假设为

$$H_a : \text{vech}''(\boldsymbol{R}_t) = \text{vech}''(\overline{\boldsymbol{R}_t}) + \beta_1 \text{vech}''(\boldsymbol{R}_{t-1}) + \beta_2 \text{vech}''(\boldsymbol{R}_{t-2}) + \beta_p \text{vech}''(\boldsymbol{R}_{t-p}) \qquad (6.4.2)$$

其中，vech'' 表示只包含对角线上方元素的修正 vech 模型；$\beta_1, \beta_2, \beta_p$ 分别表示滞后 1 阶、滞后 2 阶和滞后 p 阶的修正 vech 模型。通过单变量 GARCH 模型获得标准化残差序列，估计其相关系数，并对 R 进行对称的单位根分解。原假设下，残差在给定方差协方差矩阵下满足独立同分布的条件，令

$$\boldsymbol{Y}_t = \text{vech}''[(\boldsymbol{R}^{-\frac{1}{2}}\boldsymbol{D}_t^{-1}\boldsymbol{r}_t)(\boldsymbol{R}^{-\frac{1}{2}}\boldsymbol{D}_t^{-1}\boldsymbol{r}_t)' - \boldsymbol{I}_k] \qquad (6.4.3)$$

其中，$\boldsymbol{R}^{-\frac{1}{2}}\boldsymbol{D}_t^{-1}\boldsymbol{r}_t$ 表示联合标准化残差的 $k \times 1$ 维向量；$\boldsymbol{I}_k$ 表示 $k \times k$ 的单位矩阵。向量自回归模型如下：

$$\boldsymbol{Y}_t = \alpha + \beta_1\boldsymbol{Y}_{t-1} + \cdots + \beta_s\boldsymbol{Y}_{t-s} + \boldsymbol{\eta}_t \qquad (6.4.4)$$

其中，β_s 表示滞后 s 阶变量的系数；η_t 表示回归模型中的残差项。

原假设下，模型的截距项和所有滞后阶参数都是 0。该检验的统计量如下：

$$\frac{\delta X'X\delta'}{\delta^2} \qquad (6.4.5)$$

它近似服从于卡方分布，其中，δ 表示估计的回归参数；X 表示回归量构成的矩阵。利用 SUR 方法解联立方程，并用卡方统计量检验相关系数是否为常数。本节中在估计各国股市间的相关性时需要对变量间是否存在常数条件相关系数进行检验，若接受原假设，则 DCC 模型不适合该问题，但若检验后拒绝原假设，则证明在后续实证分析中运用 DCC 模型更符合实际需要。

6.4.3　实证分析[①]

1. 变量的描述性统计

图 6.4.1 给出股市流动性在样本期内的趋势性图像，可以看到在美国次贷危机

---

① 本节选取上证综合指数作为中国股市代表，美国纳斯达克指数为美国股市代表，日经 225 作为日本股市代表，法国 CAC40 作为法国股市代表，希腊雅典股指作为希腊股市代表。

期前后（2006~2011 年）各国股市流动性都出现大幅波动，流动性水平在危机爆发后显著下降，而欧债危机期间，流动性水平也呈现出一定程度的波动，但幅度相比于次贷危机期间小很多。对各变量进行描述性统计分析，如表 6.4.1 所示，发现五个流动性指标的 J-B 统计量均显示各变量在 1% 的置信水平下不服从正态分布的原假设。各变量的偏度都大于 0，峰度远大于 3，表明五类流动性指标呈现出金融时间序列中典型的"尖峰厚尾"形态。

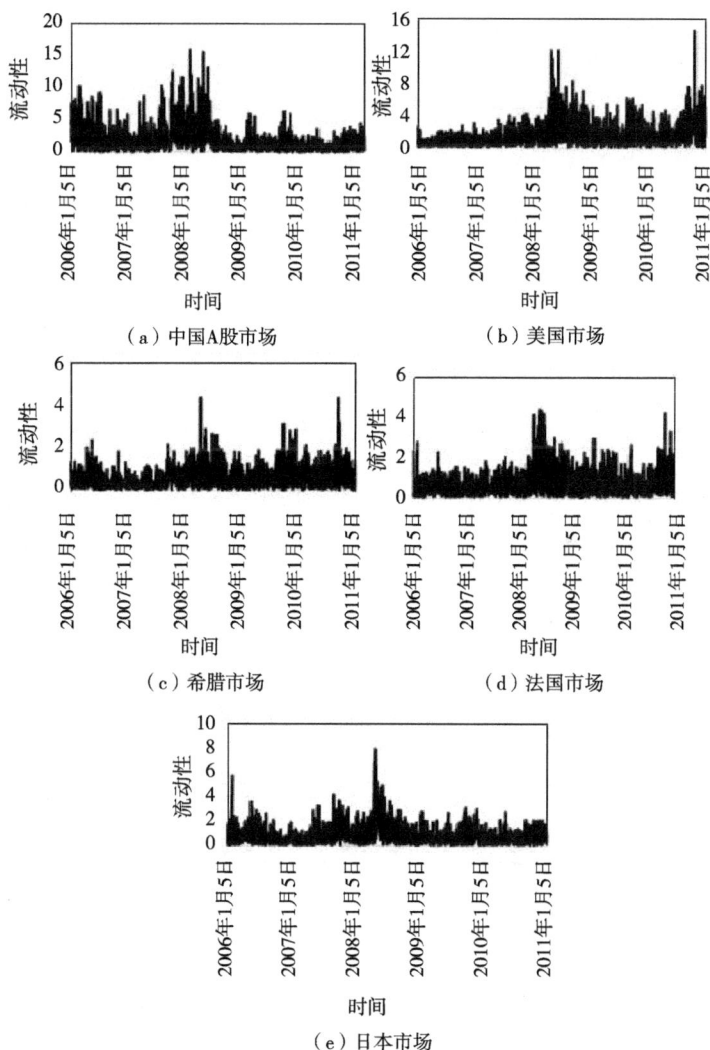

（a）中国A股市场　　　（b）美国市场

（c）希腊市场　　　（d）法国市场

（e）日本市场

图 6.4.1　股市流动性序列

表 6.4.1　各国股市流动性指标的描述性统计

指标	最大值	最小值	均值	方差	偏度	峰度	J-B
China	15.8	0.010	1.86	2.07	2.30	10.20	3 594***
US	14.3	0.002	1.53	1.58	2.23	11.10	4 705***
Greece	4.3	0.010	0.63	0.57	1.62	7.67	1 777***
France	4.8	0.004	0.75	0.64	1.69	8.20	2 186***
Japan	7.8	0.020	0.89	0.82	2.32	13.17	6 883***

***表示在 1%的置信水平下显著

2. 各变量 Granger 因果检验

对五个国家进行时间序列分析之前首先要检查数据的平稳性，本节用单位根检验检查数据的平稳性，结果如表 6.4.2 所示。

表 6.4.2　各国股市流动性的 ADF 检验结果

指标	ADF 检验	1%临界值	结论
China	−6.35	−3.43	平稳
US	−3.88	−3.43	平稳
Greece	−8.20	−3.43	平稳
France	−6.72	−3.43	平稳
Japan	−6.85	−3.43	平稳

由表 6.4.2 可以看出，中国、美国、希腊、法国和日本五个国家的股市流动性指标在样本期内的 T 统计量均小于其对应时期内 1%显著水平下的临界值，拒绝原假设，可以认为各国股市流动性指标均是平稳的时间序列。

对平稳期、次贷危机期间、欧债危机期间三个不同阶段各国股市流动性指标进行 Granger 因果检验，结果如表 6.4.3~表 6.4.5 所示。表 6.4.3~表 6.4.5 中数值代表 Granger 因果检验的 F 统计量，统计量显著表示 X(横排)是 Y(纵排)的 Granger 原因。

表 6.4.3　平稳期各国股市流动性指标的 Granger 因果检验

指标	China	US	Greece	France	Japan
China		2.57	0.54	0.04	1.31
US	0.27		0.36	0.39	3.25*
Greece	1.82	0.62		2.84	4.15*
France	1.24	0.78	3.27*		5.31*
Japan	4.69*	0.81	4.17*	0.98	

*表示在 10%置信水平下显著

表 6.4.4　次贷危机期间各国股市流动性指标的 Granger 因果检验

指标	China	US	Greece	France	Japan
China		1.56	0.97	0.42	3.86*
US	4.26*		5.61*	12.60*	6.34*
Greece	0.07	7.10*		4.73*	4.09*
France	5.95*	18.47*	6.91*		15.13*
Japan	5.24*	13.58*	4.95*	9.24*	

*表示在 5%置信水平下显著

表 6.4.5　欧债危机期间各国股市流动性指标的 Granger 因果检验

指标	China	US	Greece	France	Japan
China		0.84	1.44	2.18	0.86
US	4.18*		4.47*	32.15*	6.19*
Greece	1.90	3.81*		5.13*	4.85*
France	2.18	14.86*	8.64*		8.22*
Japan	4.72*	14.36*	4.48*	1.59	

*表示在 5%置信水平下显著

由表 6.4.3 可看出，平稳期只存在 6 对单向的 Granger 因果关系，其中美国、法国、希腊均是日本股市流动性的 Granger 原因，说明日本作为亚洲发达国家，与各国股市的联动性很高，股市流动性受各国环境影响最大。总的来说，危机爆发前，各国的证券市场相对较为独立，并没有呈现出明显的传导效应。由表 6.4.4 可看出，次贷危机期间共出现 6 对双向 Granger 因果关系、2 对单向 Granger 因果关系，说明次贷危机爆发后，各国股市相关性明显加强，容易受到外生冲击的影响，形成双向的反馈传染，股市流动性冲击在各国之间的传导效应非常明显。由表 6.4.5 可看出，欧债危机期间共存在 4 对双向 Granger 因果关系、4 对单向 Granger 因果关系，这说明欧债危机期间各国股市间的流动性传导效应也有明显加强，但是整体弱于次贷危机带来的影响。

3. 单变量 GARCH 模型估计

通过描述性统计可知，各国股市流动性指标拒绝残差服从正态分布且峰度均大于 0，呈现出金融市场典型的尖峰厚尾分布，因为 GARCH 模型能较好地刻画金融时间序列波动聚集的特性，所以本小节用 GARCH 模型对各指标序列进行拟合。

建立各变量的自回归模型，通过回归得到残差，再得到残差的平方。若回归残差存在一阶 ARCH 效应，则此时不必建立相应的 GARCH 模型。故先对各变量的残差平方序列进行 ARCH 检验，考察其是否存在条件异方差性。检验结果表明，各变量残差平方的自相关函数在统计上显著不为 0，即各序列存在高阶 ARCH 效应。在条件异方差的理论中，在滞后项太多的情况下，一般采用 GARCH 模型替代 ARCH 模型。至此，可建立各流动性指标的 GARCH 模型来刻画变量的波动聚类现象，为准确地度量出各变量的异方差性，必须对时间序列异方差性进行模型分析。经反复测算，GARCH(1,1)拟合效果最好。

表 6.4.6 给出了各变量 GARCH(1,1)模型的估计结果。其中，θ 表示 $t-1$ 期流动性对 t 期流动性的影响水平；ω 为常数项；α 为 ARCH(1)项的系数；β 为 GARCH(1)项的系数。从表 6.4.6 中看到，各参数均在 1%的置信水平下显著不为 0 且满足约束条件 $\alpha+\beta<1$。希腊雅典指数、法国 CAC 指数和日经指数的 θ 值相对较小，说明这三个国家当前流动性水平对未来影响不大。另外，各国股市流动性的 ARCH 系数均比较小，而 GARCH 系数均接近于 1，说明各国股市流动性对冲击的反应比较慢，但具有较高的持续性。

表 6.4.6　各变量 GARCH(1,1)模型参数估计表

指标	θ	ω	α	β
China	0.23	0.810	0.07	0.91
US	0.19	0.002	0.05	0.93
Greece	0.05	0.260	0.05	0.93
France	0.01	0.350	0.04	0.94
Japan	0.08	0.810	0.11	0.91

4. DCC-MVGARCH 模型的参数估计

在估计 DCC 模型前，需要对残差进行常相关性检验。对此，选择 3 阶滞后对各国股市流动性指标进行常相关系数的假设检验，发现各统计量在 1%的置信水平下均拒绝变量间存在常相关性的假设，支持选择 DCC 模型来刻画它们之间的动态相关性。

表 6.4.7 给出了多变量 DCC 模型的参数估计结果。从表 6.4.7 中看到，DCC系数在 1%的置信水平下均显著不为 0，且 β 值十分接近于 1，说明变量间的相关性具有非常强的可持续性。

表 6.4.7　DCC 模型参数估计表

指标	ω	α	β
China	1.124	0.078	0.922
US	0.007	0.082	0.917
Greece	0.258	0.060	0.930
France	0.340	0.040	0.940
Japan	0.105	0.106	0.890
DCC 系数		0.016[***]	0.967[***]

[***]表示在 1%的置信水平下显著

　　图 6.4.2 给出样本期内各国股市流动性间动态相关系数的时间路径图，主要结论如下：

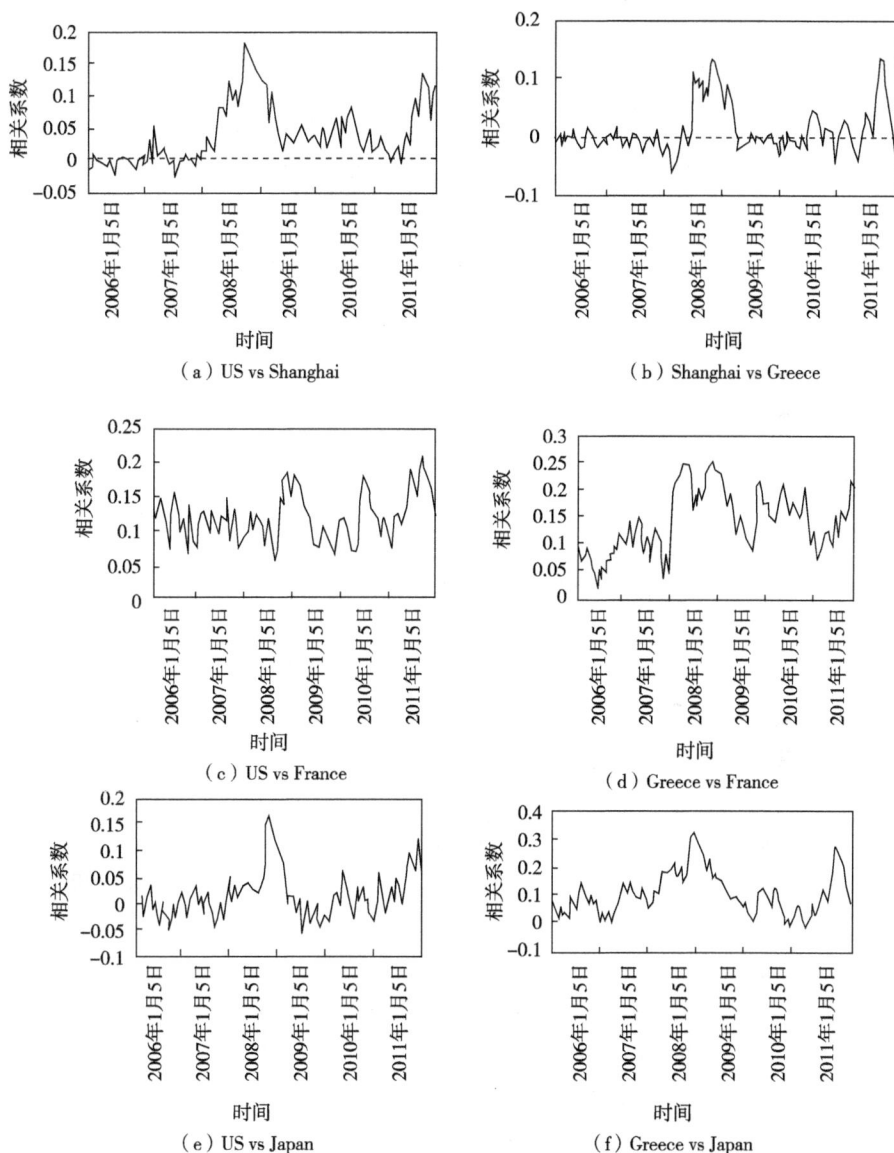

图 6.4.2　各国股市流动性间动态相关系数的时间路径图

（a）US vs Shanghai

（b）Shanghai vs Greece

（c）US vs France

（d）Greece vs France

（e）US vs Japan

（f）Greece vs Japan

　　（1）纵观 2007 年以来发生的主要金融危机事件，2007 年 8 月美国次贷危机全面爆发；2009 年 12 月欧债危机浮出水面，2010 年 3 月进一步发酵，开始向"欧洲五国"蔓延；美债危机始于 2011 年 1 月，主要集中于 2011 年 5 月至 8 月，在此期间欧债危机持续升温，从欧元区边缘国家向核心国家蔓延。整体来看，各国股市流动性间动态相关系数的演变趋势与 2008 年以来的重大金融危机事件的爆发时点较为一致，在次贷危机期间和欧美债危机期间均有明显上升，存在结构性变点。

（2）A 股市场与美国市场在次贷危机爆发前的平稳期内相关性相对较低，接近于 0，表明在危机发生之前，A 股市场相对于美国市场的走势相对较为独立：一方面是因为中国的资本市场尚未完全开放，资本项目受到严格管制，与国外金融市场的联系渠道尚不通畅；另一方面是因为中国在这段时间正在进行股权分置改革和汇率改革，政府政策对 A 股市场走势起主导作用，影响重大。随着美国次贷危机的爆发，流动性的传导效应逐渐凸显，A 股市场与美国市场的相关系数呈波动上升，由图 6.4.2 中美国与中国 A 股市场相关系数的时间路径图可以看到，流动性相关系数分别于 2007 年 11 月、2010 年 4 月、2011 年 5 月出现三次结构性变化，对几次危机事件受到的流动性冲击反应十分明显且迅速。对比两次危机，可以看到次贷危机对 A 股市场的传导效应要明显强于欧美债务危机，但次贷危机影响持续的时间较短，而欧债危机影响持续的时间相对较长，说明两次危机对 A 股市场的传导效应有所差异，次贷危机表现为时间短、爆发性强的短期化特征，而欧债危机强度弱、持续性强的长期化特征。另外，对比美国和希腊与 A 股市场的相关系数可以发现，在绝大部分时期，美国对 A 股市场的影响要强于欧洲市场，在次贷危机后期也维持一定的正相关关系，而希腊对 A 股市场流动性的传导效应在次贷危机后期逐渐消退，直到 2010 年 3 月欧债危机不断升温，两者之间的传导效应才再次上升。

（3）法国股市与美国股市在整个样本期内均保持相对较高的相关关系，因为法国作为欧洲的发达国家，无论从经济、贸易、政治上均与美国保持密切的联系，即使在平稳期股市也存在一定的联动效应，危机爆发后相关系数更是显著上升，一直维持在较高水平。但流动性动态相关系数在 2008 年 11 月才出现结构性变点，说明法国对次贷危机下流动性冲击的反应相对较慢。希腊与法国同属于欧元区国家，股市流动性之间的相关系数也相对较高，并且在 2009 年 12 月就已经出现结构性变点，说明法国股市在欧债危机初期就已经对流动性冲击迅速反应。同时，在 2009 年 12 月至 2011 年 3 月出现多次结构性变点，说明欧债危机对欧元区国家的冲击频率更高，对欧元区国家的影响更大。

（4）日本股市与美国股市在美国次贷危机爆发前相关性相对较低，2007 年 11 月出现第一次结构性变点，但相关系数上升幅度并不是很大，维持在 0.04 左右，2008 年 7 月相关系数却突然呈现明显的上升趋势。欧债危机爆发初期，日本股市也并未有明显反应，从 2011 年下半年开始逐步上升。希腊股市与日本股市流动性之间的相关系数路径图与之十分一致,而且从 2011 年开始出现多次结构性变点,说明希腊对日本股市的流动性冲击多发生在 2011 年,可能是由日本自身的债务问题在流动性危机的冲击后暴露引起的。

6.4.4　本节结论

开放经济环境下,市场流动性在国家间溢出效应是显著且不容忽略的,但在不同的经济环境背景下和不同的国别之间又呈现出不同的特点,在经济稳定期间,国家间流动性的动态相关性较低,而在经济危机时期,国家间流动性的动态相关性相对较高。本节通过分析 2008 年以来重大金融危机事件中国家间流动性溢出效应,发现各国股市流动性间动态相关系数的演变趋势与 2008 年以来的重大金融危机事件的爆发时点较为一致,在美国次贷危机期间和欧美债危机期间均有明显上升,存在结构性变点,但不同国家对金融危机反应的时效性不同,具体表现如下:美国与中国 A 股市场流动性分别于 2007 年 11 月、2010 年 4 月、2011 年 5 月出现三次结构性变化,对几次危机事件受到的流动性冲击反应十分明显且迅速;法国股市与美国股市在整个样本期内均保持相对较高的相关关系,流动性动态相关系数在 2008 年 11 月才出现结构性变点,说明法国对次贷危机下流动性冲击的反应相对较慢,但在 2009 年 12 月至 2011 年 3 月出现多次结构性变点,说明欧债危机对欧元区国家的冲击频率更高,对欧元区国家的影响更大;日本股市对美国次贷危机和欧债危机的反应都不迅速,反应具有一定的延时特点,可能是由日本自身的债务问题在流动性危机的冲击后暴露引起的。流动性的跨国溢出效应使危机期间国际市场的资产价格显著下降、市场波动性明显加剧,金融市场的关联强度发生结构性的变动,流动性国别间的溢出效应对于防范金融危机对金融稳定的冲击具有一定的重要信号作用。

6.5　本章小结

伴随着金融业的发展,流动性逐渐成为左右金融系统稳定的关键因素之一,在当今金融全球化程度越来越高的开放性国际大环境下,与流动性和金融系统稳定相关的问题俨然已成为世界各国政府和国际组织关注的焦点。本章围绕流动性冲击金融系统稳定的动态效应,从流动性冲击金融系统稳定的溢出效应、周期联动效应、乘数效应和基于国别主权视角的流动性溢出效应等方面进行了深入的研究和分析，为建立流动性和金融系统之间的关联关系扫清了障碍，主要结论如下：

（1）流动性周期变化领先于金融周期变化，流动性冲击通过周期联动效应影响金融系统稳定。我国市场流动性周期主要由一个约 5.42 年的主周期和 5.37 个月的次周期组成，金融周期主要由一个 3.61 年的主周期和 3.66 个月的次周期构成。流动性周期与金融周期在较长的周期分量上具有较高的一致性，随着周期缩短，一致性逐渐减小。其中，流动性周期与金融周期每经过 5~7 个月就会出现明显的共变性，而 6 个月是相干性最大的周期。就相互影响程度而言，流动性冲击的增益和金融系统稳定的增益成相反关系。对于长周期（周期长度大于 5 个月），流动性周期对金融周期的影响较大，当流动性和金融系统处于 1.35 年左右的周期时，流动性每波动 1%，金融系统稳定波动 1.721%。在相干性最强、增益较大的 6.19 个月和 3.82 个月的周期分量上，流动性冲击仅经过 4.46 天和 10.23 天的时间就会对金融系统稳定产生影响，冲击速度较快。

（2）流动性冲击的乘数效应取决于存款准备金率、存款利率、贷款利率、违约概率、抵押物变现比率等因素，而乘数效应大小与流动性冲击金融系统稳定的冲击方向、冲击力度紧密相关。中国的流动性乘数较小的，仅为 5.43，主要是因为较高的法定存款准备金率，而日本和德国的流动性乘数较高，分别达到 128.55 和 121.34，希腊和意大利较高的违约概率导致其流动性乘数也较高。此外，不同参数对流动性冲击的乘数效应影响也大不相同。例如，存款准备金率、违约概率和存款利率越小，乘数效应越大；而抵押物变现偿债比率和贷款利率越小，乘数效应则越小。

（3）美国次贷危机和欧债危机中流动性状态转换直接导致流动性冲击金融系统稳定。大量资产证券化促使美国房地产市场流动性过剩，而违约和市场恐慌则引发流动性骤然紧缩，由过度膨胀的流动性泡沫到泡沫顷刻间破裂最终导致次贷危机爆发。欧债危机中，国家融资流动性突然逆转是冲击欧洲金融系统稳定最直接的原因，政府债券融资能力空前薄弱，而银行间信贷流动性逆转则加速了金融危机传播。

（4）各国股市流动性间动态相关系数的演变趋势与 2008 年以来的重大金融危机事件的爆发时点较为一致，在次贷危机期间和欧美债危机期间均有明显上升，说明国家间流动性溢出存在结构性变点，不同国家对金融危机反应的时效性也不同。

在本章研究成果的基础上，监管部门在采取相应政策措施时可以有所依据，更有针对性地应对每一种流动性冲击的动态效应。未来在继续对流动性冲击金融系统稳定动态效应进行探究时，一方面，可以更加细化，带有更明确的针对性，区分行业、地域进行探究，也可以更加贴近中国国情，不单利用中国数据，同时将实际行情和政策发布情况纳入考虑范围，以便得到更准确的研究结论；另一方面，对动态效应的种类可以继续拓展，不仅包括溢出效应、周期联动效应和乘数效应，还可以将国别效应、正反馈效应等纳入考察范围，进一步完善和深化流动性冲击金融系统稳定的动态效应研究这一课题。

第 7 章　基于金融系统稳定的
流动性监控体系构建

　　2008 年全球金融危机以后，理论界和实务界都更加重视金融系统中流动性的监管问题，就连巴塞尔协议Ⅲ都将流动性监管提升到与资本监管并驾齐驱的地位。但与一般进入风险不同，流动性风险具有"突发性强、传染性高、低频高损"等特点，是一种继发型和综合型金融风险。本章基于金融系统稳定视角分别介绍巴塞尔协议Ⅲ中的流动性风险监管指标体系和流动性风险压力测试等方法，构建银行间流动性风险传染模型，分析全球流动性风险监管问题，并提出构建流动性监控体系的若干设想。

7.1　基于巴塞尔协议Ⅲ的流动性风险监管指标体系构建

7.1.1　巴塞尔资本协议的历史演变

　　随着全球经济一体化和金融国际化浪潮的推进，金融创新层出不穷，金融机构的业务活动开展及其带来的风险超越了主权国家的管辖范围，严峻考验着主权国家的金融监管能力。在这样的经济金融背景下，全球统一的监管体系亟须建立，巴塞尔资本监管体系应运而生。按照时代发展脉络，巴塞尔资本协议先后经历了巴塞尔协议Ⅰ、巴塞尔协议Ⅱ和巴塞尔协议Ⅲ三个阶段，其内容更新、方法改进和监管思路呈现出一脉相承的特点，并随着客观监管实践的发展而不断趋于完善。

　　1. 巴塞尔协议Ⅰ

　　1974 年，具有全球影响力的德国赫斯塔特银行和美国富兰克林国民银行相继倒闭,造成全球金融市场的巨大动荡,直接导致了巴塞尔银行监管委员会的成立。1988 年 7 月,巴塞尔委员会通过了《关于统一国际银行资本衡量和资本标准的协议》,标志着巴塞尔协议 I 的诞生。其实巴塞尔协议 I 由巴塞尔委员会颁布的一系列国际金融监管文件组成,主要包括 1975 年 9 月的《对银行国外机构的监管报告》、1978 年 10 月的《综合资产负债表原则》、1983 年 5 月的《对银行国外机构的监管原则》、1996 年 1 月的《资本协议市场风险补充规定》和 1997 年 9 月的《有效银行监管的核心原则》等。

巴塞尔协议 I 主要包括以下几方面内容:①对资本进行定义和分类,将商业银行资本分为核心资本(包括实收资本、公开储备)和附属资本(包括未公开储备、重估储备、混合债务工具和长期次级债券等)两个层次。②关于风险加权资产的计算标准。根据资产性质和风险的大小,将银行资产和表外项目划分为五个不同的风险档次,并赋予不同的风险权重(即 0、10%、20%、50% 和 100%)。③资本与风险资产的标准比率及过渡期安排。要求商业银行核心资本充足率≥ 4%,总资本充足率≥8%,并为各国实行该协议设定了 5 年过渡期(1987 年年底至 1992 年年底)。

巴塞尔协议 I 突出了资本充足率监管的重要性,将其放在整个监管体系的核心位置,同时将全球金融机构面临的信用风险和市场风险考虑在内,促使监管目标由单纯注重资本规模转向资本规模和资本质量并重。巴塞尔协议 I 建立了一套内容完整、标准化的、以加权方式衡量表内与表外风险的资本充足率标准,可操作性程度高,因而被很多国家自觉遵循并运用于本国金融监管的实践。从 1988 年起,巴塞尔协议由于其广泛的国际通用性而成为各国金融监管当局的参考标准。巴塞尔协议 I 不仅为各国银行提供了一个公平的竞争环境,而且显著增强了各国商业银行管理自身风险的能力。但是,由于历史的局限性,巴塞尔协议 I 存在着一些明显的不足:忽视了不同国家金融机构发展存在差异化的事实;仅考虑了信用风险和市场风险,而未涵盖金融机构操作风险、流动性风险和法律风险等;风险导向的金融监管原则带来了监管套利。

2. 巴塞尔协议 II

20 世纪 90 年代以来,国际金融市场运行环境发生了翻天覆地的变化,流动性风险和操作风险对国际金融体系的影响力开始显现,巴塞尔协议 I 的局限性开始凸显。巴塞尔委员会紧跟国际金融监管的时代潮流,着手对巴塞尔协议 I 进行修改,并于 1999 年 6 月首次发布了关于修订 1988 年巴塞尔协议的征求意见稿。2001 年 6 月和 2003 年 4 月,巴塞尔委员会分别发布了该征求意见稿的第二稿和第三稿,并系统性地对全球范围内的商业银行做了三次定量影响分析。2004 年 6 月 26 日,巴塞尔委员会通过了《资本计量和资本标准的国际协议:修订框架》,标志着巴塞尔协议 II 正式形成。

巴塞尔协议Ⅱ延续了巴塞尔协议Ⅰ以资本监管为核心的风险监管理念,并对巴塞尔协议Ⅰ进行了较大的补充完善,形成了著名的"三大支柱":①最低资本要求。巴塞尔协议Ⅱ依然将资本充足率监管放在首位,在核心资本和附属资本之外,增设了第三级资本;不仅包括了信用风险和市场风险,还将操作风险考虑在内;针对不同风险,提供了多种可选择的计量方法;要求商业银行提高资本对风险的敏感度,促进商业银行稳健经营(霍晓冉和王振耀,2011)。②监管部门的监督检查。巴塞尔协议Ⅱ强化了各国金融监管当局的监管职责,要求各国金融监管当局结合本国银行业发展的实际情况采取灵活的监管方法。巴塞尔协议Ⅱ确定了外部监管的四项原则。一是各国金融监管当局应从客观实际出发,全面评判本国银行的资本充足率是否达标;二是督促银行建立严格的内部评估体系,制度科学的资本充足率管理战略,维持资本水平与其风险度之间的动态平衡;三是各国金融监管当局应及时监督检查本国银行的资本充足水平、资本战略和内部评价程序;四是当某一银行的资本充足率低于规定标准时,各国金融监管当局应及时进行有效干预(巴曙松和朱元倩,2011)。③市场约束。巴塞尔协议Ⅱ要求商业银行充分披露其信息,并对各银行的风险状况、资本结构和资本充足水平等关键信息提出明确的披露要求。强调以市场的力量来约束银行的商业行为,以提高银行控制风险和分配资金的能力。

巴塞尔协议Ⅱ是顺应国际金融活动深入开展的产物,可以更好地反映银行经营的实际风险水平和资本水平,在一定程度上促进了各国金融监管制度的完善和监管水平的提高。但由于实施该协议的过渡期太长,尚未在各国国内真正落实就被始于2007年的国际金融危机所阻滞。当然巴塞尔协议Ⅱ也存在一些需要改进之处:偏重于微观金融监管,忽视了宏观审慎监管的重要性;过于注重资本充足率监管;在计算资本充足率时,无法解决内部评估体系的顺周期性问题;对银行表外业务和"影子银行"风险监管不足。

3. 巴塞尔协议Ⅲ

美国次贷危机和随后欧债危机的爆发,严重挑战了巴塞尔协议的权威,国际金融监管变革势在必行。巴塞尔委员会自2008年就开始考虑推出新的风险管理和计量方法来促进全球银行业的稳健经营,历经多年,终于于2010年12月16日通过了巴塞尔协议Ⅲ监管框架,确立了新的监管理念和内容。巴塞尔协议Ⅲ监管框架也由一系列报告组成,主要包括2009年发布的《巴塞尔委员会宣布的增强巴塞尔Ⅱ资本框架》和《流动性风险计算方法、标准和监控的国际框架(征求意见稿)》、2010年的《巴塞尔协议Ⅲ:流动性风险计量、标准和监测的国际框架》和《巴塞尔协议Ⅲ:一个更稳健的银行及银行体系的全球监管框架》等。

巴塞尔协议Ⅲ弥补了巴塞尔协议Ⅱ在宏观审慎监管方面的不足,力求在微观审慎监管和宏观审慎监管之间达到某种平衡。在微观审慎监管方面，巴塞尔协议Ⅲ的主要进步之处在于：重新细化了资本结构，规定了资本的合格性标准，增强了资本结构的透明度，提升了银行资本质量监管的要求；提高了资本充足率监管水平，将商业银行的核心一级资本充足率由2%上调到4.5%，加上增设的2.5%留存超额资本，商业银行的普通股权充足率、一级资本充足率和总资本充足率分别达到7%、8.5%与10.5%；引入杠杆率监管以弥补单一资本充足率监管的不足；设定了流动性覆盖率指标和净稳定融资比率指标来加强商业银行流动性风险监管。在宏观审慎监管方面，为缓解银行体系的顺周期性，巴塞尔协议Ⅲ要求各国金融监管当局根据实际情况设定 0~2.5%的逆周期缓释资本；要求预留 2.5%的留存缓释资本，以提高银行在经济衰退时资本吸收损失的能力；考虑到重要金融机构"大而不能倒"问题，巴塞尔协议Ⅲ对系统重要性银行提出了增加额外资本的要求。

总之，巴塞尔协议Ⅲ延续了巴塞尔协议Ⅱ的"三大支柱"资本监管体系，强化了资本充足率监管要求，并引入了宏观审慎监管概念和流动性监管标准，是对巴塞尔协议Ⅱ的继承和发展，形成了一个较完善的国际银行业资本监管体系。但巴塞尔协议Ⅲ诞生于国际金融危机的大背景，更多的是对银行的监管性要求，而不是全面提升银行风险管理水平的实质性建议。而且巴塞尔协议Ⅲ设定的实施过渡期太长（至 2019 年），因此很难保证其能够在未来得到有效落实。此外随着客观经济金融形势的发展，巴塞尔协议Ⅲ的某些内容必须紧跟时代潮流而不断变革完善。

7.1.2　流动性风险监管的改革进程

2009 年中国银行业监督管理委员会（简称中国银监会）发布的《商业银行流动性风险管理指引》将"流动性风险"定义如下：商业银行虽然有清偿能力，但无法及时获取充足资金或无法以合理成本及时获取充足资金以应对资产增长或支付到期债务的风险，主要包括融资流动性风险和市场流动性风险。流动性风险具有较强的传染性、系统性和破坏性，与信用风险、市场风险和操作风险等密切相关，并集中体现了银行体系的顺周期性，因此必须重视和采取措施解决银行面临的流动性风险问题。从历史发展脉络来看，流动性风险监管理念、策略与方法随着各国金融业监管实践而不断更新完善，可以概括为以下三个循序渐进的阶段。

1. 只重视资产流动性的阶段

银行流动性资产严重不足、负债来源渠道单一，加上当时金融救助体制的缺失，导致流动性风险无法控制，这是 1929 年席卷主要资本主义国家经济危机的根源。大萧条使商业银行流动性风险暴露在各国监管部门面前，促进了一系列金融监管理论和体制的出台。随着凯恩斯主义在主要西方国家的实施，关于增强商业银行资产流动性的资产管理理论被各国金融监管当局广泛接受，并运用于商业银行的日常经营管理中。资产管理理论的核心思想体现在：认为负债是商业银行经营的前提，资产规模受到负债规模的制约，因而商业银行可以通过资产的主动控制来实现与其负债之间的一种平衡。随着商业银行业务经营的发展，资产管理理论先后经历了三个代表性阶段：①真实票据理论。这是最早出现的一种流动性管理理论，该理论要求任何商业银行贷款行为必须以具有真实交易背景的商业票据为基础，而且只适宜发放与商品周转相关的短期商业贷款，因而也被业内称为商业贷款理论。这种贷款具有自偿性，即贷款会随着物资周转、产销过程的完成而自然地得到偿还。真实票据理论在相当长的时期内占据着商业银行资产管理理论的支配地位，在一定程度上增强了商业银行的稳健经营能力。可是客观经济形势的发展使该理论的缺陷更加凸显出来，如忽视了银行资金来源的潜力、否定了贷款期限的多样化、无法解决顺周期性问题等。②资产转换理论。该理论认为商业银行进行流动性有效管理的关键在于其持有的资产能否顺利变现。只要商业银行持有的各类资产能够随时以各种方式顺利变现，则商业银行的业务经营就不必仅限于短期商业贷款业务。资产转换理论诞生于金融市场和金融工具快速发展的历史背景下，为商业银行参与长期贷款、不动产贷款和证券投资活动打开了方便之门，扩大了商业银行的业务经营范围，增强了其资产管理水平。但该理论也存在一定的片面性，如过于强调资产的转让性，忽视了资产的质量；未考虑在极端经济金融形势下资产转换能力枯竭的情形。③预期收入理论。第二次世界大战后各国面临着重建的历史任务，刺激投资和扩大国内市场的政策导向产生了对多样化资金的强烈需求，旨在促进项目投资和消费信贷的预期收入理论应运而生（胡庆康，2014）。该理论的主要观点如下：商业银行资产能否到期偿还是以未来收入为基础的，因此只要预期收入有保障，则可以适当发放一些消费信贷和长期项目贷款。在预期收入理论的推动下，第二次世界大战后各国中长期设备贷款、消费贷款和住房抵押贷款等资产业务迅速膨胀，拉动了经济的快速增长。但该理论的缺陷在于将银行资产经营建立在预期的基础上，充满了不确定性。

2. 资产和负债流动性并重的阶段

20世纪60年代，西方各国经济取得持续稳定增长，金融体系发展日益多样化，通货膨胀、利率管制和金融脱媒现象严重，金融创新层出不穷，严重影响了商业银行吸收资金的能力。在这样的时代背景下，以银行主动进行负债管理为核心思想的负债管理理论开始兴起。负债管理理论的核心观点认为负债不是既定不变的，银行可以主动对其予以改变来控制经营资金的来源。典型的负债管理理论主要包括购买理论和销售理论。购买理论认为，商业银行在负债管理面前不是无能为力、消极被动的，而是完全可以采取积极主动的行为；商业银行主动购买资产是为了增强流动性，所以可根据具体业务需求而主动负债经营。购买理论为商业银行积极主动进行资产负债管理提供了理论支持，有利于商业银行自身实力的增强和拉动经济增长；但它又具有鼓励商业银行盲目扩大负债进而导致债务危机爆发的可能。销售理论认为，商业银行是各种金融产品的提供者，因此商业银行的主要任务是立足于服务客户利益，以多样化的金融产品为差异化的客户提供满意的金融服务，进而达到吸收资金的目的。商业银行开拓的主要负债渠道有发行债券、发行可转让大额定期存单（CDS）、出售商业票据和扩大非存款性资金来源等。

负债管理理论一方面开启了商业银行获取流动性的新渠道，扩大了商业银行业务经营的范围和规模。但另一方面，商业银行资金来源渠道更加依赖于变幻莫测的金融市场，导致其面临的流动性风险显著增加，加剧了银行体系的不稳定性。特别是 20 世纪 80 年代以来，金融自由化浪潮使商业银行危机频发，严重挑战了商业银行的负债管理能力。在这样的发展背景下，资产负债综合管理理论应运而生。该理论兼顾了资产和负债这两个监管指标，侧重于商业银行安全性、流动性和营利性的协调监管。英国的《1987 年银行法》引入流动性缺口指标来衡量商业银行流动性风险的大小。作为国际金融监管的权威机构，巴塞尔委员会在其 1988 年发布的巴塞尔协议 I 中也对商业银行加强流动性风险监管提出了一些具体要求，如要求商业银行必须持有足够多且低风险的流动性资产。可是整体来看，无论是巴塞尔委员会政策层面，抑或各国流动性风险监管实践层面，流动性风险监管不仅处于分散状态，而且大多停留在单纯的、独立的指标体系监管之内，并且没有将表外业务风险纳入监管范围之内。

3. 初步形成与发展完善阶段

20 世纪 90 年代频繁爆发的银行危机引发了各国金融监管当局的密切关注，促使一系列监管措施相继出台，流动性风险监管体系初步形成。从各国的金融监管实践来看，监管当局主要采用定量指标体系来进行监管，很少考虑整个市场范围内出现的流动性风险，而且各国流动性风险监管的广度和深度存在较大差异性，缺乏全球统一的流动性监管标准，所以流动性风险管理体系建设尚不完善。1992 年制定的《计量与管理流动性框架》和 2000 年公布的《银行机构流动性管理的稳健做法》标志着巴塞尔委员会开始关注和加强流动性风险的监管。在《计量与管理流动性框架》中，巴塞尔委员会试图建立一个适用于所有银行的流动性稳健管理框架。该框架主要倡导从计量和管理流动性缺口、融资渠道管理和应急计划三个方面对商业银行面临的流动性风险进行监管，并认为流动性报告安排、足够的信息系统接入和定期对相关流动性风险进行管控是非常必要的。《银行机构流动性管理的稳健做法》主要阐述了商业银行进行流动性风险监管的一些基本原则，主要体现在构建流动性风险管理框架、流动性风险管理的内控体系、市场维护、信息披露、外币流动性管理、监测净融资需求和应急融资计划等方面的一些制度安排。例如，要求商业银行构建一个日常流动性监管策略，并确保该策略得到有效执行；要求商业银行建立起测量和监测净融资需求的具体流程，并通过检验以确保其有效性；要求商业银行必须建立起充分披露信息的体制机制；等等。

进入 21 世纪以来，全球流动性风险管理面临新的挑战：资产证券化和抵押品等复杂结构性产品的广泛使用、融资渠道的巨大改变、跨境业务的快速发展以及更先进的支付清算系统的使用等。2008 年爆发的金融危机造成了全球范围内流动性严重枯竭的现象，引发了巴塞尔委员会和各主权国家对流动性风险监管的深刻反思。在危机中，很多国家政府都相继出台了缓解本国流动枯竭的救市措施，在一定程度上阻滞了流动性危机的进一步蔓延。除此之外，很多国家政府当局开始从制度层面探路流动性风险管理之道，如英国金融服务局发布的《加强流动性风险管理指引》、美国金融监管当局公布的《资金与流动性风险管理联合指引》、新西兰联储银行颁布的《流动性政策》和《流动性资产计量说明》、德国联邦金融监管当局推出的风险管理最低要求等。巴塞尔委员会也紧跟形势发展需要，要求国际银行业将流动性风险纳入全面风险管理框架之中，建立一个有效计量、监测和控制流动性风险的、国际统一的风险管理系统。这些探索主要体现在巴塞尔委员会 2008 年制定的《稳健的流动性风险管理与监管原则》和 2010 年发布的《流动性风险测量的国际框架、标准和监测》中，至此流动性风险监管体系逐步完善起来。

7.1.3　巴塞尔协议Ⅲ下流动性风险监管的指标体系构建

后金融危机时代，国际银行业高度关注流动性风险，开始构建完善的指标体系来监测流动性风险。巴塞尔委员会在总结借鉴各国关于流动性风险监管实践的基础上，相继发布了一些关于流动性风险监管的报告或指引，确立了从管理和监督流动性风险、流动性风险的管理方法、流动性风险的测量和管理、监管架构及公开披露五个方面提出了一些流动性风险监管的基本原则，并推出了一些全球统一的、可计量、可操作的监管标准。

1. 两个定量指标

2010 年 12 月发布的《流动性风险测量的国际框架、标准和监测》中，首次正式推出了流动性覆盖比率（liqudity covered ratio，LCR）和净稳定融资比例（net steady finance ratio，NSFR）两个定量监管指标。

（1）流动性覆盖比率。该指标主要从短期时间角度来衡量商业银行的流动性风险管理能力，确保当一轮危机来临时，商业银行有充足的流动性资产来吸收流动性风险带来的损失，并能够在一个月内恢复到正常水平。其计算公式如下：流动性覆盖比率=优质流动性资产/未来 30 天内的资金净流出量。在具体监管实践中，巴塞尔委员会要求商业银行的流动性覆盖比率数值应不小于 1。从上述公式角度看，流动性覆盖比率指标主要关注以下三个方面的内容：设定的短期严重压力情景，该压力情景涵盖了单个机构和整个金融系统在金融危机中遭受严重冲击的情况；优质流动性资产及其折算系数，并根据流动性资产的质量赋予不同的折算系数；净现金流出及其流失比例，对现金流量进行了严格细分。

（2）净稳定融资比例。该指标旨在在长期内提高商业银行管理流动性风险的能力，要求商业银行在持续的压力情景下，通过开拓更加持久的融资渠道来获取稳定的资金来源，以确保其经营和生存一年以上。其计算公式如下：净稳定融资比例=可用的稳定资金/业务所需的稳定资金。在具体监管实践中，巴塞尔委员会要求商业银行的净稳定融资比例数值也不小于 1。其中稳定资金主要是指在持续压力情景下，在一年内能确保稳定资金来源的权益类和负债类资金。从上述公式角度看，净稳定融资比例指标主要包括以下三个方面的内容：对应的压力情景的设定，包括各种风险因素导致的清偿能力下降；可用的稳定资金的涵盖范围，并根据资本级别赋予不同的折算因子；业务所需的稳定资金的类别划分，同样为不同类别资金赋予不同的折算因子。

流动性覆盖比率和净稳定融资比例是从不同的时间维度与分析角度来构建流动性风险管理体系的两个日常监管指标，优势互补，共同服务各国银行业监管实践。在设定的严重压力情景下，流动性覆盖比率指标侧重于从现金流量表角度来监控商业银行短期流动性风险状况，而净稳定融资比例指标则从资产负债表视角来促进商业银行资产负债和业务融资结构在长期内趋于合理。为确保流动性覆盖比率和净稳定融资比例指标能够得到顺利实施，巴塞尔委员会提供了较长的过渡期，并对过渡期做了一些阶段性安排。

2. 五个监测工具

为提高全球范围内流动性风险监管水平的统一性，强化对商业银行日常经营管理中暴露的流动性风险进行持续监测，巴塞尔委员会还推出了另外五个监测工具来指导各国的金融监管实践。

（1）合理期限错配。该指标旨在监测商业银行在一定时间段内现金流出与现金流入的期限错配程度，因而间接显示了商业银行在特定时间内需要补充的流动性需求量。商业银行应该客观评价自己对期限转换的依赖程度，并据此制订相关计划来弥补资金错配状况，同时监管当局应督促商业银行完成上述资金管理活动。

（2）融资集中度。设定该监测工具的目的是识别商业银行比较重要的交易对手及批发融资渠道，以防止商业银行因过度依赖某一特定资金来源渠道而陷入不利境地。巴塞尔委员会从交易对手、金融工具和币种三个不同角度阐述了该指标的具体运用，以期鼓励商业银行资金来源的多样化。

（3）可用的无变现障碍资产。它主要是指商业银行可以在二级市场或向中央银行进行融资的各种容易变现的资产。商业银行应定期向相关监管当局汇报自身持有的无变现障碍资产的种类、数量及质量等信息，监管当局应切实履行职责，加强对商业银行持有相关资产信息的实时监控。

（4）以其他重要货币计算的流动性覆盖比率。随着海外业务的不断拓展深入，商业银行必然会持有多种货币，所以流动性覆盖率指标不能仅限于单一货币范围，还应该监测其他重要货币计算的流动性覆盖比率以更好地反映货币错配程度。虽然巴塞尔委员会并未统一外币流动性覆盖率的全球监管标准，但各国金融监管当局应根据本国商业银行业务开展的具体情况来设定一个适合的最低外币流动性覆盖比率，并适时进行合理调整。

（5）与市场有关的监测工具，主要以市场运行数据对商业银行流动性风险状况进行监测，按照不同层次可以划分为市场整体信息、金融行业信息和特定银行信息等。相关监管当局可以根据这些不同层次市场的运行数据对整个金融体系或特定商业银行的流动性风险状况进行衡量，并采取相应措施予以控制。

7.2　流动性风险的压力测试研究

7.2.1　研究背景

流动性是支撑金融体系和实体经济正常运转的血液，因此流动性风险是商业银行日常经营管理过程中面临的最基本的风险之一。中国银监会在《商业银行流动性风险管理指引》（2009 年）中将流动性风险定义如下：商业银行虽然有清偿能力，但无法及时获得充足资金或无法以合理成本及时获得充足资金以应对资产增长或支付到期债务的风险。

压力测试是分析尾部风险的一种前瞻性定量分析方法，是对 VaR 等传统计量模型的有益补充。压力测试的内涵随着客观实践的发展而不断丰富深化。国际证券监管机构组织于 1995 年最先提出压力测试的概念，并认为压力测试可用来分析极端不利的市场假设情形对资产组合的影响，其于 1999 年进一步将压力测试明确为对资产组合面临的极端但可能发生的风险加以认定并予以量化。IMF、BIS、巴塞尔委员会和全球金融系统委员会一致认为压力测试是运用系统的理论与实证方法来分析金融体系承受罕见但仍有可能的宏观经济冲击或重大事件影响的过程。银监会在《商业银行压力测试指引》中将压力测试定义如下：一种以定量分析为主的风险分析方法，主要通过测算银行在遇到假定的小概率事件等极端不利情况下可能发生的损失，并分析这些损失对银行营利能力和资本金带来的负面影响，进而对单家银行、银行集团和银行体系的脆弱性做出评估和判断，最后提出须采取的必要措施。

7.2.2　压力测试相关理论

1. 压力测试的主要方法

目前国内外公认的、规范的压力测试方法主要有敏感性分析、情景分析、最大损失分析和极值分析四种，其中实际运用较多的是敏感性分析和情景分析，如表 7.2.1 所示。

表 7.2.1　压力测试的主要方法

分析方法	敏感性分析	情景分析	
		历史事件模拟法	假定特殊事件法
适用情形	金融资产价格波动幅度较大（利率、汇率、股价等）；信贷资产集中度提高、信贷期限及久期变动等	以金融市场历史上发生的重大极端事件为基准构建测试模型	因市场风险、操作风险、信用风险、信用评级下调等引起的流动性风险变化

1）敏感性分析

敏感性分析主要用来度量某一重要风险因素或少数几个关联密切的风险因素由于发生一定幅度的变动而对商业银行风险暴露和风险承受能力的影响。其最简单的度量形式是假定当风险因素瞬间变化一个单位的情况下，商业银行资产组合整体风险变动幅度为多少。敏感性分析方法在具体运用中，只需要确定相关的风险冲击因素，而对风险冲击的具体来源并无过多要求。因此该方法具有运用简单便捷的优势，实际使用频率较高，既适用于国际活跃银行的传统业务的风险测量，又被政策当局广泛用于经济前景预测的实践。

2）情景分析

情景分析一般用于评估罕见但有可能发生的极端事件对金融机构或金融系统风险承受能力的影响。有别于敏感性分析，情景分析方法不仅要求弄清楚压力测试的具体事件和风险冲击的具体来源，还需要对相关金融风险影响因子给出确切的定义，因此该测试方法相对复杂，实际运用频率较低。情景构造主要有历史事件模拟法和假定特殊事件法两类方法。其中历史事件模拟法的理论依据是"历史会重演"，因此该方法以历史上曾经发生过的一系列极端事件为基准，来构建需要的极端情景假设；而假定特殊事件法则通过假定未来可能发生的一系列突发事件来构造一个极端情景假设。这两种情景构造方法各有利弊，在压力测试实践中需要根据具体研究对象的性质和相关数据可获得性判断使用何种情景假设方法较为合理。

2. 压力测试的一般步骤

1）压力测试情景构造

在流动性风险压力测试模型构建之前需要根据所要研究的目标选择压力测试方法和影响因子，设定压力情景和压力水平，并确定不同压力情景下影响因子冲击的大小。不同的压力测试方法要求不同的情景假设条件。敏感性分析方法仅要求确定重要的风险影响因素，而情景分析方法需要交代清楚受压项目构成及风险冲击的来源。在风险影响因素选择方面，这两种测试方法具有内在一致性，即都着眼于研究什么因素引起商业银行流动性发生变化。综合现有研究成果，一般认为风险影响因素主要包括宏观经济冲击（宏观经济数据、商业银行报表数据）、利率风险（直接风险、间接风险）、汇率和国家风险、信用风险及传染性风险等。设置合理的压力情景和水平是压力测试是否具有实践指导意义的关键。银监会在《商业银行压力测试指引》中指出，压力测试需要根据实际情况假定不同的情景程度，一般设定为轻度、中度及严重三种程度依次递进的压力情景，其中轻度压力情景须比当前实际情况更为严峻。在具体实践过程中较为通行的做法是，借助客观历史数据来设定压力情景的不同程度以及相应的概率，利用事件窗口分析法对突发特殊事件进行情景假定。

2）模型构建与实证分析

在压力测试情景构造完成之后，便需要根据具体研究对象选择合适的研究模型，以便结合实际数据开展实证分析。一般使用较多的压力测试模型主要包括市场风险模型、信用风险模型、操作风险模型和流动性风险模型等。其中，流动性风险压力测试模型又可以分为静态模型和动态模型两种，前者主要以商业银行资产负债表为基础进行风险度量，根据指标选择的不同分为简单指标法和资产负债期限错配法；后者主要用于测量一定时期内商业银行的流动性水平波动状况，2008年欧洲中央银行（European Central Bank，ECB）在调查欧洲各国压力测试模型的基础上总结出两种常用的动态模型，分别是现金流缺口分析模型和流动性储备分析模型。在实际压力测试执行过程中，各国金融监管当局需要根据本国金融业发展的实际情况选择适合的压力测试模型，以得到更有效的压力测试结果。特别是对新兴市场国家而言，本国的金融业发展尚不完善，相关数据具有不系统性、不完全性，这为压力测试的顺利开展带来了一定的困难，所以这些国家应注重特定数据的积累以便符合相关压力测试模型的应用要求。在实证模型确定以后，需要结合本国金融体系或金融机构的实际发展数据，进行实证分析。

3）压力测试结论与政策建议

进行压力测试的目的是评估金融体系或金融机构面临的流动性风险大小，了解流动性风险影响因素的来源以及出台有效应对流动性风险的措施。因此，压力测试最具实践意义的一步是根据上述压力测试模型的实证分析结果，推导出压力测试的主要结论，洞悉商业银行流动性风险水平与相关影响因素之间的动态联系。理论只有付诸实践，才更有生命力。因此，在获得压力测试结论的基础上，需要在压力测试结果与流动性风险管理之间建立可靠的联系，为现实中的金融体系或金融机构的流动性风险管理提供政策依据。压力测试结论只有真正起到推动现实流动性风险管理体系的建立和完善，才会更具合理性和科学性。

7.2.3　中国商业银行流动性风险的压力测试研究

1. 压力情景设置

1）相关影响因子选择

贷存比指标是衡量商业银行流动性风险水平的一个重要代理变量。当贷存比率提高时，商业银行可运用的流动性资金减少，流动性风险压力加大。影响我国商业银行流动性风险的因素有很多，主要包括宏观经济冲击、利率风险、汇率和国家风险、信用风险等。本节综合考虑相关影响因素，选取净利差变动、M2、法定存款准备金率和外汇储备额四个影响因子作为自变量，对因变量中国建设银行贷存比指标进行回归分析。

（1）净利差变动。从理论上说，净利差变动对商业银行的贷存比率以及流动性水平有直接影响。其影响机制如下：当其他因素不变，商业银行贷款利率上升时，市场主体的融资成本也随之上升，此时市场主体对商业银行贷款的需求相对减少，在商业银行存款总额不变的情况下，其净利差变大、贷存比率下降；而当其他因素不变，商业银行存款利率提高时，储户的存款意愿增强，会相应增加商业银行的存款总额，此时商业银行的净利差减小、贷存比率也会下降。因此，无论是因为贷款利率上升或存款利率提高导致商业银行的净利差变动，都会使其贷存比率下降，流动性风险均会降低。

（2）M2。M2 作为基础货币的重要组成部分，对我国商业银行流动性风险管理有重要影响。其作用原理如下：当其他因素保持不变时，M2 余额上升意味着总体货币供给量增加，整个银行体系的流动性水平相对充裕。这一方面直接提高了某一商业银行的流动性供给水平；另一方面改善了商业银行的融资环境，降低了融资成本，因而此时商业银行面临的流动性风险相对较小。相反，如果当其他因素保持不变，M2 余额下降或增速变小时，则意味着总体货币供给量相对紧缩，整个银行体系的流动性供给较少，商业银行的融资环境变得严峻，因而其面临的流动性风险相对增大。

（3）法定存款准备金率。作为中国人民银行三大货币政策工具之一的法定存款准备金率，从政策效果来看其素来被认为是调控经济的一剂"猛药"，其变动对金融体系流动性的影响举足轻重。当国民经济发展过热或通货膨胀比较严重时，中国人民银行提高法定存款准备金率具有紧缩银根的效果，冻结部分流动性以给过热的实体经济降一降温；而当国民经济增长乏力或存在通缩风险时，中国人民银行降低法定存款准备金率具有放松银根的效果，释放部分流动性以为表现不佳的实体经济输送血液。法定存款准备金率也是中国人民银行常用的政策工具之一。自 2001 年年底加入 WTO 以来，我国国民经济增长势头可以分为几个明显不同的区制，期间中国人民银行采取了不同的政策举措。其中 2001 年年底至 2008 年 6 月 25 日为第一区制，我国国民经济增长过热，通货膨胀率水平不断走高，引发中国人民银行不断提高法定存款准备金率以紧缩银根，由 6% 迅速提高至 17.5%；2008 年 6 月 25 日至 2008 年 12 月 25 日为第二区制，法定存款准备金率由 17.5% 调低至 15.5%，期间对应全球金融危机的深入发展给中国经济发展带来巨大压力；2008 年 12 月 25 日至 2011 年 6 月 20 日为第三区制，期间政府推出的大规模刺激措施在有效稳增长的同时，也造成部分行业领域发展过热，通货膨胀率不断走高，于是中国人民银行将存款准备金率由 15.5% 提高至 21.5%；2011 年 6 月 20 日至今为第四区制，期间欧债危机愈演愈烈，面对日趋复杂的国际经济形势，中国人民银行审时度势，将存款准备金率由 21.5% 逐步下调至目前的 17%，缓解国内经济下行压力。

（4）外汇储备额。2000 年以来，随着外汇储备额的节节攀升，我国已成为全球第一大外汇储备国。在"三元悖论"政策框架下，我国选择了固定汇率制并实行资本管制，放弃中国人民银行货币政策的部分独立性。在此宏观背景下，外汇占款成为我国基础货币投放的重要渠道。外汇占款已成为影响我国商业银行流动性管理的重要因素，因此选择外汇储备额这一宏观指标来分析其对商业银行流动性水平的影响是合理的。加入 WTO 后，我国外汇储备额呈现高速增长态势，由 2004 年四季度的 6 099.32 亿元飙升至 2014 年二季度的 39 932.13 亿元，增长了约 5.55 倍。但 2014 年以来，国内外经济环境日趋复杂，我国对外贸易高速增长的时代已一去不复返，这也对我国外汇储备额积累产生了一定的负面影响。截至 2015 年 9 月，我国外汇储备额下降至 35 141.2 亿元。

2）情景假设

本节鉴于我国商业银行经营数据的不完全性，选择假定特殊事件法来进行情景假设。如表 7.2.2 所示，本节选择净利差变动、M2、法定存款准备金率和外汇储备额四个受压项目，分别假设了轻度、中度和重度三种压力情况，构造了一个影响因子情景假设表。

表 7.2.2　影响因子情景假设表（单位：%）

受压项目	压力情况		
	轻度	中度	重度
净利差变动	上升 0.3	上升 0.5	上升 1.0
M2	上升 3.0	上升 6.0	上升 10.0
法定存款准备金率	下降 0.5	下降 1.0	下降 3.0
外汇储备额	下降 5.0	下降 10.0	下降 20.0

2. 压力情景分析

1）数据来源及说明

本节数据主要来源于同花顺金融数据库，鉴于相关数据可获得性，选取中国建设银行作为样本进行分析，其中中国建设银行部分季度贷存比率和净利差数据缺失，因此运用插值法将缺失数据补上。如表 7.2.3 所示，由于本节的主要目的是分析中国商业银行流动性风险压力测试，因此选择中国建设银行贷存比季度数据作为因变量，选用净利差变动、M2、法定存款准备金率和外汇储备额四个影响因素的季度数据作为自变量。样本选择区间为 2004 年四季度至 2015 年二季度。

表 7.2.3　2004 年四季度至 2015 年二季度相关变量变动情况

时间	中国建设银行贷存比率	净利差/%	M2/亿元	法定存款准备金率/%	外汇储备额/亿元
2004 年 12 月	0.638 00	2.770	253 207.70	7.000 0	6 099.32
2005 年 3 月	0.631 93	2.785	264 588.94	7.000 0	6 591.44
2005 年 6 月	0.625 85	2.800	275 785.53	7.000 0	7 109.73
2005 年 9 月	0.619 78	2.750	287 438.27	7.000 0	7 690.04
2005 年 12 月	0.613 70	2.700	298 755.67	7.000 0	8 188.72
2006 年 3 月	0.612 43	2.645	310 490.65	7.000 0	8 750.70
2006 年 6 月	0.611 15	2.590	322 756.35	7.500 0	9 411.15
2006 年 9 月	0.609 88	2.640	331 865.36	8.500 0	9 879.28
2006 年 12 月	0.608 60	2.690	345 577.91	9.000 0	10 663.44
2007 年 3 月	0.617 85	2.850	364 104.66	10.000 0	12 020.31

续表

时间	中国建设银行贷存比率	净利差/%	M2/亿元	法定存款准备金率/%	外汇储备额/亿元
2007 年 6 月	0.627 10	3.010	377 832.15	11.500 0	13 326.25
2007 年 9 月	0.619 90	3.040	393 098.91	12.500 0	14 336.11
2007 年 12 月	0.612 70	3.070	403 401.30	14.500 0	15 282.49
2008 年 3 月	0.612 30	3.120	423 054.53	15.500 0	16 821.77
2008 年 6 月	0.611 90	3.160	443 141.02	17.500 0	18 088.28
2008 年 9 月	0.603 45	3.170	452 898.71	17.500 0	19 055.85
2008 年 12 月	0.595 00	3.100	475 166.60	15.500 0	19 460.30
2009 年 3 月	0.594 85	2.460	530 626.71	15.500 0	19 537.41
2009 年 6 月	0.594 70	2.340	568 916.20	15.500 0	21 316.06
2009 年 9 月	0.598 55	2.300	585 405.34	15.500 0	22 725.95
2009 年 12 月	0.602 40	2.300	610 224.52	15.500 0	23 991.52
2010 年 3 月	0.599 50	2.300	650 012.90	16.500 0	24 470.84
2010 年 6 月	0.622 60	2.320	673 921.72	17.000 0	24 542.75
2010 年 9 月	0.613 40	2.350	696 471.50	17.000 0	26 483.03
2010 年 12 月	0.624 70	2.400	725 851.79	18.500 0	2 8473.38
2011 年 3 月	0.624 80	2.580	758 130.88	20.000 0	3 0446.74
2011 年 6 月	0.620 70	2.550	780 820.85	21.500 0	31 974.91
2011 年 9 月	0.651 40	2.560	787 406.20	21.500 0	32 016.83
2011 年 12 月	0.650 50	2.570	851 591.81	21.000 0	31 811.48
2012 年 3 月	0.643 40	2.480	895 565.50	20.500 0	33 049.71
2012 年 6 月	0.645 40	2.530	924 991.20	20.000 0	32 400.05
2012 年 9 月	0.657 00	2.570	943 688.75	20.000 0	32 850.95
2012 年 12 月	0.662 30	2.580	974 148.80	20.000 0	33 115.89
2013 年 3 月	0.654 70	2.540	1 035 858.37	20.000 0	34 426.49
2013 年 6 月	0.666 30	2.540	1 054 403.69	20.000 0	34 966.86
2013 年 9 月	0.691 40	2.540	1 077 379.16	20.000 0	36 626.62
2013 年 12 月	0.702 80	2.560	1 106 509.15	20.000 0	38 213.15
2014 年 3 月	0.693 80	2.590	1 160 687.38	20.000 0	39 480.97
2014 年 6 月	0.709 30	2.620	1 209 587.20	20.000 0	39 932.13
2014 年 9 月	0.720 20	2.615	1 202 051.41	20.000 0	38 877.00
2014 年 12 月	0.734 50	2.610	1 228 374.81	20.000 0	38 430.18
2015 年 3 月	0.718 00	2.545	1 275 332.78	19.500 0	37 300.38
2015 年 6 月	0.741 60	2.480	1 333 375.36	18.000 0	36 938.38

2）实证分析

本节首先对五个变量进行标准化处理，以 LRATE、LNIM、LM2、LRRR、LRESERVE 分别表示中国建设银行贷存比、净利差变动、M2、法定存款准备金率、外汇储备额五个变量的对数形式，以 d(LRATE)、d(LNIM)、d(LM2)、d(LRRR)、d(LRESERVE)分别表示五个变量的一阶差分值。由于本节五个变量的季度数据为时间序列，所以运用 Eviews 7 软件对这些数据进行平稳性检验（表 7.2.4），检验结果表明五个变量的对数形式都是不平稳的，一阶差分值都是平稳的。

表 7.2.4 变量平稳性检验结果

变量	t 统计值	p 值	检验类型 （c,t,n）	结论
LRATE	−0.057 984	0.993 7	（$c,t,0$）	不平稳
d(LRATE)	−3.757 538	0.031 3	（$c,t,0$）	平稳
LNIM	−2.554 149	0.302 2	（$c,t,0$）	不平稳
d(LNIM)	−4.344 368	0.006 9	（$c,t,0$）	平稳
LM2	0.026 873	0.995 3	（$c,t,0$）	不平稳
d(LM2)	−6.083 109	0.000 1	（$c,t,0$）	平稳
LRRR	−1.028 203	0.926 0	（$c,t,0$）	不平稳
d(LRRR)	−4.985 578	0.001 7	（$c,t,0$）	平稳
LRESERVE	−1.062 312	0.920 8	（$c,t,0$）	不平稳
d(LRESERVE)	−4.778 321	0.002 7	（$c,t,0$）	平稳

运用 Eviews 7 对因变量 LRATE 和自变量 LNIM、LM2、LRRR、LRESERVE 进行回归分析后得到如下回归方程：

$$LRATE = -0.385\ 5 + 0.262\ 9LNIM + 0.371\ 0LM2 - 0.037\ 1LRRR - 0.217\ 2LRESERVE$$
$$(7.2.1)$$

R^2=0.933 6，Log likelihood=117.352 1，F-statistic=133.637 5，D.W.=1.201 3

上述回归方程（7.2.1）显示，净利差、M2、法定存款准备金率、外汇储备额在样本期间内（2004 年四季度至 2015 年二季度）与中国建设银行的贷存率之间存在动态均衡关系。其中，净利差、M2 与中国建设银行的贷存率之间呈正相关关系，而法定存款准备金率、外汇储备额与中国建设银行的贷存率之间存在负相关关系。净利差和 M2 越大，则中国建设银行的贷存率越高，可运用的闲置流动性资金越少，流动性风险相对加大；而法定存款准备金率和外汇储备额较低，也会相应提高中国建设银行的贷存率，导致其流动性风险加大。

3. 压力测试结果分析

本节以 2015 年二季度五个变量的数据为基准，分别将三种压力情况下（轻度、中度、重度）的相关变动数据代入式（7.2.1）中，可以获得中国建设银行的流动性变动情况。如表 7.2.5 所示，在轻度压力情况下，中国建设银行的流动性水平下降 16.26%，此时的流动性风险尚不明显；随着相关指标继续恶化，达到中度压力情况时，中国建设银行的流动性水平下降 30.08%，流动性压力明显增大；而当相关指标继续恶化至设定的重度情况时，中国建设银行的流动性水平大幅下降 58.51%，面临着巨大的流动性风险。

表 7.2.5　中国建设银行流动性压力测试结果（单位：%）

压力情景	轻度	中度	重度
流动性变动幅度	−16.26	−30.08	−58.51

7.2.4　政策建议

1. 保持国民经济的中高速增长

实现宏观经济的繁荣稳定可以为我国商业银行流动性风险管理营造一个良好的外部大环境。后金融危机时代，国际经济发展形势日趋复杂，国际金融市场频繁波动，贸易保护主义重新抬头，新兴市场国家经济增长减速明显。随着开放型经济发展的不断深入，虽然我国经济增速依然在世界主要大国中延续着一枝独秀的良好表现，是拉动世界经济复苏最主要的动力，但日益融入世界经济的我国无法独善其身，当前国民经济面临的下行压力较大，2015 年的国民经济增速下滑至 7%左右。为完成到 2020 年全面建成小康社会和"两个翻番"的宏伟目标，"十三五"期间中国国民经济平均增速必须达到 6.2%以上，因此未来五年需要在"稳增长、调结构、促发展和惠民生"之间维持有效平衡。只有实现国民经济有质量的较高速度增长，才可以夯实国民经济发展基础，使实体经济和金融系统之间维持良性运转。只有实体经济实现健康可持续发展，我国商业银行才可以更好地控制信贷资源的发放和收回，将流动性风险控制在较低水平。

2. 加快形成市场化的利率决定机制

随着社会主义市场经济的深入推进，利率市场化不仅是我国实体经济发展的必然要求，也是我国商业银行进行流动性风险有效管理的重要条件。因为商业银行不仅可以根据市场化利率加强存贷款有效管理，而且可以以市场化的方式加强流动性风险管理。虽然自 2013 年 7 月 20 日起我国就放开了贷款利率管制，2015 年 10 月 24 日起又放开了存款利率管制，我国利率市场化进程已取得实质性进展。但由于历史惯性等原因，当前我国离真正的利率市场化尚有一定距离，市场机制在利率决定方面依然无法起到决定性的作用。正是这种利率决定的某种扭曲导致了民间高利贷的盛行，并引发了区域性的金融系统风险。所以我国应该尽快将利率决定权交给市场，真正建立起由市场决定的利率定价体系。

3. 强化资产负债管理和完善风险监管体系

加强商业银行资产负债管理，完善流动性风险监管体系是防范和化解系统性流动性风险的重要保障。当前我国商业银行资产结构相对单一，不良贷款率逐步上升，资产负债期限错配问题较严重。因此商业银行应积极调整资产结构，增加优质资产比重，提高整体资产的流动性。严格按照信贷业务流程，控制信贷资源的有效供给，引导更多的金融资源流向有自生能力的实体企业，降低商业银行的不良贷款率。流动性风险管理是一种对技术水平要求很高的综合性管理。与现代金融体系比较健全的发达国家相比，我国商业银行的流动性风险管理技术水平尚有很大不足。因此，我国商业银行必须励精图治，积极引进西方先进的流动性风险管理技术和经验，提升流动性风险的计量和应对能力，构建起标准化、现代化的流动性风险管理体系。

4. 加快金融市场发展和金融创新

金融市场的发展完善与我国商业银行流动性风险的有效管理密不可分。一个健全、发达的金融市场是商业银行强化资产负债管理、维持合理流动性水平的重要条件。因此我国应加快构建多层次资本市场体系，特别是建成一个成熟完善的股票市场，为商业银行获取流动性提供稳定的融资渠道。大力发展债券市场，加速推进信贷资产证券化试点，提高商业银行信贷资产的证券化率。金融创新是金融企业的生命，商业银行流动性风险管理也离不开一些创新性风险管理工具的有效支撑。我国商业银行应努力提高业务创新能力，通过多种金融工具创新来提升流动性风险管理水平。首先要转变观念，增强主动负债能力，如主动向中央银行申请贴现贷款，发行可转让大额定期存单和次级债券等，提高主动负债的流动性。其次要借鉴西方发达国家金融机构的发展经验，大力提升中间业务创新能力，完善商业银行资产负债结构。

7.3　基于复杂网络的银行间流动性风险传染机制研究

7.3.1　研究背景

自 20 世纪 70 年代中后期以来，历次金融危机无不表现为流动性过剩、流动性紧缩和流动性突然消失的过程，同时伴随着流动性风险在不同的经济主体、市场和国家之间扩散与传染。根据《中国金融稳定报告（2015）》的统计，2014 年年末，我国银行业金融机构同业拆借累计成交达 37.7 万亿元，占货币市场成交总量的 14.38%，同比增长 6%。可见，银行间市场已经成为我国金融市场的重要组成部分。2013 年 6 月国内爆发的银行业"钱荒"事件再次表明了银行间市场不仅为流动性短缺银行提供资金支持，也成为流动性风险在银行之间相互传染的重要渠道。正如 Georg（2013）指出，银行之间的连接程度和银行的风险传染水平之间的关系不是单调的，增强银行间的连接程度有助于分散风险，但当连接超过一定阈值，风险的传染可能导致银行大范围的倒闭。因此，深入分析流动性风险在银行间市场的动态演化机理，清晰刻画流动性风险在不同银行之间的传染过程，对于监管当局在银行间市场建立流动性风险的防范机制，及时化解我国银行间市场面临的潜在危机具有重要的现实意义，也为进一步揭示金融危机的传播规律提供了很好的切入点。

本节利用复杂网络方法刻画银行间借贷关系结构，试图建立一个系统分析银行间流动性风险传染的研究框架。本节的主要贡献有两个方面：其一，国内学者对系统性风险、信用风险等研究较多，而关于流动性风险在银行间市场的传染方面的研究却鲜有涉及。银行的资产期限错配和负债经营的特点决定了流动性风险是其不可避免的一类金融风险，本节正是鉴于流动性风险在银行间市场中的特殊地位，以流动性风险为研究对象，以银行间网络为风险传染载体，基于复杂网络视角来揭示流动性风险在银行间传染的内在机理。其二，考虑到现实中流动性冲击未必能导致单个银行瞬间倒闭，尤其是在我国这样一个政府金融管制相对较多的国家，在 SIR 模型中引入风险感染延迟时间因素能使该模型更加贴近实际需要。因此，本节将流动性风险感染的状态分为若干个相继引发的子状态，结合均匀混合假设构建银行间流动性风险传染的复杂动力学模型。经数值解析模型推导，对银行间流动性风险传染现象和传播机制进行分析和解释显得更为简洁与清晰。由于以模拟仿真为主的计算实验金融是解决复杂金融系统问题的重要研究手段, 本节设定无标度网络来刻画银行间市场的结构特征, 深入分析银行间关联性、感染延迟时间和网络结构特征对流动性风险传染的动态影响。

7.3.2　流动性风险的传染机制分析

在银行间市场, 流动性风险的传染效应是一种典型的金融风险扩散现象, 其表现形式和作用机理具有典型的非线性特征。当银行系统的流动性需求小于其流动性供给时, 银行之间的关联关系可以起到流动性转移的作用, 原因是银行系统中并非所有银行同时面临同样的流动性冲击, 每个银行承受流动性冲击的能力不尽相同, 此时银行间关联关系将流动性从过剩的银行转移到不足的银行, 实现不同银行间流动性的重新配置。反之, 当流动性需求小于流动性供给时, 单个银行会受到流动性冲击, 贷出方银行会因借入方银行的破产而发生资本损失, 如果这种溢出效应超出自身的资本缓冲, 流动性风险就会由借入方银行传染到贷出方银行, 甚至导致银行的系统性崩溃。在实际中, 银行间的关联关系主要分为直接联系和间接联系两类, 其中直接联系主要由支付系统以及各种各样的寸头 (如直接贷款、衍生品和回购协议等) 构成, 间接联系的形成机制则更为复杂, 如投资者的恐慌情绪、非理性的群体行为等。本节主要考虑的是银行间的债务联系, 即当银行 B 因流动性冲击导致其破产时会向银行 A 追回债务, 银行 A 首先会用其流动性资产偿还 (如持有的现金、同业拆借资产等), 如果仍无法清偿债务, 银行 A 则会被迫折价变现长期资产, 若其折价变现的损失超过其资本金则会引起银行 A 也出现破产, 这就是流动性风险在银行间市场中的传染过程。可见, 这种传染过程与病毒和谣言的传播过程非常类似, 经典的 SIR 模型描述的是网络中每个节点仅处于三种状态之一: 健康状态 (susceptible)、感染状态 (infection) 和移除状态 (refractory)。与感染节点相连接的健康节点以一定概率转化为感染状态, 而处于感染状态的节点将以某一概率转化为移除状态。但是该模型未考虑感染个体不会被延时治疗, 并假定每个感染者试图感染其每一个与之连接的节点, 这与事实稍有不符。鉴于此, 下文将结合赵敬等 (2013) 在病毒传播的 SIR 模型中考虑感染延迟时间的思想, 以银行作为网络节点, 以银行间的关联关系作为边, 建立银行间复杂网络, 分别从健康状态、感染状态和移除状态三个方面相继刻画流动性风险在银行间网络中的动态演化过程。假设银行一般处于以下三种状态之一:

(1) 健康状态 (S 态), 银行未受到流动性冲击, 与其他银行的关联关系稳定明确, 其流动性需求小于流动性供给, 尚未感染流动性风险。

(2) 感染状态 (I 态), 银行遭受到流动性冲击或受到其他银行流动性风险的传染, 与该银行相连接的边可能发生改变。但流动性风险传染至某银行时, 一般不会对该银行立刻产生致命性打击，存在一个延迟效应，在此延迟过程中，银行的流动性状况也在随之变化。因此，可将感染状态分解成若干个子状态：$I_0, I_1, \cdots, I_T$，其中，T 表示延迟时间。现实中，不同银行承担流动性风险的延迟时间各异，但为了简化模型，此处假设延迟时间 T 对所有银行都是相等的。

（3）移除状态（R 态），银行面临的流动性风险被吸收或化解，流动性水平极大提高，一般不会再将流动性风险传染给其他银行。

流动性风险在银行间市场中的传染过程如图 7.3.1 所示，假设只有一个易感染风险的银行（S 态），在 t 时刻被其已经感染的邻居银行传染，变成 I_0 状态，分别经过 $I_1, \cdots, I_T$ 状态，并只有 I_T 状态的银行有可能去感染其他银行，或是转为 R 态。

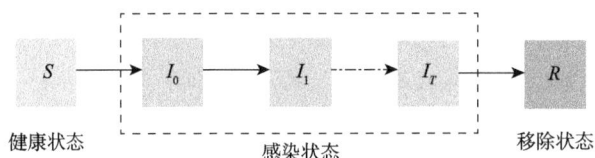

图 7.3.1　流动性风险的动态传染过程

7.3.3　理论模型构建

假设一个有限网络有 N 个节点，每个节点代表一个可传染流动性风险的银行，并且在初始 0 时刻所有节点都处于 S 态。某一时刻突然有某一个银行节点遭遇流动性冲击，产生流动性风险，变成 I 态。按照前文流动性风险传染的动态演化机理，流动性风险将在该银行网络中不断传播，直到最终网络中没有 I 态为止，这个最终状态到来的时间也是有限的，设为 T'（$T \ll T'$）。

真实的银行间网络中，节点的度值差异很大，通常是大型银行节点之间的业务联系较多，关联关系更强，中小型银行之间联系相对密切。这就是说度值大（或小）的节点之间连接的可能性更大，度值小的节点与度值大的节点之间连接的可能性较小，因此度分布表现出较强的幂律分布特征。根据平均场理论，将所有的银行按其度值分为不同的组，也就是将具有相同度值的银行归为同一类。设银行间网络节点的度分布为 $P(k)$，则具有度值 k 的银行数为

$$N_k = P(k)N \tag{7.3.1}$$

且满足 $\sum_{k=1}^{k_{\max}} N_k = N$，其中，$k_{\max}$ 为该网络中的最大度值。

假设 t 时刻度值为 k 的银行处于 S 态、I 态（包括 $I_0, I_1, \cdots, I_T$ 所有的状态）和 R 态的数量分别为 $n_{k,S}(t)$、$n_{k,I}(t)$（包括 $n_{k,I}^{(0)}(t), n_{k,I}^{(1)}(t), \cdots, n_{k,I}^{(T)}(t)$）和 $n_{k,R}(t)$，则

满足

$$N_k = n_{k,S}(t) + n_{k,I}(t) + n_{k,R}(t) \tag{7.3.2}$$

其中，$n_{k,I}(t) = \sum_{i=1}^{T} n_{k,I}^{(i)}(t)$。

先考虑网络中两个相邻银行 A 和 B，它们由一条边相连，如果银行 A 已感染流动性风险并在 t 时刻将风险传染给银行 B，此时银行 B 处于初始感染状态 I_0，经过 T 时间的演化变为 I_T，在 $t + T + 1$ 时刻银行 B 将选取一个相邻银行作为目标进行风险传染。由于银行 A 对于银行 B 来说相当于"父节点"，它与银行 B 其他相邻银行的地位不同，一旦银行 A 被银行 B 选为目标银行，按照传播规则，银行 B 将转为 R 态；如果银行 B 选其他相邻银行作为传染目标，则此时银行 B 将依据当时的情况来决定是保留在 I 态还是转变为 R 态，即变为 R 态的概率小于 1。假设银行 B 的度值为 k，则选择银行 A 为传染目标的概率为 $1/k$，选择其他相邻银行为传染目标的概率为 $1 - 1/k$，则可建立如下演化方程：

$$\begin{cases} n_{k,S}(t+1) = n_{k,S}(t) - \sum_{k'} n_{k',I}^{(T)}(t)\left(1 - \frac{1}{k'}\right)P(k\,|\,k')\dfrac{n_{k,S}(t)}{N_k} \\[2mm] n_{k,I}^{(0)}(t+1) = \sum_{k'} n_{k',I}^{(T)}(t)\left(1 - \frac{1}{k'}\right)P(k\,|\,k')\dfrac{n_{k,S}(t)}{N_k} - n_{k,S}^{(0)}(t) \\[2mm] n_{k,I}^{(1)}(t+1) = n_{k,I}^{(0)}(t) - n_{k,I}^{(1)}(t) \\ \qquad \vdots \\ n_{k,I}^{(T)}(t+1) = n_{k,I}^{(T-1)}(t) - n_{k,I}^{(T)}(t) \\[2mm] n_{k,R}(t+1) = n_{k,R}(t) + n_{k,I}^{(T)}(t)\left[\dfrac{1}{k} + \left(1 - \dfrac{1}{k}\right)\sum_{k'} P(k\,|\,k')\dfrac{n_{k',I}^{(T)}(t) + n_{k',R}(t)}{N_{k'}}\right] \end{cases} \tag{7.3.3}$$

其中，$n_{k,S}(t)/N_k$ 和 $\left(n_{k',I}^{(T)}(t) + n_{k',R}(t)\right)/N_{k'}$ 来自均匀混合假设；$P(k\,|\,k')$ 表示度值为 k' 的银行随机选择一条边恰好连接度值为 k 银行的条件概率，对于无度相关性的异质网络来说，$P(k\,|\,k')$ 满足：

$$P(k\,|\,k') = \frac{kP(k)}{<k'>} \tag{7.3.4}$$

其中，$<k'>$ 为银行网络的平均度，即 $<k'> = \sum_{k'} k'P(k')$。

上述演化方程是一个离散迭代形式，可改写成如下连续形式的微分方程组：

$$
\begin{cases}
\dot{n}_{k,S}(t) = -\sum_{k'} n_{k',I}^{(T)}(t)\left(1-\frac{1}{k'}\right)P(k\,|\,k')\dfrac{n_{k,S}(t)}{N_k} \\[2mm]
\dot{n}_{k,I}^{(0)}(t) = \sum_{k'} n_{k',I}^{(T)}(t)\left(1-\frac{1}{k'}\right)P(k\,|\,k')\dfrac{n_{k,S}(t)}{N_k} - n_{k,S}^{(0)}(t) \\[2mm]
\dot{n}_{k,I}^{(1)}(t) = n_{k,I}^{(0)}(t) - n_{k,I}^{(1)}(t) \\[1mm]
\qquad\vdots \\[1mm]
\dot{n}_{k,I}^{(T)}(t) = n_{k,I}^{(T-1)}(t) - n_{k,I}^{(T)}(t) \\[2mm]
\dot{n}_{k,R}(t) = n_{k,I}^{(T)}(t)\left[\dfrac{1}{k} + \left(1-\dfrac{1}{k}\right)\sum_{k'}P(k\,|\,k')\dfrac{n_{k',I}^{(T)}(t)+n_{k',R}(t)}{N_{k'}}\right]
\end{cases}
\tag{7.3.5}
$$

在系统（7.3.5）达到平衡时，要求 $\dot{n}_{k,I}^{(i)}(t)=0, i=0,1,\cdots,T$ ，则有

$$
n_{k,I}^{(0)}(t) = n_{k,I}^{(1)}(t) = \cdots = n_{k,I}^{(T)}(t) = \frac{n_{k,I}(t)}{T+1}
$$

对于 T' 时刻来说，有 $\sum_{k}n_{k,I}(T')=0$ ，即 $n_{k,I}(T')=0, n_{k,I}^{(i)}(T')=0, \forall k, 0\leqslant i\leqslant T$ 。

为了得到式（7.3.5）在 T' 时刻的解，可引入辅助变量：

$$
s_k = \int_0^{T'} n_{k,I}(t)\mathrm{d}t = (T+1)\int_0^{T'} n_{k,I}^{(T)}(t)\mathrm{d}t
$$

假设 $t=0$ 时刻，初始的感染银行的度值为 k_0 ，则式（7.3.5）的初始条件为

$$
\begin{cases}
n_{k,S}(0)=N_k, n_{k,I}(0)=0, n_{k,R}(0)=0, & k\neq k_0 \\
n_{k,S}(0)=N_{k-1}, n_{k,I}(0)=1, n_{k,R}(0)=0, & k=k_0
\end{cases}
\tag{7.3.6}
$$

结合式（7.3.1）、式（7.3.2）、式（7.3.4）和式（7.3.6），可得到方程组（7.3.5）在 T' 时刻的解为

$$
\begin{cases}
n_{k,S}(T') = N_k\exp\left(-\dfrac{k}{<k>N}\sum_{k'}\dfrac{s_{k'}}{T+1}\left(1-\dfrac{1}{k'}\right)\right) \\[2mm]
n_{k,I}(T') = 0 \\[2mm]
n_{k,R}(T') = N_k\left(1-\exp\left(-\dfrac{k}{<k>N}\sum_{k'}\dfrac{s_{k'}}{T+1}\left(1-\dfrac{1}{k'}\right)\right)\right)
\end{cases}
\tag{7.3.7}
$$

当延迟时间 $T=0$ 时，式（7.3.7）就转化为 Zhou 等（2007）中的形式，说明本节所建模型是该文献的自然推广。由于对任意 k ，有 $n_{k,I}(T')=0$ ， $n_{k,I}^{(i)}(T')=0$ ， $\forall k, 0\leqslant i\leqslant T$ 。利用 Zanette（2002）中的方法可得到一组关于 s_k 的超越方程，可用精确的数值求解。因此，可得到 T' 时刻度值为 k 的银行处于 R 态的密度为

$$
\rho_{k,R} = \frac{n_{k,R}(T')}{N_k} = 1-\mathrm{e}^{-\alpha k}
\tag{7.3.8}
$$

其中，$\alpha = \dfrac{1}{<k>N}\sum\limits_{k'}\dfrac{s_{k'}}{T+1}\left(1-\dfrac{1}{k'}\right)$ 依赖于网络结构，显然 $\rho_{k,R}$ 随着度值 k 单调增加，并且当 k 趋于无穷时，$\rho_{k,R}$ 趋于 1。

流动性风险在银行间传染的整个过程中，总感染的银行数为

$$N_R(T') = \sum_k n_{k,R}(T') = N - \sum_k N_k \mathrm{e}^{-\alpha k} \qquad (7.3.9)$$

则总感染的密度为

$$\rho_R = \dfrac{N_R(T')}{N} = 1 - \sum_k P(k)\mathrm{e}^{-\alpha k} = \sum_k P(k)\rho_{k,R} \qquad (7.3.10)$$

由式（7.3.10）可见，流动性风险总感染密度可以看做在 T' 时刻，网络中按照度值分类的银行处于 R 态密度的加权平均，权重为网络的度分布。

对于相同平均度的网络来说，无标度网络比随机网络具有更多度值大的节点（对应于银行间市场中的"大银行"，如中国银行、中国农业银行、中国工商银行、中国建设银行和交通银行等国有商业银行等），因此流动性风险可较容易地传染给大节点然后再到其他节点。一旦大节点处于 I 态或 R 态时，其他节点由于以较大概率连接到它们，所以更容易变成 R 态；而随机网络则没有这个特点。所以，流动性风险在无标度网络上的传染速度要比随机网络快一些，从而导致无标度网络的总感染密度比随机网络小。

7.3.4　数值仿真

鉴于上文所建模型的复杂性和数据的难以获得性，采用真实数据进行实证分析较为困难。因此，本节主要利用数值仿真技术来检验和刻画流动性风险在银行间传染的规律及其演化特征。本节选取异质不相关网络中的 BA 无标度网络进行仿真实验。虽然隋聪等（2014）指出当银行间网络的节点数（银行数）达到 100 就属于大样本，此时的幂率分布已经比较稳定了，但是本节所建模型中考虑了感染延迟时间等因素，为了防止这些因素会直接影响银行间网络的度分布情况，所以将样本数量提高到 900 进行模拟实验。具体参数设置如下：银行总数 $N = 900$，BA 无标度网络的度分布 $P(k) = 2m^2 k^{-3}$，则网络的平均度为 $<k> = 2m$，最大度为 $k_{\max} = mN^{1/2}$。

通过模型分析发现，在银行感染流动性风险的密度函数 $\rho_{k,R}$ 和总感染密度函数 ρ_R 中，有一个既依赖于网络结构参数 m 又受到感染延迟时间 T 影响的关键参数 α。α 的不同取值直接影响 $\rho_{k,R}$ 和 ρ_R 的分布情况，而感染延迟时间 T 对 $\rho_{k,R}$ 和 ρ_R 的影响主要是通过对参数 α 的直接作用产生的。由图 7.3.2 可知，参数 α 会随着网络结构参数 m 的增大而增大，随着感染延迟时间 T 的增大而减小；当在 m 较小而

T 较大的取值范围内，α 的取值变化相对缓慢，在 m 较大而 T 较小的取值范围内，α 的取值会有明显的增大趋势；虽然 m 和 T 两个参数对 α 的影响具有互补性，但 α 对 m 的弹性要明显比对 T 的弹性更强一些，即参数 α 对网络结构参数 m 变化的敏感性更强。实际中，网络结构参数 m 主要体现整个银行间网络的总体关联情况，反映了银行之间金融业务往来的频率和规模，而感染延迟时间 T 主要体现了银行的流动性资产规模、负债结构等，反映了自身抵抗流动性风险的能力，中间参数 α 集中表现了银行间网络的关联性与银行自身抗风险能力之间的均衡。从这三个参数的动态关联特征说明当银行网络遭受流动性冲击时，虽然调整自身资产结构，增持流动性资产规模以增加感染流动性风险的延迟时间能够在一定程度上增强缓释风险的效果，但减少银行间业务规模和交易频率才是防止流动性风险在银行间网络继续传染的主要措施，这一点与实际情况也比较吻合。这是因为银行的资产结构相对稳定，短时间内难以进行大规模的调整，再者流动性资产规模的增持常常与银行经营的营利性原则相违背，所以采用减少银行之间的业务往来以削弱它们之间的关联性等方法来减少流动性风险的持续传染相对比较容易。

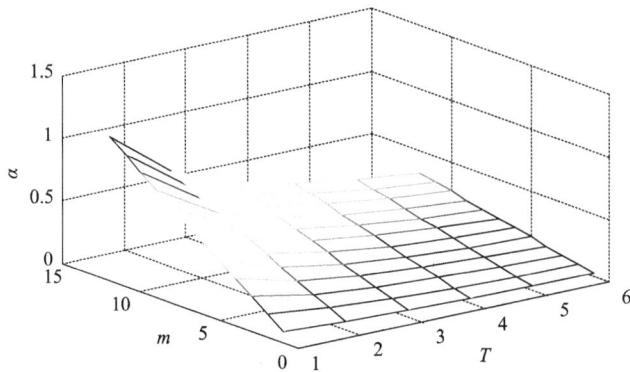

图 7.3.2　参数 α 与网络结构参数 m 和感染延迟时间 T 之间的关系

　　根据式（7.3.8）和式（7.3.10），通过数值仿真可观察在延迟时间 $T = 0,1,2,3$ 时，流动性风险在银行间网络中传染与各银行节点度分布之间的演化规律，如图7.3.3 和图7.3.4 所示。如果令参数 $m = 2$，则银行网络的度分布 $P(k) = 8k^{-3}$，平均度为 $<k> = 4$，从图 7.3.3 可以看出：①在最终时刻 T'，银行感染流动性风险的密度会随着银行网络中节点度值的增加而不断变大，而节点度值反映了某个银行与其他银行之间的关联性强弱（即业务联系规模和交易频率），因此，当银行之间的业务规模越大、交易越频繁时越有利于流动性风险的传染，这也和上文的理论分析一致。②对于不同的感染延迟时间来说，当 $T = 0$ 时，对于节点度值 $k \geqslant 10$ 左右的银行几乎都被流动性风险传染；当 $T = 1$ 时，对于 $k \geqslant 20$ 左右的银行几乎都被流动性风险传染；当$T=2$时，对于$k \geqslant 30$左右的银行几乎都被流动性风险传染；当$T=3$时，对于$k \geqslant 40$左右的银行几乎都被流动性风险传染。这反映了当感染延迟时间越长时，一方面，度值相对较小的银行越不容易感染流动性风险；另一方面，从图7.3.3曲线的弯曲程度和层次来说，相同度值的银行感染流动性风险的速度和范围也越小。事实上，这说明银行遭遇流动性冲击时，感染延迟时间能够在一定程度上吸收和消化流动性风险，提高银行自身的抗风险能力，减小银行破产或倒闭的可能性，这与巴塞尔协议Ⅲ中提高核心资本充足率，加强流动性监管的要求相一致。

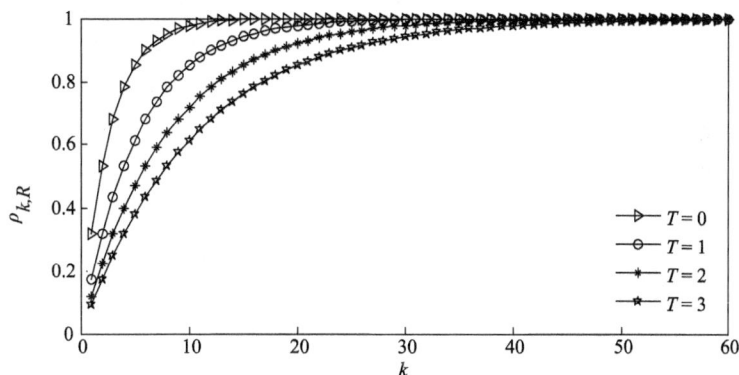

图7.3.3　银行感染流动性风险的密度 $\rho_{k,R}$ 与银行度值 k 之间的关系

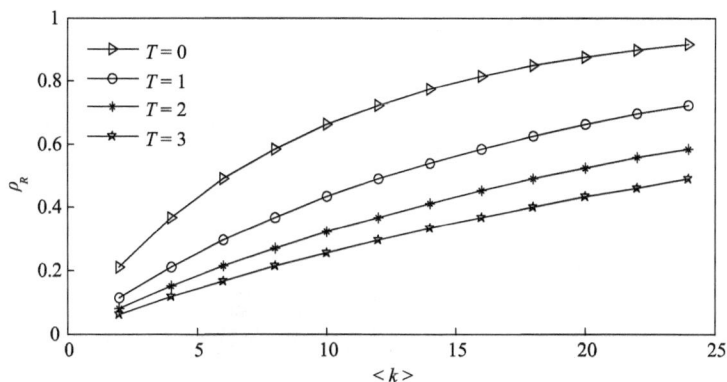

图7.3.4　流动性风险在银行间传染的密度 ρ_k 与网络结构的关系

从图7.3.4可以看出：①在最终时刻T'，网络中银行感染流动性风险的密度与该网络的结构特征联系密切，当网络的平均度越大，即该网络中银行间的关联性越强，则被流动性风险传染的银行数量越多，说明银行间的关联关系不仅为流动性转移提供便利，同时还成为流动性风险传染的重要渠道。②从不同的感染延迟时间T来看：一方面，对于给定的网络结构（平均度相同），延迟时间越长，

流动性风险在银行间传染的可能性越弱，在最终时刻感染流动性风险的银行数也越少；另一方面，从图 7.3.4 曲线的弯曲程度和层次观察，延迟时间越长，流动性风险在银行间传染的速度和范围也越小，同时增加感染延迟时间对减少流动性风险的效果呈递减趋势（由线条之间的间距得知）。

由式（7.3.10）可知被感染银行数为 $N_R = \rho_R N$，图 7.3.5 反映了最终时刻 T' 时感染流动性风险的银行数 N_R、感染延迟时间 T 和银行间网络参数 m 三者之间的关系。不难发现：①当延迟时间 T 固定时，被感染银行数 N_R 与网络参数 m 呈正向递增关系，即 N_R 随着 m 的变大而增加。这说明网络中银行彼此之间的关联性越强，连接概率越大，越容易感染流动性风险。这是因为当关联性较强时银行间业务联系的规模和频率以及信息传播的速度较高，"群体心理"形成的可能性较大，银行个体行为的趋同效应增强，流动性风险越容易在银行间网络中相继传染，也进一步验证了在危机期间银行间密切的金融业务往来能够提高流动性风险传染的可能性。②当网络参数 m 固定时，被感染银行数 N_R 与延迟时间 T 呈反向递减关系，即 N_R 随着 m 的减小而增加。这说明延长感染延迟时间可以有效降低银行感染流动性风险的可能性，对金融机构及时缓释风险和应对危机起到积极作用，这也和图 7.3.4 的结论一致。③应该兼顾网络参数 m 和延迟时间 T 对被感染银行数 N_R 的综合影响。如果银行间的关联性较高时，可以通过增强自身流动性资本水平，提高抗风险能力，从而增加延迟时间来降低感染流动性风险的银行数；如果银行自身的抗风险能力较弱，感染风险的延迟时间较短时，则可以通过减少银行间的交易规模和频率来降低流动性风险的传染概率。

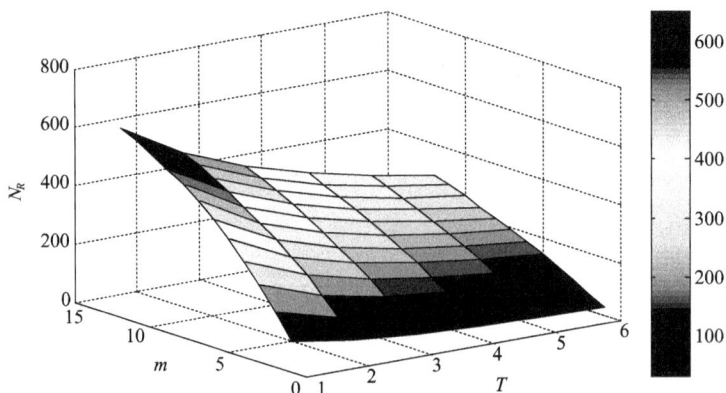

图 7.3.5　被感染银行数 N_R 与延迟时间 T 和网络参数 m 的关系

7.3.5　本节结论

针对银行间流动性风险的传染问题，考虑银行在感染流动性风险时通常会有感染延迟时间的情况，结合经典的 SIR 模型和复杂网络思想，利用平均场理论构建银行间流动性风险传染的复杂动力学模型，并通过理论推导得到了流动性风险传染的演化规律：流动性风险某时刻的总感染密度是银行网络中按照度值分类的银行处于移除状态密度的加权平均，而权重为网络的度分布。同时，本节在 BA 无标度网络中通过仿真实验分析了流动性风险传染与银行间关联性强弱、感染延迟时间以及网络结构特征（主要是指平均度）之间的关系。结果表明：银行间的关联性、感染的延迟时间和银行网络的结构特征都会对银行间流动性风险传染的概率、速度和范围产生显著影响。其中，银行关联性越强，越容易感染流动性风险；延长感染延迟时间可以减小流动性风险传染的概率、速度和范围；银行网络越密集，即平均度越大，越有利于流动性风险在银行间传染；在研究被流动性风险感染的银行数量时应该兼顾银行间网络参数和延迟时间对其的综合影响。

7.4　全球流动性风险监管研究

7.4.1　研究背景

随着经济全球化和金融国际化进程的深入推进，流动性概念早已超越一国国界范围，正日益成为一个全球性的问题。特别是 2008 年爆发的席卷全球的金融危机，引发了国际金融市场的剧烈动荡，以贝尔斯登和雷曼兄弟为代表的著名金融机构相继破产重组，使全球流动性风险深刻完整地暴露在各国金融监管当局面前。因此，在后金融危机时代，在国内外金融市场联系日益紧密的现实背景下，国际和各国金融监管当局必须将流动性问题纳入全球视野中予以审慎考虑，以便得到更为精确的计量结果和出台更有针对性的对策措施。

2014 年 10 月 30 日起，美联储开始退出实施了长达六年之久的量化宽松政府，这标志着一个时代的终结，随后美元指数逐步走强（在 2015 年 3 月 13 日达到近几年最高点 100.16，近期基本维持在 95 以上高位运行），引发国际大宗商品价格持续下跌和国际资本市场的新一轮剧烈震荡。新兴市场国家受到的冲击最为明显，主要表现在出口贸易受阻、外汇储备损失较大、汇率大幅下挫和股市持续下行等方面，严重影响了后金融危机时代这些新兴市场国家的经济复苏进程。

2015 年 3 月以来，随着美联储加息预期的逐步升温，国际金融市场资本流动更加频繁，特别是新兴市场国家资本外逃明显，汇率贬值幅度较大（其中巴西雷亚尔、印度尼西亚盾和马来西亚林吉特贬值幅度最大，虽然近期新兴市场国家货币汇率普遍逆袭大涨,但印度尼西亚盾和马来西亚林吉特的年内跌幅仍然接近11%和18%),全球流动性风险开始凸显。2015年8月下旬开始,欧美主要发达国家的资本市场呈现单边下行趋势,普遍跌幅在15%左右,不排除后期继续大幅波动的可能,全球资本市场波动加剧。虽然2015年9月的美联储议息会议上没有宣布正式加息,但美联储官员指出不排除年内加息的可能,当前市场关于美联储加息的预期依然比较强烈,事实证实了这种可能的正确性。可以预期未来一段时间内,全球金融市场依然维持动荡状态。

中国作为全球第二大经济体,是后金融危机时代拉动全球经济增长的主要动力。随着中国日益融入全球经济活动中,中国经济已然成为全球经济不可或缺的重要组成部分,中国经济发展面临的问题对全球经济发展有深远影响。与国际金融市场频繁波动同步的是,在短短的不到一年时间内(2014年7月初至2015年6月中旬),中国上证综指由2 051点暴涨至5 178点,涨幅超过150%,远远高于同期全球股市平均涨幅。但自2015年6月15日开始,上证综指从最高点暴跌至2015年9月30日的3 053点(期间最低点为2 850.71),跌幅达41%,再次呈现“熊冠全球”之势。股市暴跌引发资本市场短期流动性迅速枯竭,为防范系统性、流动性风险的爆发,中国政府及时出台大规模救市措施(具体包括多次降准减息、暂停IPO发行、鼓励大股东增持、设立证金公司、设立平准基金、限制股指期货做空功能、推广信贷资产证券化试点等措施)以缓解流动性危机在金融系统内的进一步蔓延。

7.4.2　指标数据的统计分析

从上述分析中可知,关于全球流动性的内涵界定尚未统一,目前用来衡量全球流动性的定量指标多达十几种,每种计量指标都有自己的适用范围。因此在具体研究中,要根据拟研究问题的特点,选择合适的定义和计量指标来进行相应的分析。综合各项计量指标的优缺点,BIS认为全球信贷总量是衡量全球流动性的核心指标。因此本书借鉴BIS的研究成果,以全球信贷总量指标来分析2000年以来全球流动性的变动趋势,特别是自美联储宣布逐步退出量化宽松政策后全球流动性的动态演变。

本节基于BIS关于全球信贷总量的统计数据(2000年一季度至2015年一季度的季度数据),深入描述全球信贷总量的动态演变和结构特征,并对其未来变动趋势进行简要刻画,以为国际和各国金融监管当局出台相关监管措施提供政策依据。BIS提供了国际银行信贷总量、银行信贷总额和全球信贷总量(以美元、欧元、日元三大主权货币衡量)三个衡量全球流动性的定量指标以及各自的年度百分比增长率,下文主要从这三个定量指标入手进行深入的探讨分析。

从图7.4.1中可以看出,自2000年一季度开始至2008年一季度,国际银行信贷整体上处于稳步扩张期，其在 2008 年一季度达到历史高峰 40.3 万亿美元。这段时间全球流动性逐步充裕，大宗商品价格攀升，主要国家资本市场迎来一波大牛市，世界经济整体增长速度较快。但始于 2008 年的全球金融危机给国际金融市场带来了严重冲击，彻底改变了国际银行信贷原有的增长轨道，其自 2008 年二季度开始呈现震荡下行态势。金融危机初期，恐慌情绪在全球蔓延，全球流动性迅速枯竭，表现为国际银行信贷总量锐减（2008 年一季度至 2009 年一季度），主要国家资本市场"牛去熊来"，并很快波及实体经济领域，直接导致各国经济增长速度放缓。为缓解实体经济发展面临的流动性约束，各主要国家纷纷出台空前规模的非常规刺激政策，在一定程度上缓解了全球流动性的快速枯竭。但这些非常规措施也带来了一些负面影响，导致全球流动性泛滥，各国资本市场价格暴涨，而实体经济复苏却不稳固。后金融危机时代西方主要发达国家继续推行量化宽松政策，为实体经济发展提供流动性支持，这表现在国际银行信贷总量呈现出无规律频繁波动状态。自 2014 年 10 月美联储开始退出量化宽松政策以来，国际银行信贷总量开始逐季下降，全球流动性开始逐步收紧，给新兴市场国家经济发展带来了严峻考验。从国际银行信贷总量构成角度看，对银行的债权始终占据着主体部分，约占六成，远远多于对非银行的债权。可见银行体系是提供全球流动性的主要渠道，对全球流动性有至关重要的影响。

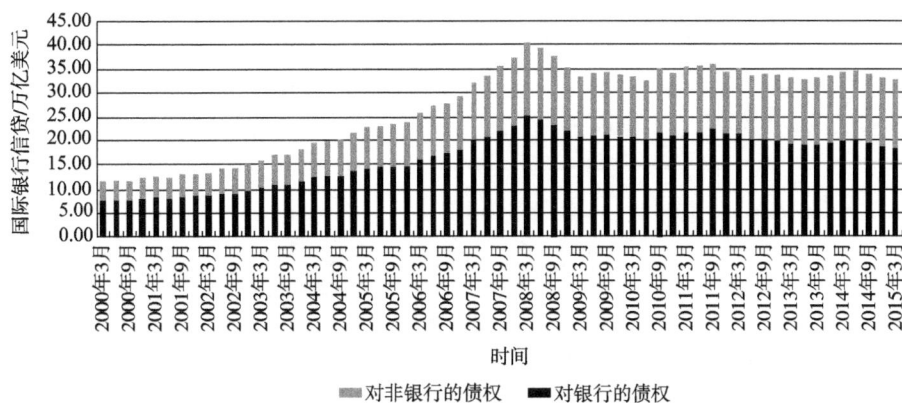

图 7.4.1　国际银行信贷构成

从图 7.4.2 中的国际银行信贷构成的年度百分比变动率角度看，2007 年之前国际银行信贷总体上维持稳步增长态势，其增长率缓慢上升，其中对非银行债权的年度百分比变动率在 2007 年四季度达到最高点 13.5%，对银行债权的年度百分比变动率在 2007 年三季度达到最高点 8.62%。但随后爆发的国际金融危机导致国际银行信贷的年度百分比变动率迅速走低，在短短一年左右其增长率便从高位转变为负，而且银行和非银行债权的年度百分比变动率在负值区域维持达一年多之久。之后虽然这两个比率都有所回升，但始终维持在 0 值附近频繁波动。此外，对非银行债权的年度百分比变动幅度远远大于对银行债权的年度百分比变动幅度，可见在流动性需求方面，非银行部门的顺周期性更为明显。

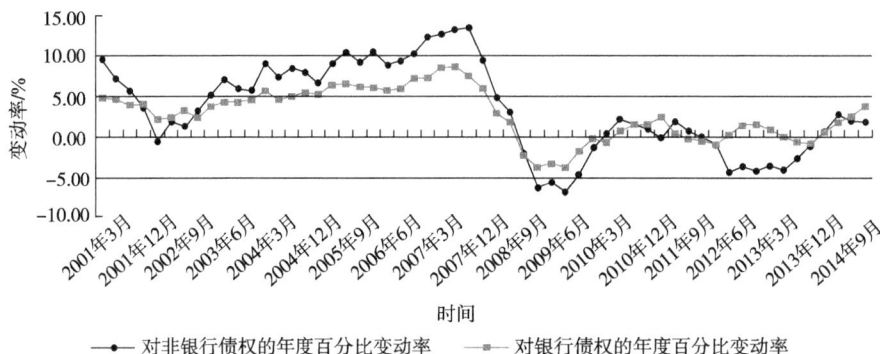

图 7.4.2　国际银行信贷构成的年度百分比变动率

由图 7.4.3 中可知，自 2000 年一季度以来全球银行信贷总额基本上保持稳步增长态势，可以预期这种增长势头会继续延续下去，并在不远的未来突破 100 万美元大关。但如果从银行信贷数额的具体变动幅度角度看，2007 年之前全球信贷总额的增长速度较快，2007 年之后全球信贷总额增速相对放缓，可见金融危机对银行信贷供给的影响较大。从银行信贷总额构成的角度看，本地信贷占据绝大部分份额，约为 90%。可见银行体系提供的流动性起初主要流向了本地，只有不足10%的比例直接形成了全球流动性。

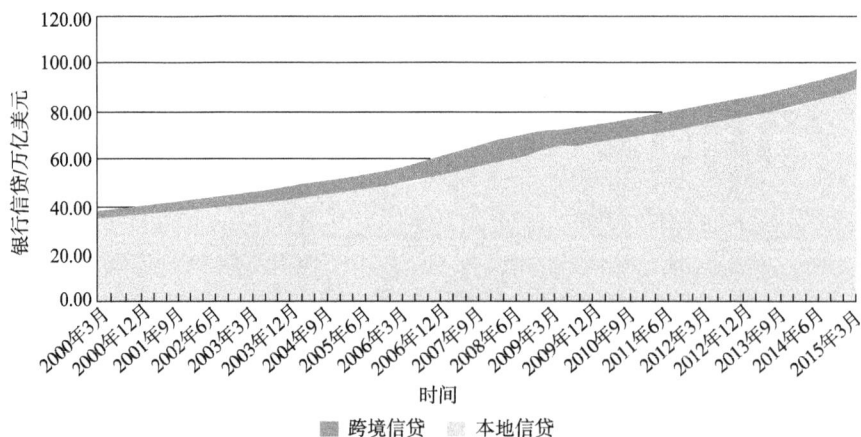

图 7.4.3　银行信贷总额构成

从图 7.4.4 中可以清晰地看出，金融危机对银行信贷增长率，特别是跨境信贷增长率的影响比较明显。本地信贷增长率在 2007 年四季度之前总体上保持平稳向上运行，之后则基本维持缓慢下行态势，2014 年第二季度到 2015 年第一季度这四个季度又开始基本往上运行。但综合来说，本地信贷增长率维持在 5%~10%上下波动。相比而言，跨境信贷增长率波动幅度较大：从 2001 年一季度的 13.89%增长到 2007 年二季度的最高点 24.21%，然后迅速下降到 2009 年一季度的最低点 −10.20%，之后沿着 0 值上下波动，2014 年第二季度到 2015 年第一季度又迅速攀升到 9.72%。跨境信贷增长率大幅波动表明，跨境信贷相比本地信贷的顺周期性更为明显，因而全球流动性的潜在风险相比本地流动性风险更大。

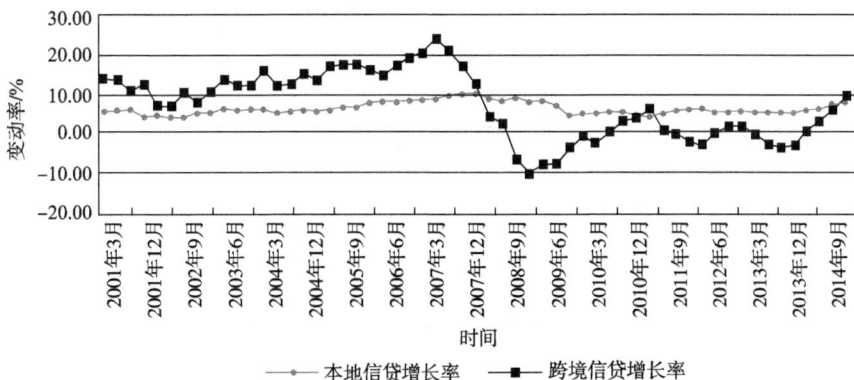

图 7.4.4　银行信贷年度百分比变动率

图 7.4.5~图 7.4.10 从主权货币（美元、欧元、日元）信贷总量及其增长率角度，描述了全球主要货币信贷增长情况。图 7.4.5 表明，作为全球最重要的储备货币，美元信贷（无论是对美国居民还是非美国居民）始终保持稳步增长态势。2015 年一季度美元信贷总量达 50.93 万亿美元，其中对美国非居民（非银行部门）的信贷供给达到创纪录的 9.64 万亿美元，表明美元信贷是全球流动性供给的主要来源之一。美元信贷构成中，对美国居民（非金融部门）的贷款是主体部分，远远超过对美国非居民（非银行部门）的信贷，但对美国非居民（非银行部门）信贷的平均增速较高。图 7.4.6 显示，对美国居民（非金融部门）的美元信贷增长率在金融危机前后变动较大，由 2004 四季度的 12.39%逐渐下降到 2009 年四季度的 2%左右，之后呈现缓慢上升态势，2015 年第一季度维持在 3.5%~4.5%平稳运行，表明美国实体经济对流动性的需求依然比较低迷，经济复苏基础仍不牢固。相比而言，对美国非居民（非银行部门）的美元信贷增长变动率较大，特别是金融危机期间表现得更为明显。其增长率在短短六个季度内，由 2007 年三季度的峰值 24.64%锐减至 2009 年一季度的−1.51%，2015 年第一季度基本围绕着 10%的中轴水平上下波动。可见，美元信贷提供的全球流动性同上述跨境信贷一样，其顺周

期性较明显，潜在流动性风险较大。

■ 对美国非居民（非银行部门）　　■ 对美国居民（非金融部门）

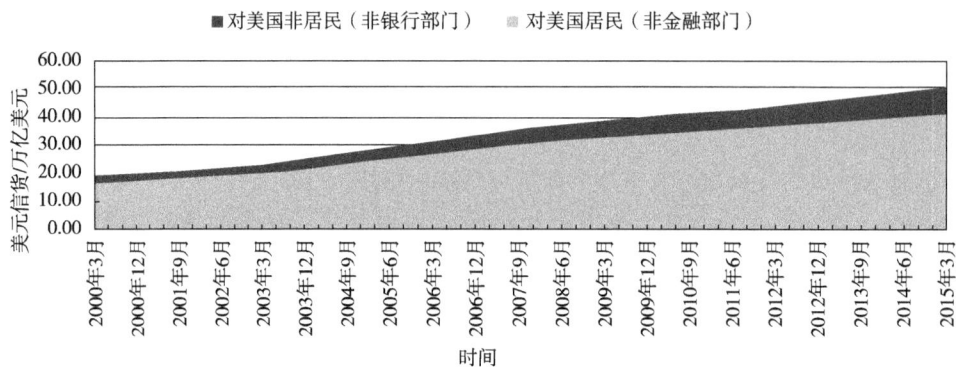

图 7.4.5　美元信贷构成

图 7.4.6　美元信贷年度百分比变动率

■ 对欧元区非居民（非银行部门）　　■ 对欧元区居民（非金融部门）

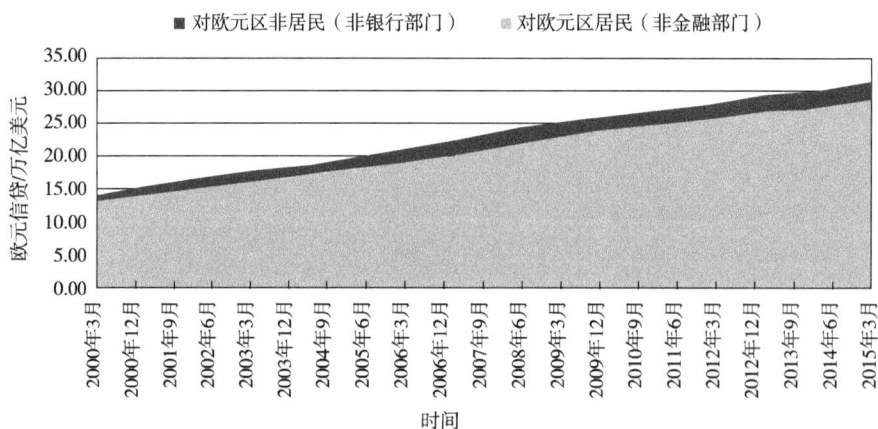

图 7.4.7　欧元信贷构成

图 7.4.7 显示，作为全球第二大储备货币，欧元信贷总体上也随时间而不断稳

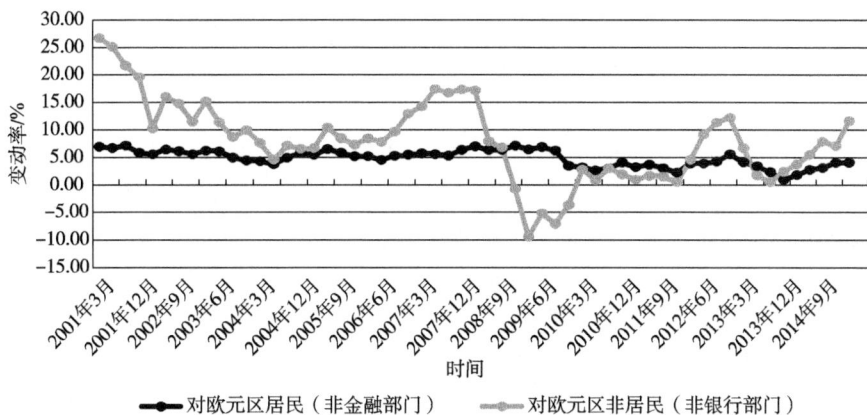

图 7.4.8　欧元信贷年度百分比变动率

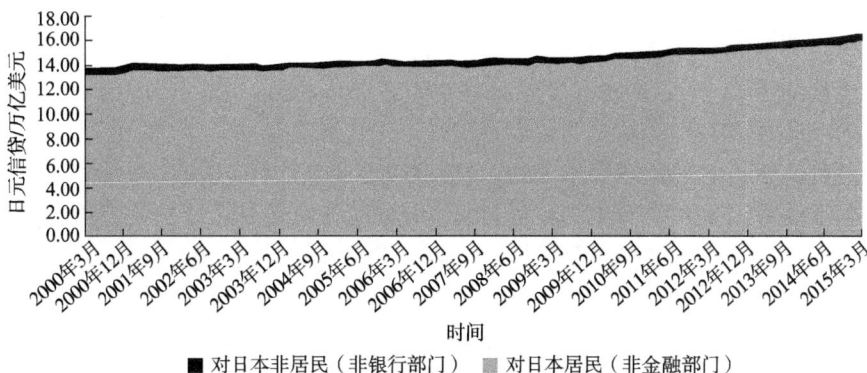

图 7.4.9　日元信贷构成

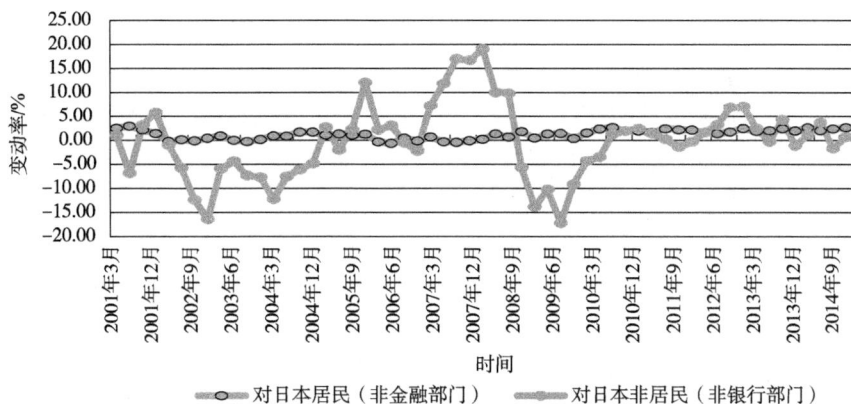

图 7.4.10　日元信贷年度百分比变动率

步上升。截至 2015 年一季度，欧元信贷总额达到 31.54 万亿美元，其中对欧元区居民（非金融部门）的信贷总额为 28.79 万亿美元，对欧元区非居民（非银行部门）的信贷总额为 2.75 万亿美元。可见对欧元区居民（非金融部门）的信贷是欧元信贷总量的主体部分，约占 2015 年一季度欧元信贷总额的 91.28%。虽然对欧元区非居民（非银行部门）的信贷总额占比较小，但其绝对量随着时间推移而不断增大，说明以欧元计价的全球流动性供给也在不断增加。图 7.4.8 比较分析了两部门信贷的年度百分比变动率，可以发现对欧元区居民（非金融部门）的信贷增速运行相对比较平稳，金融危机前后都维持在狭窄区间内运行。在后金融危机时代，其增长速度区间为 0~5%，幅度较小，说明欧元区实体经济的信贷需求依然比较脆弱。相比而言，对欧元区非居民（非银行部门）的信贷增速波动幅度较大，特别是金融危机期间的表现更为明显，体现出典型的顺周期性特征。

图 7.4.9 显示了全球第三大经济体日本的日元信贷供给情况。可以发现，与美元、欧元信贷一样，日元信贷供给总量总体上也呈现逐年上升态势，由 2000 年一季度的 13.94 万亿美元上升到 2015 年一季度的 16.73 万亿美元，其中对日本居民（非金融部门）和对日本非居民（非银行部门）的信贷总额分别为 16.22 万亿美元与 0.51 万亿美元。可见对日本非居民（非银行部门）的信贷占日元信贷总额的比例非常小，说明以日元计价的全球流动性供给相对有限，而且 2001~2015 年其绝对数额变化不大，这从侧面印证了"失去的 20 年"对日本经济的显著不利影响。图 7.4.10 显示对日本居民（非金融部门）的信贷增速几乎呈一条水平直线，非常平稳；而对日本非居民（非银行部门）的信贷增速则变化相对较大，金融危机期间的表现最明显，说明日元信贷的国外需求弹性比国内需求弹性相对更大。

上文从全球信贷总量的三个主要衡量指标角度分析了自 2000 年一季度以来全球流动性总量的发展趋势和变动特征，可以得出以下结论：①2001~2015 年，随着经济全球化和金融国际化浪潮的推进，以全球信贷总量衡量的全球流动性规模在不断增长，基本上满足了国际经济社会对全球流动性的需求。②全球流动性供给与需求的顺周期性非常明显。金融危机前后，全球流动性供给与需求呈现出截然不同的运行特征。金融危机爆发以前，全球流动性需求随着全球经济走势向好而不断膨胀，并进一步推动了全球经济的非理性繁荣；金融危机爆发之后，全球流动性需求锐减，虽然各主要国家出台了非正常措施刺激经济增长，但各国经济复苏进程依然任重而道远，对全球流动性的需求始终维持在较低增长水平。③从不同主权货币角度看，近期全球流动性供给呈现出不同的特点。随着美国逐渐退出量化宽松政策，以及美联储加息预期的升温，美元信贷提供的流动性正在慢慢减少；而欧元区和日本继续维持较低的基准利率，并运用非常规货币政策继续刺激经济增长，在一定程度上增加了全球流动性的供给规模。

7.4.3　全球流动性对中国外汇储备影响的实证研究

随着开放型经济的发展，中国经济与全球经济的内在联系日益紧密，已成为全球经济体系中不可或缺的重要组成部分。在中国经济融入世界的同时，中国金融市场也开始逐步融入国际金融市场，内外联动效应更加明显。金融危机后，西方主要发达国家相继推出并维持低利率量化宽松货币政策，导致全球流动性泛滥，对新兴市场国家的溢出效应表现非常明显。大量的廉价流动性通过贸易和投资等渠道涌入国际金融市场，是原油等大宗商品国际价格不断攀升的主要推动力，很多国家的资本市场价格指数纷纷创出新高。但随着 2014 年美联储宣布逐步退出量化宽松政策，全球流动性宽裕状况开始转变，国际资本纷纷撤出新兴市场国家，回流至美国，引发了一系列影响深远的连锁反应。特别是 2015 年以来，美联储加息预期不断升温，国际资本流动更加频繁，加剧了国际资本市场的动荡，给新兴市场国家经济发展带来很大的负面影响，巴西和俄罗斯等国家的经济增速下滑严重。中国作为新兴市场国家的主要代表，自然无法独善其身，深受全球流动性条件变动的影响。由于目前中国尚未实现资本项目下的完全可兑换，而且实行强制结售汇制度，所以各种外汇资产流入中国后会被强制转换成人民币，形成规模庞大的外汇占款。2005 年以来，外汇占款是中国基础货币供应的重要渠道，使中国人民银行的货币政策操作处于非常不利的被动境地。因此，全球流动性条件变化对中国流动性的影响主要体现在外汇储备数额的变动上，所以研究全球流动性对中国外汇储备的影响具有较大的现实意义。

变量选择和数据来源：全球流动性（global liquidity，GL）主要通过贸易、投资和短期资本流动等渠道对中国外汇储备产生影响。全球流动性主要表现为资本的跨境流动，因此本书选用跨境银行信贷额（GL）指标作为衡量全球流动性的代理变量，相关数据取自 BIS 数据库。贸易渠道和投资渠道分别表现为国际贸易差额变动与实际利用外资对中国外汇储备变化的影响，因此本节选取贸易差额（TRADE）和实际利用外资（AUFC）指标作为间接影响变量，选取外汇储备增量作为衡量外汇储备变动的反映变量，相关数据取自同花顺数据库。数据频率为季度数据，数据区间为 2000 年一季度至 2015 年一季度。

数据平稳性检验：本节选用 ADF 单位根检验方法，以 Akaike Info Criterion（AIC）标准对四个变量进行平稳性检验。结果显示跨境银行信贷额、实际利用外资额和外储增量三个变量经过一阶差分后都是平稳时间序列，外贸差额经过二阶差分后是平稳的。做特征根检验后发现，拟构建的 VAR 模型无特征根在圆外（图 7.4.11），因而 VAR 模型符合平稳性条件。

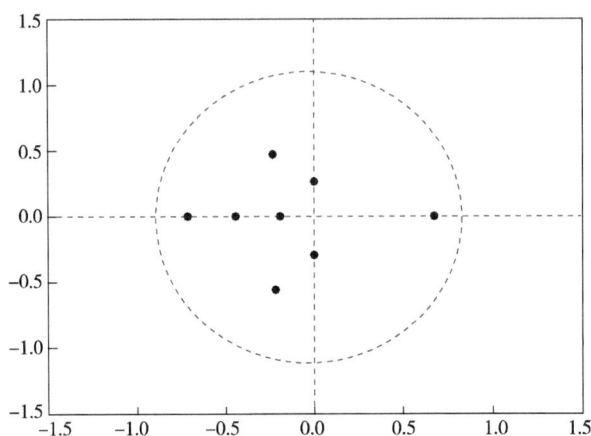

图 7.4.11　VAR 模型的特征根检验结果

　　对该 VAR 模型进行脉冲响应分析后（图 7.4.12）发现，以跨境银行信贷额反映的全球流动性对外汇储备增量的影响在第一期达到最大值 183.17，第二期便迅速递减至 0.23，第三期达到最小值-77.96，之后便逐渐收敛；贸易差额对外汇储备增量的影响在第一期达到最小值-123.42，第二期迅速收敛至-2.92，随后便正负波动并收敛；实际利用外资额对外汇储备增量的影响在第二期达到最大值 86.24，第三期达到最小值-127.70，随后其影响也逐渐减弱并收敛。可见，跨境银行信贷额、实际利用外资额和外贸差额对外汇储备额的影响具有一定的差别。

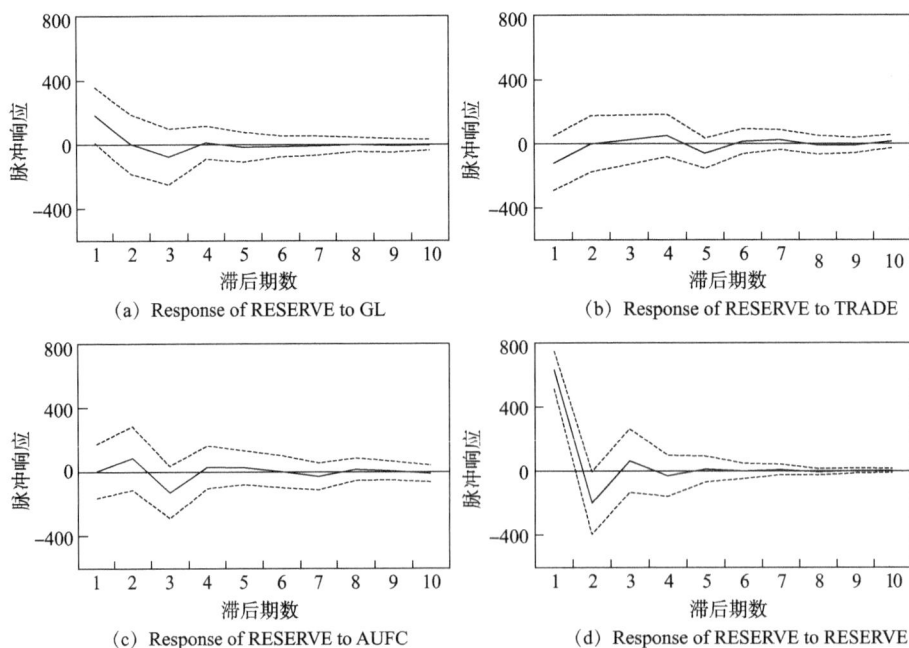

(a) Response of RESERVE to GL　　　　(b) Response of RESERVE to TRADE

(c) Response of RESERVE to AUFC　　　(d) Response of RESERVE to RESERVE

图 7.4.12　VAR 模型的脉冲响应结果

对该 VAR 模型进行方差分解后（图 7.4.13 和表 7.4.1）发现，以跨境银行信贷额反映的全球流动性对预测误差的贡献率维持在 7.5%左右，而实际利用外资额和外贸差额对预测误差的贡献率分别在 4%与 4.5%附近波动。可见在本节选取的影响外汇储备额变动的三个变量中，按重要性排列分别是跨境银行信贷额、外贸差额和实际利用外资额。

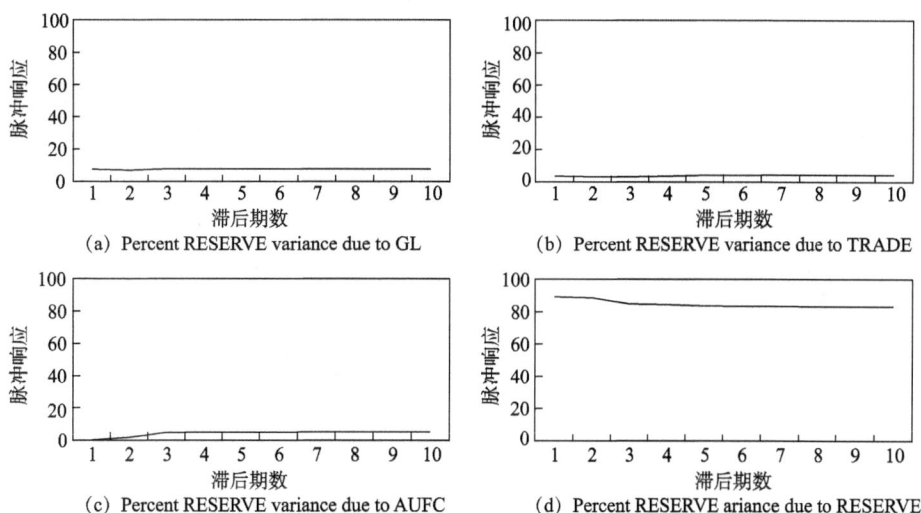

(a) Percent RESERVE variance due to GL　　　(b) Percent RESERVE variance due to TRADE

(c) Percent RESERVE variance due to AUFC　　(d) Percent RESERVE ariance due to RESERVE

图 7.4.13　VAR 模型的方差分解结果

表 7.4.1　VAR 模型的方差分解结果

时期	S.E.	GL	TRADE	AUFC	RESERVE
1	0.160 944	7.441 084	3.378 301	0.002 999	89.177 62
2	0.173 360	6.737 678	3.060 660	1.496 163	88.705 50
3	0.191 485	7.546 485	3.007 337	4.523 984	84.922 19
4	0.194 901	7.507 390	3.445 405	4.669 518	84.377 69
5	0.203 183	7.494 647	4.108 958	4.766 632	83.629 76
6	0.204 441	7.516 943	4.142 099	4.764 260	83.576 70
7	0.207 887	7.508 842	4.233 486	4.893 702	83.363 97
8	0.208 490	7.503 160	4.249 037	4.944 359	83.303 44
9	0.209 942	7.509 220	4.270 441	4.953 221	83.267 12
10	0.210 159	7.509 030	4.296 139	4.968 864	83.225 97

7.4.4　全球流动性监管的几点建议

后金融危机时代，国际金融市场联系日益紧密，国际资本流动更加频繁，全球流动性条件的变化对世界各国的影响越来越显著。在当前纷繁复杂的国际经济金融形势下，加强全球流动性的有效监控和管理是各国面临的必然选择。

第一，实行宏观审慎的国内经济政策。在传统微观审慎监管政策的基础上，强化宏观审慎监管。夯实各国实体经济基础，纠正国内经济失衡是抵御全球流动性冲击的第一道防线。各国政府管理当局应深刻吸取此轮金融危机的经验教训，着力发现并解决本国经济发展面临的实质性约束条件，缓解日益失衡的国际经济关系。世界经济再平衡的过程并不是一帆风顺的，而是充满了艰巨的挑战，特别是某些既得利益国家的阻挠，因此再平衡过程的实现需要强大的实力保证和合理的推进策略。发挥各国的比较优势，调整不合理产业结构和贸易结构是调节全球经济失衡的根本之策，因而可以把产业结构调整作为各国宏观经济调控的重中之重。在产业结构调整过程中，应充分发挥财政税收政策的调节导向作用，为产业结构调整营造有效的激励相容环境。在特殊时期，需要使用货币政策对冲和适当的资本流动管制来减轻全球流动性对国内经济的冲击，以为国内经济结构调整争取有利时间。

第二，强化对金融机构的日常监督管理。金融体系是全球流动性冲击传导扩散最重要的渠道，降低金融体系的顺周期性是应对全球流动性冲击的重要举措。各国应积极贯彻执行《巴塞尔资本协议》中关于金融机构提取逆周期资本缓释和留存资本缓释的要求，根据自身情况尽快提取规定比例的资本缓释。各国应强化对本国系统重要性银行的监管，增加对系统重要性银行额外资本、或有资本以及自救债务等的要求，解决其"大而不能倒"的道德风险问题。继续加强微观审慎监管，提升资本质量以提高其吸收风险损失的能力。继续突出资本充足率监管的重要性，提高资本充足率监管标准，即分别提高核心资本充足率、一级资本充足率和总资本充足率的具体比例要求。引入杠杆率指标监管以弥补资本充足率监管的不足，防止银行体系过度高杠杆操作和模型风险错误度量的发生。按照巴塞尔委员会 2009 年发布的《流动性风险计算方法、标准和监控的国际框架（征求意见稿）》的相关精神，引入流动性覆盖率、净稳定融资比率这两个核心指标以及合同期限错配、融资集中度等通用监测指标来识别分析金融机构面临的流动性风险状况。

第三，加强国际间、区域间金融监管合作。在应对 2007~2009 年金融危机过程中，国际金融监管合作达到前所未有的高度，提高了各国反危机政策的实施效果。今后应继续强化 G20 平台在国际政治经济协商中的重要作用，使其成为各国间分享交流政治、经济政策的代表性平台。加强各国中央银行间的货币金融合作，建立日常交流合作的体制机制安排，提高政策出台的透明度和可预期性。货币互换是国际金融协调合作的重大有益探索，也是后金融危机时代中央银行间货币合作的主要形式。自 2008 年金融危机爆发后，美联储首次与其他国家的中央银行签订货币互换协议，随后货币互换协议呈现出井喷现象，成为缓解金融危机期间全球流动性短缺的重要工具。中国是货币互换协议的积极参与者。2009 年以来，中国已与全球 30 多个国家或地区的中央银行签订了总额高达 3.11 万亿元的货币互换协议，成为人民币走向世界的重要渠道，对国际货币体系重构有深远影响。逐步使 IMF 承担全球流动性管理的"最后贷款人"职责，发挥 SDR 应有的作用。此外，应加强区域货币金融合作，继续发挥欧洲稳定基金、东亚清迈倡议下多边储备库在应对全球流动性冲击过程中的积极作用。

第四，突出中央银行在流动性监管中的核心作用。中央银行作为各国金融监管的最高当局，是货币发行的银行、银行的银行和政府的银行，在全球流动性管理中具有无法替代的重要作用。它不仅向全社会提供流动性，而且通过对货币供给总量的调节实现本币币值稳定和流动性的有效管理。巴塞尔金融监管合作框架下中央银行间的信息交流更加通畅，因而能够理解彼此的政策反应和关于经济发展前景的展望，并出台与国内金融、价格稳定目标相一致的政策措施。因此，中央银行有能力预测和解决全球流动性供应短缺或过剩问题。未来中央银行在流动性监控管理中，要正确处理数量型和价格型两种调控工具的关系，探索在利率均衡条件下使用数量型调控工具实现物价稳定目标，将利率调控工具和数量调控工具有效结合起来。中央银行应突破传统的流动性总量目标管理的局限，主动扩大流动性监管目标的范围，将监管目标转向包括中央银行的现金、超额准备金、中央银行票据和法定存款准备金在内的全社会负债。中央银行具有制定和执行货币政策的独特功能，因此加强中央银行监管与货币政策的协调非常必要，特别是中央银行在进行流动性调控时要充分考虑与宏观审慎货币政策的协调配合，以实现更好的宏观调控效果。

7.5　流动性监控体系构建的若干设想

流动性状况与金融系统的稳定息息相关，所以构建流动性冲击金融系统稳定的监控体系至关重要。经济全球化和金融国际化浪潮需要我们积极探讨建立完善的流动性监测和危机预警体系。特别是完善流动性的运作机制、监控机制、风险规避机制、流动性的储备和补偿机制。有效的监控体系可以准确预测流动性的未来变化情况，判断流动性冲击发生的概率，使金融监管当局更快地发现潜在的危机，在金融系统不稳定状态由于时滞仍未显现前，提早发现流动性状况的异常，及时遏制流动性冲击在金融系统内的传播。监控体系主要包括宏观审慎的流动性日常运作机制、监测预警机制、缓冲机制、应急机制和反馈机制，每一种机制在监控体系内相辅相成，都起着不可替代的重要作用。因此在未来金融体系监管过程中，我国应着手从以下五个机制方面入手，构建一个完整的流动性监控体系（图7.5.1）。

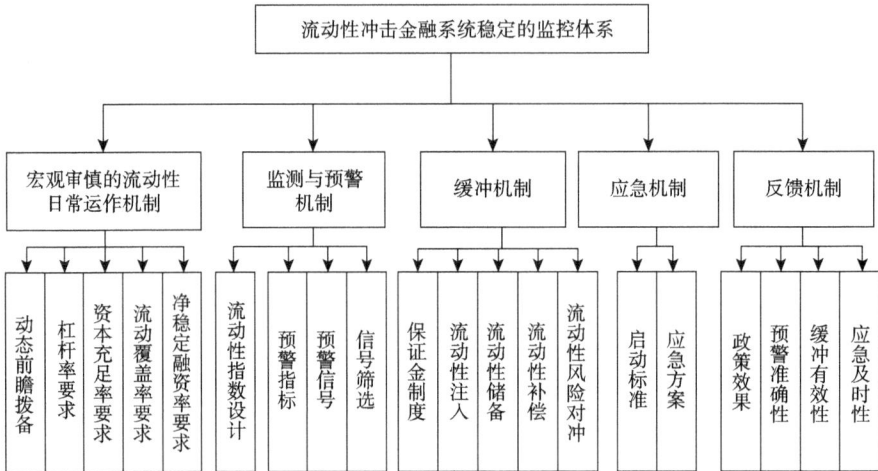

图 7.5.1　流动性冲击金融系统的监控体系构建

7.5.1　构建宏观审慎的流动性日常运作机制

自2007年次贷危机爆发以来，各国纷纷采取了一系列措施对本国金融监管体系进行改革和完善。无一例外，各国都将"宏观审慎"纳入监管体系，更加突出对系统性风险的监管和审慎性。巴塞尔协议Ⅲ中对于资本、流动性、杠杆率以及拨备覆盖率等监管指标的新要求都集中体现了各国目前加强宏观审慎监管的趋向。我国应基于巴塞尔协议Ⅲ的流动性要求，围绕流动性比例、存贷比以及核心负债依存度、流动性缺口率、客户存款集中度、流动性覆盖率和净稳定融资比率等多个流动性风险监管与监测指标，构建能够支持我国金融系统可持续发展的流动性日常运作机制。

7.5.2　构建流动性冲击金融系统稳定的多维监测预警体系

我国应密切结合巴塞尔协议Ⅲ对流动性管理的新要求和本国金融体系的宏微观基础、传导特征和流动性冲击的触发机制，构建能综合反映我国流动性状况的流动性指数，作为日常宏观流动性整体监测指标。然后结合不同的流动性层面，在同步性和及时性原则的基础上采用主成分分析、统计回归分析等方法构建多维流动性冲击预警指标体系，并利用以往流动性危机时期的数据对指标体系进行拟合，对预警信号的有效性和准确性进行判别。

7.5.3　流动性冲击金融系统稳定的缓冲机制设计

缓冲机制在应对流动性冲击金融系统稳定的监控体系中起着十分重要的作用。当流动性过剩或不足超过安全临界发生流动性冲击时，如果金融系统内存在缓冲机制，就能通过反向注入流动性或抽离流动性，减小流动性变化幅度，减缓变化的速度，以减弱流动性对金融系统冲击的力度，延后危机的爆发，为政策效果得以展现争取时间，甚至可以自动化解流动性危机。所以，一个良好的缓冲机制可以弥补预警体系的缺陷，为金融监管当局争取更多的时间，对控制流动性变化，减缓流动性冲击具有不容忽视的作用。中国应重点结合保证金制度建设、流动性储备和注入、中国人民银行救助计划等制度安排设计应对流动性冲击的缓冲机制。

7.5.4　流动性冲击金融系统稳定的应急机制设计

当预警机制和缓冲机制失效时，说明流动性冲击的力度较大，或者不同于一般的冲击路径，这时为了使金融系统不至于顷刻崩溃，就需要采用应急处理方案。对应急机制的设计首先要明确什么时候，或者什么情况出现时应启动应急机制；然后才是应急方案的设计。一般认为，应急措施是最后、最严厉的一道防线，当金融系统受到流动性冲击的情况不是十分严重或有其他解决方法时，都不宜启动应急机制。应急措施是和当前市场流动性状况完全相反的一种强行逆转措施，或者是违背市场自然规律的措施，所以当采取应急方案时，对政策力度的把握一定要适当，过度的政策力度会导致市场流动性状况向另一个极端发展，甚至比当前状况更糟。所以应设计一个适合我国金融系统流动性特征的易控、较温和、又有效的应急机制。

7.5.5　流动性冲击金融系统稳定的反馈机制设计

在金融监管当局根据预警机制，对预期产生流动性冲击或已出现的流动性危机实施了一定的金融监管政策后，不管是宏观金融运行还是微观金融机构的经营管理都会产生一些必然的反馈，反映基于评价体系监管政策实施的及时性、必要性和准确性等。这种反馈将使金融监管当局通过对这种反馈的评价来进一步完善预警机制和评价体系，改善监管政策。流动性冲击金融系统稳定的反馈回路是指金融监管当局如何通过监管效果反馈来改进评价体系，以提高流动性调控的效率，维持金融系统稳定。具体设计思路如下：监管当局根据评价体系中的预警机制预测未来系统流动性的变动情况，针对预测结果采取政策措施，同时确定该措施实施后的预期效果，然后通过对基于预警机制采取的金融监管效果进行反馈，得到预警机制实际效果的信息，运用一定的相关标准，对实际效果和标准进行比较，确定偏差并分析其产生的原因。最后对预警模型进行调整和修正，不断完善评价体系，以更好地维持金融稳定（图 7.5.2）。

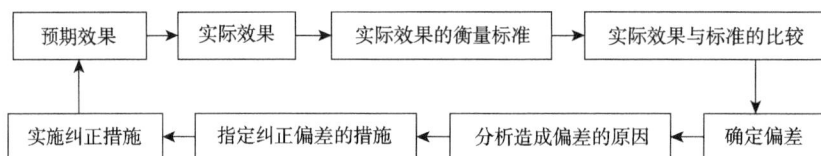

图 7.5.2　流动性冲击金融系统的反馈机制

7.6　本章小结

首先，本章通过总结系列巴塞尔资本协议的历史演变，梳理了系列巴塞尔协议产生的背景和主要内容；简述了流动性风险监管的进程演变，可以分为只重视资产流动性、资产和负债流动性并重和初步形成与发展完善三个主要阶段；同时，介绍了巴塞尔协议Ⅲ下流动性风险监管指标体系的构建，主要涵盖两个定量指标（流动性覆盖比率和净稳定融资比例）和五个监测工具（合理期限错配、融资集中度、可用的无变现障碍资产、以其他重要货币计算的流动性覆盖比率和与市场有关的监测工具）。

其次，本章还介绍了流动性风险压力测试方面的相关内容，包括压力测试产生的背景、相关理论，以中国建设银行为例对中国商业银行流动性风险进行了压力测试分析。研究表明在不同压力情景下，中国建设银行面临的流动性风险出现较大变化，其中在设定的重度压力情景下，中国建设银行的流动性水平大幅下降58.51%，面临着巨大的流动性风险。为应对可能存在的流动性风险，中国需要做到保持国民经济的中高速增长、加快形成市场化的利率决定机制、强化资产负债管理和完善风险监管体系、加快金融市场发展和金融创新。

再次，基于复杂网络理论研究了银行间市场流动性风险的传染机制，通过构建理论模型和数值仿真得出如下结论：银行间的关联性、感染的延迟时间和银行网络的结构特征都会对银行间流动性风险传染的概率、速度和范围产生显著影响，银行关联性越强，越容易感染流动性风险；延长感染延迟时间可以减小流动性风险传染的概率、速度和范围；银行网络越密集，即平均度越大，越有利于流动性风险在银行间传染；在研究被流动性风险感染的银行数量时应该兼顾银行间网络参数和延迟时间对其的综合影响。

7.4 节结合 2007~2009 年金融危机中出现的流动性危机，对危机前后全球流动性变化特征进行了简要刻画分析，并以我国外汇储备变动为视角，分析了全球流动性变化对我国外汇储备的影响。在当前纷繁复杂的国际经济金融形势下，为加强全球流动性的有效监控和管理，需要实行宏观审慎的国内经济政策、强化对金融机构的日常监督管理、加强国际间及区域间金融监管合作和突出中央银行在流动性监管中的核心作用。

最后，本章针对上述研究结论提出了关于流动性冲击金融系统稳定监控的几点设想。在未来金融体系监管过程中，我国应着手从宏观审慎的流动性日常运作机制、流动性冲击金融系统稳定的多维监测预警体系、缓冲机制设计、应急机制设计和反馈机制设计五个方面入手，构建一个完整的流动性监控体系。

第8章　研究结论与政策建议

　　流动性伴随金融业的发展逐渐成为左右金融系统稳定的关键因素之一，在当今金融全球化程度越来越高的开放性国际大环境下，与流动性和金融系统稳定相关的问题俨然已成为世界各国政府和国际组织关注的焦点。

8.1　主要结论

　　本书首先对流动性与金融稳定的界定和度量进行了仔细的探讨，针对全球化条件下流动性冲击金融系统稳定的现实表现进行了深入分析；其次，基于金融系统稳定对流动性的时变特性进行了状态转换机制及变点检测研究；再次，对流动性冲击金融系统稳定的传导扩散机制以及动态效应进行了详细的剖析；最后，解决流动性冲击金融体系稳定监控体系的构建问题。主要研究结论如下：

　　（1）利用 M1/M2 和新增贷款量分别测度市场流动性与信贷流动性，通过卡尔曼滤波对历史数据进行周期趋势分解，发现货币流动性周期变化是流动性冲击金融系统稳定的内在原因之一；结合 2007 年美国次贷危机和 2010 年欧洲主权债务危机进行案例分析发现，流动性过剩到流动性短缺的状态转换已经成为冲击金融系统稳定的重要驱动力；从行为金融学视角出发，从对我国股票市场中投资者情绪、卖空约束与市场流动性之间内在联系的研究可以看出，投资者情绪对市场流动性具有正向影响，投资者在面临新的消息面时，更多的情形表现为认知不足，在投资者信息认知不足的市场，市场允许套利交易的程度越大，投资者情绪对市场流动性的正向影响越小；通过将投资者区分为机构与个人投资者、理性与非理性投资者，构建一个包含信息冲击、投资者交易行为、市场波动、市场流动性的影响关系模型，发现市场上私人信息、公开宏观信息的冲击以及机构投资者接受新信息后的交易行为都增强了市场的流动性溢价效应，而且信息冲击的效应具有不对称性。

　　（2）鉴于以往流动性度量指标的不全面性，在货币流动性、融资流动性和市场流动性三个维度的基础上，结合 DCC-MVGARCH 模型和熵值法，构建了一类多维度流动性的集成度量方法，运用所构建模型测度金融系统的总体流动性具有明显的两阶段特征；基于流动性视角的分析表明，融资流动性、资产流动性和货币流动性的严重失衡是导致欧美主权债务危机迅速传染扩散的主要驱动力；通过构建 AR-MS-GARCH 模型分析了市场流动性的状态转换机制，设计了一类新的突变点检测指标，表明市场流动性存在明显的"低—高"波动状态交替转换特征；基于 MS-TVTP 模型（即 VNS 三区制变量扩展模型），构建了包含投资者过度自信和市场流动性的中国股市泡沫动态演化机制模型进行实证，表明投资者过度自信的增加会增大泡沫从潜伏区制到膨胀区制的概率，市场流动性的负向变化会增加泡沫从膨胀区制到破裂区制的可能性；通过非传统 Granger 因果检验和 MS-VAR模型分析了货币政策对股指期货市场流动性的非线性传导效应，发现货币供应量、利率和股指期货市场流动性之间参数的短期稳定性较弱，长期稳定性较强，M2 和利率对股指期货市场流动性的引导关系在 2015 年 9 月之后发生了结构性变化，流动性系统存在明显的区制效应，货币政策冲击对股指期货市场流动性的影响方向、影响程度和衰减速度在不同区制下都存在显著差异。

（3）流动性周期变动是导致流动性冲击金融系统稳定的主要诱因之一，不同流动性冲击对金融系统稳定的动态溢出效应并不相同：股票市场流动性、基金市场流动性及货币流动性冲击在 1 期后对金融系统稳定均为正向溢出，债券市场流动性和国债流动性的溢出效应出现由正转负的现象，银行间市场流动性则为先负后正的溢出效应；流动性周期变化领先于金融周期变化，流动性冲击通过周期联动效应影响金融系统稳定；流动性冲击的乘数效应取决于存款准备金率、存款利率、贷款利率、违约概率、抵押物变现比率等因素；国家间流动性溢出存在结构性变点，不同国家对于金融危机反映的时效性也不同。

（4）总结了巴塞尔协议中流动性监管的历史演变，重点介绍了巴塞尔协议Ⅲ下流动性风险监管指标体系的构建；以中国建设银行为例对中国商业银行流动性风险进行了压力测试分析；基于银行间市场的复杂网络理论研究了流动性风险的传染机制，并通过数值模拟分析了网络结构参数对风险传染效应的影响；结合 2007~2009 年金融危机中出现的流动性危机，对危机前后全球流动性变化特征进行了深入分析，并以中国外汇储备变动为视角，分析了全球流动性变化对中国外汇储备的影响；最后，本书提出中国应该建立包括宏观审慎的流动性日常运作机制、流动性冲击金融系统稳定的多维监测预警体系、缓冲机制设计、应急机制设计和反馈机制设计五个方面流动性监控体系的设想。

8.2　政策建议

从研究结论来看，流动性冲击与金融系统稳定息息相关，流动性冲击确实会通过不同的传导渠道和效应破坏金融系统的稳定性，不同国家、不同流动性层次之间的联动效应不仅会对一国经济和金融体系造成危机，甚至会影响全球金融系统的稳定运行。因此，本书就中国的实际国情和现实状况，在上述研究成果基础上，提出了一些针对性的政策建议。

（1）针对不同时期三种维度的流动性之间形成了不同联动关系，我们既要关注单个维度流动性的状态变化和它们之间的动态关联，也要从整个金融系统角度分析总体流动性的演变及其与货币政策的关系。为了减小或消除不同维度流动性之间动态关联作用所引发的流动性螺旋造成的负面冲击，从而更有效地防范金融风险，尤其是流动性风险对金融系统稳定的不利影响，我们应该区别对待不同时期和不同市场中融资流动性与市场流动性的关系。危机前后两类流动性的相关性发生了结构性改变，为防止危机进一步扩大，政府的首要任务就是立刻向资本市场输血，制定宽松的货币政策缓解融资流动性问题，避免出现整个市场流动性骤然消失的局面进而引发流动性陷阱。同时，为银行间贷款提供担保，消除银行体系的崩溃情绪，降低利率以减少融资成本，缓释融资流动性风险。另外，从次贷危机事件可以发现，资产支持票据市场和信贷违约市场的融资流动性与市场流动性的相关性较强，而银行系统流动性与市场流动性的相关性较弱，金融监管部门应该从多层次视角重视融资流动性与市场流动性的关系，重点监控 ABCP 市场和CDS 市场的流动性状态变化情况，提高资本要求，及时缓释风险，避免融资流动性风险向其他金融市场进一步传导和扩散。虽然目前我国的融资流动性仍由银行体系主导，金融衍生品规模和市场尚未完善，但随着金融开放程度的不断提高，衍生品规模的扩大和品种的丰富势必会成为未来的一大趋势，监管部门更应该提早预防，在全面了解和认识各类金融市场融资渠道的基础上，制定相应的政策法规，形成一套完整、严格和有效的流动性监控体系，应对金融体系的快速发展。

（2）中国人民银行严格控制货币供应量，时刻关注资产价格变动情况。一方面，货币供应量（M0、M1、M2）是反映国家经济运行和市场整体流动性状况的宏观类指标，货币供应量存量及增量的异常波动均会影响经济和金融系统的正常发展。例如，M1 上涨过快，表明市场存在需求过剩导致的商品和劳动力价格上涨，商品市场和劳务市场存在流动性过剩风险；若 M2 在较长一段时间内保持较快的增长速度，则很可能预示着整个市场出现流动性过剩，经济面临通货膨胀压力；而如果在 M1 和 M2 都高速增长的同时，市场上 M0 增速却十分缓慢，甚至保持不变或下降，则预示着此时流动性很可能已经失衡，没有相应的 M0 支持的 M1 和 M2，任何一个微小的突发事件或者短暂的信用中断都可能导致整个信用经济体系的崩溃和金融系统的动荡。因此，对货币供应量存量及其增量的控制需格外重视。目前国家每月均会统计和公布当月货币供应量的变动情况，中央银行应根据数据反映情况及时把握市场流动性变动方向，采取适当的、宽松或紧缩的货币政策，将由货币供应量异常引发的流动性冲击降至最低。另一方面，市场流动性异常会直接或间接反映在资产价格上，主要是房价和股价。股票市场相对于房地产市场属于资金间接匹配，具有更高的流动性，信息也更加透明，因而敏感性较高。当市场流动性出现或者即将出现波动时，股票市场往往会最先表现出股价大幅上涨或下跌的异常现象。而房地产是特殊的直接投资形式，不仅具有固定资产和金融资产双重属性，而且与金融行业高度关联，房地产市场价格的大幅波动会通过信贷、理财产品等引起金融系统流动性异常。因此，中央银行应当时刻关注资产价格波动，分析引起资产价格变动的根本原因和传导机制，提前预知流动性冲击的发展趋势，采取前瞻性的货币政策缓解或减轻流动性失衡带来的负面动态效应。但由于货币政策效果的滞后性，中央银行在采取货币政策的同时还应当辅以窗口指导、谈话等其他更有针对性的政策，这样才能最高效地避免由资产价格波动引发的流动性冲击。

（3）中国银监会、中国证券监督管理委员会（简称中国证监会）和中国保险监督管理委员会（简称中国保监会）密切监控并及时规范银行及影子银行体系的业务开展。随着中国金融国际化程度的逐步提高，越来越多创新性业务将进入中国市场。在此大背景下，银行、证券、保险、信托、基金等金融机构纷纷利用自身的资源和行业优势大量开展规避监管的新型业务。例如，银行通过银信合作、银证合作等渠道将表内业务表外化，而传统的金融监管无法规范和探悉该领域的风险敞口，因而如此规避监管的做法给金融系统稳定埋下了巨大隐患，导致流动性风险在系统内被过度放大。2010 年 7 月初，中国银监会叫停银信合作类业务，8 月初中国银监会正式下发了《关于规范银信理财合作业务有关事项的通知》，虽然解除了银信合作禁令，但大部分基本业务仍然无法开展；2011 年下半年，银信合作票据类产品也被叫停。由于银信合作类业务的严厉监管，银行转向与券商合作，从 2012 年开始银证合作类产品呈现出爆发式的增长，资管迅速抢下信托一大块市场。在此市场形势下，银证合作叫停趋势也愈演愈烈。但是如此一头开、一头堵的监管方式并不能有效、及时地对风险加以制止和防范。一方面，监管政策的滞后性导致流动性等风险已在金融系统内产生；另一方面，盲目叫停会阻碍金融创新和金融体系的发展，因而传统的监管模式不再适用于迅速发展变化的金融行业。中国银监会、中国证监会和中国保监会不仅应当站在管理者的角度密切监控金融机构业务开展状况，及时出台相关法律法规规范创新类业务，同时应当站在从业者的角度，审视市场需求，分渠道、分形式提前缓解或者一步步满足需求，引导市场需求的合理走向。对于创新类业务，采取试点、高门槛和逐步开放的方法，将业务慢慢引入中国，逐步规范中国金融行业，完善中国金融系统。

（4）政府和监管部门正确引导投资者预期。合理引导市场投资者情绪，形成市场理性预期；优化市场交易环境，提高市场信息效率；增强市场交易容量，吸引更多投资者进入市场；构建有效的市场套利机制，实现市场流动性的自我调整。不论是美国次贷危机还是欧洲主权债务危机，投资者预期在流动性风险和危机传播和扩散中都起到了引导的作用。随着我国金融市场的不断开放和信用经济体系的逐步完善，投资者的理性预期能力将逐渐增强，并成为促进或制约中国金融系统发展的决定性因素之一。但是由于投资者预期难以预料，尽管政府和监管部门意在调节市场流动性，维护金融系统稳定，但单纯的货币政策或财政政策效果仍然有限。目前中国正处于结构性改革、经济转轨的多变时期，若监管部门下达的政策时机延误，或者态度不明，则会给投资造成错误的预期，从而错误地改变其消费和投资选择，最终造成金融和经济走向偏离预期。因此，在正确引导投资者预期上，政府应当有意识地提供和发布政策预期信息，合理利用其权威性引导舆论导向，对市场上的信息内容、信息影响力度、信息源头、信息传播渠道等进行调查和控制，准确披露每一则法令，让投资者及时掌握政府态度和意向，形成正确的投资者预期。同时，政府和监管部门在颁布政策时也应该考虑市场反应，太过激烈的政策都可能造成市场预期大逆转，导致流动性突然枯竭等严重后果。因此，政策颁布应建立在市场逐步理解监管者目的，形成正确的预期上，这样才能使政策效果得以保障而不至于对金融系统稳定造成反向危机。

（5）建立并完善流动性冲击及其对金融系统稳定动态效应的监控体系。金融系统内流动性处于不断变化中，有效的监控体系不仅可以及时了解市场流动性的当前状态，而且能够准确预测未来流动性的变动方向，判断流动性冲击的发生概率，在金融系统稳定性由于时滞暂未显现前，提早发现流动性异常，及时遏制流动性冲击的传导路径，即使当金融系统稳定已产生影响，也能尽快将流动性冲击的动态效应维持在可控范围内，阻断动态效应的关联和扩散机制。中国金融市场正处于"新兴+转轨"和金融改革的关键时期，监管部门应该密切关注市场流动性的状态变化，尤其是市场流动性演变的突变点，及时采取温和长效的政策措施，合理引导市场预期，避免市场流动性在强弱之间发生突然逆转，提高资源配置和市场交易的效率，减少市场流动性因状态转换所引发的系统性冲击，从而更好地维护金融系统的稳定和发展。因此，监管部门应建立起完整的流动性冲击及其对金融系统稳定动态效应的监控体系，包括宏观审慎的流动性日常运作机制、监测预警机制、缓冲机制、应急机制和反馈机制等部分。对于流动性的日常监控和预警，可以在巴塞尔协议Ⅲ的指导下围绕流动性覆盖率、净稳定融资比率、流动比率、存贷及核心负债依存度、流动性缺口率等多个流动性指标入手，建立前期、中期和后期的管理与预警系统。对于流动性冲击的缓冲和应急机制，则应在完善保证金制度的基础上，拓展中国保险市场，丰富保险形式和产品，同时储备充足流动性，必要时及时实施中国银行救助计划。而反馈机制的建立则有利于监管部门不断反思政策的准确性、及时性和必要性，对每次监控结果的有效性、政策实施时间、政策力度和市场反响等进行记录，不断修改并完善监控体系，以便更快、更好地提高流动性调控效率。

参 考 文 献

巴曙松，王茜.2010. 国际银行业流动性监管现状及述评[J]. 资本市场，（11）：60-64.

巴曙松，朱元倩.2010. 压力测试在银行风险管理中的应用[J]. 经济学家，（2）：70-79.

巴曙松，朱元倩.2011. 巴塞尔资本协议Ⅲ研究[M]. 北京：中国金融出版社.

鲍勤，孙艳霞.2014. 网络视角下的金融结构与金融风险传染[J]. 系统工程理论与实践，34（9）：2202-2211.

北京大学中国经济研究中心宏观组.2008. 流动性的度量及其与资产价格的关系[J]. 金融研究，（9）：44-55.

卜永祥.1999. 我国货币流动性的周期变动及其成因[J]. 金融研究，（8）：27-33.

才静涵，夏乐.2011. 卖空制度、流动性与信息不对称问题研究——香港市场的个案[J]. 管理科学学报，14（2）：71-85.

蔡庆丰，杨侃，林剑波.2011. 羊群行为的叠加及其市场影响——基于证券分析师与机构投资者行为的实证研究[J]. 中国工业经济，（12）：111-121.

昌忠泽.2010. 流动性冲击、货币政策失误与金融危机——对美国金融危机的反思[J]. 金融研究，（7）：18-34.

陈国进，颜城.2013. 中国股市泡沫的三区制特征识别[J]. 系统工程和理论实践，（1）：25-33.

陈海强，张传海.2015. 股指期货交易会降低股市跳跃风险吗？[J]. 经济研究，（1）：153-167.

陈君兰，谢赤，曾志坚.2010. 证券市场间信息传递效应实证研究——兼论金融危机的影响[J]. 管理科学学报，13（11）：112-120.

陈庭强，何建敏.2014. 基于复杂网络的信用风险传染模型研究[J]. 软科学，28（2）：111-117.

陈筱彦，魏巍，许勤.2010. 流动性与金融危机[J]. 同济大学学报（社会科学版），21（1）：105-112.

邓超，陈学军.2014. 基于复杂网络的金融传染风险模型研究[J]. 中国管理科学，22（11）：11-18.

邓晶，曹诗男，潘焕学，等.2013. 基于银行间市场网络的系统性风险传染研究[J]. 复杂系统与复杂科学，10（4）：76-85.

范玉良.2014. 期货市场流动性、波动性相互影响的实证研究[J]. 广东财经大学学报，（1）：44-52.

范志勇.2008. 中国通货膨胀是工资成本推动型吗？——基于超额工资增长率的实证研究[J]. 经济研究，（8）：102-112.

方舟，倪玉娟，庄金良.2011. 货币政策冲击对股票市场流动性的影响——基于 Markov 区制转换 VAR 模型的实证研究[J]. 金融研究，7：43-56.

高海红.2012. 全球流动性风险和对策[J]. 国际经济评论，（2）：28-41.

高伟栋，尤宏业.2011. 流动性现状与前瞻[R]. 宏观经济研究报告.

宫艳.2007. 国际短期资本流动与我国商业银行体系的稳定性研究[J]. 金融纵横，（21）：35-37.

古志辉，郝项超，张永杰.2011.卖空约束、投资者行为和 A 股市场的定价泡沫[J]. 金融研究，（2）：129-148.

郭红兵，杜金岷.2014. 中国金融稳定状况指数的构建[J]. 数量经济技术经济研究，（5）：100-117.

郭世泽，陆哲明.2012. 复杂网络基础理论[M]. 北京：科学出版社.

郭永济，李伯钧，金雯雯.2014. 时变框架下中国货币流动性的影响研究：1992—2012[J]. 当代经济科学，36（1）：1-11.

韩国文，杨威. 2008. 股票流动性风险测度模型的构建与实证分析[J]. 中国管理科学，16（2）：1-6.

何诚颖，刘林，徐向阳，等.2013. 外汇市场干预、汇率变动与股票价格波动——基于投资者异质性的理论模型与实证研究[J]. 经济研究，（10）：29-42.

何建敏，李守伟，周伟.2012. 金融市场中传染风险建模与分析[M]. 北京：科学出版社.

胡庆康.2014. 现代货币银行学教程[M]. 第五版. 上海：复旦大学出版社.

黄俊辉，王浣尘.2004. 中国股市流动性、波动性和交易特征的实证研究[J]. 上海交通大学学报，38（3）：330-334.

霍德明，刘思甸.2009. 中国宏观金融稳定性指标体系研究[J]. 山西财经大学学报，31（10）：15-21.

霍晓冉，王振耀.2011. 巴塞尔协议的演变历程梳理[J]. 财政金融，（12）：41-42.

江孝感，万蔚.2009. 马尔科夫状态转换 GARCH 模型的波动持续性研究——对估计方法的探讨[J]. 数理统计与管理，28（4）：637-645.

蒋志平，田益祥，杜学锋.2014. 中国与欧美金融市场间传染效应的动态演变——基于欧债危机与次贷危机的比较分析[J]. 管理评论，8：63-73.

金雪军，周建锋.2014. 投资者关注度与市场收益间动态关系研究——基于 Bootstrap 的滚动窗口方法[J]. 浙江大学学报（人文社会科学版），44（6）：98-111.

金中夏.2011. 全球流动性管理与中央银行的作用[J]. 国际经济评论，（6）：38-48.

孔东民，孔高文，刘莎莎.2015. 机构投资者、流动性与信息效率[J]. 管理科学学报，18（3）：1-15.

李爱忠，任若恩，董纪昌.2013. 基于集成预测的均值-方差-熵的模糊组合选择[J]. 系统工程理论与实践，33（5）：1116-1125.

李斌.2010. 从流动性过剩（不足）到结构性通胀（通缩）[J]. 金融研究，（4）：50-63.

李科，徐龙炳，朱伟骅.2014. 卖空限制与股票错误定价——融资融券制度的证据[J]. 经济研究，（10）：165-178.

李培功，沈艺峰.2010. 媒体的公司治理作用：中国的经验证据[J]. 经济研究，（4）：14-27.

李守伟，何建敏，庄亚明，等.2011. 基于复杂网络的银行同业拆借市场稳定性研究[J]. 管理工程学报，25（2）：195-199.

李小平，冯芸，吴冲锋.2012. 金融危机前后的汇率波动特征[J]. 管理科学学报，15（4）：40-49.

李心丹，王冀宁，傅浩. 2002. 中国个体证券投资者交易行为的实证研究[J]. 经济研究，（11）：54-63.

李占风，陈妤.2010. 我国货币流动性与通货膨胀的定量研究——基于时变参数模型的实证[J]. 数量经济技术经济研究，（8）：129-138.

李正辉，闫瑾，许涤龙.2010. 宏观金融运行稳定性监测的实证研究[J]. 统计与决策，（11）：95-100.

郦金梁，雷曜，李树憬.2012. 市场深度、流动性和波动率——沪深 300 股票指数期货启动对现货市场的影响[J]. 金融研究，（6）：124-138.

刘东民.2011. 后危机时代的流动性过剩与全球流动性管理[J]. 国际经济评论，（5）：152-160.

刘锋.2012. 我国证券市场流动性溢出效应的实证研究[J]. 技术经济与管理研究，（6）：110-113.

刘海龙，吴冲锋.2003. 金融市场微观结构理论综述[J]. 金融研究，15（4）：41-44.

刘维奇，刘新新.2014.个人和机构投资者情绪与股票收益——基于上证 A 股市场的研究[J]. 管理科学学报，17（3）：70-87.

刘喜和.2010. 美元流动性周期及其溢出属性研究[J]. 金融理论与实践，（11）：45-48.

刘向丽，常云博.2015.中国沪深300股指期货风险度量——基于流动性调整的收益率方法的研究[J].系统工程理论与实践，35（7）：1760-1769.

刘晓星，方磊.2012.金融压力指数构建及其有效性检验——基于中国数据的实证分析[J].管理工程学报，26（3）：1-6.

刘晓星，方琳.2015.货币流动性周期与物价波动：基于谱分析的实证研究[J].东南大学学报（哲学社会科学版），17（2）：75-82.

刘晓星，姚登宝.2016.金融脱媒、资产价格与中国经济波动：基于DNK-DSGE模型分析[J].世界经济，（6）：29-53.

刘晓星，段斌，谢福座.2011.股票市场风险溢出效应研究：基于EVA Copula CoVaR模型的分析[J].世界经济，（11）：145-159.

刘晓星，方琳，张颖，等.2014.欧美主权债务危机的股票市场流动性变点检测[J].管理科学学报，17（7）：82-94.

刘晓星，张旭，顾笑贤，等.2016.投资者行为如何影响股票市场流动性？——基于投资者情绪、信息认知和卖空约束的分析[J].管理科学学报，19（10）：87-100.

刘信群，刘江涛.2013.杠杆率/流动性与经营绩效——中国上市商业银行2004—2011年面板数据分析[J].国际金融研究，（3）：88-95.

刘永余，王博.2015.利率冲击、汇率冲击与中国宏观经济波动——基于TVP-SV-VAR的研究[J].国际贸易问题，（3）：146-155.

卢斌，华仁海.2010.基于MCMC方法的中国期货市场流动性研究[J].管理科学学报，13（9）：98-106.

陆凤彬，洪永淼.2012.时变信息溢出检验及其在金融市场中的应用[J].管理科学学报，15（4）：31-39.

罗忠洲.2007.流动性、物价稳定与资产价格上涨——从理论模型看日本的经验教训[J].证券市场导报，（9）：4-9.

马君潞，范小云，曹元涛.2007.中国银行间市场双边传染的风险估测及其系统性特征分析[J].经济研究，（1）：68-78.

马源源，庄新田，李凌轩.2013.股市中危机传播的SIR模型及其仿真[J].管理科学学报，16（7）：80-94.

蒙剑，马涛.2011.激励兼容失灵与欧美主权债务危机[J].管理世界，（9）：174.

明明.2012.全球流动性的计量及其与我国外汇储备变化的相关性[J].金融理论与实践，（4）：45-49.

明明.2015.流动性理论与分析[M].北京：中国金融出版社.

欧阳红兵.2012.金融市场的流动性：理论及应用[M].北京：中国社会科学出版社.

彭建刚，童磊.2013.同业拆借视角下银行流动性风险传染效应研究[J].湖南社会科学，（5）：141-145.

彭小林，龚仰树.2012.货币流动性对股票市场流动性的影响研究[J].上海财经大学学报，（5）：87-96.

上海银行流动性压力测试课题组.2008.商业银行流动性压力测试应用与实证分析[J].上海金融，（11）：88-92.

沈虹.2013.基于综合流动性度量指标的中国期货市场流动性溢价研究[J].数理统计与管理，32（2）：315-322.

盛斌，石静雅.2010.厚尾事件度量和压力测试在我国商业银行的应用研究[J].财经问题研究，（2）：43-47.

盛松成，顾铭德，陶昌盛，等.2008.流动性过剩对我国一般物价水平的影响[J].上海金融，（3）：5-9.

施东晖，孙培源.2005.市场微观结构——理论与中国经验[M].上海：上海三联书店.

石春霞，Ferdousi F，王秋红. 2013. 宏观流动性失衡逆转新探——基于马尔可夫机制转换模型[J]. 太原理工大学学报（社会科学版），31（1）：31-35.

石广平，刘晓星，魏岳嵩. 2016. 投资者情绪、市场流动性与股市泡沫——基于TVP-SV-SVAR模型的分析[J]. 金融经济学研究，31（3）：107-117.

史建平，高宇. 2009. KLR金融危机预警模型研究——对现阶段新兴市场国家金融危机的实证检验[J]. 数量经济技术经济研究，（3）：106-117.

宋学红. 2012. 欧元区主权债务危机的演进、影响与应对措施研究[D]. 吉林大学博士学位论文.

隋聪，迟国泰，王宗尧. 2014. 网络结构与银行系统性风险[J]. 管理科学学报，17（4）：57-70.

孙彬，杨朝军，于静. 2010. 融资流动性与市场流动性[J]. 管理科学，23（1）：81-87.

陶希晋，勾东宁. 2010. 我国流动性的层次与传导机制研究——基于2005~2009年数据的实证分析[J]. 安徽大学学报（哲学社会科学版），（3）：137-143.

童元松. 2014. 机构投资者对股市流动性的影响研究——基于2012年沪市横截面数据的实证分析[J]. 西安电子科技大学学报（社会科学版），24（1）：80-87.

万雪莉. 2011. 金融危机国际传导渠道及防治对策研究[D]. 西南财经大学硕士学位论文.

万阳松，陈忠，陈晓荣. 2007. 复杂银行网络的宏观结构模型及其分析[J]. 上海交通大学学报，41（7）：1161-1164.

万志宏. 2012. 流动性之谜：困扰与治理[M]. 厦门：厦门大学出版社.

汪勇祥，吴卫星. 2004. 基于流动性的资产定价模型——中国股市"流动性之谜"的一个理论解释[J]. 经济学（季刊），（S1）：27-40.

汪勇祥，许荣. 2004. 证券市场流动性、价格有效性与最优契约设计[J]. 经济学（季刊），3（1）：493-508.

王爱俭，王璟怡，武鑫. 2013. 国际资本流动对当前我国货币政策效果的影响[J]. 现代财经，（2）：9-17.

王春峰，梁崴，房振明. 2007. 利用主成分分析法对流动性统一度量的研究[J]. 西北农林科技大学学报（社会科学版），7（3）：29-34.

王丹枫，梁丹. 2012. 从投资情绪角度看股票市场流动性——来自B股向境内居民开放的研究[J]. 数理统计与管理，31（2）：363-373.

王辉，黄建兵. 2014. 系统流动性风险与系统流动性溢价：基于中国证券市场的研究[J]. 复旦大学学报（自然科学版），（5）：591-597.

王明涛，何浔丽. 2011. 我国货币政策对股票市场流动性风险的影响——基于流动性波动性的风险测度方法[J]. 经济管理，33（3）：8-16.

王晓晗，杨朝军. 2013. 流动性冲击与银行资产配置的实证研究[J]. 现代管理科学，（11）：12-14.

王雪峰. 2010. 中国金融稳定状态指数的构建——基于状态空间模型分析[J]. 当代财经，（5）：51-60.

王义中，何帆. 2011. 金融危机传导的资产负债表渠道[J]. 世界经济，（3）：51-71.

危慧惠. 2015. 货币政策传导微观机理研究：基于商品期货交易价格的实证[J]. 宏观经济研究，（4）：71-79.

魏立佳. 2013. 机构投资者、股权分置改革与股市波动性——基于MCMC估计的t分布误差MS-GARCH模型[J]. 系统工程理论与实践，33（3）：545-556.

魏振祥，杨晨辉，刘新梅. 2012. 沪深300指数期货与国内外股指期货市场间的信息传递效应[J]. 财贸经济，（8）：64-71.

文凤华，龚旭，黄创霞，等. 2013. 股市信息流对收益率及其波动的影响研究[J]. 管理科学学报，16（11）：69-80.

吴丽华，傅广敏. 2014. 人民币汇率、短期资本与股价互动[J]. 经济研究，（11）：72-86.

吴卫星，蒋涛，吴锟. 2015. 融资流动性与系统性风险——兼论市场机制能否在流动性危机中起到作用[J]. 经济学动态，（3）：62-70.

谢地，邵波.2012. 欧美主权债务危机的经济政策根源及我国的对策[J]. 山东大学学报（哲学社会科学版），（1）：8-13.

徐明东，刘晓星.2008. 金融系统稳定性评估:基于宏观压力测试方法的国际比较[J]. 国际金融研究，（2）：39-46.

徐胜，朱晓华.2015. 人民币汇率与物价的非线性关系研究——基于傅里叶函数和滚动因果检验[J]. 金融发展研究，（8）：3-9.

许睿，冯芸，吴冲锋.2004. 影响中国 A 股市场流动性的政策和因素[J]. 上海交通大学学报，（3）：362-367.

薛少霞.2014. 流动性冲击和股票预期收益的关系[J]. 科技创新与生产力，（4）：47-49.

杨朝军，姚亚伟，沈思玮.2009. 投资者结构、行为与市场流动性——基于中国证券市场的经验数据分析[J]. 系统管理学报，（4）：361-372.

杨金梅，张军.2013. 现代金融流动性创造中的抵押品渠道[J]. 金融理论与实践，（1）：13-16.

杨鹏.2005. 压力测试及其在金融监管中的应用[J]. 上海金融，（1）：27-30.

杨娉.2012. 全球流动性：定义、度量及政策含义[J]. 内蒙古金融研究，（3）：18-20.

杨雪峰.2014. 从流动性过剩到流动性危机[J]. 世界经济研究，（5）：16-19，26，87.

杨云飞.2010. 全球金融危机反思与我国金融体制改革深化[J]. 经济视角（下），（4）：52-54.

杨子晖，赵永亮.2014. 非线性 Granger 因果检验方法的检验功效及有限样本性质的模拟分析[J]. 统计研究，31（5）：107-112.

姚登宝，刘晓星，石广平.2016a. 金融系统中多维度流动性的集成测度构建——基于 MVG-ARCH-熵模型的研究[J]. 金融经济学研究，31（2）：14-25.

姚登宝，刘晓星，张旭.2016b. 市场流动性的状态转换及其突变点检测研究[J]. 统计与信息论坛，31（4）：24-29.

姚登宝，刘晓星，张旭.2016c. 市场流动性与市场预期的动态相关结构研究——基于 ARMA-GJR- GARCH-Copula 模型分析[J]. 中国管理科学，24（2）：1-10.

叶五一，缪柏其.2009. 基于 Copula 变点检测的美国次级债金融危机传染分析[J]. 中国管理科学，17（3）：1-7.

易纲.2003. 中国的货币化进程[M]. 北京：商务印书馆.

易行健，谢识予.2003. 我国货币流动性的长期趋势与周期波动:1978—2002[J]. 上海经济研究，（11）：17-24.

易宪容，王国刚.2010. 美国次贷危机的流动性传导机制的金融分析[J]. 金融研究，（5）：41-57.

尹群耀，陈庭强，何建敏，等.2012. 基于滤子理论的信用风险传染模型[J]. 系统工程，30(12)：19-25.

余永定.2010. 从欧洲主权债危机到全球主权债危机[J]. 国际经济评论，（6）：14-24.

袁芳英.2010. 银行体系稳定性的宏观压力测试研究[D]. 上海社会科学院博士学位论文.

张兵.2012. 日本经济周期波动影响因素的交叉谱分析[J]. 现代日本经济，（6）：23-33.

张兵，封思贤，李心丹.等.2009. 汇率与股价变动关系：基于汇改后数据的实证研究[J]. 经济研究，（9）：70-81.

张虎，李玮，郁婷婷.2011. 我国金融数据高频收益率波动结构突变的检测研究[J]. 数量经济技术经济研究，28（7）：50-63.

张会清，王剑.2011. 全球流动性冲击对中国经济影响的实证研究[J]. 金融研究，（3）：27-41.

张强，刘善存，邱菀华，等.2013. 流动性特征对知情、非知情交易的影响研究[J]. 管理科学学报，16（7）：55-65.

张庆君.2011. 资产价格波动与金融稳定性研究[D]. 辽宁大学博士学位论文.

张文汇.2012. 欧美债务危机的反思——基于国际金融市场大幅波动视角[J]. 中国金融，（4）：

51-52.

张晓丹，林炳华. 2012. 我国商业银行流动性风险压力测试分析[J]. 西南金融，（3）：50-53.

张晓玫，弋琳. 2013. 货币空转与银行间市场流动性——基于我国"钱荒"事件研究[J]. 财经科学，（12）：20-18.

张旭，刘晓星，李绍芳. 2016a. 渐进式利率市场化对我国货币政策传导的影响——基于利率期限结构的非线性分析[J]. 世界经济文汇，（2）：101-120.

张旭，刘晓星，姚登宝. 2016b. 金融发展与经济增长——一个考虑空间溢出效应的再检验[J]. 东南大学学报（哲学社会科学版），（3）：106-115.

张旭，刘晓星，姚登宝. 2016c. 中美股指间的动态相依结构及突变因素——基于时变 Copula-ARMA-NAGARCH 的分析[J]. 北京工商大学学报（社会科学版），（2）：80-90.

张志鹏，杨朝军，仲伟周. 2008. 中国股市流动性的体制转变及政策效应分析[J]. 系统管理学报，17（5）：536-541.

赵敬，夏承遗，孙世温，等. 2013. 复杂网络上同时考虑感染延迟和非均匀传播的 SIR 模型[J]. 智能系统学报，8（2）：128-134.

赵鹏，曾剑云. 2008. 我国股市周期性破灭型投机泡沫实证研究——基于马尔可夫区制转换方法[J]. 金融研究，（4）：174-186.

赵雄伟，何建敏，贾万敬. 2010. 我国期铜市场流动性与货币供给关系的实证研究[J]. 数理统计与管理，29（4）：596-602.

郑泽星. 2005. 信息冲击对收益波动的影响——基于交易量的实证研究[J]. 山西财经大学学报，27（4）：103-106.

郑振龙，孙清泉. 2013. 彩票类股票交易行为分析：来自中国 A 股市场的证据[J]. 经济研究，（5）：128-140.

周潮，芦国荣. 2013. 甘肃省金融周期与经济周期的交叉谱分析[J]. 甘肃金融，（1）：63-66.

周德才，冯婷，邓姝妹. 2015. 我国灵活动态金融状况指数构建与应用研究——基于 MI-TVP-SV-VAR 模型的经验分析[J]. 数量经济技术经济研究，（5）：114-130.

周芬，刘晓星，陈羽南. 2016. 信息冲击与流动性价值：基于我国股票市场的研究[J]. 北京工商大学学报（哲学社会科学版），（12）：96-103.

周宏，潘沁. 2010. 流动性风险压力测试的管理和实施现状比较[J]. 国际金融研究，（4）：74-78.

周凯，袁媛. 2014. 商业银行动态流动性风险压力测试应用研究[J]. 审计与经济研究，（3）：104-112.

周璞，李自然. 2012. 基于非线性 Granger 因果检验的中国大陆和世界其他主要股票市场之间的信息溢出[J]. 系统工程理论与实践，32（3）：466-475.

周强龙，朱燕建，贾璐熙. 2015. 市场知情交易概率、流动性与波动性——来自中国股指期货市场的经验证据[J]. 金融研究，（5）：132-147.

朱钧钧，谢识予. 2011. 中国股市波动率的双重不对称性及其解释——基于 MS-TGARCH 模型的 MCMC 估计和分析[J]. 金融研究，（3）：134-148.

朱民. 2007. 2007：影响全球经济金融的五大风险[J]. 国际经济评论，（2）：4-16.

朱小斌. 2007. 股票投资组合流动性风险度量模型：构建与检验[J]. 中国管理科学，（1）：6-11.

朱元倩，苗雨峰. 2012. 关于系统性风险度量和预警的模型综述[J]. 国际金融研究，（1）：79-88.

Abreu D，Brunnermeier M K. 2003. Bubbles and crashes [J]. Econometrica，1（71）：173-204.

Adrian T，Shin H S. 2008. Liquidity and financial contagion[J]. Banque de France Financial Stability Review：Special Issue on Liquidity，11：1-7.

Ahmed E，Rosser Jr J B，Uppal J Y. 1999. Evidence of nonlinear speculative bubbles in Pacific-rim stock market[J]. The Quarterly Review of Economics and Finance, 39（1）: 21-36.

Aizenman J, Jinjarak Y, Lee M, et al. 2015. Developing countries' financial vulnerability to the Eurozone crisis: an event study of equity and bond markets[J]. Journal of Economic Policy Reform, （ahead-of-print）: 1-19.

Albulescu C. 2009. Forecasting the Romanian financial system stability using a stochastic simulation model[R]. CRIEF, University of Poitiers, Working Paper.

Albulescu C. 2011. Economic and financial integration of CEECs: the impact of financial instability[J]. AUCO Czech Economic Review, （1）: 27-45.

Alessi L, Detken C. 2009. "Real time" early warning indicators for costly asset price boom/bust cycles: a role for global liquidity[R]. ECB Working Paper, No. 1039.

Allen F, Babus A, Carletti E. 2010. Financial connections and systemic risk[R]. NBER Working Paper 16177.

Allen F, Gale D. 2000. Financial contagion[J]. Journal of Political Economy, 108（1）: 1-33.

Allen F, Morris S, Postlewaite A. 1993. Finite bubbles with short sale constraints and asymmetric information[J]. Journal of Economic Theory, 61: 206-229.

Aloui C, Hammoudeh S, Hamida H B. 2015. Price discovery and regime shift behavior in the relationship between sharia stocks and sukuk: a two-state Markov switching analysis[J]. Pacific-Basin Finance Journal, 34: 121-135.

Amihud Y. 2002. Illiquidity and stock returns: cross-section and time series effects [J]. Journal of Financial Markets, 5（1）: 31-56.

Amihud Y, Mendelson H. 1986. Asset pricing and the bid-ask spread[J]. Journal of Financial Economics, 17（2）: 223-249.

Amihud Y, Mendelson H. 1988. Liquidity and asset prices: financial management implications[J]. Financial Management, 17（1）: 5-15.

Amihud Y, Mendelson H, Wood R A. 1990. Liquidity and the 1987 stock market crash[J]. The Journal of Portfolio Management, 16（3）: 65-69.

Antinolfi G, Carapella F, Kahn C, et al. 2015. Repos, fire sales, and bankruptcy policy[J]. Review of Economic Dynamics, 18（1）: 21-31.

Augustyniak M. 2014. Maximum likelihood estimation of the Markov-switching GARCH model[J]. Computational Statistics and Data Analysis, 76: 61-75.

Bae K H, Yamada T, Ho K. 2006. How do individual, institutional, and foreign investors win and lose in equity trades? Evidence from Japan[J]. International Review of Finance, 6（3-4）: 129-155.

Baker M, Stein J C. 2004. Market liquidity as a sentiment indicator[J]. Journal of Financial Markets, 7（3）: 271-299.

Baker M, Wurgler J. 2007. Investor sentiment in the stock market[R]. NBER Working Paper, No. 13189.

Baks K, Karmer C F. 1999. Global liquidity and asset prices: measurement, implications and spillovers[R]. IMF Working Paper, Research Department, WP99/168.

Baks K, Kramer C F. 1999. Global liquidity and asset prices: measurement, implications, and spillovers[R]. IMF Working Paper, Research Department, WP/99/168.

Balcilar M, Gupta R, Miller S M. 2014. Housing and the great depression[J]. Applied Economics, 46（24）: 2966-2981.

Balcilar M, Ozdemir Z A, Arslanturk Y. 2010. Economic growth and energy consumption causal nexus viewed through a bootstrap rolling window[J]. Energy Economics, 32（6）: 1398-1410.

Barberis N, Shleifer A, Vishny R. 1998. A model of investor sentiment[J]. Journal of Financial Economics, 49（3）: 307-343.

Barnhill T, Schumacher L B. 2011. Modeling correlated systemic liquidity and solvency risks in a financial environment with incomplete information[R]. IMF Working Papers.

Baumeister C, Durinck E J, Peersman G. 2008. Liquidity, inflation and asset prices in a time-varying framework for the Euro area[R]. National Bank of Belgium Working Paper 142.

Baumens L, Dufays A, Rombouts J V K. 2014. Marginal likelihood for Markov-switching and change-point GARCH models[J]. Journal of Econometrics, 178: 508-522.

Baur D G, Schulze N. 2009. Financial market stability—a test[J]. Journal of International Financial Markets, Institutions and Money, 19（3）: 506-519.

Bech M L, Garratt R. 2006. Illiquidity in the interbank payment system following wide-scale disruptions[R]. Federal Reserve Bank of New York Staff Report, No.219.

Belke A H, Bordon I G, Hendricks T W. 2009. Global liquidity and commodity prices-a cointegrated VAR approach for OECD countries[J]. SSRN Electronic Journal, 20（898）: 227-242.

Belke A H, Bordon I G, Hendricks T W. 2010. Monetary policy, global liquidity and commodity price dynamics[R]. Ruhr Economic Paper 167.

Bernardo A E, Welch I. 2004. Liquidity and financial market runs[J]. Quarterly Journal of Economics, 119（1）: 135-158.

Bernstein P L. 1987. Liquidity, stock markets, and market makers[J]. Financial Management, 16（2）: 54-62.

Bigio S. 2010. Liquidity Shocks and the Business Cycle[R]. Central Reserve Bank of Peru Working Papers, No. 2010-005.

BIS. 1999. Market liquidity: research findings and selected policy implications[R]. BIS Working Paper.

BIS. 2011. 81st Annual Report: April 2010-31 March 2011[R]. Basel.

BIS. 2015. Global liquidity: selected indicators[R].

Black F. 1971. Towards a fully automated exchange[J]. Financial Analysts Journal, 27: 29-34.

Blanchard O J. 1979. Speculative bubbles, crashes and rational expectations[J]. Economics Letters, 3: 387-389.

Blot C, Creel J, Hubert P, et al. 2015. Assessing the link between price and financial stability[J]. Journal of Financial Stability, 16: 71-88.

Bogdan B, Maria G R, Cecilia I D, et al. 2010. Monetary stability versus financial stability in adjusting the real economy[J]. Annals of Faculty of Economics, 1（2）: 678-684.

Bohl M T, Diesteldorf J, Siklos P L. 2015. The effect of index futures trading on volatility: three markets for Chinese stocks[J]. China Economic Review, 34: 207-224.

Borio C E V, Lowe P W. 2002. Asset prices, financial and monetary stability: exploring the nexus[R]. BIS Working Papers, No. 114.

Boss M, Elsinger H, Summer M, et al. 2004. Network topology of the interbank market[J]. Quantitative Finance, 4（6）: 677-684.

Boulton T J, Braga-Alves M V. 2010. The skinny on the 2008 naked short-sale restrictions[J]. Journal of Financial Markets, 13（4）: 397-421.

Boyer L A, Plath K, Zeitlinger J, et al. 2006. Polycomb complexes repress developmental regulators in murine embryonic stem cells[J]. Nature, 441（7091）: 349-353.

Brave S A, Butters R A. 2011. Monitoring financial stability: a financial conditions index approach[J]. Economic Perspectives, （1）: 22-43.

Brennan M J, Subrahmanyam A. 1996. Market microstructure and asset pricing: on the compensation for illiquidity in stock returns[J]. Journal of Financial Economics, 41（3）: 441-464.

Brooks C, Katsaris A. 2005. A three-regime model of speculative behaviour: modeling the evolution of bubbles in the S&P 500 composite index [J]. The Economic Journal，115（505）：767-797.

Brunnermeier M K. 2008. Deciphering the liquidity and credit crunch 2007-08[R]. National Bureau of Economic Research.

Brunnermeier M K，Pedersen L H. 2009. Market liquidity and funding liquidity[J]. Review of Financial studies，22（6）：2201-2238.

Brunnermeier M K，Crockett A，Goodhart C A E，et al. 2009. The Fundamental Principles of Financial Regulation[M]. London：Centre for Economic Policy Research.

Brunnermeier M K，Krishnamurthy A，Gorton G. 2012. Liquidity mismatch measurement[R]. NBER Chapters，No.12514：1-23.

Cai J. 1994. A Markov model of switching-regime ARCH[J]. Journal of Business & Economic Statistics，12（3）：309-316.

Calvo G A，Izquierdo A，Mejia L F. 2008. Systemic sudden stops：the relevance of balance-sheet effects and financial integration[R]. NBER Working Paper，No.14026.

Chen M P，Chen P F，Lee C C. 2013. Asymmetric effects of investor sentiment on industry stock returns：panel data evidence[J]. Emerging Markets Review，14：35-54.

Chen Y，Turnovsky S J，Zivot E. 2014. Forecasting inflation using commodity price aggregates[J]. Journal of Econometrics，183（1）：117-134.

Chirilă V，Chirilă C. 2015. Financial market stability：a quantile regression approach[J]. Procedia Economics and Finance，20：125-130.

Chiu J，Chung H，Ho K Y，et al. 2012. Funding liquidity and equity liquidity in the subprime crisis period：evidence from the ETF market[J]. Journal of Banking & Finance，36（9）：2660-2671.

Chordia T，Roll R，Subrahmanyam A. 2001. Market liquidity and trading activity[J]. Journal of Finance，56（2）：501-530.

Chordia T，Sarkar A，Subrahmanyam A. 2005. An empirical analysis of stock and bond market liquidity[J]. Review of Financial Studies，18（1）：85-129.

Chuang W I，Lee B S. 2006. An empirical evaluation of the overconfidence hypothesis [J]. Journal of Banking & Finance，30（9）：2489-2515.

Chung K H，Chuwonganant C. 2014. Uncertainty，market structure，and liquidity[J]. Journal of Financial Economics，113（3）：476-499.

Chung S L，Hung C H，Yeh C Y. 2012. When does investor sentiment predict stock returns?[J]. Journal of Empirical Finance，19：217-240.

Cialdini R B，Goldstein N J. 2004. Social influence：compliance and conformity[J]. Annual Review of Psychology，55：591-621.

Ciccarelli M，Ortega E，Valderrama M T. 2012. Heterogeneity and cross-country spillovers in macroeconomic-financial linkages[R]. BIS Paper，No. 3：1-28.

Cifter A. 2013. Forecasting electricity price volatility with the Markov-switching GARCH model：Evidence from the Nordic electric power market[J]. Electric Power Systems Research，102：61-67.

Cifuentes R，Shin H S，Ferrucci G. 2005. Liquidity risk and contagion[J]. Journal of the European Economic Association，3（2-3）：556-566.

Cipollini A，Kapetanios G. 2009. Forecasting financial crises and contagion in Asia using dynamic factor analysis[J]. Journal of Empirical Finance，16（2）：188-200.

Consiglio A，Russino A. 2007. How does learning affect market liquidity? A simulation analysis of a double-auction financial market with portfolio traders[J]. Journal of Economic Dynamics and Control，31（6）：1910-1937.

Corredor P，Ferrer E，Santamaria R. 2013. Investor sentiment effect in stock markets：stock characteristics or country-specific factors?[J]. International Review of Economics and Finance, 27: 572-591.

Daniel K, Hirshleifer D, Subrahmanyam A. 1998. Investor psychology and security market under- and overreactions[J]. The Journal of Finance, 53 (6) : 1839-1885.

Davis E P, Karim D. 2008. Comparing early warning systems for banking crises[J]. Journal of Financial Stability, （ 6 ） : 89-120.

Deaves R, Lüders E, Schröder M. 2010. The dynamics of overconfidence: evidence from stock market forecasters[J]. Journal of Economic Behavior & Organization, 75 (3) : 402-412.

Dergiades T. 2012. Do investors' sentiment dynamics affect stock return? Evidence from the US economy[J]. Economics Letters, 116: 404-407.

Diamond D W, Dybvig P H. 1983. Bank runs, deposit insurance, and liquidity[J]. The Journal of Political Economy, 91 (3) : 401-419.

Diks C, Panchenko V. 2006. A new statistic and practical guidelines for nonparametric Granger causality testing[J]. Journal of Economic Dynamics and Control, 30 (9) : 1647-1669.

Domanski D, Fender I, McGuire P. 2011. Assessing global liquidity[J]. BIS Quarterly Review, (11): 57-71.

Dreger C, Wolters J. 2010. M3 money demand and excess liquidity in the Euro Area[J]. Public Choice, 144 (3) : 459-472.

Dreger C, Wolters J. 2014. Money demand and the role of monetary indicators in forecasting Euro area inflation[J]. International Journal of Forecasting, 30 (2) : 303-312.

Drehmann M, Nikolaou K. 2013. Funding liquidity risk: definition and measurement[J]. Journal of Banking & Finance, 37: 2173-2182.

Engle R F. 2002. Dynamic conditional correlation : a simple class of multivariate generalized autoregressive conditional heteroskedasticity models[J]. Journal of Business & Economic Statistics, 20 (3) : 339-350.

Engle R F, Lange J. 1997. Measuring, forecasting and explaining time varying liquidity in the stock market[R]. National Bureau of Economic Research.

Fender I, McGuire P. 2010. Bank structure, funding risk and the transmission of shocks across countries: concepts and measurement[J]. BIS Quarterly Review, 9: 57-79.

Finter P, Ruenzi A N, Ruenzi S. 2012. The impact of investor sentiment on the German stock market[J]. Zeitschrift für Betriebswirtschaft, 82 (2) : 133-163.

Fisher I. 1993. The debt-deflation theory of great depressions[J]. Econometrica, 4: 337- 357.

Florackis C, Kontonikas A, Kostakis A. 2014. Stock market liquidity and macro-liquidity shocks: evidence from the 2007-2009 financial crisis[J]. Journal of International Money and Finance, 44: 97-117.

Forbes K, Rigobon R. 2002. No Contagion, only interdependence: measuring stock market co-movements[J]. The Journal of Finance, 57 (5) : 2223-2261.

Foster F D, Viswanathan S. 1990. A theory of the intraday variations in volume, variance and trading costs insecurities markets[J]. Review of Financial Studies, 3 (4) : 593-624.

Foster F D, Viswanathan S. 1993. Variations in trading volume, return volatility, and trading costs: evidence on recent price formation models[J]. The Journal of Finance, 48 (1) : 187-211.

Foucault T, Kadan O, Kandel E. 2013. Liquidity cycles and make/take fees in electronic markets[J]. The Journal of Finance, 68 (1) : 299-341.

Gai P, Kapadia S, Millard S, et al. 2008. Financial innovation, macroeconomic stability and systemic crises[J]. The Economic Journal, 118 (527) : 401- 426.

Gai P，Kapadia S. 2010. Contagion in financial networks[R]. Bank of England Working Paper.

Georg C P. 2013. The effect of the interbank network structure on contagion and common shocks[J]. Journal of Banking & Finance，37（7）：2216-2228.

Gersl A，Hermanek J. 2007. Financial stability indicators：advantages and disadvantages of their use in the assessment of financial system stability[R]. Occasional Publications-Chapters in Edited Volumes：69-79.

Gervais S，Odean T. 2001. Learning to be overconfident [J]. Review of Financial Studies，14（1）：1-27.

Glasserman P，Young H P. 2015. How likely is contagion in financial networks?[J]. Journal of Banking & Finance，50（2120）：383-399.

Glosten L，Harris L. 1998. Estimating the components of the Bid-ask spread[J]. Journal of Financial Economics，221：123-142.

Goldstein I，Pauzner A. 2004. Contagion of self-fulfilling financial crises due to diversification of investment portfolios[J]. Journal of Economic Theory，119（1）：151-183.

Goyenko R Y，Ukhov A D. 2009. Stock and bond market liquidity：a long-run empirical analysis[J]. Journal of Financial and Quantitative Analysis，44（1）：189-212.

Gray S F. 1996. Modeling the conditional distribution of interest rates as a regime-switching process[J]. Journal of Financial Economics，42（1）：27-62.

Grossman S J，Miller M H. 1988. Liquidity and market structure[J]. Journal of Finance，43（3）：617-633.

Grossman S J，Stiglitz J E. 1980. On the impossibility of informationally efficient markets[J]. The American Economic Review，70（3）：393-408.

Haan L D，van den End W. 2011. Banks' responses to funding liquidity shocks：lending adjustment, liquidity hoarding and fire sales[R]. DNB Working paper，No.293.

Haan L D，van den End J W. 2013. Banks' responses to funding liquidity shocks：lending adjustment, liquidity hoarding and fire sales[J]. Journal of International Financial Markets，Institutions and Money，26：152-174.

Haas M，Mittnik S，Paolella M S. 2004. A new approach to Markov-switching GARCH models[J]. Journal of Financial Econometrics，2（4）：493-530.

Hameed A，Kang W，Viswanathan S. 2010. Stock market declines and liquidity[J]. The Journal of Finance，65（1）：257-293.

Hamilton J D. 1988. Rational-expectations econometric analysis of changes in regime：an investigation of the term structure of interest rates [J]. Journal of Economic Dynamics and Control，12（2~3）：385-423.

Hamilton J D，Susmel R. 1994. Autoregressive conditional heteroskedasticity and changes in regime[J]. Journal of Econometrics，64（1）：307-333.

Harris L. 1990. Liquidity，Trading rules and electronic trading systems[R]. New York University，Monograph Series in Finance and Economics，Monograph.

Hasbrouck J，Schwartz R A. 1988. Liquidity and execution costs in equity markets[J]. The Journal of Portfolio Management，14（3）：10-16.

Hasbrouck J. 1995. One security，many markets：determining the contributions to price discovery[J]. Journal of Finance，50（4）：1175-1199.

Hasbrouck J. 2004. Liquidity in the futures pits：inferring market dynamics from incomplete data[J]. Journal of Financial and Quantitative Analysis，39（2）：305-326.

Hasbrouck J. 2009. Trading costs and returns for US equities：estimating effective costs from daily data[J]. The Journal of Finance, 64（3）: 1445-1477.

He D, McCauley R N. 2013. Transmitting global liquidity to East Asia: policy rates, bond yields, currencies and dollar credit[R]. BIS Working Paper, No. 431.

Heebøll-Christensen C. 2011. Financial Instability—a result of excess liquidity or credit cycles[R]. University of Copenhagen Discussion Paper, 8（11~21）: 1-32.

Henry Ó T, McKenzie M. 2006. The impact of short selling on the price-volume relationship: evidence from Hong Kong[J]. The Journal of Business, 79（2）: 671-691.

Hesse H, Frank N, González-Hermosillo B. 2008. Transmission of liquidity shocks: evidence from the 2007 subprime crisis[R]. IMF Working Papers.

Hiemstra C, Jones J D. 1994. Testing for linear and nonlinear Granger causality in the stock price-volume relation[J]. The Journal of Finance, 49（5）: 1639-1664.

Hirshleifer D, Subrahmanyam A, Titman S. 1994. Security analysis and trading patterns when some investors receive information before others[J]. The Journal of Finance, 49（5）: 1665-1698.

Hong H, Stein J C. 1999. A unified theory of underreaction, momentum trading, and overreaction in asset markets[J]. The Journal of Finance, 54（6）: 2143-2184.

Hong H, Scheinkman J, Xiong W. 2006. Asset Float and Speculative Bubbles [J]. The Journal of Finance, 3: 1073-1117.

Hou Y, Li S. 2014. The impact of the CSI 300 stock index futures: positive feedback trading and autocorrelation of stock returns[J]. International Review of Economics & Finance, 33: 319-337.

Huang R D, Stoll H R. 1996. Dealer versus auction markets: a paired comparison of execution costs on NASDAQ and the NYSE[J]. Journal of Financial economics, 41（3）: 313-357.

Huang Y, Neftci S N, Guo F. 2008. Swap curve dynamics across markets: case of US dollar versus HK dollar[J]. Journal of International Financial Markets, Institutions and Money, 18（1）: 79-93.

Hui C H, Genberg H, Chung T K. 2009. Liquidity, risk appetite and exchange rate movements during the financial crisis of 2007-2009[R]. SSRN Working Paper Series.

Hussam R N, Porter D, Smith V L. 2008. Thar she blows: can bubbles be rekindled with experienced subjects? [J]. The American Economic Review, 98（3）: 924-937.

Illing M, Liu Y. 2003. An index of financial stress for Canada[R]. Bank of Canada.

In F, Brown R, Fang V. 2003. Modeling volatility and changes in the swap spread[J]. International Review of Financial Analysis, 12（5）: 545-561.

Jammazi R. 2012. Oil shock transmission to stock market returns: wavelet-multivariate Markov switching GARCH approach[J]. Energy, 37（1）: 430-454.

Jarrow R A, Protter P, Roch A F. 2012. A liquidity-based model for asset price bubbles [J]. Quantitative Finance, 12: 1339-1349.

Jlassi M, Naoui K, Mansour W. 2014. Overconfidence behavior and dynamic market volatility: evidence from international data [J]. Procedia Economics and Finance, 13: 128-142.

Jonathon A, Yueqing J, Jamus L. 2015. Global transmission channels for international bank lending in the 2007-09 financial crisist[J]. Journal of International Money and Finance, 56: 97-113

Kahneman D, Tversky A. 1979. Prospect theory: an analysis of decision under risk[J]. Econometrica, 47（2）: 263-291.

Kaminsky G L. 2003. Varieties of currency crises[R]. National Bureau of Economic Research.

Kaminsky G, Schmukler S. 2003. Short-run pain, long-run gain: the effects of financial liberalization[R]. NBER Woking Paper, No. 9787.

Kazi I A, Wagan H, Akbar F. 2013. The changing international transmission of US monetary policy shocks: is there evidence of contagion effect on OECD countries[J]. Economic Modelling, 30:

90-116.

Kiyotaki N, Moore J. 2012. Liquidity, business cycles, and policy[R]. NBER Working Paper 17934.

Klaassen F. 2002. Improving GARCH volatility forecasts[J]. Empirical Economics, 27: 363-394.

Ko K J, Huang Z J. 2007. Arrogance can be a virtue: overconfidence, information acquisition, and market efficiency [J]. Journal of Financial Economics, 84（2）: 529-560.

Koo R C. 2008. The Holy Macroeconomics: Lessons from Japan's Great Recession[M]. New York: John Wiley & Sons Pte. Ltd.

Korobilis D. 2013. Assessing the transmission of monetary policy using time-varying parameter dynamic factor models*[J]. Oxford Bulletin of Economics and Statistics, 75（2）: 157-179.

Kyle A S. 1985. Continuous auctions and insider trading[J]. Econometrica: Journal of the Econometric Society, 53（6）: 1315-1335.

Lagos R, Rocheteau G, Weill P O. 2009. Crises and liquidity in over-the-counter markets[R]. NBER Working Paper, No.15414.

Landau J P. 2011. Global liquidity-concept, measurement and policy implications[R]. CGFS Paper, No.45.

Lane P R. 2012. The European sovereign debt crisis[J]. The Journal of Economic Perspectives, 26（3）: 49-67.

Lee C, Ready M J. 1991. Inferring trade direction from intraday data[J]. The Journal of Finance, 46（2）: 733-746.

Lee S H. 2013. Systemic liquidity shortages and interbank network structure[J]. Journal of Financial Stability, 9: 1-12.

Lesmond D A. 2005. Liquidity of emerging markets[J]. Journal of Financial Economics, 77（2）: 411-452.

Li Y, Rocheteau G, Weill P O. 2011. Liquidity and the threat of fraudulent assets[R]. NBER Working Paper, No.17500.

Liu S. 2015. Investor sentiment and stock market liquidity[J]. Journal of Behavioral Finance, 16（1）: 51-67.

Liu W. 2006. A liquidity-augmented capital asset pricing model[J]. Journal of Financial Economics, 82（3）: 631-671.

Liu X. 2011. A note on hierarchy evolutionary game[J]. African Journal of Microbiology Research, 5（11）: 1249-1251.

Liu X, Zhang Y, Fang L, et al. 2015. Reforming China's pension scheme for urban workers: liquidity gap and policies' effects forecasting[J]. Sustainability, 7（8）: 10876-10894.

Liu Z. 2006. Fair disclosure and investor asymmetric awareness in stock markets[R]. University Library of Munich, Germany.

Lu X, Tu Z, Liu X. 2014. Counterexample of loss of regularity for fractional order evolution equations with both degenerating and oscillating coefficients[J]. Nonlinear Analysis: Theory, Methods & Applications, 98: 135-145.

Madhavan A. 2000. Market microstructure: a survey[J]. Journal of Financial Markets, 3（3）: 205-258.

Marcucci J. 2005. Forecasting stock market volatility with regime-switching GARCH models[J]. Studies in Nonlinear Dynamics & Econometrics, 9（4）: 1-53.

May R M, Arinaminpathy N. 2010. Systemic risk: the dynamics of model banking systems[J]. Journal of the Royal Society Interface, 7（46）: 823-838.

McAleer M, Veiga B D, Hoti S. 2010. Value-at-risk for country risk ratings[R]. University of Canterbury, Working Papers in Economics.

McNally W J, Smith B F. 2011. A microstructure analysis of the liquidity impact of open market repurchases[J]. Journal of Financial Research, 34（3）: 481-501.

McNulty T, Florackis C, Ormrod P. 2013. Boards of directors and financial risk during the credit crisis[J]. Corporate Governance: An International Review, 21（1）: 58-78.

Mishkin F S. 1978. The household balance sheet and the great depression[J]. The Journal of Economic History, 4: 918-937.

Muellbauer J N. 2008. The Folly of the Central Banks of Europe. Part II June-December[M]. London: voxEU.org Publication.

Næs R, Skjeltorp J A, Ødegaard B A. 2011. Stock market liquidity and the business cycle[J]. The Journal of Finance, 66（1）: 139-176.

Nakajima J. 2011. Time-varying parameter VAR model with stochastic volatility: an overview of methodology and empirical applications[R]. Institute for Monetary and Economic Studies, Bank of Japan.

Narayan P K, Mishra S, Sharma S, et al. 2013. Determinants of stock price bubbles [J]. Economic Modelling, 35: 661-667.

Nelsen R B. 2006. An Introduction to Copulas（2nd ed.）[M]. New York: Springer.

Nelson W R, Perli R. 2007. Selected indicators of financial stability[J]. Risk Measurement and Systemic Risk, 4: 343-372.

Nneji O. 2014. Liquidity shocks and stock bubbles[R]. ICMA Centre Discussion Paper in Finance, No. 1: 1-30.

Nneji O. 2015. Liquidity shocks and stock bubbles [J]. Journal of International Financial Market, Institutions & Money, 35: 132-146.

O' Hara M. 1995. Market Microstructure Theory[M]. Cambridge: Blackwell.

Oh N Y, Parwada J T, Walter T S. 2008. Investors' trading behavior and performance: online versus non-online equity trading in Korea[J]. Pacific-Basin Finance Journal, 16（1）: 26-43.

Pastor L, Stambaugh R F. 2003. Liquidity risk and expected stock returns[J]. Journal of Political Economy, 111（3）: 642-685.

Pawłowska M, Serwa D, Zajączkowski S. 2014. International transmission of liquidity shocks between parent banks and their affiliates: the host country perspective[R]. NBP Working Paper, 172: 1-38.

Peng D, Bajona C. 2008.China's vulnerability to currency crisis: a KLR signals approach[J]. China Economic Review, 19（1）: 138-151.

Pesaran M H, Timmermann A. 2005. Small sample properties of forecasts from autoregressive models under structural breaks[J]. Journal of Econometrics, 129（1）: 183-217.

Phansatan S, Powell J G, Tanthanongsakkun S. 2012. Investor type trading behavior and trade performance: evidence from the Thai stock market[J]. Pacific-Basin Finance Journal, 20（1）: 1-23.

Primiceri G E. 2005. Time varying structural vector autoregressions and monetary policy: a corrigendum[J]. The Review of Economic Studies, 72（3）: 821-852.

Qian X, Tam L H K, Zhang B. 2014. Systematic liquidity and the funding liquidity hypothesis[J]. Journal of Banking & Finance, 45: 304-320.

Razin A, Serechetapongse A. 2010. Equity prices and equity flows: testing theory of the information-efficiency tradeoff[R]. NBER Working Paper,（16651）: 1-34.

Rochet J C, Tirole J. 1996. Interbank lending an systemic risk[J]. Journal of Money, Credit and Banking, 28（4）: 733-762.

Rösch C G, Kaserer C. 2014. Reprint of: market liquidity in the financial crisis: the role of liquidity commonality and flight-to-quality[J]. Journal of Banking & Finance, 45: 152-170.

Rubin A. 2007. Ownership level, ownership concentration and liquidity[J]. Journal of Financial Markets, 10 (3): 219-248.

Sari R, Hammoudeh S, Chang C L, et al. 2012. Causality between market liquidity and depth for energy and grains[J]. Energy Economics, 34 (5): 1683-1692.

Sarr A, Lybek T. 2002. Measuring liquidity in financial markets[R]. IMF Working Paper, Monetary and Exchange Affairs Department, WP/02/232.

Scheinkman J A, Xiong W. 2003. Overconfidence and speculative bubbles[J]. Journal of Political Economy, 111 (6): 1183-1219.

Schwartz A J. 1995. Why financial stability despends on price stability[J]. Economic Affairs, 15 (4): 21-25.

Scrimgeour D. 2015. Commodity price responses to monetary policy surprises[J]. American Journal of Agricultural Economics, 97 (1): 88-102.

Sedghi-Khorasgani H. 2010. Financial instability and optimal monetary policy rule[R]. FIW Working Paper.

Segoviano M, Goodhart C. 2009. Banking stability measures[R]. IMF Working Paper.

Shi G, Liu X, Tang P. 2016. Pricing options under the non-affine stochastic volatility models: an extension of the high-order compact numerical scheme[J]. Finance Research Letters, (16): 220-229.

Shi S. 2012. Liquidity, assets and business cycles[R]. University of Toronto Department of Economics Working Paper.

Shukur G, Mantalos P. 2004. Size and power of the RESET test as applied to systems of equations: a bootstrap approach[J]. Journal of Modern Applied Statistical Methods, 3 (2): 370-385.

Simon H A. 1955. A behavioral model of rational choice[J]. The Quarterly Journal of Economics, 69 (1): 99-118.

Teja-Isavadharm P, Watt G, Eamsila C, et al. Comparative pharmacokinetics and effect kinetics of orally administered artesunate in healthy volunteers and patients with uncomplicated falciparum malaria[J]. The American Journal of Tropical Medicine and Hygiene, 65 (6): 717-721.

Tong H, Wei S J. 2009. The misfortune of non-financial firms in a financial crisis: disentangling finance and demand shocks[R]. CEPR Discussion Paper, 3 (72): 1-42.

Topi J. 2008. Bank runs, liquidity and credit risk[R]. Research Discussion Papers.

Valenzuela M, Zer I, Fryzlewicz P. 2015. Thorsten rheinlander, relative liquidity and future volatility [J]. Journal of Financial Markets, 24: 25-48.

van den End J W. 2006. Indicator and boundaries of financial stability[R]. Netherlands Central Bank, Research Department.

van Norden S, Schaller H. 1993. The predictability of stock market regime: evidence from the Toronto stock exchange [J]. The Review of Economics and Statistics, 75 (3): 505-510.

van Norden S, Vigfusson R. 1998. Avoiding the pitfalls: can regime-switching tests reliably detect bubbles? [J]. Studies in Nonliner Dynamics and Econometrics, 3 (1): 1-22.

van Norden S. 1996. Regime switching as a test for exchange rate bublles [J]. Journal of Applied Econometricas, 11 (33): 219-251.

Vause N, von Peter G. 2011. Euro area sovereign crisis drives global financial markets[R]. BIS Quarterly Review, December: 1-14.

Wang J, Wu C. 2015. Liquidity, credit quality, and the relation between volatility and trading activity: evidence from the corporate bond market[J]. Journal of Banking & Finance, 50: 183-203.

Weil P. 1987. Confidence and the real value of money in an overlapping generations economy[J]. Quarterly Journal of Economics, 102（1）: 1-22.

Xiang J, Zhu X. 2014. Intraday asymmetric liquidity and asymmetric volatility in FTSE-100 futures market[J]. Journal of Empirical Finance, 25: 134-148.

Yao D, Liu X, Zhang X. 2016. Financial contagion in interbank network [J]. International Journal of Monetary Economics and Finance, 9（2）: 132-148.

Yeyati E L, Schmukler S L, Horen N. 2008. Emerging market liquidity and crises[J]. Journal of the European Economic Association, 6（2~3）: 668-682.

Zanette D H. 2002. Dynamics of rumor propagation on small-world networks[J]. Physical Review E, 65（4）: 041908.

Zhang X, Liu X, Hang J, et al. 2016. Do urban rail transit facilities affect housing prices? Evidence from China[J]. Sustainability, 8（4）: 380.

Zhang Y, Liu X, Ding Y, et al. 2015. Assessing the impact of the demographic dividend on real estate prices: empirical evidence from China[J]. Applied Economics Letters, 22（18）: 1450-1456.

Zhang Y, Liu X, Xu J, et al. 2016. Does military spending promote social welfare? A comparative analysis of the BRICS and G7 countries[J]. Defence and Peace Economics, （special issue）: 1-17.

Zhou J, Liu Z H, Li B W. 2007. Influence of structure on humor propagation[J]. Physics Letters A, 368: 458-463.